你養我小，我養你老

陳光博 著

愛 就是關心陪伴與照護

Love means caring, being there, and offering support.

序

我寫這本書的目的，是希望讓更多人發現，家，比我們以為的還可愛。

那個經常被我們所忽視的家，其實是一個可以幫助我們和自己生命作深度對話的渠道。

擔重擔的夥伴，一個可以分享生命的伴侶，一個可以發洩情緒的窗口，還是一個可以幫助我們成長的老師，更是一個可以幫助我們創造幸福生命的美麗空間。

當然，這一切的美好，並非天生就存在。他必須要有正確的方法，認真的態度，清晰的思路，和長時間慢慢的去經營，才可能逐漸成為我們希望的樣子。

這部作品裡面，除了有探索生命的意義，如何裝備自己，如何更好的照護與陪伴家人，還有，如何更好的經營生活，如何更愉悅的闔家相處……等等。我將鉅細彌遺分享我的經驗，願讀者們都可以在照護的路上，因此書而有更美好的生命體驗。

在此，我要特別向紅螞蟻出版社老總李錫東先生致謝。

他並不認識我，單純只因發現，此著作可以更好的幫助無數正面臨長輩需要被照顧，卻又不知從何做起的家庭。

見面洽談那天，天空綿綿細雨，我其實比約定的時間早一小時抵達。只唯恐給出版社老闆（當時，我還不認識李先生）造成困擾，我就在附近四處溜達，直到前二十分鐘才進門。沒想，助理引我進李總

2

序

辦公室時，他似乎……已經等很久了。我想，這是他向來待人以誠的習慣吧，即使，我只是個素人作者。

我們簡單寒暄過後，他便進入主題，和我交流他對目前台灣進入高齡化社會的憂心忡忡，也很肯定我對如何照顧長輩的資料分享。從交談內容來看，我很確信他是認真看過書中的內容。只是令我感到驚訝的是，他竟可以在很短的數日之內就回我的郵電，速度之快，實在令我無法置信。

在這短短兩個多小時的時間，我可以很深刻的感受到，紅螞蟻出版社的理想性。李總本人非常關心高齡社會的嚴重問題，他的出版社團隊，更是經常參與公益活動。

他分享了一個非常棒的例子：一回，他們公司去做老人之家的關懷活動。過程中，一個奶奶始終面無表情，參與度貌似極低。他們以為奶奶並不喜歡人太多的氣氛，於是，一員工便推著奶奶回房裡休息，還貼心地讓奶奶帶兩塊蛋糕回去。

沒想，奶奶其實是想趕緊拿蛋糕回房裡，和另一位臥床無法出來的室友分享。這員工出來後，淚如雨下難過得無法自己。

這事也在我心中縈繞許久。故事看似樸實無華，其實，也是無數人家中的日常。

一個孤寂的老人，經常內心想的，不是自己的感受，而是如何關心更需被關心的人。有時候，家裡的長輩可能讓人覺得很難搞，其實，經常是只是，他們往往不知道如何更好的表達。

我們對他們有太多的誤解。

若我們可以用更多時間與長輩們互動，我們就可能有這層的發現。但遺憾的是，我們多數人的時間，被整個大環境給綁住了。

或許我們沒有很多的時間去慢慢學習，那是否有誰可以當我們的翻譯小能手呢？若有人在旁邊當我們的翻譯官，也許多數人是願意在親不待之前嘗試調整自己的。這也是李總想做的事。他也知道，整個出版業的大環境並不理想，但是，若能幫助數百家庭，即使數十個家庭，他也願意試試看。

他本人是一個敦厚溫暖的佛教徒，但同時，他也非常喜歡基督教的兩個字——光鹽。他期許自己能像光一樣，給這個世界帶來明亮與溫度，又像鹽一樣，給這個社會加入更多的美好體驗。讓美好的價值，可以得到更好的保留。我相信，這也是紅螞蟻出版社非常重要的核心價值之一。

在他的辦公室裡，掛著大大的匾額——光鹽。他完整呈現他匾額上所寫的：光鹽。李總也提到，除了他之外，他身邊也有非常多的朋友，希望能為這個社會變得更好而努力。這也和我的生命經驗，如出一轍。許多人，無論經濟條件的貧富，都有志一同，想為這個社會作點什麼，願這世界可以變得更好。只是，更多時候，人們缺乏一個可以參考的、系統性解說的、關懷弱勢的照護指南。以至於，不知從何著手。

這本書的書名，我原定是晴情筆談，本意是：用清澈明亮的光線，透視人與人的情感互動。然而，這並不能充分直述此著作的完整意義。李總建議可改：關心陪伴與照護這書名，確實更充分反映此著作的核心內涵，同時也完整呈現他匾額上所寫的：光鹽。

我相信，此著作應該可以大大助益於社會大眾，讓我們的環境更友善於高齡長輩，和弱勢群體，更給力於每個正孤軍奮戰的中壯年，和每個正面臨徬徨未知世界的稚子們。幫助他們可以用更清晰的思路，迎向既迷茫又嶄新的未來。

4

序

我謝謝李總李先生，我更感謝，所有即使已經面對繁務纏身仍堅持關懷家人的所有高貴的靈魂。因為，這世界，由於有你們的堅持，他才顯得如此美麗，溫暖且尊貴。

我不知道你們的努力與堅持，身邊的人是否理解，但我相信，只要我努力把你們的故事分享出去，會有越來越多的靈魂理解你們，和你們一起並肩而行。

願我們的世界，逐日美好。因為有你們的堅持，我相信必然如此。

致辛苦的教育工作者：

我其實更希望能將照護老人的想法和態度，傳達給兒童和青少年。比起性教育課程，我認為，親愛的生命態度和老人關懷議題，更應是所有人從小就要開始學習思考的事。

如果我們希望這個社會變得更好，絕不是教育出一群善於「思辯」，卻既不知如何力行，連如何適度關懷自己身邊家人都毫無概念的下一代。

要如何關懷，當然不是紙上談兵，更非唱高調。而是要有具體的執行方法，有理論，並且，有你們的支持。

底下是我的心得分享，如果你們覺得有參考價值，歡迎和我聯繫，我很樂意到貴校分享我的照護心得。

願我們一起改變我們的下一代，為更美好的未來世界一起努力。

guangbo315@gmail.com　　guangbo315@yahoo.com.tw

致所有「被照護者」…

謝謝您們曾經,又或是仍在付出心力和精神,讓這個世界變得更好。

也許此刻的您們正面對病痛,也許您們正需要旁人的關心,而您們的家人可能有能力有未及,但請相信我,包含他們和這世界上的許多人,真心希望您能充滿喜樂與健康。

只是,他們和這世界上的許多人,真心希望您能充滿喜樂與健康。

您們不要因此沮喪、懷憂。我想,只要您願意,即使不能再像以前那樣馳騁天地,只要您的每一天,願意充滿積極與活力,您永遠都是我們心中最偉大的強者。您們的堅強,是所有後輩們最好的支撐與榜樣。

也許,您並不覺得自己需要幫忙,您只是體力不如昔日罷了。我知道,一如既往,您們關懷家人、公司與社會的意志,若決江河,沛然莫之能禦。所以,我對您的願意緩手,讓晚輩能有更大的空域可以學習,無比感佩。

我願代天下所有所謂的照護者(尤其是您的家人),對願意瀟灑開朗迎接每一天的您們,致上最高的敬意和謝意。因為有您們的樂觀開朗,我們可以更自信的,和這個世界一起面對每個展新的一天。

致長照者…

謝謝有你們。這世界有你們真好。我知道,有很多人,即使自己身體不適,為了受照顧者的安全與需要,仍盡最大努力去協助與保護他們。你們讓我肅然起敬。

序

我覺得長照員不算是服務業。雖不能算是醫療護理業，但亦不遠。長照人員的使命是，讓案主可以有更好的生命品質，可以提升生活的自理能力，和家人更優質的互動、理解、與對話。這並非單純思考如何符合案主的需求而已，而是怎樣用時間，精神與正確的方法，讓案主和他的家人，逐步建立更好的生命關係。

在這個過程中，常會遇到各種問題，不都是美好的記憶和關係。有時候，我們可能會遇到很多的挫折，包含被否定，羞辱，質疑，中傷，誤解，咆哮，嘲笑，攻擊，被傳染疾病，甚至被侵犯……等。我們可能會很沮喪，很難過，甚或憤怒。又或者，時間被嚴重延誤，致使擠壓了我們生活品質，甚至影響到我們通勤安全……等。

有時，我們可能無意之中造成物件的毀損，必須面對昂貴的賠償。有時，我們可能因疏失，造成無法挽回的重大傷害。無論如何，願我們忍耐克制自己，嘗試用更好的方法解決問題。

也願，我們盡可能去理解他們的心情和反應，不要把他們的負面的情緒釋放，各種因焦慮造成的失控行為與態度往心裡去。

根據我的經驗，多數的家屬，並不會把太多的情緒投放在我們身上。相反的，他們總是以極大的善意反饋給我們。在此，我要謝謝所有辛苦的家屬們。你們的善意，確實給了我們繼續堅持的勇氣。

謝謝有你們長時間的默默付出，讓許多孤寂的靈魂仍能看到這世上的真善美。我為這個世界有你們這一群人而感到無比驕傲。未來的路還非常的長，願我們一起攜手，往前方繼續拾階前行。

致所有辛苦家屬：

辛苦您們了。我真的很難想像，這世界上，若沒有您們的勇敢堅持，得變得多麼寒冷可怕。你們是讓這個世界變得更好的美麗彩虹。

因為有你們，人與人之間可以擁有：信任，溫暖，包容，純真，期待，……陪伴等資產。

我不知道你們還可以堅持多久，但你們曾經付出過的每一分鐘，已令我無比敬服。

也不要把自己累過頭了。首先得你們自己好，然後我們才有力氣一起往前走。如果你們真的太累了，以致於無法再撐下去，即使你因此放手了，我也完全可以理解。即若如此，我也不敢忘記你們曾經對這個世界的付出。

我的隻言片語其實都是多餘的，因為，沒有什麼恭維能比得上你們的奉獻。

我只能默默誠心期許，願你們與自己所愛的世界逐刻美好。

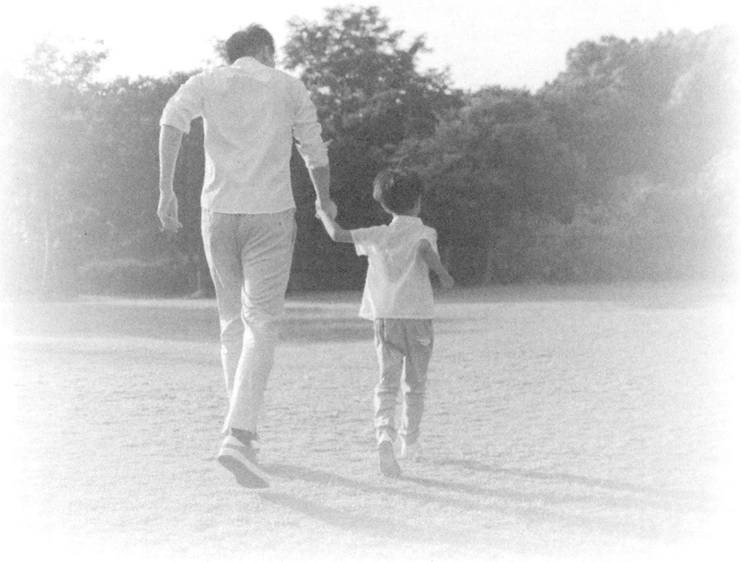

目錄

輯 1. 適合一般讀者：

1 生命相關議題的思考（10）............17～61
2 小故事 或許值得咀嚼一下（27）............62～73
3 思考 學習更深度的探索問題（74）............74～103
4 自我學習 如何更好的自我提升（23）............104～108
5 聊天對話 如何與受照顧者更好的交流（60）............109～119
6 夫妻關係 相處可以思考的議題（19）............120～123
7 親子教育 需要思考的議題（69）............124～147
8 認識身體 對身體的了解（56）............148～166
9 病理 生病的相關探索（55）............167～202
10 養生 提升健康的生活（44）............203～219
11 護理 相關的嘗試（30）............220～232
12 醫學常識 分享（52）............233～250

輯2. 長照人員或需要增加陪伴的人的家屬參考：

13 照服員應有的 個人預備（48）..................252～258

14 照服員應有的 心理認知（75）..................259～269

15 外部觀察 對被照顧者的細心觀察（63）..................270～282

16 環境觀察 對於周遭環境的注意（14）..................283～285

17 特殊真實案例 僅為提供參考（38）..................286～292

18 建立關係 和受照顧者建立較好的關係（12）..................293～294

19 家屬相關思考 和其家屬互動時應留意事項（22）..................295～298

20 雙人合作 如何思考兩人以上協作（18）..................299～301

21 建議／嘗試方向 給家屬的相關建議（55）..................302～310

22 善意的的謊言 也許需要適度的善意的謊話（6）..................311～312

23 禮貌 照護者需要知道的（39）..................313～317

24 禁忌 千萬不宜的行為（41）..................318～322

25 危險 千萬小心的事情（52）..................323～329

26 犯錯 誤解 相關思考（7）..................330～331

27 身心症 思覺失調症的相關思考（40）..................332～337

章節	標題	頁碼
28	失能退化 失智退化的相關思考（19）	338～343
29	失明相關思考 可以留意的事（15）	344～345
30	失聰相關思考 可以留意的事（15）	346～347
31	陪同散步 時應留意的事（44）	348～352
32	輪椅 相關需注意的事（31）	353～357
33	安全看視 可以注意的事情（25）	358～361
34	如何有更好的陪伴（33）	362～365
35	起床啦 morning call（26）	366～370
36	床的思考 可以注意的事情（10）	371～372
37	協助個案翻身（5）	373～375
38	移位 相關思考重點（27）	376～382
39	當受照顧者跌倒時（3）	383～384
40	牙齒相關 牙齒保健與清潔（14）	385～388
41	沐浴前置作業 特別注意事項（5）	389～395
42	沐浴相關 特別留意的環節（46）	389～395
43	短距移動 必須知道的事（6）	396

44 更衣 可以注意的事情（21）………	397~400
45 備餐 準備餐點可以怎麼做（54）……	401~415
46 購物 協助採購該留意的事（27）……	416~419
47 用餐 吃飯 如何一旁陪伴（30）………	420~423
48 吃藥 需要留意的事（22）……………	424~430
49 放藥 必須注意的事（12）……………	431~432
50 排便 可以留意的事（18）……………	433~437
51 中風與復健 可以注意的事（21）……	438~440
52 肢體關節 相關環節的問題（11）……	441~442
53 管灌 管灌食要留意的事（21）………	443~445
54 拍背 協助拍痰可以留意的事（27）…	446~449
55 就醫 陪同到醫院應注意事項（27）…	450~453
56 門診參考 常見的醫院科別（13）……	454~456
57 儀器參考 常見的醫院儀器項目（5）	457~458
58 通勤 交通方面的問題（18）…………	459~461
59 指甲 如何留意（6）…………………	462

60 剪髮 需要注意事項（8）……463
61 穿鞋 可以怎麼做（14）……464～465
62 洗衣 協助處理髒衣應留意事項（18）……466～468
63 掃地 打掃拖地可以留意的事（24）……469～471
64 儲務 協助整理與分類相關（13）……472～473
65 倒垃圾 協助處理垃圾注意事項（15）……474～476
66 整理環境—客廳（8）……477～478
67 整理環境—浴室（12）……479～480
68 整理環境—房間（11）……481～484
69 整理環境—廚房（29）……481～485
70 搬家 相關事項僅供參考（7）……486～488
71 道別 say good bye 可以留意的事（19）……489～492
72 外籍看護 可以思考的一些事（18）……493～495
73 修復相關 也許可以幫的一點小忙（15）……493～496
74 安全意識 必須知道的幾件事（4）……497～498
75 防詐判讀相關 可以留意的一些嘗試（4）……497～498

76 注意 必須知道的一些小事（41）..................499～504

77 資料分享 工具或護理常備相關資訊（46）..................505～511

78 行動輔具 相關留意事項（4）..................512～514

79 想想 是否可能發生的發明（6）..................515～516

80 或許有些事值得我們想想（12）..................517～519

輯1

適合一般讀者：

輯1 適合一般讀者：

（1）生命相關議題的思考

我知道有許多家庭，有太多的辛酸故事，無法與外人道。我完全可以理解。身為一個「局外人」的我，當然沒有資格來教任何人思考生命的意義。所以，我也沒有要在這裡宣揚什麼施比受更有福，或慈悲喜捨的大道理。我單純就剖析關於生命意義這個命題。

相信很多人都意識到一個問題，那就是，社會疑似病了。但卻又不知道問題在哪裡。只是隱隱感到，若不嘗試做一點改變，這世界可能會越來越糟。

黃帝內經有一句話特別好：上醫治未病，中醫治欲病，下醫治已病。

底下，我嘗試透過「物理」的手段，透視我們這個社會正面臨的問題。讓我們藉由探索議題的過程，一起發現治社會於未病的鑰匙。

要如何建置更好的未來呢？又如何治未病呢？首先，那就須先直面一個關鍵的問題：生命的意義和價值。

我們先從本質上瞭解所謂生命的命題，我們才有可能在這個基礎上建置對話的條件，有了對話的契機之後，我們才有可能一起攜手建置幸福的未來，並治社會於未病。甚至是，淪於倖存者否則，我們只能邁著佝僂的步伐，追著各種社會問題，頭痛醫頭，腳痛醫腳。既無法治已病，遑論欲病，更別說是治未病。偏差而不自知。

關於生命的命題

講台上專家正滔滔不絕：（底下聽眾暗自喃喃低語）

家人們，我們每個人的一生是不是都充滿焦慮。

（唉，沒有焦慮，誰會花時間來聽課。）

如果我們的人生只剩24小時，我們會怎樣面對自己的生命？

（如果只剩24小時倒還簡單，問題不是。）

不要汲汲於追求浮華的物質，這是很膚淺的。

（我這衣服已經穿三年，手機都用六年了，螢幕裂縫還貼了膠帶。）

我們每個人都已經非常的富足了，人生不是只有賺大錢。

（瞧你說的。我就只想把父親的醫療費，房貸⋯，還完再說。）

底下，就是我對生命的意義和價值的命題，做十個視角的分析。當然，只是我個人的想法，僅供參考，不可盡信，避免和我陷入相同的思考盲點。

總共分成：1.個人生命的意義。2.人生命的意義。3.人、生命的價值。4.幸福的本質。5.愛自己的反思。6.人性。7.自由。8.孤獨。9.傾聽。10.焦慮。

這十篇，也是我整篇筆記最關鍵，且深刻的部分。

輯 1 適合一般讀者：

我們總希望孩子能考第一名，或是可以提早退休環遊世界，去看北極熊。

（我只想看著女兒快樂的長大我就心滿意足了，我也沒想去打擾自然生態。）

我們都害怕死亡。

（我是怕活太久。我怕我會忘記她的樣子。影視作品常把死亡妖魔化，我才開始怕鬼。小時候是怕黑，不是怕死。）

人性是自私的，不信，你問朋友借錢看看，不把你當瘟神我輸你。

（可否借錢和自私與否，是兩回事。說到錢，散盡家財還復來？後來的李白呢？）

我們要學會放下，生命才會更自由，路才會更寬廣。

（誰不喜歡自由，是因為責任感，是因為對這世界還充滿愛，所以願意繼續委身付出。）

我們要學會斷捨離。

（Ｘ。剛才沒認真聽。八成又是當主人那一套，耳朵長繭了。）

要當自己生命的主人。

（那一天，我也是麼想的。但我女兒呢？還有老王（黃），那隻心機邊牧。）

我們不要在乎別人加諸給我們的任何期待，我們要活出自己的人生。大膽的去追求自己覺得快樂的事，不要只想討好人，要活出自己人生的意義。

（比方呢？你所謂自己覺得快樂的事是什麼？假如快樂的感覺與生命的價值產生衝突時，要如何抉擇？再說了，當沒有人對我有任何期待，我回家時，如果連臭老王和女兒都懶得討好我，就連

這點樂趣都沒有,有什麼快樂比這個更值得追求?)

放過自己,也不要只想跟人家比,你的人生只會越過越累。

(真的讓我感到累的是攀比嗎?不,可以攀比反而是一種小確幸。真正讓我感到累的,是無論我如何奔跑,都看不到未來世界的窗口。那才讓我感到窒息。)

不要老討好別人,不要讓自己的生命變成別人的附屬品,你的人生只屬於你自己。你生命的價值,只有你才能決定。

(這世上,從來沒有誰是只屬於他自己。所有的美麗火花,何嘗不是在相互成就中碰撞出來的。)

我就愛討好我女兒,我就愛討好老王,就像他們也愛討好我一樣。

你是否覺得這世界非常可怕。人與人之間,充滿各種背叛與算計。

(蛤?有包括你嗎?說到這個,我一直很好奇。魔鬼好像很單純,沒聽說過他出賣信徒⋯⋯又分心了。)

(什麼?找不到買家?小壞蛋。我回公司再處理—旁邊一位學員,正悄悄接電話。)

要學會愛自己,絕不犧牲自己。你犧牲自己的那一刻,就是向全世界發出你沒有價值的信號,

(所以呢?然後呢?我有沒有所謂的價值,是因為我要發出什麼信號決定的嗎?說到犧牲,如果不是李安的妻子的犧牲,至於有李安嗎?沒有李安,一般人會在平他的妻子發出什麼信號嗎?

你只是一廂情願。

如果沒有家人的犧牲和包容,我有時間還花錢來聽你教我做人嗎?如果不是那位消防員的烈火

輯1　適合一般讀者：

破題一

問題來了——如果我們從這所謂的假兩難的思想教條抽離出來，我們可以怎麼思考生命的功課呢？

當然，以上的說法都很好。但我想說的是，是否，當他聊這些話題時，有隱隱透露出哪些信息值得我們探索和延伸。他僅是單純想聊這些話題嗎？亦或，他其實有其他的話想說。只是，他自己也不知道當身邊的人，或是長輩，憂鬱的皺著眉，和我們聊這些話題，我們要如何跟他們對話呢：你已經擁有太多了，要學會放下，別想那麼多，多愛你自己一點。

要學會聆聽你內在的聲音，那才是一個真正純淨，愛你自己的聲音。
（我怎麼感覺像是國王的新衣？那你是否可以告訴我，你內在的聲音到底跟你說了什麼？）

家人們——從今天起，讓我們每天一早，就對著鏡子說：我是最可愛的，我是這世上最棒的，我值得被愛。Yes。
（萬一……鏡子就破掉了……）

放眼未來，有矛盾嗎？為什麼一定要只擇其一。
（本來，我也有很多深愛我的家人，若不是那一天。唉！不過，珍惜自己，愛這世界，活在當下，懂得活在這世上，只有一個人會無條件愛你，就是你自己，顧好你自己，好好地活出你自己才是最重要的。）

無懼，我、女兒和老王也早成了一杯黃土。）

這世上，只有一個人會無條件愛你，就是你自己。每一個人，也都只會愛他自己。所以，你要

怎麼表達。

一個專業的醫師，當他看到病人的第一句話，通常是：還好嗎？怎麼了？哪裡不舒服？接著，會仔細觀察患者的眼神，氣色，語調，行走的精神，姿態等。

有的病人可能會說：醫師，我頭不舒服。

接著，醫師也許會問：是怎麼不舒服？然後，拋出問題：是頭痛，頭暈，脹脹的，還是怎樣不舒服？同時，觀察病人的詞彙有哪些關鍵字。他的舉止，可能透露出什麼問題。

通常，不會有任何一位醫師，要求所有的病人排排坐，然後，統一開萬應公心靈雞湯的藥方，這是非常奇怪的事情。因為，每個病人都可能有屬於他的客觀病症，必須對症下藥，才可能有效解決他的不適感。

那麼，關於生命的命題，我們可以怎麼思考這個問題呢？首先，我們要先弄清楚，他其實是想問：

1. 「個人」活著的意義，還是 2.「人」生命的意義，又或者，是想探索 3.生命的價值。還是想了解 4.幸福的本質？

以下，就相關議題，建置思維地圖，方便我們釐清整個思維脈絡。

這四個議題要思考的重點其實並不相同。以下分別列舉分析：

1. 認識生命的意義，我們的生命才會產生能量，理解生命的價值，我們的生命的才有力量。感動

輯 1　適合一般讀者：

關於幸福的議題和個人的關係,以下可以從幸福感,幸福的條件,兩條線作思考
(個人)人生的意義:多數人在聊這個話題時,也許想知道的是,幸福和我的關係
是生命的起點,先有了感動的能力,然後才有輻射出去,探索「人」生命意義的可能。

A 幸福感:我感受不到生命的所謂不幸福感。或許可以觀察,他的生活面臨到哪些問題。
通常,可以讓我們感受到的所謂不幸福感,比方有:

一、缺乏生命的價值感,不知道自己存在對家人或社會有什麼意義。
二、找不到可以依附的歸屬感,似乎沒有人在乎他。
三、他一直感到內疚,覺得自己還做得不夠,覺得自己有罪。
四、想品嚐精緻的生活,覺得生活毫無變化,不如歸去。
五、生病,缺乏健康,索然無味,寢食難安。
六、需要有人聆聽他,他需要被理解,被認同。
七、他對世界仍充滿強烈的探索欲,他覺得自己像個傻瓜,什麼都不知道。
八、他的責任感,他的能量無處釋放,但似乎沒有人需要他的關懷。
九、他只是想單純的享受一點消費時的小樂趣,卻什麼都不能做。
十、他的心靈感到空虛,也許他想要宗教信仰的安慰。
十一、他有一些錢,但他始終覺得不夠,他擔心家人隨時可能會缺錢。
十二、他覺得全世界的人都是為了錢才對他好的。不是真心的。

*參考：思考13，17，23，24，46，47，54，55項。

B 幸福的條件：『這就是人生，我還能怎樣。』若聽到長輩這麼說，或許可以觀察一下他的生活是否遇到什麼事情。（有時候，貌似釋然，卻可能是一種微焦慮。）比方：

一・是否有多維度的思維能力，他頭腦還能作分析與溝通嗎？也許，他正苦於子女的深陷情感或財務等風暴之中，但他已力不從心，什麼事也做不了。

二・是否有敏銳的感動能力，如若和他分享有趣的事，他能意會嗎？有可能，他也為此，感到無比挫折。

*可以參考外部觀察12項。

三・經濟狀況如何，他是否正處於財務方面的焦慮。

四・身處的環境，小至居家，大至社區，甚至社會，正對他的影響。

*一般，我們常聽到的所謂成功，通常是指，站在個人的角度來看，所謂的「擁有支配資源的條件，或話語權的能力」。若從過程的層面來看，他當然是有意義的，但若從「終極」的層面來看，他確實會讓人有黃粱一夢的理解。

*關於個人生命的意義可參考：小故事22，24，26項。思考的3，4，9，10，18，19，25，26，42，69，73項，親子教育的4，15，53項，想想的1項。

2 生命的意義：

輯1　適合一般讀者：

最經典的一句話即：我是誰？要思考這個問題，就要看相對「何」而言？命題的格局可以創造視野的空域，視野的位置可以主宰生命的意義和價值。純粹探討生命的意義，此從「人」，不是從「個人」的角度。以下從幾個方向進行思考：

一視（範圍）：可以參考後面提到的，思考生命的價值的八個維度。

二野（層面）：生命的存在就已經是個珍貴的意義。關鍵在於思考意義的支點。這裡的所謂支點是指，從不同的層面探索生命的各種可能的空域。比方是從「個人」的層面，是從「我們」的層面，還是從信仰（形而上）的層面，或是從家族祖先的層面，從社會關懷的層面，捍衛價值的層面，理念世界，意象世界，關係世界，物質世界，多維空間，結構主義，解構主義，時間維度，歷史層面，人類學……思考。參考：思考6,7。

三格（定位）：是從所謂的本我，自我，超我，或眾，來思考這個問題，還是從所謂的「潛意識」，「意識」，「集體」，「價值」，「神」，「魄」，人類，社會，國家，未知……等定位思考這個問題。

四局（關係）：從不同的角色，思考自己可以和這個世界的各種直接，間接的連結關係。包含家庭的角色，社會的角色，職場的角色等。

五非相關：有什麼是，我應該從裡面抽離出來，不讓其成為我探索生命意義的誤區。比方迷信（命帶煞，掃把星轉世，男身七寶，女身五漏，賤民……）的抽離。

* 參考：故事7，11，19項，思考6，7，12，27，35，36，45，53，62，73項，親子教育43，63，64，66項，心理認知39項。

3 生命的價值：

生命有沒有意義是取決於你和天地宇宙對話的能力。生命有沒有價值，是取決於你可以對話的範圍。

這個議題思考的重點，取決於我們（人）和這個有形（形而下），無形（形而上）世界可以經營的關係，或者，可能產生的火花。以下嘗試從八個維度思考這個問題。

一 愛我自己，從「我」的角度出發。比方，活在當下，珍惜屬於我的有限的生命。肯定自我的價值，認識自己的優點，缺點等。

* 希望可以被理解，被需求，被認同，的這種天性，則是愛自己與愛這個世界的一個美麗又獨特的橋樑。* 他的另一個面貌就是──孤獨感。（底下會說。）

* 儀式感則是另一個重要的橋樑。可以幫助自己和愛世界，建立結構式交集的可能。參考：思考61項。

* 可以這麼理解：愛自己是生命的原點，感動的能力是生命的起點。

* 由點輻射出去，成為面的可能性還有：德行，基因的社會性，市場，技術，制度，思想理論，夢想，

* 成本分擔，交通，充分對話的時間等。

* 關於愛自己，底下有完整的補充。

二 愛家人，從家庭的角度出發。比方，家和萬事興，同舟共濟的概念，含飴弄孫等。

26

輯 1　適合一般讀者：

可以參考：親子教育篇，夫妻相處篇。

三愛這個社會（也可以包含國家，民族等概念）。思考自己和這個社會的關係，可以如何經營。可以參考：思考篇，聊天對話篇。

四愛人類（也可以包含藝術，物理，經濟等各種概念）。思考自己和人類文明，可以產生怎樣的火花。

五愛世界（比方生態保護，資源保護，能源再生等）。思考自己可以為世界的永續做什麼？

六形而上（比方祖先，神明信仰，極樂淨土，多重宇宙，真理的本質等）。探索是否有所謂的可驗證，獨一無二的形而上的世界，而我們可以和祂建立一個怎樣的連結關係。也有可能暫時無解。

七無（比方諸法皆空，虛無主義觀點）結束就是沒有，甚或是，沒有開始也沒有結束，一切只是夢幻泡影——今朝有酒今朝醉，甚或是，活在⋯⋯等。

＊這個概念很值得好好思考：假如，這世界只是所謂夢幻泡影，要如何解釋或發現：能量守恆，宇稱不守恆，不相容原理，不確定性原理，普朗克常數，上帝粒子，幽靈粒子，四大作用力，反物質，暗物質，宇宙射線等的物理存在。

要如何思考圓周率，無理數，光速，雙個性別，薛丁鄂的貓何以不會變成老鼠，玻璃何以可透光，核聚變，自相似形，基因密碼，宏觀數據的意義

無法用嚴肅的態度和歷史人物對話，無法建置嚴謹的邏輯思維，別說是破解龐加萊猜想，根本無法做任何有意義的思想實驗。不能理解共價鍵的特質，無法思考，素食還是葷食對地球更友善，無法透視原子的生成與衰變，也無法探索宏觀時間與微觀時間的差異。更不要說是，運用虹吸效應，文

丘里效應，蠑螈再生能力，核聚變發電，電磁波，人工智能等，幫助我們建置心靈或社會安全網。

不能站在巨人的肩上看得更遠。人無遠慮，必有近憂，如若我們執著於虛無的概念，就無法提前思考如何避免通脹問題，如何改善海洋污染，如何處理行車中死亡搖擺的困境，不知道如何處理長輩或幼童吃湯圓噎到的狀況，不知道烏龜沒有可供休憩的「陸地」必然淹死等等。

又，要如何系統性思考問題，更不可能對於各種迷信，和偽科學進行糾錯。

八非相關（智能設計說，累世因果說）

(1) 我們只是更高智慧的遊戲，一切都已被設定，至少對我們個人是沒有意義的。

(2) 生命的價值和我沒有任何關係，我這一生只是來修行，還累世的因果債而已。

＊所謂追求人生的目標，通常是指，我們想和怎樣的價值建立有機的連結。

＊關於生命的價值參考：故事11，14，21項。思考4，8，22項。親子教育17，20，28項，自我學習第1、2、3項。心理認知1項。

4 幸福的本質：

哲人告訴我們，學會愛自己，才可能讓自己值得被愛，讓自己變得更幸福。其實，這兩件事並沒有因果之必然。想要幸福，就要先知道什麼是幸福。只有你真正可以和幸福的命題進行對話，你才有可能擁有幸福的生命。

愛自己和與幸福命題的對話能力的提升，其實沒有關係。沒有對話的能力，就不存在建構幸福條件的任何可能性。

底下，我嘗試從幾個概念去探索幸福和我們的關係。

輯 1 適合一般讀者：

一、快樂感：可以讓我們當下感到開心喜悅的事，比方：完成工作後的成就感，得到認同的價值感，與親人或情人溫暖的擁抱，美麗的外表，感官得到滿足，孕育新生命，消費的過程，在河邊戲水，即時的告白，可以盲從，大難不死，和三五好友泡茶閒聊，可以自由地飛翔，個人的財務自由，豁然開朗，分享有趣的作品，和美好的事物建立連結，擊敗父權等威權的制約，贏得競賽，意外的驚喜，和親友家人一起吃飯……等。

二、不快樂感的消失：比方孤單，焦慮感，無聊，病痛，冬天冷水洗碗，憤怒，緊張的親屬關係，被責備，過分的儀式感，無法即時管理情緒，懷才不遇，空虛……等。

三、痛苦感的解除或得到釋放：比方內疚自責，被背叛（信任被傷害），被性侵，被欺騙，貧病交加，飢餓，喪親，惡劣的天災，負債，毒癮，失親，恐懼，失業危機，壓力，困惑茫然，感到丟臉，極度的壓抑，被羞辱，被誤解，被栽贓或抹黑，義憤，誤信而產生憤怨，被拒絕，被否定，仇恨或被恨，受感官制約，缺乏雙向對話的能力，感到疲倦很累，社會的財務桎梏，埋葬的愛，承擔責任與義務，對死亡（結束美好）的恐懼，對無盡的痛苦的恐懼……等。

四、幸福感：安全感，遼闊的視野，被珍惜，被尊重，被信任，讓人快樂，讓社會幸福建立連結，可以讓未來充滿幸福，開闊舒適的生活空間，有好整以暇的時間，心靈找到歸屬感，和美好的價值建立連結，與志同道合的人一起努力，被理解，身體健康，享受溫馨的家庭生活，可偶而隨性的鬥嘴，被包容，可以分享，被需要，適當的儀式感，被原諒，家人平安，被關心，被安慰，心靈的寧靜，自由的空域，可不

＊參考思考 1，16，48，49，50 項。

用擔心生存條件受到制約，可以愛人，可以充分的休息，啟發感動的能力，有人幫忙（或代為）承擔責任，安心感，天分得以發揮，有用武之地等。

(1) 讓人幸福：比方和他人一起分享美食，聆聽他的故事，相互陪伴，經濟支持，幫助對話，成人之美，彼此寬恕，救人於危難，安慰他的靈魂……等。

＊底下的1.外部觀察篇2.聊天對話篇3.建議篇4.陪同散步篇5.陪同吃飯篇，甚至是5.夫妻相處篇，6.親子教育等，有完整的分享。

(2) 讓社會幸福：提升就業率，鰥寡孤獨廢疾者，皆有所養。協助不同價值間有機對話，消除敵視，建立和諧社會，化解糾紛，救群於無知，撫慰靈魂……等。

＊也許還可嘗試，共同探索如何讓不同文化的形而上的層面，進行更有建設性的對話。不同信仰之間，若能進行嚴謹，和諧，真誠的對話，必定有助於建構更美好的幸福社會。

(3) 讓未來子孫幸福：民生經濟有保障，醫療體系有保障，環境與生態健康永續，讓各族群關係和諧，破除迷信與陋習，化解世仇，為了美好理想而犧牲奉獻，對這個物理世界有更完整的認識……等。

＊也許可以嘗試，從形而上的維度，探索宏觀幸福的可能性。

五 幸福的條件：政治安定，社會和諧，就業穩定，健康，有好的情緒對話的能力，純淨的水源，空氣，生態，國際秩序和諧，經濟穩定發展，人與人有互信，相互關懷與支援，便利的交通，感動的能力，發現美好的能力，堅持的能力，理解事物本質的能力，分工協作的能力，有起碼的生活品質的經濟條件，有築夢的時間，完整的理論系統和知識，清澈詳細的資料系統，適度的隱私……等。

30

輯1 適合一般讀者：

* 有完整的支援系統──有句話，「久病床前無孝子」，這說法有程度上的誤解。沒有完整社會支援系統的支撐，再多的愛遲早也會枯竭的，這不是什麼人性。這世上，本就沒有人可以憑一己之力，好好愛身邊的所有親人。

* 幸福的條件有個重點，那就是，必須正視資源排擠效應的所有課題。比方人力資源的排擠效應，時間的排擠效應，可用資源，生態活動空間，各種價值等的排擠效應，維持程序正義所造成的對實質正義的排擠效應等。

* 幸福的命題，有個最大的「悖論」，就是「父權」。表面上，「父權」是許多「痛苦元素」的源頭，但他背後的承擔責任，扛住壓力，抵抗暴力的事實，卻沒人想要接手。

（例：誰簽一下放棄家長維生器同意書？我沒見過有子女爭相承擔這個壓力。）

* 可以參考思考篇22，56，64，68項。問題9項。

六 非相關抽離：a自己以為自己很幸福，比方吸毒，迷信邪教，斯德哥爾摩症候群，與對照世界的信息……等。

b創造幸福的條件，和必然得到幸福的反饋，並沒有必然的正相關。

c資產的數字，和幸福感，沒有必然正相關，但負債就有負相關。

七 補充思考：

*「條件反射」──當我們長時間付出關懷時，我們的關懷能力會內化到肌理形成條件反射。當我們

判斷一個陌生人時，可能有更細膩的直覺，幫我們判讀對方的價值觀。也許，這就是有愛心的人，似乎更容易受到眷顧的原因之一。

因為，他們比其他人有更純粹的潛在直覺反射。

所謂物以類聚，自古英雄惜英雄，彼此都是善良的人的互相支援，當然，路可能走得更寬廣。

＊「神經可塑性」──若我們長時間和家人有更多元的親密接觸，神經迴路會進行建置，使我們的大腦和幸福感建立更多元的連結。有一天，當我們的大腦逐漸退化了，這些連結的觸手，就可能適度的幫我們制約過當的應激反應。

也可理解成，幫我們的未來廣建「焦慮情緒的防火帶」。為了自己，也為了孩子。

＊關於幸福，可以參考：故事5，6，7，10，19項，思考第20，25，53，57，62項。親子教育16，20，25，26，46，48項

（1.愛自己。2.人性。3.自由。4.孤獨。5.傾聽。6.焦慮。）

5 愛自己的思考…

學會珍愛自己，懂得適當表達拒絕，適度畫出界線，是一個非常重要的課題。但不能過度，他可能會屏蔽我們從全息的視角，思考關於生命的命題。當你把這世界都抽離出去以後，你不可能擁有所謂真正的快樂。

輯1　適合一般讀者：

就像是希臘神話裡的納西瑟斯，終日沈浸在屬於自己的小小世界。也許他覺得自己很快樂，但那不是真正的幸福。

沒有「價值的包袱」我們貌似更輕鬆，更自由了，其實，反而是靈魂變得更空虛，思維變得更空洞而已。這並不是說，我們習慣成為價值的奴隸，相反的，是包袱使我們的生命更充實。我們學會舉重若輕，我們可以和自己的擔子禍福相依，相濡以沫。

從未聽說，父母遺失了孩子，竟感到如釋重負。因為，可以付出就是一種幸福，可以擁抱，就是一種浪漫。那種莫名的喜樂，是那些鼓勵人們拋棄包袱，執著於愛自己的哲人，所無法體會。

只有那些懂得珍惜責任，且願意扛起擔子的人，他們的生命才更有厚度。只有那些懂得堅持，且勇敢迎風前行的人，他們的生命才更有深度。只有那些懂得呵護，且願意蹲下來聆聽的人，他們的生命，才會熠熠生輝。

如果你累了，你就躺下來休息吧。如果你餓了，就坐下來大快朵頤吧。如果你渴了，就暢快地喝吧。

然後，我們繼續並肩同行，彼此永不放棄。

「愛自己」──可能要面對的幾個值得深思的關鍵思路：

一 不再熱切渴望彼此的擁抱──擁抱可以產生催產素，也是幸福感的一個重要的來源。擁抱是需要學習的。承認自己有被愛的需求，不執著於愛自己而已，還要同等愛他人。彼此珍愛對方，需要對方的擁抱，才是最幸福的擁抱。

（這裡的擁抱，不單單是指所謂的情人之愛，還包含親情，友情，同志之情等。）

*當你不再熱切需要擁抱時，你就無法「貼近」對方的身體。當你不再對「貼近」有期待時，你就無

法真正深刻的感受到「身體的溫度」。當你無法深刻的感受到身體的溫度時，你就無法對「體溫」這件事有清晰的理解和認識。於是，你對體溫背後的靈魂，僅能停駐在你一廂情願的假想。

你的假想，經常與事實不符，於是，你可能面臨無數的尷尬氛圍，久了，你就會越來越自絕於人群。

這不是社會的問題，是你認知的起點先有問題。

（這裡的體溫，是指廣義的生命的溫度，也包含，身體的習慣和節奏等。）

＊

我們現在經常聽到一個說法就是，要有特色，要表現出自我，不要從眾。

他其實是近代才有的思維，無關什麼真理。也不是甚麼思想高度。

試想，假如每個人都沈浸在屬於他的網路用語，各自喜歡的音樂，擁抱的價值，如若同屋的家人間毫無思想交集，既沒有時間，也沒有意願去欣賞對方的記憶，這樣的家人（或社會），相互之間到底有什麼意義呢？徒留冰冷的關係而已。

＊

二 無法學會更誠懇，謙卑地聆聽

＊無法傾聽，你就會在與人互動的過程中，更容易焦慮。你越焦慮，就更加容易選擇逃避。你越逃避，你就會越無法學習傾聽。如此疊加，惡性循環，你就越容易與社會脫軌。

可怕的是，這不是一個人的現象，而是多數人的現狀。

＊無法傾聽，你就無法和價值進行深層次的對話，只能在爾虞我詐的層次上，進行各種無機的邏輯辯證。在價值之間，只能停留在談判的視野，無法提升透視問題的格局。而你的愛，就只能更多聚焦在保護童叟，小動物，男歡女愛的層次。

可怕的是，這不是一個人的現象，而是多數人的現狀。

34

輯1 適合一般讀者：

三 無法直面現實的，價值與資源之間的排擠效應。

四 無系統性思考問題。（所謂系統化是指，封閉的有機迴路。比方開門七件事，柴、米、油、鹽、醬、醋、茶。或是，國之四維，四維不彰，國乃滅亡等。）

＊這裡的雙向，和要求等價的愛是兩個概念。要求等價的愛，是建立在兩個具體限定的角色。而雙向的愛，則可以是意象的概念。

五 無法在多個系統之上，再建立結構化思考。那已經超出「愛自己」的格局太多了。

六 無法更好的愛人。愛是需要學習的，用長時間去建置雙向反饋的行為迴路。

（比方柯媽媽—柯蔡玉瓊女士，將失去兒子的痛苦化為動力，用許多年的時間推動強制汽車責任險，幫助許多受害者得到基本的賠償照顧。）

七 無法建立互信機制。互信，是需要長時間彼此的願意委身，才可能建立出更好的互動默契。

八 無法更嚴謹的搜集信息，進而做更多元的假設性思考。（所以，也許必須透過鄙視或糾錯原生家庭，才能為自己的各種失誤找到下台階。我們現在經常聽到的：可能是你的原生家庭如何，學生時如何這個觀點，其實是源於童年陰影的理論。）

＊關於搜集信息這點，有一個值得分享的事：我們都知道竹林七賢的浪漫故事，但卻極少有人知道，他們的放蕩不羈，大概率與五石散（類似今天的毒品）有關。試想，若沒有所謂的五石散，他們還是今天我們所認識的竹林七賢嗎？因為我們多數人對歷史都不再有熱情，就不可能發現這件事。徒留浪漫的想像。

35

（這裡補充一下：有些人會趁家人麻藥才退之際，玩真心話大冒險，這是沒有意義的。就像是，我們可能每天做不同的春夢，翻不同的牌子，但這和所謂的「真心」或「潛意識」沒有毛線關係。真正的愛，是由無數共處的時光，一針一線所織出來的。）

*參考思考33，55，56，58，59，60，74項。

九 無法學習如何抽離自己。

一個執著於愛自己的人，面對暫時或假設性抽離自己的議題，他會感到莫名的空虛。無法用更宏觀的視角，透視犧牲奉獻的價值。無法從理論層面，思考海倫凱勒，杏林子，墨子等的何以存在，也無法理解見賢思齊的意義，更無法享受任重道遠的快樂。（只能把他們神化成來自外星的高靈生物）

* 有一個經典的故事非常值得思考：子墨子歸，過宋，天雨，庇其閭中，守閭者不內也。故曰：治於神者，眾人不知其功，爭於明者，眾人知之。

* 這裡有個重點值得探討──利他的行為（天性）和利他主義是不一樣的。利他的天性是非常珍貴的特質，但若缺乏宏觀的視野，很可能會造成嚴重的後果，比方生態失衡。而利他主義，則是從社會層面的角度，思考如何利他最大化。也因此，利他主義經常被倫理利己主義者偷換概念，甚至是貼上偽善的標籤。

十 無法讓時間這個維度變得更有意義。比方：

1 個人無法建立「堅持」的系統概念。因為，愛自己這事只是一種感性的價值，而堅持的意志，卻需要有明確的原則，和清楚的目標理念做支撐。

輯1 適合一般讀者：

2 別人沒有義務在你「愛自己」的框架前提下，和你一起規劃中期、長期的幸福城堡。

＊參考：思考68

十一 無法運用數學模型，和自己與世界進行抽象對話。更不可能以此為基礎，建立一個功能完整，有建設邏輯的偉大花園。

（只能終日活在，抱怨好多酸葡萄的小小世界中。）

十二 無法透視大空間與自己，系統性（或非系統性）的關係。

（用白話說，就是無法從更宏觀的視角思考幸福的完整命題。非洲有句諺語：一個人可以走得快，但一群人才走得遠。群，不是萬能，但沒有群，萬萬不能。）

十三 無法思考生命中需要校正，甚至是糾錯的本質，意義和價值。

十四 無法透視無我的概念。（這裡的無我，是屬於宗教性質的概念，和抽離自己，有明確思想認知的犧牲自我是兩件事。我所謂的透視是指，你無法進行完整結構的思辨，只能無條件接受哲人所界定的意涵。殊不知，兩者是矛盾的。）

＊關於愛自己，參考：故事17，18，20，22，25，26項，思考的6，26，66，67，68項。自我學習20，21項，親子教育的第8，51，53，54項。

6 說到「愛自己」這件事，就必定要探討一個議題：人性。

常聽所謂的哲人說，人性如何如何，另一方面又說，我們似乎已經漸漸的不認識真實的自己了。這兩句話其實是矛盾的。

假如世上有一種東西叫人性（本質），並且，他一直扮演著主導生命在社會關係上的角色，那麼，就不應有所謂的不認識真實的自己這件事。

假如人性真如哲人所說的這麼可怕暗黑，那麼，就更不應該再鼓勵我們學習去「愛自己」，否則，不就是所謂的助紂為虐嗎。難道是斯德哥爾摩症候群？

或許可以這麼理解：多數人，內心的靈魂是純淨且溫暖的。他們並不喜歡暴力與傷害，但現實生活中，他可能必須學習面對決定親人的生死的難題，因應資源排擠效應的功課，以及思考，個人如何在生存上處理多元需求的各種課題，同時，又能最小程度的傷害共生的環境。

現實世界中，有人可以做得相對較好，但更多人是在無數的磕磕碰碰中，慢慢的自我修正，和學習如何做更好的調整。在這個過程中，難免可能對這個世界造成傷害，但是否要理解成，那就是流淌在骨子裡天生的惡劣的血性，這是一個值得探索的課題。絕不是，任由哲人隨意的給他冠上各種定性的底色。

若非要具體探討人性的話，那就要先弄清楚人性。簡單的說，就是人的基本性情。

相對於探索基本的性情有哪些，我覺得更重要的是他的上游，即影響基本性情的主要元素有哪些？

必須先弄清楚這些事，我們對「人性」，才會有更深層次的理解。

這些元素，我大致可以簡單粗分：

生理（又分：基因也包含血型等等，年齡，週期，性格，智力，性別，大腦，激素等），文化背景，飲食，信息，信仰，法律，制度，認知矛盾，情緒，教育，家庭關係，健康，病理，角色，社會環境，動機，時間，常性效應，生物慣性，社會規則，成本管理（又分：價值共性，特殊性，稀缺性，性價比等），經驗（情境連結），藝術，焦慮（包含恐懼，孤單，緊張等），鏡像神經元的發展程度，訓練，邏輯引導，

38

輯 1　適合一般讀者：

價值(價值的理論建置&價值感的建置)，先天優勢條件，安全感的空域，對話的學習，惻隱之心，銘印，擬態，氣候，微量元素，腸道菌等。

另外還有非直接相關性，比方：善良，滿月，太陽黑子，電磁波，生肖，星座……等。

我們經常聽到的關於人性如：笑，殘虐，信任，冷漠，自大，高/低敏感，自戀，怯懦，囂張，貪婪，無知，自私，嘲笑，殘虐，信任，冷漠，自大，高/低敏感，自戀，怯懦，囂張，貪婪，無知，自私，嘲自信，自以為是，取悅，驕傲，傲慢，鄙視，懷疑，憤怒，無恥，愧疚，補償心理，多疑，謊言，嫉妒，仇恨，開慈悲，憐憫，謊言，極端，偏激，怨恨，熱情，無恥，愧疚，補償心理，多疑，謊言，嫉妒，仇恨，開朗，包容，樂觀，奴性，認命等形容詞，很大意義上，是受到上面元素的影響所產生(這裡面所謂的「性情」，其實還可細分成：天生的「性情」，後天的特質，文學的筆法，還是社交媒體的操作等。)

*這裡面有兩個值得思考的重點：

一如何定義和透視人性與意識(包含：個體、群體、糾纏態等)之間的關係。

二如果我們把視野格局侷限在愛自己，或活在當下，就無法透視更完整概念的「人性」。理論上，純粹獨立於環境且具體的所謂的人性，是不存在的。

(由此延伸：個人單純想從自我反思，自我審視，召喚潛意識等方法，去嘗試改變個人一生的命運，甚或是創造大環境的幸福，我覺得，也是不可能的。)

*另外，單純從兒童時期的經驗，或厄勒克特拉情結，阿尼姆斯原型……等，解釋泛人類社會的所有關係和行為的背景成因，也是遠遠不足的。

* 錯誤的假設前提，有可能誤導我們，以至於造成我們對人物的錯誤判讀。最經典的，比方對楊廣、楊朱、王莽、華歆、嬴政、曹操、惠施、猶太人……等的誤解。

* 至於，我們常見的那些社會潛規則，各種所謂的效應，爾虞我詐的手段謀略，應該如何理解？我以為，現象本身是存在的，但不能因此而理解成「這才是所謂的人性的真正面貌」。這樣是無法深刻透視社會上，所有「自然人」互動的本質。

現實是，要把一隻老虎養成人類「閨蜜」，或者，把一隻貓，變成鬣狗，在理論上都是可能的。也就是說，比起天性，環境的影響反而更大。我們真正要思考的應該是，如何改善影響天性的大環境，而不是用個案行為來否定我們所有人類的既存價值。（底下，孤獨的靈魂還會再做補充。）

* 惻隱之心，銘印效應，擬態效應，見賢思齊等天生的特質，或許可以作為改善人性的一個很好的「介質」。

* 其實，重點不在於所謂的人性，而在於，你用什麼做「支點」來啟動這個世界。

* 參考：書籍——人慈，性格地圖。故事1，5，6，12，14，19，21，24項。思考8，42項。心理認知16，40，46~50，52，57項。親子教育：21，22，23，24項

輯 1　適合一般讀者：

7 透視自由：

思考生命的課題，不可能避開自由的議題。何謂自由？除了既有的學術理論之外，我另外挑幾個我們容易忽略的角度來思考：

一 不被制約的假象所禁錮的自由。

盧梭：人生而自由，卻無往不在枷鎖之中。

我這裡要探討的，是「固化劑」的枷鎖。什麼是固化劑？比方，SOP(標準作業程序)，遊戲規則，責任感，建立良善的態度，凝聚力等，傳統認知為──對群體建立秩序的無形概念。

試想，假如我們因為恐懼「不自由」，而在這些概念上面上了枷鎖，我們的未來，是更自由，亦或更不自由？是更有希望，還是更絕望？無法固化的水泥還能做什麼？

＊

當我們思考「自由」的議題時，就應該把代價給算進去，才是認真思考自由。比方，我們告訴瘖啞人士說，你有表達的自由，但沒人學手語；告訴長輩，你有傾訴的自由，但沒人願意花時間傾聽他們的心聲，這樣的自由賦予，就非常的虛偽。

＊

羅斯福總統曾經提出四大自由，言論自由，信仰自由，免於匱乏的自由，免於恐懼的自由。今天，我們似乎更常見到國際輿論常提到言論自由，信仰自由，卻較少探討免於匱乏的自由和免於恐懼的自由，為什麼？

主要是和排擠效應有關。當一個社會過分強調某部分的自由時，就很可能排擠掉其他部份的自由。因為，維護自由的資源條件是有限的。

聯合國有個SDGs的國際計劃，即地球永續發展的目標。若我們不能意識到排擠效應的意義，目標就永遠只能是一個空中的雲朵，不可能實現。

＊當然，為了讓群體變得更好而過度委曲求全，那又屬另一種極端了。（有人會將它說成「奴性」，這是屬文學層次的觀點，我就不特別討論了。）

二 可以信任的空域：即可以不用處於四處充滿迷霧，令人感到焦慮的空域。比方和諧的社會或家庭關係，清晰的物理知識，融洽的國際環境，明亮的光線，豐富的醫學知識等。只有在一個可以信任的環境，我才會願意將選擇權交出去，然後，我們才有餘力思考，咀嚼，擁抱和探索。若一個環境不值得信任，我的生命只會更加的焦慮，即使貌似有所謂的選擇權，也只是自欺欺人而已。

因為，我們不可能在一個虛假的菜單上，咀嚼，品嚐。更不要說，還有餘力做心靈層次的各種幸福的交流。

＊參考底下思考3，9，21，33項。

三 可以徜徉的空域：比方可以自由自在奔跑的空間和時間。可以盡情欣賞美麗的景色，而不是像在趕屍，可以提供自主溫飽的自然生態等。另外還有，不受社交媒體制約，不受「便利店」的制約，不受名牌物慾的制約等。（還可以延伸思考：有品質的生活條件，可維持基本尊嚴的生存條件等。）

＊參考：思考68項，心理認知29項。

42

輯 1　適合一般讀者：

四 不受罪惡的轄制：不受，比方暴力，貪婪，譏諷，毒賭酒癮……等惡習的綑綁。

康德：自由不是想做什麼做什麼，而是不想做什麼，就可以不做什麼。

五 不受傳統道德的制約（這是近代主流的哲人很常見的一個思路）：

比方多元性別，孝順，愛國議題，三從四德，三綱五常等的反思。

六 身體可以放鬆的自由：（是放鬆，不是放縱。）

古人幾乎沒有假日休息的概念，特別是農村中的婦女，幾乎一年到頭，甚至一生都在辛勤工作，直到死前一刻，才算卸下重擔。

（文人雅士無法體會其辛勞，還常以其作為文學作品中恥笑的對象，真所謂，不知盤中飧，粒粒皆辛苦。）

＊身體放鬆是個嚴肅的話題，有辛勤付出才叫放鬆，若浸淫躺平，那就不算是自由，而是頹廢了。

子曰：以德報怨，何以報德？

個人想追求躺平和頹廢，那確實是他個人的自由，社會未必需要嚴厲撻伐。

但如果縱容社會去歌頌頹廢躺平的價值，那是整個社會的自取滅亡了。

七 心靈可以放鬆的自由：（這裡指的是，可以在背起與放下之間，找到舒適的空域。）

有道是，要學會斷捨離，你才能離苦得樂，這觀點確實很有助於一部分人。

沒錯，學會適度地放下，才能有多餘的空間去探索和學習。但有時候，價值還是越老越好，越堅持才愈顯珍貴。

一個完全沒有包袱的靈魂，也許他貌似自在，但未必是幸福的。一個背著沈重包袱的靈魂，他無疑

是辛苦的，但他卻更令人肅然起敬。

我知道這世上有人一直默默的犧牲奉獻，我在此向你們深深致敬。只是，願你們也好好保重自己。

好多過勞死的例子，我看著，覺得好心疼。

＊

肅然起敬的態度，是一個社會向前行走很重要的動能，而不只是可以天馬行空的創意。若沒有當年的英雄、老師，前輩，長輩等的犧牲和諄諄之言，豈有今天的你我可以在此嗑瓜子閒聊。

除了前面柯媽媽的例子，再舉一個例子：林靖娟。

那是1992年發生的，一次嚴重的公共安全事件。她是一個幼兒園的老師，火燒遊覽車時，他本已帶著數名學童脫險，但為了搶救更多的孩子，她再一次衝入火海中，最後命喪火窟。遺體被發現時，懷中還緊緊抱著四個小孩。

因為有她這樣的人，所以，讓我們可以相信，這世界是溫暖的，有希望的。

＊

是否因為相愛的「最終」結果可能會很痛苦，所以我們就應該選擇「不去愛」，而「不去愛」，是否就是真正的幸福，這又是另一個課題了。

（關鍵在「最終」。除非我們可以證明是所謂的「最終」，否則，就可能淪於錯誤假設，甚或是因噎廢食的困境了。）

＊

坊間有個俚語：生不帶來，死不帶去，每個人來是一個人來，死是一個人孤伶伶的走。

這只是個似是而非的說法，並沒有得到證實。死不帶走嗎？帶走天地的祝福，留下美好的精神。來，至少有母親的陪伴，才可能成胎。走，是一個人走嗎？至今無人能證明？

44

輯1 **適合一般讀者：**

這裡面有個重點：這所謂的「一個人」，是用什麼空間，時間的概念認知的呢？如果所謂的形而上世界的時間，空間，和我們的認知不同，那就不能用病床旁沒人陪伴，去定義為「一個人孤零零地走」這件事。

（再說了，人生自古誰無死，但求，留取丹心照汗青罷了。）

＊必須在「付出」的過程中，才能找到絕對的價值感，這當然又是另一種極端了。

＊參考：思考61項。

八 審美空域的自由：

（可以在更寬闊的空域中，認識不同命題義意的色彩。）

我們的社會真的有審美空域的自由嗎？相對於二十世紀，文學作品有更精彩嗎？今天的影視作品，似乎，越來越視覺肉慾化，角色貴族化，既有價值的邊陲化。繪畫藝術，則是逐漸抽離和價值主題對話的可能，逐步朝無題化，直覺化，空靈化發展，彷彿成了顯學。這是審美空域的縮小，還是更寬廣呢？

PS：其實，無題化的繪畫藝術，人類永遠也無法超越AI智能。人類的優勢，是透過藝術作品，進行比方時空的，價值的對話。沒想，如今卻捨本逐末。

＊延伸思考：我們真的有審美的自由嗎？為什麼蚵仔麵線是加香菜，蒜泥，而不是加起司或巧克力脆片？為什麼粽子是加香菇，花生，豬肉，而不是湯圓或地瓜？這些，當然和我們天生的味蕾的基因有關，而非什麼「自由」。

另外，老人，兒童的審美，為什麼又和一般成年人也不同。對某些老年人而言，似乎，更鮮艷的顏色，更能誘發他們認同。這部分，也是和生理的變化有關。

＊關於這部分，底下思考的27、43、44、72項還有補充。

九 對話空域的自由：

可以在理性、善意的基礎下，進行具深度，且有建設性的對話。比方政黨之間，宗教之間，種族之間，一旦壁壘分明，就幾乎不可能奢求在理性下，進行開放健康的對話。認知衝突，常成為家人反目成仇的因子，而不是錢。

（也許這就是當年鵝湖之會的過程無法留存於世的原因之一。至於，大元至元辨偽錄，老子化胡經，佛印與蘇東坡的對話等，則是虛構情節，無助於對真理或形而上的命題進行有跨越度價值的思辨。）

＊蘇東坡個人的生命觀，並未在與佛印禪師的對話中顯示出來，這是不合理的。

軾：客亦知夫水與月乎？逝者如斯，而未嘗往也。盈虛者如彼，而卒莫消長也。自其變者而觀之，則天地曾不能以一瞬。自其不變者而觀之，則物與我皆無盡也。而又何羨乎？且夫天地之間，物各有主。苟非吾之所有，雖一毫而莫取；惟江上之清風，與山間之明月，耳得之而為聲，目遇之而成色。取之無禁，用之不竭。是造物者之無盡藏也，而吾與子之所共適。

十 釋放能量的空域：

比方以前，我們可以和鄰居家的小孩說悄悄話，餵食流浪貓狗，在後院種花蒔草，朝天空吶喊，享天倫之樂等。如今，這些事幾乎都成了奢求。

＊「必須有我，沒有我來下指導棋，你們就是不行。」那又是另一種極端了。

十一 純淨的空域：

辑 1　適合一般讀者：

比方，媒體信息的純淨，價值訴求的純淨，乾淨的空氣水源，安靜的時間，清澈的記事影片（沒有太多刻意帶動情緒的配樂）等。

＊媒體信息，價值訴求，經常被加入各種動機目的。

＊學會適度的放下或抽離，可以給自我的提升騰出空間。有時，我們可能會忠誠於某獨特的信仰，以至於陷入思考盲點而不自知。

＊沒有受到社會的誤解，歧視，或封建迷信等的制約，也是一種純淨的空域。

十二 受到自我良心的控訴和譴責，或來自社會的合理批判，也會感到靈魂的一種「不自由」感。

＊關於自由，參考：故事1，6，7，8，17項，思考22，24，25，26，54，57項，親子教育第19，30項，49項。

8 說到自由，就必定要碰觸另一個話題：孤獨。

主持人眉頭深鎖，語氣幽幽的問來賓：每當夜深人靜時，你有沒有一種寂寞，孤獨的感覺？（說話此刻，主持人頭上正冒出一朵雲──來賓悵然若失的遙望遠方，手上的香菸，正如煤炭火車般嗚嗚銳著濃濃黑煙，他的臉龐淚如雨下。）來賓如波浪鼓般翻擺著肩膀，六親不認式甩筆⋯啥。我忙得要死，哪有空想這些鬼。

主持人⋯⋯

什麼是孤獨？許多人會把獨處，孤獨，寂寞，無聊等的概念給搞混。以至於，搞不清楚自己當下所處的情境和問題。以為，沒有安全感，沒有激情，沒有親密的伴侶等，都是孤獨。當然，這樣理解也是可以的。

以下，我用我的方式來思考這個命題：

獨處，字面上的意義是，一個人享受與自己相處的時光，僅此而已。獨處和靈魂的智慧，成熟，沒有任何關係，智慧取決於思考問題的視野格局，和可對話的空域。

多數人確實必須靠安靜的空間，才能讓自己的大腦更平靜。在平靜的狀態下，思考事情，咀嚼內心的感觸，單純的休息等，確實效率會更好。

但嚴格說，思考的本身就已經不算「獨處」了。你正在跟自己的心靈對話，跟古人對話，跟神、佛對話，跟價值對話，你的心靈其實是「豐富有趣」的。（參考：教育27）透過獨處，可以讓靈魂好好休息，可能有助於自我療傷。但自我療傷，卻不能只靠「獨處」（休息）。因為，有些傷，是必須靠更好的對話，才能找到癒合的因子。

＊獨處其實被過度美化了。獨處只是一種狀態，和境界無關。凡事有多面向。樂於獨處的人，有可能他不會是一個我們以為的那種溫暖的人。有時候，他甚至可能是個「冷漠」的人。更甚者，他的社交能力，鏡像神經元可能逐漸退化。

例如：牛頓，特斯拉，佩雷爾曼，尼采，梵谷，叔本華，卡文迪許，賈伯斯等。

PS：許多人會將以下的概念搞錯，這裡簡單說明一下：

享受獨處和追求孤處是不同的。喜歡獨處和害怕人群，要分開思考。喜歡安靜不等於理解獨處。習慣一人不等於是一個有意識的獨處者。靜坐冥想和享受獨處是兩件事，沒有境界高低。冥想是放下，獨處是擁抱。

恐懼孤單，害怕獨處，並不同。一個是需要陪伴，一個可能是怕面對自己。

輯 1　適合一般讀者：

（獨處其實是一個非常嚴肅的課題，不能用文學過度美化。若我們將它過度美化，就可能忽略學習溝通對話的功課。你必須趁年輕時就要培養安靜的聆聽，學習理性的表達，和有意識的自我調整的好習慣，等你老了，才比較不會過度任性而為卻不自知。你越「任性」，身邊的晚輩就可能離你越遠。孰令致之？）

寂寞是指，雖天下之大，自己彷彿置身於幽冥的宇宙之中。念天地悠悠，獨愴然而涕下。通常，也是一般人所認知的孤獨感的概念。

無聊就簡單多了。只是單純的處於當下的時空，找不到與事或物，進行有意義的連結的狀態或可能性。

什麼是孤獨呢？底下從幾個維度進行探討：1.孤獨的狀態。2.孤獨感。3.孤獨的角色。4.孤獨的環境。5.孤獨的意識。6.孤獨的態度。7.孤獨的靈魂。8.生理上孤獨。9.病理上孤獨。10.孤獨的性格。

(1)‧孤獨的狀態：

看不到未來的世界，看不到理想的社會，看不到和諧的關係，看不到生活的保障，看不到可以擁抱的信仰，看不到值得追求的目標，彷彿，什麼都看不到。

心力交瘁，無能為力，找不到任何可以求援，或一起築夢的對象和可能性。

整個社會對於未來，充滿徬徨與恐懼。人與人間價值觀衝突對立，彼此毫無信任感可言。面對社會的強脈動，每個個體只能亦步亦趨，連想作楚囚般對泣，都彷彿是一種奢求。

也許被誤會，被抹黑，被傷害，或不被當代所理解，不被家人所理解，也可能是為了更大的理念而放棄為自己申辯。

49

孤獨界前輩：司馬遷、賽麥爾維斯、加加林、鄭和、勒讓蒂、杜環、傷寒瑪麗、貞德、路易斯·斯洛廷、杜甫、郭昕、克萊爾·卡梅倫·帕特森……等。

(2)・孤獨感：類似李白的「停杯投箸不能食，拔劍四顧心茫然」的感覺。

也可以說是，一種寂寞，感慨的概念，眾人皆睡，唯我獨醒。

沒有人陪你一起歡笑，沒有人陪你一起哭泣，沒有人陪你一起面對黑暗，沒有人陪你在羽塵中罰站，沒有人陪你在颯颯銀雪中前進，沒有人與你一起追求夢想。你覺得很懊悔，想道歉，但再也沒有機會了。

沒有歸屬安息之處，只是一人，在零丁洋裡，任風雨鞭叱的孤舟。

靈魂似乎被掏空，既不能見容於大環境，也不見容於自己，終日渾渾噩噩，無所事事，貌似可以自由翱翔，卻找不到可安歇的溪水旁，或被排擠霸凌等。

或者，生命受到束縛，無盡的自責（那天若……這事就不會發生了），善戰者無赫赫之功，每天戴著假面具過日子等，也很容易有一種孤獨感。

＊ 有些哲人會將「戴面具」這件事，加罪於社會的偽善，或定義成人性的虛偽。不考慮腦神經科學的話，這樣理解問題確實比較方便。

其實，不需要放入太多的道德批判。更多成分，就是一個人，要融入或適應社會時，自我調整與學習的過程。在這個過程中，無論是社會，或個人，都在努力的自我修正，這就是這世界可愛的地方。

為什麼要用極其惡毒的字眼給個人或社會貼上標籤呢？

＊ 理論上，對什麼事都完全不在乎的人，比較不會有所謂的孤獨感。一個人這樣，確實有一種特殊的、讓人好奇的美感。若整個社會都這樣就慘了。

輯1 適合一般讀者：

(3)·**孤獨的角色**：高處不勝寒。他所處的位置，必須程度上和身旁的人產生距離，使他感到不勝唏噓。（比方領袖，理想主義者，情報人員，老闆，校長，哲人，心靈導師，雛妓，黑道等）這和他個人的意願或社交能力無關。

(4)·**孤獨的環境**：比方，整個社會都被市場機制所綁架時，個人就會覺得，自己或身邊的人，似乎變得異常的冷漠無情。（這不是真的無情，而是，他已經將自己的時間出賣給整個市場機制了。除了為市場勞動，他沒有條件駐足並關心身旁的事物。）

PS：經典的故事：聖經――好心的撒瑪利亞人。

* 是培養邊緣性人格，反社會人格，憂鬱症，家庭暴力等，最理想的土壤。
* 很多時候，孤獨的環境其實也是自己（社會或人類）創造出來的。比方，商業化社會，信息化，泛人工智能的未來世界等。
* 個人或群體被抹黑，被誤解，以至於不受社會或天下待見，也是一種。

(5)·**孤獨的意識**：自己感覺和社會格格不入。比方，過份放大自我的價值，或極度自卑，完全否定自己，即過亢或過卑。認為生命沒有意義，活在當下才是真的，也是一種孤獨的意識。或是，透過社群媒體以為，別人好像都很厲害，產生認知落差感。

* 這裡面有幾個思考重點：

51

一、沒有人理解你、懂你、和，沒有人願意理解你、懂你，是兩個概念。

二、願意理解你，和是否有能力，有時間，去理解你，和理解當下的你，和理解當下的你，又是兩個概念。

三、認同當下的你，和理解當下的你，又是兩個概念。

（有時候，我們自己都可能不認同或理解，當下、過去、或未來的自己。）

(6)‧孤獨的態度：太多信息管道告訴我們，真正有智慧的人，靈性高的人，能量高的天選之人，懂得遠離人群。只有懂得享受獨處的人，才是真正有高能量的人。

於是乎，許多人明明知道自己需要關懷，也想關懷社會，卻又不想成為「愚蠢無知」的那種人。只能默默的，選擇學習自我封閉。也可說是：加工型主動孤獨。

（其實這種思想，只在於某些民族的文化，和靈性高低，沒有任何關係。）

*懂得享受獨處，和遠離人群，是兩個概念，許多人常會搞混。

(7)‧孤獨的靈魂：（被解構過後的生命，是破碎的。「靈魂」，不是「闌尾」。）

經濟學和比較心理學有個實驗叫做：最後通牒賽局。即透過零合賽局的分錢遊戲來證明「人性」的本質。其實，他犯了嚴重的假設前提錯誤。

賽局實驗居然刻意把所有的實驗者進行隔離，不讓他們交流。這行為，等於是將人性中最珍貴的靈魂丟入密室裡，這樣的實驗者進行出的結論，根本不能代表靈魂為基礎的人性本身。

嚴格來說，他只是探索了人類腦神經行為的現象，而不是真正「人性」的本身。

（當然，如果他要把腦神經行為定義成人性也是可以，但，其實這只能算是人性的一小部分。）

真正的「人性」，應該把腦神經行為定義成人性也是可以。什麼是「靈魂」？就是必須讓賽局加入信任，

輯 1　適合一般讀者：

情感的元素。因為，那才是靈魂真正的屬性。靈魂和神經網絡系統一樣，他的運作是需要時間的。我們不留時間給「靈魂」去發酵，卻反過來否定以靈魂為基礎的「人性」，這是不合理的。沒有水的水壺，還能算「水壺」嗎？

我們不可能將計算機的等號抽離出去，再來否定計算機的功能。或是，我們不讓馬吃草，卻怪他天性懶惰，這都是非常奇怪的。

賽局遊戲就是犯了這個嚴重的前提錯誤，才會有後面的滑坡謬誤。這是典型的概念認知錯誤。

如今，我們的社會恰恰犯了這個嚴重的問題。

我們讓商業化後的社會，作為主導人類所有社會關係的基礎，大大將靈魂的生存條件給邊陲化了。

然後，我們再回頭過來批判「人性」，這是極其愚蠢的做法。

這就像是，我們用裹腳布把女人的腳給綁住，再來嘲笑他們懦弱矯情，一樣莫名奇妙。

那麼，什麼是有靈魂的人性？喬伊納的著作——為什麼要自殺？書中有個信息倒是可以做為非常好的註解。

裡頭提到一九六三年甘迺迪遇刺，一九八六年挑戰號災難事件，911事件，發生事件後的至少一週以上，美國國內幾乎沒有（至少是大幅降低）自殺案件。

沒有自殺案件！為什麼？這就是靈魂的本質了。如果單純從賽局裡「人性」的角度來看，我是否想自殺，其實和這些事件並沒有任何關係，但現實卻是，事件的發生，喚醒了個別靈魂想關心世界的本質，於是，推遲了自我傷害的行為。

把靈魂的元素加入賽局理論，就可以合理解釋，為什麼二桃可以殺三士。若把靈魂的元素抽離，二

53

桃根本不可能殺三士。

把靈魂的元素抽離電車難題，電車難題就根本不是個難題，只是數字問題。

然而，若不是從大數據去思考這個問題，並不會發現其中的奧秘。

這和孤獨的靈魂有什麼關係呢？

當我們的生活環境，逐序將靈魂生存的條件給偷偷抽離，那麼，所有的靈魂都可能魚貫走向所謂的「孤獨」，並因此而凋零。我發現，許多人還渾然未知，繼續糾結於透過冥想，正向思考，以圖改變靈魂困境，此無異於，緣木求魚。

這也正應了柏拉圖的洞穴理論的觀點。除非你意識到，並親自走出洞穴，否則，你什麼都改變不了。

＊ 由此延伸思考憂鬱症：這也就可以理解，為什麼面對憂鬱症患者最好的對話模式是，建立共情的空域。因為，不少的憂鬱症患者最大的「病源」，是來自於孤獨感。

你能不能跟我說說你的感覺。

你有沒有什麼想說的，我很想知道。

你不是一個人，你還有我，我在這裡。我們一起面對問題。

（你說這話是否出於真心，還是照本宣科，對方的靈魂是會感受到的。）

PS：看來，麥可傑克森是懂孤獨的⋯You are not alone.

因為，只有建立共情的空域，他的靈魂才不是孤獨的。你才有可能牽著他的靈魂的觸手，慢慢走出陰鬱的世界。

（現實中，經常發生⋯

輯1 適合一般讀者：

1. 想自殺的人，看到旁邊也有想死的人，他反而會勸那人不要這麼做。

2. 想自殺的人，對即將溺水的人，反過來進行營救。

　*當下，他根本不會意識到，自己才是最需要被營救的人。

3. 感到生無可戀的母親，為了養育懷中的嬰兒，選擇繼續活下去。

4. 經商失敗的兒子，因不忍父母妻小無人照顧，打消尋短的念頭。

　*注意：通諜賽局和囚徒困境的本質完全不同。

通諜賽局——是在「抽離靈魂」元素的狀態下，個人思考如何謀利。

囚徒困境——是在「有靈魂元素」的前提下，探索共生可能的最大值。

(8)・生理上孤獨：比方有人吃飯時，喜歡一群人吃才帶勁。否則，他會覺得有種莫名的孤單。另外，手機信息糾結症，都市型節奏不適症等也是一種。

日本人有個習慣，送行一定要送到對方離開視線之後。因為他們覺得，如果對方回首時看不見人影，會有一種落寞感。這是一種貼心，也可能是刻在骨子裡的社群共性。

　*參考書籍：當我們一起。

(9)・病理上孤獨：特別容易發生在老年與青少年身上。他們很容易因為感到孤獨而出現憂鬱症的情形。這裡面有包含，因生理健康下降而產生的各種焦慮感，比方，血清素，額葉，海馬迴……等功能的逐漸退化。青少年比較常見的是，社交媒體的依賴症，他的自我價值，經常被「按讚」和「留言」機制鎖死了。

幽閉空間恐懼症，失眠，暈眩，重聽，空間感或時間感的認知功能下降等，也可能產生孤獨的認知。

(10)・孤獨的性格：經常被外界和獨處搞混。兩者差別在於，善於獨處的人，在獨自一人時仍處之泰然。而孤獨的性格，通常是指，怯於和外界（通常指社會人群）進行交流的人格特質。認知的習慣上，是指無法適應人文環境的特質。

（一）一般而言，男性比例高於女性。重度手機依賴者，高於不用智慧型手機的人。

＊孤獨的性格，有可能是一個享受獨處的人。比方李白，他就不算是一個寂寞的人。他的…舉杯邀明月，對影成三人，就是一種對生命的灑脫與奔放。

＊有些人，是在心理上缺乏安全感，心靈脆弱，不知道如何，或沒有能力傾聽，或與世界對話。可能沒有能力承擔羈絆，或缺乏感動的能力。還有，思鄉，喪親，生命經驗（不是只能源於童年，也可能是喪親，失戀。）等可能有關。

＊有時候，經歷過孤獨，受傷，與失敗的人，才更懂得珍惜幸福的甜美。

＊參考：思考68項，親子教育27項（這世上從沒有一個天才是孤獨的…）63，64項。

思考12，15，16，18，24，25，54項。故事3，5，6，8，14，16，19，22，26

9 關於聆聽：

所有互動的起點，都是從聆聽開始。這裡的聆聽，不是單指「聽」，而是指誠懇地貼近對方的靈魂，單純的理解他的感觸，細膩的探索交集的各種可能。

一 說話和聆聽不同。說話，是為了信息的有效傳遞。聆聽（對話），則為了成就彼此。

二 好的聆聽的態度，有助雙方建立共情的靈魂，有了共情的世界，才可能建立互信的社會，有了

56

輯 1　適合一般讀者：

三、聆聽的觀與想

視線可以幫助我們輕鬆前行

視野可以幫助我們知道如何穿越迷霧

聽覺可以幫助我們掌握空間

聆聽可以幫助我們有意識地認識這個世界

四、聆聽並不是一件簡單的事。他是一門，需樣長時間學習和經營的功課。他的重點有：

1.當事者，2.聆聽者，3.陪伴的過程，4.背景的理解，5.共情的能力，6.信任度，7.節奏感的掌握能力，8.和諧斷點的能力，9.議題解構的能力，10.議題連結的能力等，這十項元素共同建立的美好交集。

五、安靜的聆聽，可以幫助我們學會正確的關懷。長期的真誠的關懷，才能將關懷的能力內化成身體的記憶，成為一種有能量的條件反射。有這樣的能力，才能讓身邊的人感覺到真正的溫暖。（那不是一天兩天的表演，而是一生的堅持。）

＊參考：故事3，5，11，14，16，17，18，22，24，25，26項，思考1，23，24，38，39，41，45，73項。自我學習9，10，17，18項。聊天對話全篇，親子教育全篇（尤其是9，14項）夫妻相處篇。心理認知偏53，54項。

互信，這世界才有可能更和諧，更美好。

否則，你用再多的法令規範，和條條框框，只是讓彼此更疏離而已，毫無意義。

57

10 焦慮：

簡單的說，就是環境從原本「零」的狀態發生改變，生理的反饋機制的節度，超出理性可控範圍，造成平靜狀態改變常見的觸媒，比方：生理（生病不舒服，感官刺激，失眠等），心理（如關係造成的壓力，價值感的排他性，預期的落差感），環境（人、事、時、地、物）。

容易焦慮的人，靈魂是相對單純的，內心較沒有太多的城府。總是笑容可掬的人，反而有可能是過分自我壓抑的人。

＊以下不是要復讀焦慮的理論背景，主要是分享長輩常見的焦慮案例，方便幫助我們判讀他們內心的想法。

一 無法更好的表達 表情焦慮：我不知道怎麼組織語言，為什麼你們就是聽不懂。

二 受到壓抑 家人：你不要吵。我來做就好了。你去一邊涼快。一旁沈默不語。

三 擔心匱乏 家人：家裡沒錢了，你不要那麼浪費好嗎？一直低著頭不說話。＊沈默也是焦慮的一種表現。

四 擔心飢餓 一直問：下午吃什麼，晚上吃什麼，明天早上吃什麼？

五 恐懼暴力 路上見到拉扯：不要過去。我們走另一邊。我們別管，不甘你的事。

六 擔心失去價值感 社區開會回來：我知道，他就是整天想要我這個委員的位子。

七 怕失去愛 奪命連環call：你什麼時候回來，小心車子，路上不要多管閒事。

八 怕失去被期待 孫子今天要回來，預先去買很多的玩具，零食。

九 沒有安全感 X，他說什麼，他是不是在罵我？／你要去哪裡？去多久？

輯 1　適合一般讀者：

十 恐懼死亡 你不要穿黑色衣服。／什麼沒有緣分？／你再陪我一下。

十一 節奏焦慮 你慢一點。／我看不懂，我頭會暈。／我不要去住都市。

十二 社交焦慮 兩星期前就在問，要穿什麼，要戴什麼，我要染頭髮，假……等。

十三 自責焦慮 我知道，一定是我沒有參加他的畢業典禮，所以，他這一輩子都不會原諒我。

十四 分開焦慮 下個月13號請假！為甚麼不早說。要去哪裡，為什麼？我怎麼辦？

＊ 參考：故事1，2，17，23，24項，思考14，54項，夫妻5，16，17項。

＊ 身心症全篇。

近代主流的心理哲學經常將個人性格問題，或孤單問題歸咎於原生家庭：他有性格上的各種問題，正好他的家庭也有很多問題，所以，他的問題大概率都是原生家庭造成的。

這是倒果為因的理解。

他的父母很窮，也從來不懂得反饋，造成他也容易斤斤計較。他的父母只會要求他讀書，所以，他只能在書裡找到一點點的存在感。這是典型的錯誤歸因。

的生命也很卑微。他的父母只會跟人鞠躬哈腰，所以他

若真的有所謂的原生家庭的問題，通常問題往往不單是父母嚴厲這個表象。而是整個社會的意識形態與氛圍，造成他的父母因極度恐懼而產生認知偏差。

也就是說，真正要改變的，是包含從大環境去做調整，而不是讓個別父母去承擔所有的教育職責。

原生家庭的父母，甚或是學校的嚴師，其實都只是這些問題之所以發生的最末端環節。也就是所謂的，多米諾骨牌效應的最後一張「骨牌」。

以前的父母親（或導師），有更多的孩子要照顧，有更大的經濟壓力要面對，可能學歷不特別高，但孩子各個有各個的神氣。創作出來的民歌，各有風情，各具性格張力，每個青年意氣風發，神采飛揚。沒有太多人會去怨懟父母，還更懂得關懷他們的父母和恩師。

如今的父母親（和老師們），一個比一個受到更完整的新式教育，反而更變成子女生命的原罪，這不是一件非常詭異的事嗎？

其實，造成孩子戰戰競競的，遠不只是來自父母或老師的責罵，更多的是他看不到自己的希望。和電視劇中的貴族相比，他只是一個猥瑣的小人物。

其實，造成孩子畏畏縮縮的，遠不只是來自父母的期待，而是，他沒有機會學習用他的力量去愛這個世界。電視媒體暗示他，有能力捐錢才是王道。

其實，造成孩子缺乏安全感的，並不只是父母（或老師）的無意忽略，更多是，自己的重要性被過分放大了。以及，看到孤苦無依的祖父母，竟沒有任何人去關心他。（真相卻是，父母也想用更多的時間陪伴子女，去照顧年事已高的父母。然而，面對大環境的可怕職業淘汰率，面對令人膽顫的生存市場的馬太效應，即使他們每天戰戰競競全力以赴，仍充滿無限難以想像的變數。他們自己何嘗不是萬般無奈。）

許多父母不明究理，只能任各種媒體輿論對他們無情的撻罰。任其用各種杜撰的效應與實驗，來指導我們父母或老師學習各種自我反思和責己。讓父母在教育子女或學子的空域上，只能變得唯唯諾諾，毫無立椎之地。

然後，不斷的釋出自己教育的空域，讓孩子任由社交媒體的網路世界去「教化」他們。形成一種，

輯1　適合一般讀者：

父母親或老師既無權，也無法開導和教育，但卻要承擔所有青少年的社會問題的奇怪現象。對這些整天活在自責與焦慮的世界的父母和老師們的處境，我只有感到心疼無限。

參考：有個經典的案例分享（是真實發生的事，不是虛構的故事。）—塞德茲的天才教育法，這本書的作者是一個優秀的教育哲學家—鮑里斯・塞德茲，他教育出一個曠世天才的兒子，但這天才後來卻一事無成。

試想，連一個卓越的教育家都無法教出一個有「好成績單」的天才，我們又何必給自己這麼大的壓力呢。

＊關於教育這部分，底下的親子教育篇有非常完整的補充。

底下三題，以後再補充。

11 如何更好的面對憂鬱。
12 未來的地球，人類與人工智能之間的關係。
13 死後的世界。

（2）小故事 或許值得咀嚼一下

底下，從小人物的真實故事去探索生命的各種面貌：

1 奶奶將生病的老流浪狗帶去狗醫院治療，狗狗久久未回來。爺爺生氣了。責問奶奶：都老狗了，你還讓他成天關在寵物醫院裡，這算什麼。應該讓他晚年的生命，可以在公園裡自由自在的隨意奔馳。

奶奶不以為然，兩人吵了一上午。

女兒回來了，弄清怎麼回事後，對著母親：我和爸爸的想法一樣。我也覺得應該讓她自由自在地走完最後一程。

然後，他轉頭向父親：媽媽的意思是，如果老狗在馬路上生病倒下去了，被車子輾得稀巴爛，那也太可憐了。

接著，他對兩人：我知道你們都是為了老狗好，只是你們是用不同的方法而已。

兩人的情緒和想法都得到了安撫和理解，便逐漸安靜了。

2 奶奶又對爺爺念叨：你就是不運動，才會越來越沒力氣。

爺爺：我就是沒力氣，才不想動。不信你問女兒對不對。

女兒：爸爸，你要多運動，身體才會有元氣，身體有了元氣，自然就慢慢有了力氣。

爺爺看了女兒，又看了奶奶一眼，點點頭，沒有說話。

輯1　適合一般讀者：

3
老父親又尿失禁了。
兒子：沒關係，年紀大就是會這樣。我現在也開始感覺尿尿逐漸不順了。
老父親：是嗎？你也會這樣？
兒子：還不是很嚴重，但有這種感覺了。
老父親原本焦慮羞愧，甚至躁動不安的靈魂，彷彿得到些許的安撫。

4
奶奶跟兒子聊天：當年，我妹妹真的很會讀書。都是班上第一名。他們學校是最好的學校。大家都豎大拇指。
兒子：不是的。最好的學校是XX。
奶奶：上星期他還帶我去世界上最高的大樓玩。
兒子：那個不是世界最高的大樓。現在最高的大樓是XX。
奶奶：他結婚的時候，我給她最大的紅包。
兒子：舅舅那個紅包才是最大的。我有聽他說。
奶奶：我累了，想自己躺一下。幫我關燈。
這爺們應該會憑實力孤獨終老。

5
爺爺跟奶奶吵架。
奶奶：女兒難得回來陪你，你要好好去外面走一圈，不要偷懶。
爺爺：你不要管我。我早一點死最好。我知道你看我煩。
奶奶：你在說什麼，我是要你多走走對身體好。

爺爺：不用。你希望我快死最好。奶奶……氣）

父女倆出門，父親對女兒：我們不要出來太久，你媽身體不好。你等一下幫他忙。

6 世說新語──華歆的故事（就是那個疑似「見錢眼開」，被管寧割席絕交的人。）：某天，王朗與華歆一同乘船逃難，半路遇一人也要逃難，請求上船。華歆覺得為難，但王朗仍讓他上船。一會，盜賊乘船追來，情勢緊張，王朗害怕船行太慢被盜賊追上，想趕此人下船，結果華歆反而出面阻止王朗：「我剛剛之所以有疑慮，就是考慮到會有這個情況。既然已經接納了他，又怎麼可以因為情勢危急就拋棄他呢？」

依然像原先那樣，帶他繼續逃難。幸好，後來三人都幸運逃離。

有時候，身邊需要華歆這樣的人。這種人，通常不是人人讚嘆和膜拜的心靈老師。

7 傳說有一個國王，非常愛他的百姓。為了解決國內水患的問題，他遍尋天下聖人。

終於，他找到了一個大智者幫他徹底解決水患的問題。

他很開心，容許這個髮鬚蒼蒼，目光如炬的偉人提出任何要求。

智者說：你看到你前面的棋盤了嗎？明天，你在第一格上給我一粒米，第二天，在第二格上給我前一天米的兩倍數量，直到棋盤的最後一格。

國王立刻爽快的答應。

若干日後，棋盤還沒數完，國王就被丟到野地裡哀哭切齒了。

從此，國家進入一個用數字吃人的時代。

輯 1　適合一般讀者：

8 女兒要出遠門了，前一天，父親擔心行李箱被摔壞，將其外面用繩子五花大綁。

女兒覺得很醜，一直抱怨。

到達目的地後，女兒發現，行李箱的鎖壞了，幸好有父親的繩子綁住，行李才沒有爆開。他心裡暗自感念父親的「多此一舉」。

女兒莞爾陪笑，沒有接話。

老公無意間開個玩笑：鎖可能被爸爸弄壞了，他怕被罵，才趕快用繩子綁起來。

老公笑了。緊張的氣氛瞬間溶解。

9 老婆已經不起老婆的叨叨唸，怒斥：對對對，你說的都對。錯錯錯，我說的都錯。

老婆歪著頭想了一下：所以第一句是錯還是對？

10 女兒在生病的父親旁邊大聲問母親，一個包子20元，兩個40元，我買三個要一百元。

母親問：好便宜。幫我買五個。三百夠嗎？

父親：你們是不是頭腦有問題啊？

母女相視笑了。

思考：父親狀況 1.有參與對話的熱情 2.邏輯清楚 3.聽力正常 4.還會「罵人」（投入情緒）5.對環境的觀察力依舊很好 6.表達節奏合理。

11 聖經路加福音10章中有一段記載：耶穌進了一個村莊。有一個女人，名叫馬大，接他到自己家裡。他有一個妹子，名叫馬利亞，在耶穌腳前坐著聽他的道。馬大伺候的事多，心裡忙亂，就進前來，說：主啊，我的妹子留下我一個人伺候，你不在意嗎？請吩咐他來幫助我。耶穌回答說：馬大！馬

大！你為許多的事思慮煩擾但是不可少的只有一件：馬利亞已經選擇那上好的福分，是不能奪去的。

＊這裡有個信息告訴我們：耶穌更肯定一個渴慕心靈交流的靈魂。

現實生活中，我看到許多長輩更喜歡孩子對他的依賴與聆聽，而不是孩子給他很多錢。那個文學作品中，嗜錢如命的普通老人，現實中我還沒見過。

12 阿公和女兒一起漫步在輕柔的晨光中。阿公忍不住抱怨：我要被你媽氣死了。你哥明明很忙，硬要叫他下個月撥時間，開車來載我去看門診。真的是老番顛（痴傻的意思）了。你媽就是這樣，永遠不會替別人想。

女兒：爸，我知道你是很貼心的父親。但其實，您不應該這麼貼心的。有時候，就是要讓孩子有機會學習付出，他才能從這個過程，學習去思考你對他的意義。學習如何去愛自己的父親。你幫他想，他就沒有機會自己想了。

13 女孩的雙親分居。她擔心父母親更老以後無錢可用，每回，分別只給父母一點零花之用。兩人都怪這女兒不孝。一回，母親生病了，需要一筆錢，女兒立馬拿出錢來應急。這事被父親知道了，坐實了，女兒一定經常給母親很多錢。父親感到怒不可遏，直到燭滅，未再和女兒說話。

（也許，一開始，女兒就騙父親說這錢是借來的，是否故事會不一樣呢？）

14 一對善良的姊妹，感情很好。姊姊在外地工作，每個月都會寄錢回去，但似乎比預期中還少。原來，姊姊經常也拿一些錢救濟更窮苦的人。妹妹知道了，興奮地告訴母親，希望聽到母親對姊姊的肯定。

輯1 適合一般讀者：

沒想到母親竟生氣了。母親心想，自己生活這麼拮据，女兒卻只想到窮人，說是窮人，也許是生母。

年節時姊姊回來，母親拒不見面。

姊姊知道此事，和妹妹大吵一架。原來是姊姊怪妹妹不該多嘴，並向她道歉自己太情緒化了。姊姊知道自己必須道歉，否則，妹妹是個要強的人，即使生病缺錢，也不會告訴他還知道妹妹是個單純的人，不會撒謊，於是，他向妹妹撒謊：錢是老闆的。我只是幫我的老闆把錢拿去照顧孤兒院的孤兒。但老闆不許我告訴任何人。

妹妹知道了，又去告訴母親，母子兩的感情才又重修於好。

15 一個平凡的縣城，所有人都過著安居樂業的日常。

有天，王武向錢莊借了一百萬，買了張山的字畫。頓時，張山成了大家眼中的大畫家，身價翻了數倍。

數月後，張山用一百萬向李仕買了一件衣服。頓時，李仕成了大家眼中的知名服裝設計師，身價翻了數倍。

又數月，李仕拿一百萬捐給了王武。頓時，王武成了大家眼中的賽華佗。身價翻了數倍。王武把錢還給錢莊。才不到半年，三人沒花一分錢，都成了人中龍鳳。

16 爺爺和奶奶又在吵架了。

爺爺對奶奶怒斥：這顆梨子是我的，你不要碰。你要吃，自己削。

奶奶又氣又急：你一個人吃不完，梨子性寒，你吃太多對身體不好。

孫女悄悄來到爺爺身旁問：爺爺，我和你分著吃。

爺爺這才委曲的哽咽說道：梨子是不能分的，分「離」不好。

孫女笑了。他跟爺爺說了一句悄悄話後，爺爺也笑了，點點頭。

隨後，孫女將梨子放在手帕上，順勢將梨子切了好幾份，笑道：布分離，不分離。

17 兒子在廚房切魚，鬥鬥鬥的聲音，非常擾人，老父親忍不住，開始罵罵咧咧了起來。

兒子也不甘示弱：我在剎魚，你自己不會把門關上嗎。

其實，他們都沒有意識到彼此的問題。

＊（高雄市府環保局）噪音會引起消化系統功能障礙、內分泌失調，使人出現食慾不振、消化不良、腸胃衰弱，⋯噁心、嘔吐等症狀，最後還可能導致消化道潰瘍、肝硬化等疾病的產生。

【其實不只是（包含低頻、高頻、音量）噪音，像味道、閃頻⋯⋯等，都可能影響一個人的情緒。】

＊兒子長時間照顧父親，經常性的各種自我抑制，小心聲量吵到父親，小心父親嗆咳⋯⋯等，會無形間產生一種莫名的焦慮感。

＊家之所以可愛，因為他是一個舒適圈。所謂的舒適圈是指，多數狀況在可預期的範圍內。兒子沒有預期到老父親的焦躁，自己也被父親的情緒所驚嚇。如果他一開始就知道老父親怕吵，嘗試隔絕噪音，也許就沒有後面的場面了。

18 那天，爺爺的女兒回來看他。爺爺非常開心，一大早還去市場買了許多女兒愛吃的東西回來。爺爺忽然說道：爸，不好意思，我最近正在處理一個項目，手頭比較緊，過一些時間，我再給你多一點錢。（女兒沒有說出口的是，他最近才失去了工作，但他唯恐父親擔心，過

68

輯 1　適合一般讀者：

（爺爺莫名就生氣了。他不知道自己為什麼會這麼憤怒，也許是他年紀越大越沒有安全感，也或許是才聽公園廣場的人在聊自己子女的事，讓他產生不好的連結。

也可能是，他覺得身體不適，需要一點錢去看醫生，總之，他不敢說，也不知怎麼說，怕給孩子不必要的壓力。卻沒想，他的情緒失控，卻反而給他們彼此的命留下更大的陰影。

那夜之後，父女兩這一生再沒有機會開心的聊天說話了。

其實，如果，他們都開誠布公的好好交流，也許，這一切會是不同的結果吧。）

19

可愛的小孫子童言童語，一天，他問和藹的奶奶：奶奶，你也會死嗎。

奶奶輕撫孫子的頭，親切笑道：怎麼了嗎？

孫子面露困惑：鈴鈴說他媽媽死了。他不會再回來了。奶奶，死是不是很可怕。

奶奶緊緊的把孫子摟在懷裡說道：沒事的。如果有那一天，那我就可以去告訴你爺爺，他有一個很可愛的小孫子。

奶奶睜著水汪汪的眼睛看著奶奶：奶奶，如果將來我在地獄的話，你會想我嗎？

奶奶輕拍孫子的頭：傻孩子，你怎麼會在地獄呢？如果你在地獄，奶奶會去和你在一起。你不要害怕。

孫子想了一想，又問道：可是，你不是和爺爺在一起嗎？

奶奶看了一下牆上爺爺的照片，輕輕靠近孫子的耳旁，小聲說道：沒事。你爺爺在天堂很幸福，我不擔心他。如果你真的在地獄裡，奶奶去陪你。

孫子半晌沒有說話，他眼眶微紅。

這時，一旁的小白（那是一隻撿回來的中華田園犬），悠悠地搖著尾巴，鑽到奶奶腳下，不斷蹭著奶奶。

兩人相視笑了。

20　一家人都非常關心孱弱的奶奶，老爺爺更是事必躬親，從不假他人之手。直到一天，老爺爺由於體力不支而跌倒。老爺跌得不輕，估計再無法行走了。

全家面對一個新的問題──要怎麼同時照顧這兩人。

假如更早爺爺願意適度放手，讓其他人來練習並參與協助呢？

21　女兒自主簽下大體捐贈同意書。

母親知道後勃然大怒，責問女兒為什麼這麼做。

女兒苦口婆心地安慰母親：媽，你想，如果有一天，女兒走了，但身體可以幫助更多人，這樣不是很好嗎？你不要聽那些封建迷信的說法，人死了，肉體留著給蟲子吃，還不是白白糟蹋了。你看，古時候的關羽，近代的愛因斯坦，他們也是沒有一付完整的大體，但有聽說他們託夢說什麼嗎？

母親默默無語，至少半年沒理女兒。

直到這母親知道，姊姊（女兒的阿姨）因為移植一個腦死的年輕人的胰臟才得以存活，他才慢慢釋然。

22　老人家氣得用拳頭猛捶書桌，全身顫抖：滾，你們都不要出現在我面前。我死以後，你們也不要來我的告別式，我不想見到你們。混帳。（不等對方回話，他已經把電話線拔掉，將電話摔到地上。）

70

輯 1　適合一般讀者：

他無力的跌坐在一旁的椅子上，面如槁灰。一整天，他坐在那裡，沒說一句話。

其實，他沒說出口的是：我想你了。我好想你。我真的真的好想你。

23 老爺爺晚上忽然大喊大叫，堅持叫住在半小時外車程的兒子回來。只好半夜把兒子叫回來，老爺爺的情緒才得到安撫。兒子隔天還要工作，完全沒有體力面對這樣的突發狀況。除了煩躁，還有更多的無奈。老伴好說歹說也完全抑制不住他的情緒。

＊

假如家族之間，或鄰里之間，建立一個完整的互助系統，或許可能降低這個問題所造成的傷害性。我不知道他是否有精神面對隔日高強度的工作內容，只能心中默默地祝他平安。

（亞東醫院──急性譫妄）譫妄是一種急性發生的「症狀」，病人會突然對人、時、地有所混淆，或是日夜顛倒、注意力不集中、情緒激躁不安、幻聽或是幻視……等症狀。

譫妄不是精神疾病，通常是「生理上的異常」所造成的，也就是說「生理上的異常改變造成了臨床上像是急性精神病的症狀」。這些「生理上的異常」包含手術對心理與生理所造成的壓力、電解質不平衡（像是低血鈉、高血鉀等）、疼痛及治療疼痛的藥物（像是嗎啡類止痛劑）、手術中造成的失血、感染發燒（像是肺炎、泌尿道感染）、代謝性問題（像是肝功能或腎功能異常或是血糖太高或太低）、營養不良、缺水及失眠等。如果生理性的異常沒有解決，病人就會持續有譫妄的現象。

24 老爺爺和鄰居小哥一起在紅霞下漫步。爺爺跟他抱怨女兒愛慕虛榮：我沒剩幾年了，她還執意要把房子裝修得美輪美奐。（其實房子已經破損不堪了）

小哥安慰爺爺：你女兒是擔心你行動不安全。重新裝潢，可以加裝扶手，這樣你比較不會跌倒。也

不用擔心颱風肆虐。

爺爺不以為然：那也不需要搞得這麼鋪張。（其實只是稍微裝修一下）

小哥搖搖頭：也還好啦。這樣，你的孫子回來看你，也可以住得舒適一些。說不定，如果將來房子要賣的話，也可以賣比較好的價錢。

爺爺仍然眉頭緊鎖：唉。（爺爺心裡想著，這些錢如果留著，將來孩子有急用就可以幫到他們了。）

25

兒子從學校回來，氣沖沖地說：氣死我了，氣死我了。

媽媽溫柔地問到：怎麼了？

兒子娓娓說道：小明上課一直說話，我大聲的告訴他，安靜。小華的鞋子好臭，我叫他要拿給媽媽洗，他跟老師說我罵他。

媽媽淺淺一笑，告訴他：你沒有錯。但你只是沒有錯而已。這樣的表達方式，並不會讓事情變得更好。

26

老奶奶看到兒子回來，一直叨叨哭訴：我好餓，還沒吃飯。

兒子勃然大怒，跑到房間質問妻子：你都不管咱媽的嗎？你到底在做什麼！

妻子一臉委屈：有。你不要生氣。我真的給他吃了。我受夠你了，你知道這些日子我有多累嗎？我們離婚吧。

為此，夫妻兩人好幾天沒有說話。

感想：老人家是有可能對於用餐這件事，記憶反覆。家人之間，只有建立互信，才能共同面對老人

輯 1 適合一般讀者：

失智的問題。辛苦你們了。謝謝有你們。

＊其實，這個故事還可延伸思考：為什麼，老人家總會把身旁的孫子、小動物等，餵得肥嘟嘟的？因為，他們無法更精準的判斷，所照顧的對象適合的需求量。更不要說，他們常會忘記，對方已經吃過了。

27 網路上有個段子，特別發人深省：孩子打電話問老爸拿錢。老爸回答：我老接到詐騙電話，我怎麼知道你是否是詐騙集團。我問你一個問題——我的生日是幾月幾號？孩子一時啞口。父親再問：那不然，我最不喜歡吃什麼？孩子依舊無法回答。父親最後問：那我最喜歡吃什麼？孩子一時語塞，只能木然回道：對不起，我就是詐騙電話。然後匆匆掛斷電話。

73

（3）思考 建立更深度的探索問題

有助於我們面對問題，理解問題，解決問題，或至少改善它，讓他變得更好。

1 比起「原諒」對方這種充滿道德光環的行為態度，我更建議用心嘗試去理解當事人的心理背景。原諒和理解是兩件事。原諒對方或許可以讓我們的心情較不那麼沉重，理解，才更有助於我們面對問題，思考更好的解決方向。

＊包容或原諒的境界太高，不是任何人都做得到，至少我做不到，也未必有這個必要。但可以嘗試去理解對方的行為的原因和背景。這樣，或許會讓我們有不同的心境和視野。

2 系統性糾錯和價值性顛覆是兩個不同的概念。一個是從本質上發現錯誤，並連根的拔除。一個是，從價值上建立全新的認知。

例如，西遊記有非常高的文學價值，對於歷史學，社會學，有一定的思考價值。但他對於探索神學領域的本質，理解科學領域的本質，完全沒有任何幫助。

三國演義有非常高的文學價值。他對於思考商戰有一定程度的幫助。但他對於認識歷史真相，理解當時政治人物的思維脈絡，完全沒有任何幫助。

3 不要盲目信任任何哲人或心靈導師，否則，可能和他一起陷入相同的思考盲點。

黑格爾說：人類從歷史中學到的唯一教訓，就是人類沒有從歷史中吸取任何教訓。

托爾斯泰在《安娜卡列尼娜》的開場白說「幸福的家庭都是相似的，不幸的家庭各有各的不幸」以

74

輯1 適合一般讀者：

上兩句僅為其個人之見。事實上，無論是歷史的任何一個環節，或是幸福的家庭，都各有其不同命題上的意義。既不能理解為沒有吸取任何教訓，更不能認知為都是相似的。（不排除黑格爾這句話是使用類似玻恩——奧本海默近似法的概念。）

* 若把大師的話，和一般人的話進行盲測，會發現，其實，未必更具思想高度。當然，也別為了反對而反對。當個槓精，只會阻礙我們與思想進行深度對話的可能。
我的重點是，多咀嚼一下，小心避免陷入巴納姆效應。

* 名著之間，進行反思的例子：

(1) 人類新史對人類簡史、槍砲病菌與鋼鐵進行反思。
(2) 人慈、大仁對自私的基因進行反思。
(3) 氣候改變歷史、白銀帝國對傳統的人文史觀進行反思。
(4) 開膛史提供我們對西醫有更深的視角。

4 虛構的小故事只能做為輔助說明的工具，不能作為證明真理的依據。莊周夢蝶了，但廚餘仍得有人按時間拿出門。手術台上，該處理的，少個環節，就是一條人命。

* 我給他取名為同樹同果理論。即這個果子來源於這棵樹，只能說，種子長大會變成同樣的樹，不能因此證明，這個種子可以長出這個林子。

* 薛西弗斯等的希臘神話只是虛構的故事，不是真理。不能用來證明道理的合理性。

* 價值的討論是非常嚴肅的事情，不能用小說，電視劇，話劇作品來作為討論的基礎。因為他們的相

5（接上）兩個「偉大」的流派或文明認知一致，也只能說是英雄所見略同，不能理解成，英雄所見略同，故必為真理。比方地球中心觀。

6 試想：如果讓我們畫一幅圖——我。但不能用「我」以外的任何元素構圖，有誰可以做到呢？（我的意思是，這世上沒有人是獨立存在的。所以，不要過份沈迷於「我」的各種哲學式思考的價值。）

＊從「我」的命題，要如何思考環境保護與國際政治的關係呢？要如何思考國家格局和老人照護的關係？要如何思考宏觀經濟與各種價值認知的排擠效應的議題呢？更不要說是對歷史進行感念或反思了。

＊沒有「我」為基礎，就什麼事都無法思考，都沒有意義了？可能哲人們不知道什麼是代數。

7（接上）阿基米德：給我一個支點，我可以舉起整個大地。（一般翻譯成地球並不合理，他當時還不知道有地球。）

這句話可以這樣思考：建立一個思考問題的支點，可以幫助我們探索一個全新的世界。

比方，如果把「我」改成「我們」，那就不再只是思考「我是誰」，而是「我們可以是？」這並不會影響到對「我」的思考，相反的，還能更加開展出「我們」的視野。

注意：以我為思考支點，很容易發展成個人主義。這對社會的運作，社會成本負擔的減輕的探索相當不利。

＊支點思考法，就是命題思考法，更貼切地說，叫做「定題」思考法。這裡的「定」，是有錨點（anchorpoint）的概念。

76

輯1 適合一般讀者：

8 避免單純只從文學式的道德或人性的角度思考問題。文學式的所謂道德與人性當然是值得思考的命題，但不是全部。（比方所謂的人性，還可以從科學的角度思考。像是缺少血糖或某些微量元素，也可能讓一個人的情緒或認知產生變化。）

9 社會契約或法律條文，應是人與人互動的最後防線，不是價值高度。一個社會若不能建立在以互信為基礎的關係，再多的形式，法律，程序正義，只是一張偽善的人皮面具。

10 重點不在於你的學歷和念了多少書，而在於你是否有能力探索值得思辨的命題。

* 不是批判式思考。這兩者的差別在於，命題（或者，也可以取名為：定題，即命題的錨定）式思辨是為了視野的提升，層次與角度的更豐富性。而批判式思考，則更在乎角度的存在合理性。比方現代主義和後現代主義的關係。

11 不要過份沈迷於玄學層面敘事。許多事，有他一定的邏輯，邏輯錯了，就沒有意義。例如：方向對了，鐵杵磨成繡花針。方向錯了，功夫再深，繡花針也不能磨成鐵杵。方法錯了，問題只會更嚴重。聞到濃濃瓦斯味，不是先開燈，而是先開窗。

* 大海納百川更適合來形容開闊地胸襟與格局，但不適合用來思考海洋污染。海確實有強大的自淨能力，但何足以納百川之穢。

12 近代哲學有一個現象，即舉幾個個案，便要否定整個因果律的世界，甚至否定整個世界的既存價值，這是典型的滑坡謬誤。

沒錯，「地標」有時候可能誤導我們。但不能因噎廢食。假如我們將所有地標都抽離了，完全否定

77

他們的價值，這樣的我們是更自由嗎？不。反而會陷入空間迷向。

地標是在幫助我們跟空間對話。我們放棄對話的機制，我們哪裡都去不了。

因為有客觀的價值因果，所以，我們才有能力，對許多錯誤迷信進行糾錯。比方，男尊女卑，掃把星，熒惑守心，聖光效應等。因果律最大的貢獻在於，幫助我們進行有機的認知連結。（此處的因果，不是指前世因果。）

＊

我常見到許多老人都會語重心長說，這些都沒有意義啦，貌似充滿智慧的哲人。

其實，多是因為他們已經逐漸缺乏與各種命題或價值連結的能力了。與真理智慧無關。照顧者必須要有這個認知，才不會跟案主一起陷入思維的黑洞裡。

13 快樂感可以分次給，不要一次滿足。這樣的生活會更豐富有趣。（對小孩也是一樣）好事可以分開分享。但「壞事」或可一起處理。比方有問題要處理，必須開家族會議，那就事前準備好，一次把所有的問題討論明白。

＊

當然，也不都是如此。有些事，需要慢慢咀嚼和討論才可能開花結果。

14 讓子彈再飛一下。不要急著發怒或下判斷。（一個案主那天情緒特別焦躁，不讓你問問題，趕著處理事情。你以為他很無理。卻沒想，他是怕耽誤你下班的時間。）

15 人最大的敵人，不是自己的「貪婪」，而是自己的「無知」。貪婪是需索無度，這部分很多人都沒有，相反的，我看到的是，更多人是樂於給予。

無知，則是對「宇宙認知」的自我膨脹，對這世界與真理的本質缺少探索與理解的熱情。總自以為是的說：生命沒有什麼意義。

輯1 適合一般讀者：

16 抱怨和苦毒不同。抱怨只是一種情緒的宣洩，甚至是一種嘗試對話的語言機制，一種釋放求救的訊號。其實是一種「好」的行為，不需要刻意去壓抑他。比方，身體有氣（屁），排出去挺好的，不需要加入太多道德束縛。

但苦毒則帶有既定的價值思維。容易陷在其中，心靈越來越痛苦。

17 不要被眼神或言語騙了。生病的人，他們對眼球的控制能力，和語言的組織力，都可能變得和正常人不一樣。不要用慣性的思維去理解他們貌似有情緒的表情。

18 沒有價值的意義還有意義嗎？

沒有意義的價值，還剩什麼？

假如，老父母親費盡心思，在過年做了一大桌⋯⋯等著孩子們回來享用。孩子們興沖沖的回家，卻說：吃這作甚？走，我訂了一間VIP頂級洋料理，我們去吃吧。

假如，每個做子女的，都非常優秀，完全不需要父母的關懷，擁抱，分享，請問，這老父母的生命，對這個家還有什麼意義呢？

請問，家裏這桌料理的價值，還剩下什麼？做料理的心，還有什麼價值？

通常，可以讓一個人活下去的理由，不是「自己」，而是價值。他處於這世界的價值。這才是我現實中所看到的，許多長輩更在乎的事情。

19 我思故我在，揮揮衣袖不帶走一片雲彩——貌似灑脫的心境，問題是⋯我（人類）留下了負債（比方國債，垃圾），誰來處理？

生命誠可貴，愛情價更高，若為自由故，兩者皆可拋——貌似充滿浪漫的情懷，問題是⋯責任呢？

義務呢？真理的位置，疾病的照護，海洋垃圾的處理又在哪裡？

20 幸福的命題，有三個要素必須同時面對，也可理解成幸福命題的基本條件：自由的空域，充滿愛的環境，支撐以上兩點的資源。即自由，愛，資源。資源無限時，自由與愛，有可能呈現較「美好」的狀態。(也可能變得更廉價。)資源逐漸稀缺時，自由與愛，可能面臨強烈的排擠效應。

* 這世上沒有任何人的存在，或行為，完全不會造成對世界的「傷害」。所以，我們應該及早意識到這個問題，並且未雨綢繆，預作規劃。

* 幸福的概念有兩件事要分開思考，幸福的條件和幸福感。幸福感，是主觀的感受。幸福的條件則要直面生活的各種現實問題，包含資源管理的成本。(成本就是代價的意思)沒有醫療資源和基本溫飽的幸福感是自欺欺人。

* 就像是理髮師悖論，自由本身也不可能給自己甚至是全人類創造理想的自由，學術上──自由主義悖論 (liberal paradox) 或「自由主義的困境 (The Dilemma of Liberalism.)」。

@ 過分強調自由的社會，只會淪為多數人為少數人作嫁衣。我的另一本著作──來自金色星球的女孩裡會詳談。

* 哲人卡繆說：幸福不是一切，人還有責任。？這話是什麼意思？也就是說，在卡繆眼中，責任竟不在幸福裡面？

21 沒有以信任為基礎的世界，是不可能擁有真正的自由。由此來看，原始人是最沒有所謂的自由。他們既不存在心靈的自由，更不存在行動的自由。

* 缺乏信任感的社會，「自由」只能靠各種形式的暴力去維持。

輯1　適合一般讀者：

＊曾經，我們不需要靠契約的維繫，彼此心手相連。如今，我們把契約關係上升到成為人與人之間互動的，唯一可信任的條件之後，人與人之間反而變得冷漠了。當契約的維護成本高到無法繼續存在時，那將是一個怎樣的世界呢？

22 這世上所有個人的一點點小用心，都可能直接，間接幫助到整個世界。反之，任何一點一滴的小錯，也可能直接或間接地傷害整個地球環境。這即所謂的邊際蝴蝶效應 (Marginal Butterfly Effect)。現實世界不存在所謂，絕對完全不會傷害到他人的行為。

當我們各種鼓勵社會價值之後，我們是開心了，貌似處處都充滿了偉岸的價值，真相是，社會承擔價值的成本不斷墊高，最後造成下一代不堪負荷，於是躺平，對家人阻卻遺棄。然後心靈導師們又回頭來批判人性，這是誰使然呢？

23 有時候家人之間貌似吵架，不一定需要和事佬。更可能的是：
一 彼此需要一個安靜的空間，和沈澱的時間。
二 孩子在對父母親的一種「撒嬌」，希望喚起父母親重視和關懷的一種表達方式。
三 他們互動的模式，向來就是這麼充滿張力。原因之一可能是，長輩有重聽。

24 無論有多麼的忙碌，每天應該要保持至少四十分鐘以上可以完全安靜獨處，或放鬆的時間。如果連這四十分鐘都沒有，那心理層面很快就會生病。（許多被照顧者家屬沒有意識到這個問題的嚴重性。總覺得給自己時間，就是自私。這是嚴重的錯誤。）

25 真正決定一個家的溫度的，不是優渥舒適的環境，而是家人之間的關懷。

* 莫名變成存在主義之父的齊克果曾經有這麼一段話：人生就好像一個酒醉的農夫駕著馬車回家，表面上是農夫駕馬車，事實上是老馬拖著農夫回家。因為農夫喝醉了，根本沒有清醒的意識，然而老馬識途，因此能夠把農夫拖回家。

其實齊克果錯了。老馬把農夫拖去的地方，只是房子，不是家。是農夫和社會的各種交集，才讓「家」變成有意義的地方。一個可以招呼朋友，一個可以儲存食物，一個可以滿足暫時安靜溫存的地方。（沒有社交，和食物來源的安靜，叫做棺材。）

26 自由主義只適合健康的，有基本財富的個別年青人。（一個生病的人，不存在「自己」，凡事都需要他人。他當然應該保有基本的尊嚴。但如果他要求的過分了，那就是照顧的人要辛苦了。每個人都會有這一天。所以，應該要從小學習將心比心。不是無限寬容，甚至縱容，無限給予，甚至讓他以為是他應該擁有的。這是害他，也是對社會的戕害。）

27 擅長把菜切到細如泥的人不叫廚師，只能算是果菜機。切大，切小，切成泥，如何搭配，如何咀嚼，都有它不同的意義，或說不同階段的意義。即便他後來都會成為「黃金」，也不應該否定整個過程珍貴的價值。某種意義來說，過程可能反而比結果更值得珍惜。（這也是對虛無或解構思想的一種反思）

* 解構式哲學和任何形式的形上哲學，只能作為思考問題的角度，不能當成高度。除非他能和現實世界建立一個完整，嚴謹，開放的對話體系。但那個概念比較接近所謂的科學，不是一般認知的哲學。

* 分子有分子的價值，原子有原子的意義，你把它解構得極微，再來批評他沒有存在的價值，這是非

輯1　適合一般讀者：

常奇怪的事情。同理，你把整個社會的共同資產包含價值，切得稀巴爛之後，再來否定它的存在意義，這也是非常奇怪的事。

完形心理學有個觀念：整體大於局部的總和。可以作為解構思維的一種反思。

＊

藝術作品之所以扣人心弦，在於他透過具象的方式，進行價值的對話，只是淪於空洞的邏輯辯證而已。你把一切價值都解構了，目空了，亦或者，價值本身毫無辨識性了，還談什麼對話呢？只是淪於空洞的邏輯辯證而已。

以空靈的圖騰作為藝術的呈現，不能說沒有意義，但也不能理解成境界的高度。

28 善意裡可能有錯誤的態度，錯誤裡可能有幸福的溫度，如果你習慣在既有的思維認知裡看事情，就無法看到這一層。

29 慎防錯換概念。比方接納不等於認同。他接納我個人，和他認同我的所有行為，是兩個完全不同的意思，但非常容易誤導視聽。概念錯換很容易發生在傳話過程，要格外小心。

＊

現實生活中經常發生概念模糊，以至於發生認知錯誤的情形：

定力好的人就是有智慧。道德高的人一定很有智慧。單純的人一定是對的。邏輯好的人一定很聰明，聰明的人一定有幽默感，有幽默感的人一定很有智慧。

智慧高的人說的話一定是對的。

溫暖的人一定很善良。

其實，這之間並沒有必然的因果關係。

30 拋開劑量談毒性是耍流氓。這和偷換概念有點類似。都是對比例原則的錯判。（醫師說，葉酸不能和抗生素一起吃，五穀雜糧有葉酸，所以我不能吃這些！沒錯，雜糧是有葉酸但份量不多，不能因噎廢食。）

* 想想，拋開現實世界去談哲學，用虛構的文學故事去遍談真理價值，是否合理？

31 好的思考態度是：開闊（客觀廣蒐資料），嚴謹（運用邏輯多元辯證），清澈（逐層抽離非相關元素，逐步釐清問題本質）。

32 事實與價值應該分開思考。一個虛構的故事，或可幫我們探索某些概念，但不能用來證明任何真理。一個虛構的實驗，幾乎可以說，連探索的價值都沒有。甚至，它可能嚴重浪費大量的社會成本。最經典的案例就是：阿茲海默症的論文造假事件。

* 虛構的實驗和想像實驗不同。虛構的實驗是有清楚明確的假數據。

33 事實與價值應分開檢驗，交叉思考。如：書香可能是美好的，但書香從化學角度看，某些分子可能傷害人體健康。書的文字可能提升我們的思路，但反光的紙質，則可能傷害眼睛。

* 片面的數據，不能理解成絕對的事實。比方：股市的高低和經濟的繁榮與否，並沒有必然的連結。有時候，甚至可能是反指標。GDP（國內生產毛額）和國民幸福指數，也沒有任何必然連結，甚至可能是反指標。多元信息和認識真相，不必然就有所謂的相關性，有時候，甚至可能是反指標。

34 學習思考有其重要的任務：解決問題，建構與探索命題，釐清問題本質。

35 這世上沒有誰是絕對獨立的個體，頂多只是相對獨立。我們所有人都只是特修斯之船的一部分。如果我們是絕對獨立的個體，我們便沒有義務承接前人的債務，當然，也沒有權利承接前人的資產，更沒有權利債留子孫。

84

輯1 適合一般讀者：

36 思考的三大重點。高度，深度，瀞（淨）度。高度的重點在於，和不同命題之間的有機對話。深度的重點在於，對於一個命題完整的探索。淨度則在於，將非相關元素抽離。

1 高度——視（範圍）野（層面）格（定義）局（關係），通常用來思考生命的命題。以及，我可以如何在不同領域之間，進行前瞻性的對話。功課是：
 a 建立對未來的推測的能力
 b 校正與辨識問題的全息面貌，協助建構與分類。
 c 整合跨領域議題和培養對話的能力。

2 深度——鑽研思考，或探索領域的系統結構。通常用來思考生活上各種認知的建立，和可能延展的空間。功課是：
 a 培養分析與判讀的能力。
 b 探索與建制，系統性的知識域。
 c 研析各種元素之間的關係。

3 淨度——抽離非相關性，也包含對情緒的駕馭。通常用來思考生命的品質，或者，在學術上，探討證偽的可能性。功課是：
 a 培養自我糾錯的能力和勇氣。
 b 將非相關元素適度抽離出去。
 c 沈澱與過濾不必要的情緒。

37 關於長期照護,有幾個值得思考的點:
A 資源排擠效應,比方時間和體力的排擠效應。
B 時間的維度上,即短中長期的規劃是否能有效完成。
C 如何共榮共生。

＊比方:假如希望所謂的被照顧者,得到更好的關懷,可以先想想——
a 社會有哪些資源,可以幫助到他們,如何建立連結。
b 每個家庭成員在短中長期的執行進程中,可以如何參與和學習。
c 是否有可能協助這個家庭走出陰鬱,並與外界建立更優質的互動體驗。

38 觀察新聞可以參考幾個點:
a 從數字去探索問題的視角是否一致(沒有雙標)
b 是否遠距離與近距離併呈(畫面的裁切通常可以決定讀者的情感認知)
c 情感元素是否太多。(通常放入大量隆重的配樂,那不叫新聞,更像是「專題」介紹。

＊多元信息不等於客觀信息。新聞以事實為主,專題以價值為核心。有時候,為了凸顯某些價值,可能隱藏或放大部分的事實。)

39 觀看新聞,可以思考幾個點:
a 假如從較大,比方全球的格局探索呢?
b 命題的視(範圍)野(層面)格(定位)局(關係)為何。
c 議題探索的過程中,是否有嚴謹的邏輯推理。

輯1 適合一般讀者：

40 判斷醫生好壞，至少有以下幾點：
a 是否願意誠懇地聆聽和對話。不是呈聆聽狀。
b 可以透過好的問題協助病人或家屬面對和理解問題。
c 長期的互動確實值得信任。

41 理性的思維不是天生的。必須有：a. 健康的身體和大腦 b. 完整的思考訓練 c. 豐富的有效知識（如果，所收到的知識都是來自於惡意或善意的假信息，就很容易錯判）。

42 給人性貼標籤時，可以試著問，我們真的懂人性嗎？人性真的只有自私和貪婪嗎？比方眾所週知的：范仲淹—先天下之憂而憂；張載—為天地立心為生民立命為往聖繼絕學為萬世開太平。曾子—士不可以不弘毅，任重而道遠。仁以為己任，不亦重乎？死而後已，不亦遠乎？和取丹心照汗青的文天祥等。這些都只是平凡的人。

以下舉幾個例子思考人性：伍連德，甘谷拜，約納斯·沙克，提姆·柏內茲—李，玄燁，特斯拉，歐拉，Frances Haugen，林奈，山崎宏，秋瑾，何鳳山，珍·古德等。

從史料思考人性：西雅圖宣言，與妻訣別書，希波克拉底宣言，一封致美惠子女士的信，罪己詔，懺悔錄等。

＊探索人性「負面」的部分，也許：盧梭，高更，洛克斐勒，約翰洛克，弗里茲·哈伯，約翰彌爾，海德格爾，愛迪生，哥倫布等。為什麼呢？這是個值得思考的問題。

＊人性如何，不要聽「大人物」怎麼說，人性也不在文學作品裡面。要認識真正的人性，嘗試和身邊的人深談才會理解。至少，我看到的普遍人性的面貌，和大師說的完全不同。我更相信我的眼睛。

＊人性真的貪婪嗎？我曾經見過一個外籍看護，錢丟了，他哭得像淚人兒。一個善良的小哥問他丟失了多少，想無條件贈與他，他卻一文不受。她說：你為什麼要給我錢，那跟你沒有關係。我不要。

43 對藝術作品的認識：

a 既存價值的呈現。就是把我們所認知的價值，以有形的方式加以呈現。

b 作者個人主觀的感受的呈現。

c 非既存價值的探索。

d 沒有特別意義，只是一種單純直覺的揮灑。

＊藝術是很好的價值的載體，就像是祭物底下的祭壇。這個載體至少三個功能：橋樑（建立共情的契機。如：吶喊，蘭亭集序），探索價值的支點（如歐拉公式，行為藝術），箭靶（情感思緒的聚焦，如暴力美學，斷臂的維納斯）。

＊當哲人把所有美好價值（如：犧牲，期待，信任，和諧，感恩，珍惜等）都分解之後，藝術作品的世界將會失去靈魂。讓我想到買櫝還珠的故事。如果我們嘗試將所有價值都從娛樂藝術這個載體抽離出去之後，很大的概率他可能僅剩下情慾的元素，這是我們要的世界嗎？

＊真正限制藝術創作的，不是什麼表達自由與否，而是靈魂與命題對話的能力。

＊藝術有一個特色，就是差異化。這裡的差異化，不單是個體意義的差異化，還有命題（比方時間，群體性，價值……等）意義的差異化。

88

輯1 適合一般讀者：

並不是中文字裡「美」的概念。如果有人把藝術的「美」都和某一特定的信仰進行結合，以此來凸顯他所要歌頌的信仰價值，這個人並不是真的懂藝術。

就像是：一個周遊世界，自稱美食家的遊子，他行至天涯海角，總要帶著家鄉的老醋。無論吃任何當地的美食，他都要滴上幾滴老醋。你看他吃當地美食時，涕淚縱橫的說，這味道好，這味道真好，你以為他是頂級的食評，其實，他只是滿腦子鄉情的吃貨。（這個例子，也可用在某些心理學流派的理論上。）

44 不懂得欣賞這個畫風，和沒有繪畫細胞是兩個概念。有深厚的學院功底，未必等於理解音樂的靈魂。喜歡特殊模式的舞蹈，也不等於懂得欣賞身體的律動。不要被錯誤的認知，侷限了你的靈魂。

＊有一回，一群來自陝西農村的孩子在台上表演稷山高台花鼓，被一群年輕評審一陣酸諷：我只看到你們每個人都沒有自己的個性。只是隨群演出而已⋯⋯這裡面犯了嚴重的認知錯誤。孩子們表演的，就是農村齊聚歡樂的具視覺張力的表演。呈現各自的個性，是一種表現形式，呈現出燃點般釋放活力的模式，協作的凝聚，也是一種呈現型態。這都只是藝術的一種面貌。而這群年輕評審，卻用自己認知的價值審美，就去否定孩子們的群力演出，這是一種掌握話語權者的極度傲慢，更是對藝術的無知與偏見。

45 這世上沒有所謂最高的智慧。沒有所謂的大澈大悟。真正的「智慧」，應該是有延展性（可以有對話空域的可能性），有穿透性（可以透視問題的命題元素），有糾錯（可以從裡面精準抽離出非相關性）可能的思考。

那就意味著，他絕不是高高在上的，他是可能犯錯，可能修正的思維。

89

怎麼說都必須對，可以隨個人立場或文字遊戲而改變解釋空域的內涵，演說者總是道貌岸然的樣子，那是玄學。玄學只是一種角度而已，不能當成思想高度，更不能當成真理。

＊如果不能有機雙向對話，其思想和信仰，可能只是海市蜃樓。這世上，不存在一種價值，可以用所有的「定題（命題）」作支點。

46 求生意志薄弱，和求死是兩件事。前者通常缺乏關懷，後者多半是生理極痛苦。

47 喜樂的心有助於提升生活的美好態度，讓身體更有活力。練習大笑在這方面其實沒有太大的意義，反而會提升空虛感。過分的情緒張力，甚至可能引起中風。

＊大笑練習還是有好處的。可以訓練喉嚨區域的肌肉，和提升肺活量，促進血液循環。

＊大笑有個延伸價值，即可能帶給身旁的人快樂。

（上幾道「菜」：大笑之歌，當我們同在一起，捕魚歌，太陽出來了。）

48 生氣與憤怒不同。生氣可能只是情緒反應，憤怒則比較帶有價值認知的元素。

（笑和開心也是如此。笑可能有社交的成分，開心則是發自內心的一種喜樂。）

49 憤怒是魔鬼，對多數健康的人來說。焦慮是魔鬼，尤其對老人而言。冷漠是魔鬼，當我們失去對非既有的事物感動的能力時，我們的社會，可能變成死水一灘。

＊多數人都喜歡跟開朗，冷靜，溫暖的人交往。

＊常見的憤怒有三種型態，理解他才有可能進行對話。而非簡單粗暴的要他放下。

(1) 心因性—心理原因，可能和成長經驗有關。也許缺乏愛與安全感有關，憤怒有時是一種尋求救

輯 1　適合一般讀者：

(2) 生因性——生理原因，可能是老化，或先天遺傳，在情緒管理的能力上較為纖弱。

(3) 價值認知衝突——通常次數較少，但力度卻更強。常見如宗教信仰，文化衝突，認知不同——比方父母為教育方向不同而吵架。

＊和被誤解不同的是——誤解別人。即主觀認知對方一定是如何如何。特別容易發生在正義魔人身上。看什麼都不順眼，人性惡論。常與價值認知有關。

＊強盜為家裡生病老母親而行搶；被路見不平的人群圍毆；疑似患有自閉症，不告而取用他人之物遭到唾棄等。

在某意義上，以上兩者也屬於價值認知衝突。

50 有時候可能會很生氣想要宣洩。盡量提醒自己，不要有太多苦毒的情緒在裡面。當情緒太強烈時，可能會讓我們失去理性的判斷。經常會因此造成不可挽回的遺憾。

51 工欲善其事必先利其器。多一個（比方語言）工具，可能多一個視野。但工具存而不用，或偏執不見，不當使用工具，都無助視野的提升。（例如，助行器有助於更好的幫助健行。但如果錯誤使用，比方太矮，反而可能影響脊椎和視野。）

52 美好的自由是心靈的自由，而心靈的自由取決於心靈與身體，價值，世界，未來對話的能力。（所謂的對話的能力，不是無機的切割，不是無序的批判，更不是居高臨下的憐憫心氾濫，而是透視價

53 有一句話：從來沒有什麼歲月靜好，是因為有無數人默默為我們負重前行。

不要過分沈迷於虛無，形上主義，和個人或自由主義。無論你如何灑脫，目空一切，昨晚的垃圾是有人在滂沱大雨下幫你清理掉的。長輩生病了，還得有人排除自己的行程，專程陪同其去看醫生。人生不是只有詩和遠方，還有眼前的「苟且」。

54 其實有煩惱未必不好。不要覺得學會放下就是真理。有煩惱，反而可以讓大腦保持運轉，充滿能量的狀態。你完全沒有煩惱了，要它存在何用？

再說了，范仲淹的先天下之憂而憂，這更是一個很好的美德。沒有前人的日日憂心為我們種樹，何來我們今天舒心乘涼的日子。

當整個社會都學會放下了，還有誰能理解思念的價值？再也沒有人陪我們一起懷念，一起流淚，一起緬懷，還有誰能體會家書抵萬金的意義呢？

*

55 適度（不是「過度」，「過度」會使我們失去單純的靈魂。）保持好奇的習慣。

比方：愛因斯坦真的曾經讚美過猶太人充滿智慧嗎？他真的曾經稱讚過塔木德經？我們今天所看到的所謂的塔木德經，真的是塔木德經的原版嗎？當年沒有紙和印刷什麼背景說的？我們今天所看到的所謂的塔木德經，真的是塔木德經的原版嗎？當年沒有紙和印刷術只靠羊皮書寫，他們是如何在逃難時，還能將這麼多的羊皮帶在身邊？更不要說，後來的猶太人多數不會說希伯來語，又如何共同一致的，精準掌握原始塔木德經的核心內涵？

另外，塔木德經探索了哪些領域，哪些領域沒思考過？猶太人真的都認同嗎？又，愛因斯坦說的就是對的嗎？

輯 1　適合一般讀者：

56 如何深度的思考政治與社會的問題：

A 當我們收到一個信息，應該先想，他的完整內容或原本的事實真相是什麼？這個記者，或這個人是怎麼知道的，他論述依據的事實是從哪裡取得？有其他的視角或盲點？是否還有什麼信息的盲點？另外，這個翻譯的名詞真的是原意的內涵嗎？又或者，只是被曲解的辭藻。假設暫時抽離主觀認知，會是一個怎樣的新聞面貌。

B 通常，思考一政治或社會事件，應先學會把裡面的元素獨立抽離出來思考。比方，制度面，經濟模式，行為，社會價值，客觀歷史背景，客觀國際現實，必須負擔的成本，區域乃至於全局的未來性，社會乃至於個人的承擔能力，民意認知的背景等。

C 將這些資料 A（存在合理─客觀狀態）與 B（支持存在─主觀認知）都充分掌握並進行系統性整合，然後進入思考：若這裡面的參數（條件）改變，或其中一個項目的係數（強度）改變，結果將對全球，乃至於後世，會有如何的影響？

＊ 真正造成大規模具有政治性傷害的，其實是思想，不是制度或領袖的個人操守。只有思想才能創造力量，制度本身，或領袖個人魅力所能創造出來的能量是極其有限的。

＊ 感想：如果我們對這些都還沒有概念以前，盡量不要先放太多情緒進去，這樣會讓問題糾成一團糊。面對家中逐漸失能的長輩，曾經一起長大卻漸行漸遠的手足，或是正在面對大時代而做宏觀調整的組織……也是同樣的道理。

57 封閉的環境也許會讓人們活在價值繭房裡，但氾濫的價值認知，則會讓整個社會永遠無法羽化成蝶，甚至一起毀滅。這絕不是用單純的電車難題可以理解的。

（電車難題無論你怎麼選擇，都至少有人存活。＊參考最末端的⋯值得我們想想。）

58 方法錯不等於方向錯，反之，亦然。（經常被有心人士用來偷換概念。先質疑你的過程的某部分，進而否定你的態度，甚至對你全盤否定）態度對不等於做法對，反之，亦然。（經常發生在親子關係的議題上）

59 提出值得思考的命題不等於智慧的高度。這是兩件事。比方宇宙是否真實存在，絕對的虛無是什麼概念，我是誰，人性等。這只是值得思考的課題，不能理解成智慧的絕對高度。否則，可能使假設命題，甚至是偽命題，變成屏障其他值得關心的事物的定錨命題。

＊生命觀的態度超然與否，對真理事實的探索，沒有任何實質的幫助。比方，王羲之就在蘭亭集序中批評莊子：固知一死生為虛誕，齊彭殤為妄作。並不能因為誰的價值觀彷彿更超然，因此而定義為，誰比誰更對。

＊虛無主義和愚蠢是兩個概念。虛無主義的誕生有他的時代背景。他的問題在於，糾結於「終極」的意義，完全否定過程的價值。

60 被騙通常是基於信任，不是多數人以為的貪婪，也無關聰明與否。我們應該要處罰加害者對社會的信任機制的傷害，而不是去檢討被害者，叫被害者學習反思，這是非常反智的思維。

61 （董氏基金會）根據美國疾病控制與預防中心（CDC）的調查指出，養狗能避免焦慮，。研究者表示，寵物所提供的接受不帶有價值評斷、牠們給予無條件的愛與支持，這通常無法從家人或其他社會關係中獲得。

輯 1　適合一般讀者：

*

這裡面有個重點，那就是，寵物提供主人價值感。儀式感就是一種，透過特殊化的行為模式建立一種價值感。生命的存在，一但失去了價值感，就像飛機失去了航向，也就了無生趣。儀式感可以幫助我們和價值進行很好的對話。如果我們將價值都無機解構了，儀式感自然也就不需要了。

*

因為儀式感可能產生焦慮感，焦慮感又可能影響健康，所以以此認為應該丟棄儀式感，這是典型的因咽廢食。

*

適切的儀式感，可以讓我們更好的咀嚼生命的美好價值。然而，儀式感一但過度精緻化，刻意化，那就會讓生命淪為儀式感的傀儡了。

62

這世上沒有最高的思想這種奇怪的東西。任何探索幸福生命的思想，若不能同時和幸福感，幸福的條件（經濟民生）進行對話，而只能說一些瑰麗卻空洞的名詞，就只能算是一種思維的角度。所謂思想的高度，就是取決於，你能對話的空域。空域只有更大，沒有所謂的「最大」或「最高」。

*

傳統主流的觀點認為，哲學在古希臘的原意就是「愛智慧」。愛智慧？智慧是什麼？為什麼不是說愛真理，而是愛智慧。假如所謂的智慧和真理發生衝突時，應該誰優先？其實問題就在這裡了。哲學就帶有智慧的概念了，所以不存在愛智慧這種語言邏輯。更合理的翻譯應該是：思考如何追求更有意義和美好的X（生命）。

*

在此，我暫將美好的生命所要思考的內容，簡單分成三項：如何創造幸福（美好）的條件，如何理解幸福感（美好），未知的世界和幸福（美好）的關係。

63

哲學和物理學不同：物理學雖然運用大量符號，但每個符號都有特定的定位，都必須經過嚴謹的檢

驗。近代所謂的哲學卻沒有。他也運用了許多名詞去思考一個概念，問題是，這些名詞，都沒有經過嚴謹意義的定位。

（有時候，甚至帶有各自主觀的偏見。）

64（補充62）經濟學和純粹的哲學不同。純粹的哲學也許只需要單純的探索所謂的「本質」，他甚至可能不去考慮到價值的排擠效應。

廣義的經濟學卻必須直面現實世界的各種排擠效應。包含：

一 資源層面如資金，技術，運輸，整體社會的人力時間，風險成本，能源等。

＊背後還衍伸出管理成本的課題。

二 價值層面比方宗教信仰，政治信仰，品牌信仰等，還有環保項目，信用認知，生態保育項目，空間規劃項目，個人或群體，有效信息，有價信息，文憑等。

＊背後還衍伸出信任成本的課題。

三 話語權標準制定權，貨幣，審美，國際秩序主導權，司法和所謂的存在價值的仲裁權，信譽，新聞，債券等。 ＊背後還衍伸出築夢成本的課題。

＊政治家的工作，是讓社會共生面的排擠效應的傷害降到最小，用有限的資源成本創造最大的幸福感。政治的命題裡，如何讓多數人走得遠，是個極重要的課題。

65（補充62）哲學主要的工作是作價值的探討，乾淨清澈的思考，不能帶有主觀情緒的貼標籤（比方，屈原的天問，惠施十事等）。這和言論是否有所謂的自由沒有關係。

純哲學本身雖然很少對世界起到系統性糾錯的具體成果，但他卻對傳統價值起到顛覆性質的改變。

輯1 適合一般讀者：

（這裡指的是改變，暫不討論所謂的對錯。）

比方：帝權統治，性別多元，種姓間的關係，貨幣市場，經濟制度，民主形式等。

現在很多習以為常的，帶有神性地位的名詞，其實在每個朝代，或不同國家社會甚至在不同的大師口中，根本是完全不同的認知。例如：自由，自性，平等等，原罪，存在，潛意識，智者，哲學，智慧，藝術，邏輯，保守，左派，右派，形而上，因果，美，覺，真，空，罪，龍，愛，氣，道，自我，直覺，本質……等。

這還不算古今中外的所謂偉大的思想家的思想內涵，一千個心靈導師心中，竟可能有一萬個哈姆雷特。

＊

（例，老闆，我要剛中帶柔的顏色，陰中帶陽的觸感，乾坤並濟款式的塑膠袋。）

藝術不是為了「美」而存在的。宗教的高度是追求真理的本身，不是和稀泥式的包容，或鄉愿式的行善。哲學也不是為了「道德」而存在的。哲學和藝術一樣，只是祭壇。

我只是個接生婆。（接生婆和父母的角色不同。）祭物就是「連結」。跟未來的連結，跟真理的連結，跟更好概念連結。

＊

66 「愛自己」的命題，是無法思考例如以下的課題：

一 信任（如何建立人與人之間互動的橋樑）。

二 why（為什麼要去探索這個宇宙）。

三 排擠效應（當整個社會的人力資源被無限制消耗時，要如何亡羊補牢）。

四 系統性糾錯（地球中心說，男尊女卑，日蝕，宇宙觀，「古典」心理學，賤民制度，地牛翻身，聖

女制度，纏足，鉛中毒，屍祭，剋夫論，泛因果業報論，經血非常污穢等。）＊其實經血用來種花，可以讓花長得更好。

＊「愛自己」是一個值得思考的課題，但只是生命中的許多課題之一。若不能從自己中心觀抽離出來，我們永遠無法全息的認識整個世界。就像是，古人只能執著於地球是宇宙的中心的觀點。薩特和西蒙波娃的愛情關係經常被拿來一談再談，我們卻極少討論，在男女之愛以外的愛該如何思考。

67（接上）偽命題的意思是——不符合客觀事實、邏輯或科學的題目。比方：你昨天為什麼要去火星。嫦娥也過去了嗎？你明天過了嗎？（形同「沒有意義」的問題）

＊「愛自己」則是可能過份放大的命題。我稱其為：偽的大命題。他是一個值得思考的命題，但也可能因被過份放大，而意外排擠掉其他值得思考的課題。學術上，類似的概念還有如，原型心理學理論，鹼性食物改變酸性體質等。

＊無論是佛洛伊德或榮格的理論，對於老人的假性失智和失智之間的可逆與否，環境污染和大腦的雙向關係，社會中族群共性與非共性之間的影響原理，情緒與價值和健康之間的相關影響脈絡，宏觀經濟與個人心理的間接直接影響等，都缺少更完整的討論。

近藤一博的研究發現，病毒和憂鬱症之間可能有關聯，他們就更不可能知道了。他們的思想理論或許值得探索，但不能當成是思考問題的高度。否則，你對於心理學，甚或是人性的認知，就只能永遠在原地踏步，跳不出既有的格局。

68（接上）愛自己，是一個非常值得思考的命題。但這只能理解成是一維的思考概念。

輯1 適合一般讀者：

原本我們的歷史文化已經學會從更多維度看生命了，實在沒理由，再自我設限，要求自己只能從一維的維度認識我們的生命。若從社會進化論的觀點來看，這是典型的返祖現象。

關於所謂的維度，以下舉例：

＊（一維）是以「我」為思考內涵。包含個人的好惡直觀感受，感官認知，有形無形的資產，負債等。相關內涵包含：士為知己者死；生命誠可貴，愛情價更高，若為自由故，兩者皆可拋；還可衍伸探索：懺悔錄，禪定，甚至是儀式感等。

＊（二維）是以「我們」（家族，鄰里，甚至是國家，民族，歷史）為思考內涵。相關內涵包含：先天下之憂而憂，後天下之樂而樂。士不可不弘毅，與妻訣別書等。

＊（三維）是以有序社會，甚至是國際關係，為思考的重點。為了讓世界更好的運作，應如何思考各種價值和時間軸的關係，應如何理解全新的價值和排擠效應的關係等。相關內涵包含：己欲立而立人，己欲達而達人。己所不欲，勿施於人。禮運大同篇，聯合國憲章，伊朗沙特和解，一封致美惠子女士的信……等。

＊（四維）是包含探索並理解宇宙天地的自然律，和如何有效環境保護等。相關內涵比方，巴黎協定，京都議定書，核聚變發電，退耕還林，西雅圖宣言，哥白尼的天體運行論，牛頓的自然哲學的數學原理，孟子的斧斤以時入山林，材木不可勝用也，屈原的天問，發明分離放射性同位素的技術，以及發現兩種新元素釙（Po）和鐳（Ra）的瑪麗亞博士（居禮夫人）等。

＊ 儀式感很特別。他既是非常私人的感觸，也是和二維……等對話，很好的橋樑。

＊ 嚴格的來看，「愛自己」只能算是建立幸福生命的必要條件之一，完全談不上是充要條件。

＊「別管那麼多，依著你的心走就對了。」這只是個人主義下，浪漫文學的說法，無關真理。真正的浪漫，是用一生的堅持。你當下的「心」，不會對你的人生負責。虛無玄學思想也不會。

＊假如一個城市的空屋率是百分之十。若從一維的視角來看，看不出有什麼問題。

但如果加入第二維度，第三維度，甚至是第四維度，會怎樣呢？

有百分之十的空房子，意味著，這原本可能住在都市的人口移到都市外居住，他將增加巨大因通勤而造成的時間成本的消耗，發生意外的風險成本提高。

這還不算汽油耗損，造成的廢氣，交通工具和公路的折舊，修復工程的人力成本等問題。

如果我們把這些浪費掉的金錢給貧困國家，這得嘉惠多少氣候難民。假如讓這百分之十的房子消失，將使整個都市的空氣流通更為順暢，大幅度改善整個都市居民的居住品質。事實是，房子不會消失，所以，人們需要開更多空調，浪費更多的電。還大幅度降低都市人們的日照權，觀星權，還要分攤更高的管理費用……。這還不算，我們為了開發城市周邊的空間，如何大幅度縮小綠林的面積。

假如我們什麼都不做，那就是把更多問題留給後代子孫，讓他們去承擔各種資源匱乏的問題。是否，我們再來抱怨他們不懂得孝順，只懂得享受。

（我很難想像，一個城市裡的人們，明明生活品質下降，成本增加，負債增加，但卻自己覺得幸福感提升。）

＊社會成本雖然經常保持沉默，但他一直都在。不會因為你的樂觀開朗，或無視他，他就消失。

用一維是無法思考城市美學的。加入二維……之後的城市美學，則會變得豐富多彩，比方維也納，

輯1 適合一般讀者：

伊斯坦堡市等。

＊用一維思考布蘭詩歌，可說是味如嚼蠟。加入二維……之後，布蘭詩歌就會變得讓人心靈澎湃，久久無法自已。（麥克傑克森的演唱會的宣傳版本，或可參考。）

＊如果學會用更高的視角看畫，就更能欣賞薩金特的畫作。否則，可能只看到疑似幾個白污點而已。

69「個人」概念下的生命的意義，其實只是大約上世紀才流行的命題，數百年以前，甚至極少人具體提過。這不是因為今天的人更有智慧，而是，我們盲目於把問題切割到極細。這種分形式思考，看似很奧妙，但只是一種思維模式而已。無關真理本身。

我們不能像一個小孩子一樣，學會分辨彩虹的顏色，就只能用七種顏色定位世界。西雅圖宣言中提出一個問題：天空怎麼能買賣？同理，糾結於獨立生命意義的思考，也是一件非常奇怪的事。

事實上，生命開始燃燒的那一刻，就有了珍貴的意義。價值的議題，則取決於什麼命題（定題）做支點。

我們現在所謂的「自由」，是指，生命以獨立個體為命題的支點下思考所有生命的價值。但這樣思考問題其實是偏狹的。除非，生命先能證明自己是純粹獨立於這個世界之外。否則，絕對個體自由的概念，可能成為桎梏我們視野的命題。

＊就像是，我們強行切開胼胝體後，我們以為自己仍保有獨立的理性，其實，我們已失去完整系統的思維能力。（參考書：切開左右腦）

70 定位越高的價值，應該用更高的標準去檢驗他。檢驗的思維重點是：運用嚴謹的思維脈絡去檢視。

抽離帶有任何主觀價值的情緒。檢驗本身，不應該預藏目的性。

71 中醫有個名詞叫：兼證（其實應該是兼症）是指感受病邪及其相應的症狀分主次，次者為兼。何者為主，何者為兼，這其實是個很嚴肅的課題。比方，造成憂鬱症的原因，可能是失眠，應該是從睡眠的課題去調整，並不是越痛苦的就是主證。而不是從憂鬱症的病理去思考問題。

72 一句廣告台詞：我的美由我作主。是嗎？那，我的美，真的是我以為的美，還是被媒體所賦予的？又或者，是一種病態型的認知？所有的審美認知，必定都是健康的，都是好的嗎？

73 我經常聽到有人說：人生就是……。人生就是？大徹大悟了！人類歷史何其短暫，宇宙天地何其浩瀚，為什麼可以信誓旦旦的說，人生就是如何呢？大徹大悟！如果悟錯了，不是很尷尬嗎？大師說的！我真的證明了大師的話了嗎？大師真的曾經這麼說了嗎？那是他原話的意思嗎？最經典的就是──傳說中，阿波羅神廟上的三句箴言之一：認識你自己。原文是什麼？怎麼知道上面是：認識你自己。而不是：認識你們人類自己，你們城邦自己，或是，你算老幾？這幾句話的差別很大。認識你們人類自己，重點是人類，你算老幾，主角是阿波羅神。

＊

74 不要養成「想當然爾」的思想慣性。以下特別舉知名的從眾效應，和旁觀者效應為例：

（假如，連這個故事都是虛構的呢？）

輯1　適合一般讀者：

從眾效應，原指人們容易受多數人影響，而不加思索的接受其觀點和行為。又稱為羊群效應。他其實只是一個思想理論，本身並沒有任何科學意義的支撐，如今卻似乎已經成了定律了。

我個人看到的現實卻是，所謂的從眾效應只有在短時間之內容易有這種現象，時間一但拉長，這種現象幾乎不存在。這是因為，只要有夠長的時間沈澱，靈魂通常會做出比較為理性、善良的判斷。至於所謂的邪教思想，那已經不能算是「純粹」的從眾了，而是所謂的思想影響。可能包含神蹟，邏輯，道德，藝術等的影響。

（相關理論，前面孤獨的靈魂有詳述，在此不重述了。）

後來有無數專家為了證明這效應，開始各種瞎操作。最經典的要屬史丹佛監獄事件，和五隻猴子與香蕉的實驗。

史丹佛事件，事實和我們的認知竟完全不同。多數學生是清楚意識到（或至少以為）這只是群演。猴子與香蕉的實驗，甚至不存在。

另外，為了證明旁觀者效應的姬蒂·吉諾維斯事件的紀錄，大部分資料竟是杜撰的。

物理科學裡有個姆潘巴現象，即熱水比冷水更快結冰。這是客觀的物理現象，無論我們用常態的邏輯推理，或崇高的道德感召，甚或是召喚潛意識，文情並茂的詩詞，發人深省或嘲諷的小故事，虛構的心理學實驗等去反駁，都不能改變這個事實。

103

（4）自我學習 如何更好的自我提升

建立好的態度，有助於我們思考問題。生命的課題不是只有放下，虛無，個人浪漫，神明，傳統……等等，還有很多事情值得我們思考和探索。

1 感動是生命的起點，（學會有意識的打開自己的內心，願意擁抱這個世界，生命才算開始有了意義）但這裡的起點不是指時間點，而是一生的功課。

2 感動是生命的起點，但只是起點。命題的個格局可以創造視野的空域，視野的位置可以主宰生命的價值。（我們生命的價值，和我們的視野格局有關）

舉個例子：當我們看國際新聞時，可以從好幾個面向思考其和我們生命的關係。

A 意識形態（從個人的價值，社會的價值，還是神佛的價值）。

B 民生經濟（是從上帝的手—自由市場決定，魔鬼的手，財閥等的惡行操作，還是死神的手—資源排擠效應或溫室效應等，思考宏觀經濟）。

C 環境保護（a地球永續發展，b均富與共生找到平衡點，c修復已破壞的生態等）。

3 一位拳擊手說：想要凸顯速度，就需適度放掉力道。
（魚與熊掌不能並存。理性與感性，有時候也可能需要暫時適度放下一個。）

＊學會適度地放下，我們的心靈才會更空曠，容納更多東西。但也不要過份極端，有些價值，親情，友情，……，反而是越陳越香。

104

輯1　適合一般讀者：

4. 道德是一個非常值得思考的命題，不能輕易放棄。但，也不能過份放大，以致於排擠掉思考其他價值議題的空間。單純只有愛，是無法妥善照顧好病人的。（所謂工欲善其事，必先利其器。除了有愛，還要有專業知識，合適的工具和社會支持。）

5. 這世上沒有什麼價值是不需要成本代價去支撐的。當你把某些價值無限上綱的時候，你可能會沒有餘力面對排擠效應的相關課題。

6. 理解背後的原理，可以降低面對問題時產生的恐懼。尤其是面對思覺失調症和思覺逆向綜合症（俗稱失智症）的人。

7. 如果希望這個家更好，這個社會更好，討論家族或公共問題時，一定秉持三個原則：溫暖，理性，前進。

8. 遇到狀況，一定要盡可能保持安靜（鎮定）。這樣才能幫助案主或案主的家人，更冷靜的思考解決問題的各種可能。包含失火，中風，（我稱為：猛爆性）低血壓等。

9. 盡信書不如無書。不要只問專家，大師，經書，權威人士怎麼說，而要學習從客觀的資料與事實去探索。孤證不足以立，不要只相信一個信息渠道。有時候，對於個案的照護與關懷，外籍看護的陪伴經驗，可能更具參考價值。

10. 多用心去觀察。有些家屬過分逆來順受，其實身心俱疲幾近崩潰邊緣，我們應該要學習多一份心思去關懷他們。

11 醫療人員是醫療專業人員，不是服務業，應給予該領域應有的尊重。居服員也不是單純的服務業，應該有屬於自己專業領域的使命感，和得到尊重。

12 經常聽到一句話：你是最好的。

＊其實，這世上沒有誰是最好的。是因為有無數人的默默陪伴，才讓我們變得更好。

13 充滿陽光般燦爛的笑容不是照顧服務的第一重點，值得被信任才是。

14 不一定要透過媒體去認識這個世界，有時候，透過客觀公正的個人的視角，也許會看得更清楚。比方：張慶瑞，李天豪，王道還，吳啟訥，張經義，張修修……等人。

15 凡事都是最好的安排？這句話只適合對心情低落的人的一種安慰。與真理無關。眼睛裡跑東西了，可以用眼藥水讓他流出。經常有尿意，卻尿不出來，也許是攝護腺肥大之類的，得去看醫生。不要凡事用正向思考去掩飾他。

16（15延伸）意外的發生也可以有意義（有意義和最好的安排是兩回事）。關鍵在於你如何去思考，去咀嚼和理解。

17 心理學的書籍只是幫助我們思考「對話」，不是為了幫我們學會「說漂亮話」。勿本末導置。

18 更充分的討論有助於思考更全面性，但也可能會變得沒有效率，甚至造成各種情緒。

注意一個重點：（比方與其家屬）討論時，題目的重點要明確，暫時抽離主觀情緒。

19 明明是每天在做的事情，卻會忽然忘記流程，這是很常見的，不須要過分自責。

輯 1　適合一般讀者：

20 除了問「我是誰」這類幾近無理數概念的問題，還可以問，我們可以是，帶有延展性意義的問題。

因為，流程已經內化成慣性行為，即變成身體的記憶。忽然去思考的時候，大腦可能會找不到畫面可以不定時的去回審思索。（身體的記憶很容易因為情境改變而混亂。）

21 過份強調無我可能不是好事。零加零，或零乘以零等，永遠是零。至少是1，有1才可能逐漸創造或積累出能量。

（不再只是強調聆聽自己內在的聲音，而是學習願意聆聽他人的聲音。）

22 中醫診察疾病的四個方法：望聞問切，很值得學習。

望：對人的外部體言觀色，觀察他的行動能力，對環境注意衛生細節等。

聞：品環境是否有異常味道，聞受照顧者是否有異常氣味。留意其細微變化。

問：透過對話，掌握對方的思路邏輯是否異常。

切：透過各種儀器，更清楚當事人的生命狀態：血壓、血氧、體溫、體重、血糖……透過問題，了解他需要怎樣的照護。

23 中醫配藥思路的四個重點，君臣佐使，可以借鑑，用來關心需要被關心的人，比方長輩、老父母、親友等。

君：對於最需要照顧的人，我可以提供怎樣的協助。他有哪些身心上的問題，我可能幫他的家屬發現，並一起面對。

臣：他的家屬、身邊的人，是否有情緒上、知識上、經濟上的各種問題，我是否可能提供任何協助，或引進如政府、相關團體方面的外援。

（也是間接幫助到主要受照顧者。）

佐：是否有居家環境上的各種問題，是家屬不知道如何處理，但我們卻可能幫他們輕易改善的。（比方，空氣品質不好，有可能只要定期清潔冷氣空調就會改善。適度開啟窗簾，讓陽光灑進來，可能讓心情更好等等。）

使：是否需要透過儀式感或宗教社團，作為受照顧者和外界更好品質交流的媒介。

輯1 **適合一般讀者：**

（5）聊天對話 如何與受照顧者更好的交流

美好的對話感受，可以讓受照顧者放心。這裡面的「對話」和「說話」在思考重點上，有些不同（內容雖是側重於照顧者與受照顧者的關係，但也適合一般社會讀者。）

A 說話：1 事實的陳述，包含明確的數據資料，清楚的角色，清晰的分類和排序。
2 格局的掌握，包含：明確的思想原則，對話內涵的維度，命題的掌握，理想的建置。
3 共情，即用當事人所熟悉的情感價值進行信息傳達。
4 類比，即用當事人所理解的認知脈絡進行信息傳達。

B 與受照顧者的對話：更強調的是1.安靜的聆聽2.真誠的共情3.輕鬆隨性的價值交流。（在社會上的對話，可能會有目的性，但照顧人時，應盡可能除卻各種目的性，才不會讓人感到有壓力。）

1 學習聊天對話的第一個功課是，學習聆聽。先學會安靜的聆聽，才能讓我們貼近問題。然後，理解問題。接著，透視問題。最後，才有可能「解決」問題。
2 講太複雜的原理，不如講具體的例子或故事容易明瞭。（參考書籍：讓大腦自由）
3 不要在有情緒的狀態下進行有目的性的對話，或許可以等過幾天情緒沈澱後再說。
4 有些長輩聽力不好，又容易焦慮，這時候，適度簡化答案，可以較快消除他的焦慮感。（當然，不

* 聊天不都是為了解決什麼問題。但更好的解決問題，通常是優質聊天帶來的美好果實。

是敷衍。之後，在時間較不緊湊的狀態，還是可以跟他更充分的交流。比方，給他看資料消除他的困惑，或用文字交流，讓他覺得受到重視。）

5 表情練習－表情肌肉的變化是需要靠練習的。隨著年齡的增加，我們表情的肌肉變化會逐漸變得較僵化，不流暢。練習肌理變化，有助於我們更好地傳達信息給案主。

＊表情管理和情緒管理不同。表情管理是，讓表情正確傳達我們的語言。情緒管理通常是指，對負面情緒的管理。

＊情緒管理和情商還是有些許不同的。情緒管理通常是指，對負面情緒有較好的制約能力，降低其影響理性思考的空間。情商則是指，可以將情緒和自我或社會價值，做很好的對話的能力。善於隱藏情緒只能算是善於情緒管理，不讓情緒去覆蓋理性。懂得換位思考，才是情商好的特質。

＊除了情緒管理，還有情緒呈現和情緒認知。情緒呈現是呈現喜怒哀樂的能力。這並非每個人都可以做到的。有些人的情緒呈現是非常單調的。這可能有心因性和生因性。生因性比方生過病，腦部起了些微的化學變化，不太容易引起情緒觸發機制，所以他不再有鮮明的情緒。但他的內心世界，仍然可能有豐沛的感情。

＊情緒認知則是對喜怒哀樂的底層邏輯建立共鳴的能力。亞斯伯格症可以算是一種反面的案例。他們不是完全無法理解，但共情的機制還是相對較弱的。

6 好的聆聽者：
ａ 願意暫時放下自己的價值觀，情緒，和現實認知，和對方一起理解事情的過程或分享情緒的起伏。

110

輯 1　適合一般讀者：

b 願意一起探索好故事的延展可能性。

c 願意保密。不會拿對方的事取笑和傳話。

＊聆聽不表示認同。不會拿對方的事取笑和傳話。也許不認同他的想法，但仍可以安靜的聆聽，嘗試去理解他完整的想法（思路邏輯），和認知的時代背景。（其實有時候，也可能是我們自己眼界太窄）

7 (接上) 好的陪伴者善於聆聽。不是呈聆聽狀。是否真心聆聽，久了，對方內心會感受到的。

8 可以分享自己的觀點，但過程中不建議加入太多的情緒性批判，或道德指控。很可能會讓當事者很尷尬。也許，你所批判否定的價值，正是他生命中一個很重要的過程或家人的行為。

9 更多的引導正向思考，但不要過分。否則會變得超過正常人的溫度，無法繼續對話。

（參考書籍：失控的正向思考。）

補充：「放下」，不算是正向思考。是屬於特向思考。他確是一個值得咀嚼的角度，但未必是一種高度。（可以作全息對話，才算是高度。）

10 若有第三者在場，隨時記得將眼神顧及所有人，不是特定人。確保所有人都有理解你的表達。

11 老人家的聽力和腦力相對年輕人比較弱。與他們對話，務必放慢速度。（快人快語可能有陽光般的朝氣，但如果他經常無法理解你的說話內容，久了，會開始產生不愉快、焦躁的情緒。）

PS：一分鐘盡量在九十字以下，視情形調整。智力、聽力等退化情形越嚴重，語速必須越慢。

12 以下是一個失智者逐漸退化的過程參考：

111

a 逐漸缺乏時間和地理空間的概念。

b 然後，逐漸失去和社會對話的能力。

c 最後失去和世界對話的能力。比方，對於運用工具的概念，自理生活的能力，完全失去。

* 建議在照護的過程，盡量導引他練習和時間，社會，世界對話的概念（比方藝術欣賞，美食欣賞，音樂欣賞，即使聽他發發牢騷也可以）。

13 有些時候，當事人可能誤解家人以為做了不當的事。不建議在第三者在的情形下告訴他，避免他太尷尬，甚至惱羞家怒。或可在私底下找機會，貌似不經意的，輕描淡寫的提看看。先看他的反應，再考慮是否深談。

14 復健時，鼓勵是很好的方式，但也要適可而止，否則會給他太大的精神壓力。（比方，神經外科相關的手術之後，如果缺少復健行為，容易產生組織沾黏。但如果過分復健，則可能引起發炎反應。實務上，這種案例並不少見。）

15 特別是越年長者，或失智症者，經常會發生無中生有，認知錯亂，角色錯換，邏輯凌亂的問題。不

16 他可能會對某些事，某些人，甚或是以前同行，產生強烈的應激反應。用過份深究，否則會讓他更糾結，要跟著誇張的謾罵和否定，可能莫名變成裡外不是人的窘境。有時候是一種在乎的特殊表現。不

17 或許可以觀察他的家裏佈置，書櫃內容，職業，或是他交往的朋友喜歡聊天的話題等，然後投其所好的跟他聊天與互動。但也不排除一種情形，他其實不喜歡再聊那些事情。每個人的生命都是多元，

112

輯1　適合一般讀者：

＊甚至是動態變化的，要學習觀言觀色。要學會觀察對方的肢體語言。你學會和他的身體對話，你就更有可能和他的心靈對話。

18 可以分享自己的生命，讓他可以不那麼難堪或拘謹。

（例：你都不知道，我老公⋯⋯回應：唉。男人很多都這樣，我老公也是。但是我發現，其實他們可能只是想得到我們的關心⋯⋯）

19 可以與其分享真實成功的案例，最好是身邊的實際例子，增加他的信心。

20「沒關係，這部分，我們再觀察看看。不要擔心」生病的人通常容易自己嚇自己，可以先安撫他的恐懼，讓他有安心感之後，再鼓勵他朝更好的方向努力。

21 不要經常說話吞吞吐吐的，或是有一搭沒一搭的，會讓受照者或其家屬感到焦慮。

22 可以加強視覺化交流。比方，你很棒，豎起大拇指。外面很冷，要多穿衣服，蜷縮身體，呈現很冷的感覺。

23 如果他會說「因為⋯⋯」表示他心裡在乎，所以他願意針對你的疑問或情緒，認真回應。

24 學習踩煞車。有時候，當事人可能會過份興奮或義憤，一直繞在一個話題裡面，如何適當的幫忙踩煞車是很重要的。平常就觀察一些他在意的事情，必要時，忽然拋出，或可轉移他的情緒。情緒的過分放縱可能會影響血壓，也不排除是躁症的一種面貌。

25 有時候，家人之間的吵架，真正需要的不是和事佬，而是給彼此安靜的空間。除非你真的知道怎麼

做更好，否則，建議再觀察一下，再一下。

26 有時候難免需要討論負面的可能，可以跟家屬討論。正面的例子，則可以跟受照者討論。如果是本來很糟卻變好的例子，則可以闔家討論。

27 最常遇到——哪壺不開提那壺的狀況。比方：

A 新聞正播放一個社會事件。
1 你突然冒出一句：那一所學校真的很爛，看分數也知道。（正好是他的母校）。
2 他那樣好不了了。都已經那麼久了？（受照者正在踩復健車）。
3 我有看過那個誰的那個好大。

B 他最近怎麼都沒有消息？該不會生病了。他這麼老了。（他本來心情很好……）。
C 這個東西顏色這麼漂亮，應該是有加入化學顏料吧。（他正津津有味地吃著……）。
D 最近好像都沒有地震。我聽說這樣會有更大的地震。（這種事只適合跟他家人聊）。
E 還是去看一下醫生，萬一是惡性腫瘤呢？

＊或可說：沒事。這種現象很常見，也許讓醫生處理一下就好了。

28 當事人怎樣才會自在清澈地表達：a.聆聽者是一個他可以信任的人 b.他的情緒是放鬆的狀態 c.他此刻的思緒是純淨的。有時候，甚至可以聊身後事。

29 面對情緒容易焦躁的人，建議先跟他說結論或答案，再跟他分享過程。不要給他吊胃口的感覺。

30 很多年長者都喜歡聊自己，或子女小時候的話題。或者，可以陪他們唱熟悉的兒歌。

輯1 適合一般讀者：

31 聊天時，盡量人、事、時、地、物，交代清楚。比方，避免一個「他」，用在好幾人的身上，聽者會搞混，無法好好組織故事全貌。（人物盡量不要超過三個，事、時、地、物，盡量一個就好了。）

32 細水長流式的互動——不建議太過熱情，像老伴（可以信任的關係），老友（可以放鬆的節奏），或老狗（安靜的聆聽）一樣就好。

33 同樣的語言習慣，比方同樣的方言，或許更容易融成一片。

34 咬文嚼字的文字遊戲，也許不太適合長者。甚至可能產生誤會。

35 事實與價值分開思考。如果價值認知不同，就多聊雙方都接受的事實，如果價值認知相同，就可以據此深聊。如果價值觀明顯砥觸，則避開。

＊ 談價值時，態度要理性誠懇。談事實時，案例要具體明確。
（勝之不武，這時候辯贏了又如何？）

36 不建議跟他聊太多負面故事的例子。他的腦海可能會把內容誤植到家屬身上。

37 在公開場合讚美當事人，多數情形下會讓人愉悅。但如果過分誇張，也許會有反效果。適度就好。

38 一般來說，案主或案主的家人，不會用失禮的語言對長照人員，因為他們需要長照人員的協助。如果他們的身心壓力到了臨界點，就可能有情緒失控的非理性言語，或可給予更多的包容和同理心。

39 家人之間輕微的鬥嘴其實也不錯。第三者不需要太擔心。關鍵是，不要放入太多的負面情緒，否則

容易造成場面失控,甚至是引起腦梗塞。

＊有些家人常喜歡「欺負」受照顧者,逗他小小生氣,其實是很溫馨的畫面。

鬥嘴的好處:a.刺激腦部的思考。b.適度釋放彼此的身心壓力。(受照顧者一樣有壓力)。c.乘機表達彼此的想法。(有些人不善於輕聲溫柔的溝通)d.練習面部,和舌頭的肌肉,還有發音運氣等的協作能力。

40 聊天過程,有些重點可以思考:a.建立各種關係的連結。b.抽象價值的探索和咀嚼。c.物理層面的知識學習(包含科學養生,醫學知識等)。

41 對於腦部退化的老人,不可能太多的要求。但可以從幾個方向去嘗試:

　a. 他和家人或職場的小故事。(復健邏輯思維)

　b. 他對錢的概念。(復健記憶功能)

　c. 周遭店家的小點滴。比方::老店要關門了,老闆很想你。……(復建空間的概念。)

42 聆聽他年輕時的故事。試著去聊他喜歡的事或感到自豪的過去,建立交集的空域。

＊但也可能無意間碰觸到他不堪回首的記憶,須留意。

43 陪他一起探索或培養,他內心深處可能有興趣,或有潛能的事。

44 和他分享這個世界,有趣,溫暖,美麗的真實的小故事。(不要過分執著於虛構的故事上。可能會讓他缺少和社會建立有黏著性的對話的可能性。)

45 用更有建設性的建議,取代冷嘲熱諷式的批評模式。

116

輯1 **適合一般讀者：**

46 別說：這個你說過了。會讓說話的人很尷尬。

47 盡可能不要居高臨下的對話。老人多半身高會縮水，照顧者盡可能讓自己的眼睛能和他們的眼睛放在平行的位置（比方，讓他們坐在較高的地方。），這樣的對話，會讓他們更舒服。

48 親切的笑容彷彿無形的玫瑰精油，經常可以緩解尷尬，嚴肅，糟糕的氣氛，讓心情愉悅。（罐頭表情不在此列。罐頭表情沒有靈魂，對話的人是會感受到的。）

49 如果要跟對方講道理，可以掌握六個重點。三個分析，三個訴求。

經驗分析：提供過去具代表性的例子讓他參考。

法則分析：針對原理做簡單的邏輯分析。

預測分析：後面可能的發展如何。（通常這需要有一定程度的經驗，才能精準預測。）

避免用武斷的批判語言，即使你可能是對的，也不宜。

合乎當事人生活的需求：對當事人的生活品質提升是有幫助的。

合乎當事人生命的需求：對當事人的社會關係的提升是有幫助的。

合乎當事人心靈或情感的需求：對當事人生命的價值有提升的空間，對他的心靈有撫慰的效果。

50 討論時，最好直接切重點。（聊天時，或許可以天馬行空。）

案例參考：

一：我之前照顧的奶奶，已經九十歲了，好像是八十九歲，我沒記錯的話，他好像端午節才滿九十。他是個客家人，他很可愛，也很健談，他的頭髮很多。他喜歡穿藍色的衣服。他就是常吃這

這句話要表達的重點是：

二：我照顧的九十歲老人，他吃這個很久了，現在狀況還很棒。

第一段讓對方多聽五倍以上的文字，還不知道重點在哪裡。

51 他們可能跟我們說悄悄話，原則上，盡量別再傳給第三者。但如果話題是好的，我覺得不妨「刻意」拿出來說，當然，可以稍做修飾。

奶奶：爺爺年輕的時候，很愛跟朋友去釣魚，穿得很瀟灑，都不知道陪家人。（小聲）

爺爺指責奶奶：你又在亂說什麼。

照顧者對爺爺：奶奶說，你年輕時很帥氣，你釣魚的技巧很厲害。

爺爺開始打開話匣子：我都去XX釣魚，你知道陪家人。

52 學習分辨弦外之音：奶奶抱怨阿公經常跑醫院看醫生，不知道在怕什麼。其他的想法：（他出去，我一個人會害怕，會無聊。看醫生應該會花很多錢吧。）

＊這時候，根本不是講大道理的時候，而是單純的聆聽，表示理解和同意就好。

53 特別是老人家如果說：你不要跟我說這個，我不想聽。背後的意思可能是：

（我大概知道你想要表達的。但我無法面對這件事，請不要強求我面對。）

＊這時候，要非常小心處理。若是他的子女，可能可以用更長的時間來幫助他面對。

但若是一般的照護員，我個人還是比較建議，不要自討沒趣。

輯1 適合一般讀者：

54 像是在罵我們，卻又不像是在罵我們。很可能是心疼我們犯傻的一種表達方式。

55 同病相憐。分享自己或身邊的例子讓他理解，別人如何面對同樣的功課，或可從這個角度切入，建立對話的可能性。

56 如果對方感到尷尬而不語，立刻巧妙轉移話題。但也有可能他在思考，不要去打斷他。判斷依據在他的肢體語言，思考通常更接近石化，尷尬時動作或表情可能會持續。假如他經常性「石化」，像被點穴一樣，不排除是失智情況惡化。

57 陪伴只是第一步，為了建立信任。第二步是交流，第三步是幫助對方建立價值感。

58 用對方熟悉的模式，不是用自己擅長的模式去對話。（比方可能是透過美食，誇張的手勢語言，方言，甚或是帶有權威式，或撒嬌式的模式等等）

59 可以把聊天想像成作畫。比方，可能構圖不是很完整，色彩不是很多元，有時候，可能運用大量的暈染取代鮮明的線條，有時候，會側重於主題，有時候，更注意結構的對稱性。可以從這些線索，做更多的對話延伸。

60 想有美好的對話體驗，需要具備：格局的空域，肢體語言的認識，雙方的信任感。

(6) 夫妻關係 相處可以思考的議題

1. 夫妻關係從來不是靠什麼神丹妙藥,是由無數的珍珠般的眼淚(這眼淚,包含心疼、期待、難過、誤解等。)、鑽石般的汗水,所織串出來的。多數的夫妻關係的良窳,不是因為第三者的介入,而是缺乏共同用生命經營出美好記憶的養分。

* 一起經歷過汗水的愛更值得珍惜。用金錢堆砌出來的浪漫愛情,就像是聖誕節的糖果和彩球,確實很美,但可能也很脆弱。

2. 要得到對方一個甜美或爽朗的笑容,或是期待犯錯後可以獲得對方的原諒,並不難。但要得到對方一生的信任,卻是非常困難的事情。信任才是家庭最珍貴的寶貝。所謂,民無信不立,夫妻之間若沒有信任作為關係的地基,這家的結構也是脆弱的。

3. 親子關係,常是夫妻之間的關係的調味劑。家,就是一群人為了建立共同的幸福所以才存在,若反過來過分強調個體的價值,這無異於自毀家園。

* 最理想的模式是,既適度尊重彼此的空間,雙方也願意適度付出自己的時間。

4. 夫妻之間最美好的溫柔,就是珍惜自己身體的健康。至少,從青少年開始。健康的生命是一條沒有終點的路。體重的維持應從小開始。健康的生命是一條沒有終點的路。有時,他甚至關係到兩人之間琴瑟和鳴。溫存的品質,有助於提升幸福感。

* 其實性關係的比重,在多數家庭中,佔據的比重,遠不如媒體所強調的這麼大。

120

輯 1　適合一般讀者：

甚至隨年齡的增加，比重更是逐漸減少。

* 所謂權力是最好的春藥，那只是基辛格個人的想法，與真理無關。現實世界，工作與社會地位，經常是中年男性的保護殼。讓他們可以逃避剪不斷理還亂的家庭繁事。（女性則是更在乎舒壓。比方，社交，靈修，瑜伽，購物等。）

* 親密行為前適度的暖身運動，事後適度的緩身運動，可能降低肌肉傷害。

5 夫妻間若經常用理性對話，何來無溫度可言。溫度是一個家的粘合劑。

6 感動是生命的起點，是學習欣賞的起點。只有開始願意欣賞彼此的優點，生命才會有深層交流的可能性。這樣的生命，才會更豐富，這樣的關係，才更值得珍惜。

7 美麗的容顏會隨時間抹去，純真的靈魂卻依舊甘甜。

8 美好的夫妻關係，取決於，進入房間，或是年老之後，是否可以好好放鬆肩膀。

9 任性有時候是生活的一種調味劑，他無關對錯。但他如果變成各別人或性別的一種特權，那就不是調味劑了，而是蝕骨水。沒有人有能力，承受另一半無底線的任性。

* 最可怕的是，任性一但成為慣性，又失智了以後⋯⋯

10 夫妻之間（包含親子）的關係，絕不是也不能只靠一份契約。而要靠彼此願意適度的委身和成全。只有從結合的第一天，甚至在踏入禮堂之前，就願意一起認真思考這個問題，才有可能建立一個更美好的家庭氛圍。也只有在這樣的氛圍下，才可能創造出更好的未來，和晚年。

＊ 社會契約論（契約關係）只能從契約的層面看到社會成員的合作關係，無法思考合作下面的底層邏輯。更無法思考，契約以外值得互動與彼此關懷的元素。

11 盡量避免用臭臭的臉作為對話的基礎。那只會換來對方把耳朵蓋住。夫妻之間不可能每天都笑容滿面，有時候一定會有沮喪、低落的時候。若對方常態性的犯錯，可在雙方都理性愉悅的狀態下進行討論──比方，就罰五元到公積金，或是洗碗一次等。效果肯定比發牢騷永動機，或擺臭臉不倒翁好用。

12 夫妻之間，可以適度聆聽到對方的「抱怨」是幸福的。抱怨未必是為了解決什麼問題，主要是，它可以讓個人情緒得到適度的釋放，也可能更好的提升生活品質。就像是，餐桌上放了一盤苦瓜鑲肉，或干貝煮芥菜。既苦，又鮮美。

關鍵在於：一抱怨中，不能帶有強烈的價值批判和太多的城府。二沒有讚美與肯定的生活，只有抱怨的元素，就像是，餐桌上，只放了燒焦的苦瓜炒芥菜。

＊ 夫妻之間可以相互抱怨是非常美的畫面，當然，前提是沒有帶強烈負面的情緒，或者是衝突價值的元素。

13 夫妻之間一定要保持兩人相處的習慣，我是指真正的心靈層次的交流。無論有多忙，至少一星期要超過一次，每次要超過兩小時的閒聊。如若，連這點時間都擠不出來，兩個靈魂只會漸行漸遠。

14 夫妻之間，若能把對方的家人當成自己的家人，理論上，關係會更緊密。也可以為下一代建立很好的身教。

輯 1　適合一般讀者：

＊ 固然家人之間難免會有一點齟齬，但不能因此而去全面否定對方家人的價值。那無異於，從根源上否定另一半的存在價值。

＊ 與其婚後來各種爭執，一開始就須慎選另一半，弄清楚雙方的價值觀。

15 有幾個故事，我覺得可以分享：陳長志＆藤子英，張立義與張家淇和何先生的故事，費曼＆阿琳，呂代豪＆陳筱玲，山口智子＆唐澤壽明，反町隆史＆松嶋菜菜子，浮生六記沈復與芸娘的故事。

16 雙方，情人之間，一定要養成溝通對話的習慣。包含：放心的表達，安靜的聆聽，願意學習自我調整，分享彼此的心靈養分，肯定對方的價值，安慰對方的心靈，學習願意適度的容錯。若不能在越年輕時養成這個互動的習慣，年紀越大之後，彼此的關係只會變得更制式。再要嘗試改變彼此，就非常困難了。

（這除了有心理層面，也有大腦層面。）

17 身體接觸是個很好的習慣。比方早晨起來，一個簡單的相互搓手，擦乳液。睡覺時，輪流輕撫對方的背，幫對方吹頭髮等，都是一個必須維持一輩子的好習慣。你會從這個動作，銘記對方的溫柔與愛。

18 老夫妻有時候可能真的不適合睡在一個房間。年紀大了後，身體的溫度調節能力可能會越差越大。也許一位是，沒有冷氣全身躁動，一位是，冷氣讓他氣管乾燥，乾咳不斷。若可以找到兩人都能接受的點，那是最好不過了。如果真的無法調整，分房睡，也許可作為選項之一。

19 比起用嘴巴批評，更好的方法是，直接用行為去示範美好的生命應有的樣子。讓對方可以理解，原來可以這麼做。原來，這麼做，可以讓事情變得更好。

（7）親子互動 需要思考的議題

良好的親子教育，有助於建立一個更美好的未來社會。

許多長輩，總苦於無法更好的教育小孩，經常焦慮到失眠，日復一日，年復一年。

或者，為了看到孩子的笑容，就會予取予求，提供各種物質的滿足，試圖換取孩子對自己的認同感。

又或者是，愛之深責之過切。這些，其實都不是挺健康的。或是過度的討好，或是過度的苛責，結果，都常換來一個更不快樂的家庭關係。讓人感到心疼。

其實，孩子是人，成人也是人，一樣需要被關懷，一樣需要被認同，一樣需要在經歷各種錯誤中逐漸蛻變與成長。「社會」不應該過分給成人，或「父母」的角色太大的壓力，「父母」也可以試著和孩子一樣，一起攜手，學習和這個世界更好的對話。

父母要思考的，不只是我要給孩子一個怎樣的教育，還可以是，我可以如何陪他一起建立更好的思考事情的態度。

教育，不該是以個人快樂為重點，而是願意用誠懇的態度聆聽世界的聲音。用溫暖的汗水，單純的喜樂，和家人，和社會，和這個世界，一起迎接每個金色的朝陽。

只有學會相濡以沫，才會更懂得珍惜和享受在這個世界的每一天。

這世上，沒有任何父母，可以獨立培育出優秀健康的人。所有讓人懷念的靈魂，都是由無數個美好的碰撞所衝擊出來的。這所有美好的火花，都是由至少兩人以上的善良所激盪出來的。只要我們都喜歡善良的靈魂，這個世界自然會更好。

124

輯 1 適合一般讀者：

1 給下一代最美好的禮物是：和他一起流汗工作，一起咀嚼生命，一起探索橋樑，一起偷得浮生半日閒。一起經歷失敗的低潮，一起堅持美好的態度，一起承擔共同的責任，產生同理心，協助他培養共情的能力。這禮物的最大意義就是，在這互動的過程中，

* 一個幸福家庭的維繫，光靠血濃於水的關係是不夠的，還要有禍福與共的凝聚力。

2 感動是生命的起點，心靈的觸動是激發生命燃燒的開始。假如父母能隨時保持對這個世界充滿探索的熱情，也會極大程度觸發孩子的好奇心和關注世界的意願。

3 假如身為長輩，總一付對這個世界和人性看透透的態度，也可能使孩子以為，人生不過爾爾。是嗎？你目空這個世界和社會，自然，這個世界和社會也目空你。人類在這個宇宙是如此的渺小和短暫，憑什麼以為我們（或大師）已經看清楚一切了。

4 隨時保持可以認知修正的空間，對於自己個人以外的世界的故事，可以用更開闊的思維態度去發掘。不要一開始就給「畫紙」上了鮮明的底色。

5 與其聊一堆玄而又玄的大道理，或許，去碰觸真實的生命故事，更能觸動他的靈魂。（但對個人生命的態度或許應該堅持某些原則和底線，否則，很難建立有溫度的情感。）

＊ 比起用嘴批評和指教，更好的做法是，用身體力行，讓他知道，怎樣做更好。

6 學習承認自己的不足，同時也學習，體會或觀察身邊人的難處。這世上，多數人一生的路，都是崎

125

嶇顛簸的。

7 孩子良好態度的建立，需要父母用很長時間的示範（也許是用自己一生的歲月）。較短的時間，更適合分享思考問題的方法。

8 「要學會更愛自己多一點」，這只是一個值得思考問題的角度（或說是態度），不是什麼智慧的高度。這世界不是圍繞自己而轉的，自己也沒那麼了不起，不要過度膨脹自己的價值。但是，這個社會之所以可愛，也是因為有無數的小螺絲釘所撐起來的。每個螺絲釘都值得被珍惜，當然包括自己。

9 學習聆聽的心和良好的溝通態度，是幫助他們成長，面對問題時，最好的鑰匙。

＊ 聆聽是非常重要的功課，極其珍貴的能力。多數人都沒有這個能力。長輩要學會以身作則，才能幫助孩子學會這個能力。不是讓孩子懂得聆聽我們的聲音，而是讓孩子學習培養聆聽的態度。是發自內心真誠地聆聽，不是學習聆聽狀。是用真心去探索和理解，不是鄉愿的認同或傲慢的否定。

＊ 聆聽三個重點：誠懇的態度，溫柔的陪伴，純淨的交流，三者的集合體。

＊ 聆聽的對象可以很廣泛：父母，師長，歷史，宇宙的運行規律，大自然，音樂，不同的社會，民族，膚色，性別，文化，免疫系統等。

＊ 從小養成聆聽的習慣（或慣性），年老了，也許大腦退化了，可能比較不會成為一個令人厭惡，自以為是的老人。

10 旁人（包含祖父母）不宜忽然介入父母親對孩子的教育。父母親要如何教育自己的孩子，他們自己

輯 1 適合一般讀者：

11 （接上）子女如何面對父母親的教育，他們也需要時間去思考，練習表達他們的想法。（除非真的已經失控了，父母親的情緒已經完全超過他的理智線了。但仍要小心，介入的行為，可能讓介入者變成好人，父母反而變成壞人了。）

＊ 有時候，旁觀者清，當事人有可能陷在某些思考問題的盲點。當然，有時候也可能是，局外人只看到事物的表層。

12 長時間的互動與短時間的互動的意義完全不同。現代的孩童普遍缺乏和各種異齡人長時間（十年以上）的互動，以至於，他們對人性與社會的理解，經常浮於表象。對於鄰居，僅止於點頭之交。對於偶像明星，更是只能看到虛華的包裝。這完全無助於他們更深刻的理解真正的世界的本質。

13 釐清文學與現實的差異。文學經常為賦新詞強說愁，甚至可能以否定人性，或誇大人性貪婪的本色，來撐起故事的張力，增加讀者的興趣。但這很容易對學齡期孩子造成對社會人性的錯誤認知。（最經典的要屬格林童話：對後母的角色的負面暗示）現實世界非常複雜，所有個人行為，經常為主動，被動元素所影響，有客觀，主觀的條件造成。過分抽離善惡的思維，或過度強調善惡的神性地位，都可能侷限思考問題的空域。

14 我個人建議，對於探討政治人物，或宗教價值時，不要經常過分的加入太多的訕笑揶揄的成分，這很容易影響理性的判斷。建議秉持三個原則：

一知之為知之，不知為不知。（對於政策的因果邏輯先弄清楚，多聽，多看，不要被輕易帶節奏）

二實事求是（格局拉開，多看現實案例，完整的事件發生過程。）

三就事論事（以議題本身為探討重點，不是以喜不喜歡這群人為判斷依據。）。

＊我們在小孩面前會避免闖紅燈，為什麼？因為，我們不希望給他們負面示範，希望他們養成遵紀守法的習慣。但我們卻讓他們看政論節目裡，名嘴們用嘻嘻哈哈嘲弄的態度去批判政治人物，這不是非常奇怪的事嗎？這絕不是好的對話的態度。如果我們對政治人物動輒用插科打渾的態度去恥笑，是否我們也可以接受他們長大之後，也用這種態度和我們對話呢？這不叫言論自由，這叫言論霸凌。

可以隨意罵人的自由，和心靈自由沒有任何必然的因果相關性。

＊最好的做法是：鼓勵孩子在辯論的過程中，找到合作的可能和立論整合的契機。

（銘印效應，擬態效應是生物的特性，我們應該避免讓孩子養成負面表列的說話習慣。）

以整合理論的思想高度，探索議題的深度和釐清問題本質的淨度，來作為勝負的評斷依據，而不是在批判的層次上進行血腥式的搏鬥。

15 關於老人和年輕人的差異，我姑且嘗試用一個探照燈的故事說明：一個燈籠精靈，他總在夜間出來覓食。晚上，大地黢黑一片，他額前的肉凸便會閃閃發光，幫他掀開黏稠似的黑幕，他發現，當他飛往高處時，可看到更大的範圍，但卻看不清楚細節。當他靠近獵物時，光線夠了，

128

輯1 適合一般讀者：

但卻無法注意身後是否有敵人。他試圖加快速度，便容易錯過身旁的事物。

現實世界，老人就像是光從高處照耀，他們可能看更遠，但也可能因為看不清楚，導致誤判。經驗有時候會成為他們的思考慣性，進而產生誤判。

年輕人或有強大的亮度，但對這個世界缺乏判讀能力，可能沈迷於更小的視角。

（小自各種奇技淫巧，大到各種價值信仰，如虛無主義，解構主義等。）

身心症者由於情緒的過度發酵，容易使他們錯過合理的位置，無法精準定位。

＊

站在地球一隅，每天記錄太陽出現的時間是無法認識地球的完整運行的。必須從更高的維度，不一定是位置。所謂的維度，是指，可以和更多元素對話的思維。

16 性格會影響我們的交友，交友圈可能固化我們的價值觀。價值觀有可能改變我們的性格，影響我們的交友認知。要有好的價值觀的建立，可以嘗試從習慣的交友圈抽離出來思考。也從習慣接觸的媒體視角暫時抽離出來，再來思考價值觀的課題。

＊

我個人建議，孩子從小或可引導他們和各種不同年齡層，不同文化，不同性別的人做更長時間的交流。這樣，他們才能更深刻的認識到不同的視角。不是總從那些矯情的文學作品，或充滿腥羶色的影視娛樂作品去認識這個世界。那經常不是真實的世界，更像是一個為了扣住讀者情緒和眼球而編織出來，充滿魔幻性格的「夢想」國度。

17 「你不懂我們年輕人」我經常聽到年輕新世代說這句話。這裡面有很多值得思考的地方：

a 是誰造就年輕人的集體認知？是資本媒體？還是大時代？或是哪個大師？

b 是什麼造成「你」和「我們」的認知差距？是自以為是的堅持，還是缺乏互動的過程？

129

c 是客觀的「我們」，還是主觀的小眾？

d 當「你」和「我們」角色對調後，所謂的「年輕人」理解「你」嗎？是怎樣的教育或社會環境造成這樣的態度，或理解。

e 是誰造就出「你」和「我們」的切割？這是我們要的社會嗎？

＊我的建議是，年長者不應該再以絕對的認知高度自居，年輕人也應該培養更開闊且深刻的共情的空域。並且，學習對話（更誠懇地聆聽）不是說話（強調以自己為中心）。

18 專注是一個非常棒的習慣和能力，但那更適合做自我要求。適度尊重他人一心二用的空間，生活才不至於太壓抑。（就是保留適度犯錯的空間。）提升工作效率永遠沒有盡頭，但當我們的靈魂被常態化過度桎梏之後，生命將變得空洞乏味。

（就像是，當血液都跑到胃去協助消化時，大腦可能變得愚蠢犯睏）

19 『愛你自己，相信你自己，聆聽內在的聲音，他們都是要你跌倒，只有你才是真正對你好的。』我經常聽到這些似是而非的話。

我所認識的世界完全不是如此，而且正好相反。錯誤的認知（元知識），會破壞學齡兒童對世界的信任。完全否定人性的教育，絕對是最糟糕的教育態度。這讓我想到唐吉軻德的故事，一個把風車當成巨人的「勇者」。

20 『除了你自己，這世上沒有人值得你的期待，也沒有人會期待你。』我經常聽到這句話，並被奉為圭臬。我完全無法理解。

這世界最美的事，不就是有人對我們還有期待嗎？如果，沒有人願意對我們有期待，這世界得多寒

130

輯 1　適合一般讀者：

冷呢。這不應該是我們要給孩子的教育。

可以這麼告訴孩子：無論你遇到什麼挫折，總要記住，家裡會有一盞燈為你點著。

「但使金樽空對月，長安不見有人愁」。你永遠是家人的「長安城」，要學會好好珍惜你的身體健康和注意安全。否則，家人會難過的。

＊

21 不要教育孩子什麼奇怪的「獨立思考」的能力，而是讓他學習統合思考的功課。思考獨立並沒有太大意義。思考的功課，最主要是培養三個能力：感動連結的能力，透視問題的能力，解決問題的能力。獨立思考，無助於統合思考的建構。而統合，就是要走出獨立，進行跨多元的對話，糾錯和整合。

該話不是完全不值得思考，而是不值得被當作思想高度。如果你迷信這句話，就不會看到，這世上還有：廉頗相如的刎頸之交，伯牙子期的知音之交，陳重雷義的膠漆之交，夷吾叔牙的管鮑之交，孔融禰衡的忘年之交。

22 不要教育孩子什麼奇怪的批判性思考的能力。而是教育他們多元命題思考的能力。這裡面的差異在於：批判性思考，容易糾結在單一命題的思維糾錯，甚至可能流於情緒性否定。而多元命題思考，則可能從假說的視角抽離出來，嘗試探索問題的其他可能的空域。這對於延遲老化，保持大腦活性，也是很有幫助的。

23 不要再教育孩子什麼懷疑的思考的能力。懷疑思考不等於理性思考。我們要教孩子學會懷疑父母或老師的愛嗎？這叫理性思考嗎？所謂的理性思考是，盡可能去掌握問題的本質，釐清他原本的面貌。而不是盡可能去否定問題的本質，和質疑他的面貌。一個是不帶任何預設立場，一個是帶有預

設立場，孰勝孰劣？

24 不要再教育孩子什麼和諧思考就是反理性這種奇怪的觀點。和諧思考的態度，就是學習換位思考，將心比心，這是非常溫暖的態度，怎麼不理性了？

25 不建議讓兒童接觸太多沒有靈魂純搞笑的動畫。還不如拿這些時間去和不同年齡的人玩遊戲，和不同文化的人聊天，和同年齡的人打球，做小點心等。有助於他將來可以和這個世界更流暢的交流。
（動畫影片缺少和真實世界的連結，對於孩子本身，和這個社會，都極不好。我小時曾犯過這樣的錯誤，如今，非常後悔。）

* 不要過分強調什麼聆聽你內在的聲音，應該讓他試著學習培養共情的能力。那就不只是聆聽自己內在的聲音，還包含聆聽人的聲音，門軸的聲音，流水的聲音等。

* 每個人從小若能學習這四個功課：求援（包含承認自己的不足），協作，分享，珍惜。必定有助於培養同理心，即建立共情的能力。

* 共情能力的培養，和鏡像神經元的激發，有著互為因果的關係。鏡像神經元的開發，有助於建立一個更和諧的社會。

* 如果大腦真的太累，輕鬆幽默的真人喜劇影片也可以起到紓壓的效果（比方，陳翔六點半）。

* 動畫和真人演出的差別在於，一個簡化面部的肌理變化，一個卻完整呈現。一個誇大有形世界的互動關係，一個正視有形世界的互動邏輯。

* 動畫也不是完全沒有意義。他可以幫我們的大腦，探索畫面或劇情的結構跨度的各種可能性。

26 不要讓孩子避開死亡的課題，生命的課題應該遠高於性教育。死亡，是生命中很重要的一環。生命

輯1 適合一般讀者：

27 這世上沒有什麼孤獨的天才。只有孤獨的角色和孤獨的性格。天才的生命是豐滿的。他們可以和天地為友，和數學相伴，和音符談心，和顏料抬槓，和歷史交流，和生態悄語，和星月對飲，和命題相濡以沫。這世上，就沒有一個天才是孤獨的。除非他力有未逮。

28 因有無數人的包容，我們每個人才能有更好的成長體驗。要學會珍惜和反饋，最重要的是，要學會同理心包容他人。這樣，我們的社會才可能變得更好。

29 當任性成為大腦思考事情的慣性之後，當青春美麗不再之後，這孩子必然擁有一個讓人嫌惡的晚年。這才是童年教育應認真思考的課題，不是無止境的讚美和成全。

＊任性不是問題，問題的關鍵在情商。情商是個需要終生學習的功課。應該從小就教育孩子學習和自己的情緒，自我的價值，社會的協作，經常進行深度的對話，等到大腦發育減緩，再要去培養這個習慣和態度時，會更辛苦，難度更高。

30 自由的概念，在古時候，他只是一個個人認知很主觀的形容詞，有態度意義的動詞，在今天卻成了帶有神性地位，完全避談社會成本的概念。為什麼社會成本很重要？我們都知道家庭理財的重要性，如果一個家沒有財務概念，要如何長期運作？

133

同理，社會的運作難道不需要成本嗎？家人的錢是錢，社會的錢（資源），地球的錢（資源）難道就不是錢嗎？我們現在所「享受」的所有充滿「浪漫」意義的價值，有哪一件事不需要成本去支撐？當一個家（或社會）把所有的積蓄都花光了，卻怪罪下一代不肯花時間成本來關心長輩，這是誰的問題呢？（他們只是阻卻遺棄。）

31 老人不容易笑；兒童是不容易止哭，會一直處於抽搐狀態，那只是一種神經系統紊亂的現象。適度休息就可以了，不需強勢制止他。

（老人似乎比較少哭到抽蓄的狀態。但有些老人容易「情緒脆弱」，忽然就哭了。可能和主管情緒的前額葉萎縮退化有關。）

說個笑話，讓他破涕為笑可能有幫助。說笑話，對打嗝的人，有不錯的抑制效果。

＊
引發笑的機制很像火星塞（點火器）的概念。年紀越大，火星塞的功能就會越弱。以下舉個例子，可以觀察身邊的人的身體反應：

一個初入社會的女孩跑到媽媽身邊，聊公司發生的事：媽咪，我公司的同事真的很厲害。他拿一盒感冒藥給客戶，客戶很驚訝，問他怎麼知道。他說，因為看到對方抽菸時，只有一個鼻孔冒煙，他判斷，客戶應該有鼻塞的問題。

媽媽問女孩：那如果兩個鼻孔都塞住呢？

（理論上，看到故事的後面，通常會觸動笑的機制。但大腦逐漸退化的人，生理的反應，會變慢，變弱許多，不是觸擊的現象。）

＊
另外，網路影片──姜火華 老師與學生的互動，也可以對我以上的論述做很好的註解。

輯1 **適合一般讀者：**

32 真正造成孩子沒有自信的，也許曾經是過度批評與否定，但如今已經變成是失控的讚美了。因為，他們從小活在不切實際的讚美之中，以至於，他們無法接受自己不完美的真相。（參考書籍：教養大震撼）

33 適度要求即可，不要過分了，否則可能得不償失。假如只要出於善意，就有權力強求他各種配合，可能給他一種錯覺：

a 我們老了，他可以基於為我們好的理由強制我們作任何事。

b 他和另一半的關係，可以基於自以為的善意，就要求對方無條件配合。

c 只要因為是自己覺得出於善意，他將來也可以恣意要求子女配合。

假如孩子有這種錯覺，他的人生將會無比挫折。

34 不要輕易對孩子說出，「你這樣沒有意義」這句話。一件事有沒有意義，是取決於你的對話能力。一件事有沒有價值，是取決於你可以對話的範圍。

35 珍惜機會教育的契機。路上看到別家的孩子耍任性，在地上撒潑打滾時，可以買個好吃的東西謝謝孩子：孩子，謝謝有你，還好有你的理解和體貼。如果你也這樣，我應該會很辛苦。（這句話，雖說是講給孩子聽的，其實也是講給自己聽的。）

36 與孩子互相吹頭髮，也是非常棒的互動，建立互相需要的身體默契。

37 世界衛生組織提到：全球至少有11億年輕人，面臨聽力受損的問題。外罩式比起內置式的耳機，對聽力的傷害相對小一點，但仍應避免長時間使用，或至少降低聲量。

135

長時間的噪音傷害，可能影響平衡與姿勢的肌肉系統。

（康健）當聽力受損，孩童的專注力、學習動機乃至學業表現都會受衝擊，未來發展也會受影響；成人的社會心理健康、工作表現及收入可能受影響，甚至進一步增加認知障礙、失智等風險。

38（親子天下）研究發現，長期使用3C的幼童，其腦波變化和ADHD（過動症）兒童的腦波有極高相似性，不僅無法提高注意力，長期下來對孩子的認知能力、行為和學業還會產生有害影響。孩子要學習關注身邊的事物發展，把他們的注意力放在現實生活中遇到的問題，隨著事情移轉注意力。但是放任他們看電視、平板、影片，就減少了關注身邊事物與變化、鍛鍊專注力與注意力轉移的能力。這也阻礙了他們處理身邊資訊的發展能力，孩子的學習跟大人一樣，需要很多情境的觀察、與人互動、經驗、內化思考、或看著別人的行為，慢慢累積而成，這對規範生理機能也很重要。

＊6歲以前的兒童由於需要藉由彩光刺激視覺發育，也不宜配戴抗藍光眼鏡，或以人為手段對自然光進行干擾，以免阻礙兒童的視覺發育。

39 失敗的經驗是非常珍貴的價值，瑞典就有一個失敗博物館。愛迪生有無數次失敗的經驗，愛因斯坦也曾做過錯誤的判斷。坊間流行一個觀點，那些偉大的人物都是什麼高靈轉世而來，這種錦上添花的說法沒有意義。所有人都可能失敗，重點在於，我們是否願意給失敗預留修正的空間。把經典人物放在形而上的制高點，我們就無法或無心去理解大人物思考問題的過程和紋理。甚至可能陷入與他們相同的思維誤區。

40 如果可以的話，每天讓孫子陪老人數數字一到兩百。別看這很簡單，只三、四分鐘的掰老人手指，和帶動喊聲的行為，這裡面有非常多的好處：

輯 1 適合一般讀者：

a 聲帶、氣管等區域的肌肉運動練習。可以強化長輩的吞嚥功能，減少嗆到的機會。甚至可以提升肺活量，和訓練核心肌群的力量。（實務上，確實可以明顯看到，流口水的狀況得到改善。）

b 數數字可以幫助長輩活化大腦，減緩失智狀況。

c 可以讓長輩更直接的感受到親人的溫暖和笑容，熟悉與外界互動的感覺。

d 可以讓孩子學習如何引導，和照護。時間很短，做法簡單，也可讓他沒太大壓力。

e 可以讓孩子理解什麼是「老人」的概念，熟悉生命的變化。認真省思自己對生命的態度，親近所謂的不完美。

f 可以讓孩子嘗試深層思考照顧的價值和關懷的意義。即使是一個咳嗽，一個吐痰，那都是生命中最清澈的面貌。

g 可以讓孩子近距離學習認識大人的靈魂，眼神和皺紋，還有，身體反應的節奏。

h 可以讓孩子更清楚的感受到長輩的體溫，不要只是活在同儕的小小世界裡是只有白雪公主或巫婆，男生也不是只有白馬王子或鐘樓怪人。）

i 可以讓孩子更理解身體的自在域，和認識情緒的紋理，還有，身體反應的節奏。

j 實務上，受照顧的長輩確實可以改善當下的低血壓的情形。

k 可以讓孩子意識到，什麼是責任。什麼是帶有責任的愛。情愛誠可貴，自由價更高，若為真愛故，兩者皆可拋。

* 掰手指數數，有幾個細節要注意：不要太快，累了要稍微休息，該停止就停止。

＊ 我感覺，很多新世代的年輕人，對於年齡差距較大的人，彷彿是遇到外星人，無法交集。如果是冷漠，他們為什麼不對同齡人有類似的行為呢？很大的概率是，他們的生命只和相近年齡的人互動，對於年齡差異較大（包含年長，年幼）的人，他們完全是陌生的。任何人遇到陌生的人事物時，自然而然會心生「微焦慮」。這應該就是讓他們變得看似冷漠的主要原因之一吧。貌似擁有「自由」的我們，卻對這世界充滿更多的恐懼，這算是一種現今世代的「返祖現象」吧。

41 為了有助於孩子建立更高的視野格局，有時候可能需要適度的扮黑臉。
（當然，我們也可能犯錯而不自知，自以為是為對方好，卻不知道世界早已改變。你以為的好，其實未必是好。所以長輩更要學習虛心、反思和聆聽。）

42 成功的教育，不是取決於孩子的成績單，更不是取決於他懂得愛自己，相信自己，珍惜自己。而是取決於，孩子是否能和世界更好的交流，能提出好的問題，值得被信任等。（這裡的世界是指：空間，時間，價值，態度，關係，前瞻性等。）

43 不要教育孩子對人有「慈悲」的心態。那是基於貴對賤的施捨和救濟。對人應該是平視的關懷，一種出於同理心的不捨。

＊ 父母親不會對子女起慈悲心，他們只會對子女以外的人起慈悲心，政府對人民的照顧不叫慈悲心。有分別心，才有慈悲的概念。成人有分別心，是為了方便計算資源分配，與自私貪婪是兩回事。

44 孩子充滿率真，是迷人美麗的特質，就怕被欺負。
其實，只需培養兩個特質就不用擔心了。即，敏銳的觀察力（透視問題的能力）和淵博的知識（連

138

輯1　適合一般讀者：

結議題的能力）。例如：山崎豐子，蜜雪兒．歐巴馬，馬斯克等。

＊

當你有非常卓越的判讀能力時，太多的城府真的是多餘了。

＊

率真不等於喜歡批評或毫無顧忌，而是，不過分隱藏自己的情緒，樂於欣賞等。

45 探索頻道曾經推過一系列的科學鑑識檔案，是我所看過最好的科學影片，沒有之一。若可能的話，可以讓孩子們好好學習。

46 換位思考是一個很好的方法：你想想看，假如你將來也有自己的孩子了，你希望他看到的是一個怎樣的父親呢？你說說看，我想知道。也許，我才知道可以怎樣調整我自己。

47 獨立自主的能力是一個很重要的能力。但他只是起點，不是終點。關鍵還在於，如何更好的和這個世界進行協作。獨立自主，不是為了自主，相反的，是為了認識自己的無法自主（不足）。

＊

一個無法完全自主的靈魂，鼓勵他義無反顧的追求個人自由是不負責的。

48 道歉是個非常重要的功課。他也是維持社會和諧的重要元素。更重要的是，他可以隨時提醒我們反思的習慣。道歉其實不難，但奇怪的是，社會地位越高越做不到。我們很難從歷史上的所謂哲學家，或什麼心靈大師，找到他們道歉或承認自己思考體系的錯誤。是因為他們智慧過人嗎？不是。因為他們已經被捧到極高的位置，再也無法回頭了。然而，物理學家

＊

一個人的生命態度，可能影響一個人老年的生命品質，承認錯誤的就很多。和政治家，

49 盧梭：人生而自由，卻無往不在枷鎖之中。

事實上，最大的枷鎖，可能不是任何力量所給我們的，而是取決於對話能力的能否培養孩子理性，善意的對話能力，比教育他追求純粹的個人自由更有意義。

舉個例子，我們都知道，某些化學物加入水中，他可能產生爆炸。只有理解他，才能更好的與他相處。原子的活性，惰性，卻反過來說，枷鎖無所不在，這是非常莫名其妙的思維。

＊不要讓孩子像唐吉訶德一樣的活著，到臨死前一刻，依舊沒搞清楚他的問題在哪裡。問題經常不在對騎士精神的堅持，而在於搞不清楚敵人的意義。

50 盡信書不如無書。落花水面皆文章，關鍵在於，孩子有沒有判讀的能力。判讀的前提是「讀」。如果你把注意力都關注在書本上而無視這個世界，這世界以其人之道還於其身，也是很合理的。

51 父母親也是人，也希望得到孩子的愛。可以勇敢地表達出來：我喜歡你能好好愛自己，但我也喜歡一個愛家人，愛社會，愛世界的你。不是只愛你自己。我會老，你一樣也會老，我希望你能學習推己及人的愛，並傳承下去，而不是唯我獨尊的愛。

52 幾乎零分貝的消音室，一般人若待超過45分鐘，可能會出現幻覺、頭痛、耳鳴症狀，甚至是失去方向感，難以行動。

＊延伸思考：根據研究，適度的噪音有可能讓神經元更自在。

紐西蘭的研究也發現，那些喜歡吃手、咬指甲的寶寶，長大後過敏機率也較低。

讓孩子處於一個「極端純淨」的環境裡，這對他們的成長是弊大於利的。

輯1 適合一般讀者：

53 近代有個說法，叫做情緒勒索。情緒勒索，是一種利用恐懼、義務和罪惡感，在關係中控制他人的行為，為心理學家蘇珊‧佛沃（Susan Forward）在1997年首度提出的概念。原本，他的用意是好的。但自此以後，父母親的要求和期許，經常就被定罪，被妖魔化。

＊ 子女弱小無助時需要父母，父母有義務照顧他們，這不叫情緒勒索。父母老了，虛弱無助需要子女時，竟成了情緒勒索了。這是典型的價值綁架，你的時間是屬於我的，我的時間也是屬於我的。這不是健康的親子教育。

可以大方地告訴孩子：我很愛你們，當你們有困難時，我會盡可能陪你們一起面對。同樣的，我希望你也能真心愛這個家，當任何家人有困難時，你也要懂得盡一分力。這才是真正的家人。我看過很多例子。父母要求子女參與付出，子女變得更懂得付出與關懷。父母親只要求子女把書唸好，滿足他的一切物質慾，子女眼裡多半只有自己的未來。

54 不要把孩子當寵物養。他們會長大，我們會離開他們，將來，他們也會成為別人的長輩。如果他們習慣當一個巨寵物，他們就會成為一個令人厭惡的長輩，一個沒有好的生活品質的晚年。（所謂當寵物養就是，為了看到他的笑容，極盡取悅之能事。什麼事都替他做好了。）

＊ 一個喜歡「做自己」的小孩可能很可愛，但小孩會老，當一個逐漸失去自理能力的老人喜歡「做自己」，那就是身旁人的災難了。

55 輕度抱怨是一個可愛的行為，是下意識的咀嚼生命和向外求援的行為。當孩子開始學會更深刻的探觸問題的本質，和感覺進行深層的交流，和世界進行多元的交集時，你就不容易看到了。

141

56 若孩子願意主動協助家務，這是很美的事。千萬不要以為功課遠比家務更重要而阻止他的參與。若這麼做，當有一天，你（甚或是孩子將來的另一半，又或者是孩子將來的孩子）需要照顧或協助的時候，他會像個傻瓜一樣杵在一旁。

＊ 子曰：吾少也賤故多能鄙事。歐陽修，韓愈等，也都經歷過辛勤的成長歲月。

57 盡量不要在孩子面前大量使用手機，這是對他們的極度冒犯。判斷狗是否在乎主人，只要看他的尾巴是否瘋狂的搖動就知道了。同理，孩子判斷你是否關心他，只要看你是否關注手機遠超過他就知道了。

（夫妻之間，朋友之間，照顧者與受照顧者之間也是如此。）

＊ 特定時間則可以。比方，和孩子說好，特定時間是你要處理信息的時間。這也是，培養孩子建立良好的使用電子產品的習慣和態度。

58 老人很容易出現焦慮感，一般人也是，特別是小孩。但他們的焦慮，是一種微焦慮。外觀看起來不明顯，但他的表情與身體會變得僵硬。比方，上台說話，和長輩說話時，特別明顯。最好的方法不是保護和杜絕，而是陪他一起面對恐懼。

59 不要追求讓孩子贏在起跑點上，而是要追求，讓孩子強在立足點上。所謂立足點，就是好的思考的方法，和健康、善良的生命的態度。

（不是過分強調思考的行為。這只會讓他變成為了思考而思考，為了懷疑而懷疑，這樣的靈魂沒有太大的意義。和伐月的吳剛，深度學習的人工智能沒什麼分別。）

＊ 由奢入儉難。他習慣追求站在浪尖上之後，會無法笑看失敗的。無法咀嚼失敗的人，年紀越大，只

輯1 適合一般讀者：

會給自己和身旁的人帶來極大的痛苦。雖說「施比受更有福」，但從另一個角度來看，只有真正經歷過缺乏的人，才更明白擁有的甘甜，更懂得珍惜。只有懂得珍惜的人，才更可能創造出熊熊的熱能。

60 注意自己的身體健康，才是給孩子最珍貴的禮物。（當然，孩子須到他中年才會理解）

61 不再只是培養孩子獨立自主的能力，而是要從小培養他團隊互助，社群關懷的能力。從出生那一刻開始，漫漫的人生長路，沒有人是可以靠自己的力量獨立生存，也沒有人是完全孤立的。我們告訴他，你只能靠你自己，沒有人會幫助你，這句話，除了增加他的恐懼感之外，毫無意義，更不是事實。（我這一生，就受到過無數人的幫助。）

62〈科學月刊〉多項國際研究發現，青少年睡眠不足會影響注意力、學習、記憶，連帶牽動到學業成績，甚至還可能影響情緒調節與自我控制能力。

（千萬不要忽視青少年、學齡兒童的睡眠問題。當然，睡眠對成人而言，一樣重要。）

63 不要迷信「領袖」教育。真正的「領袖」是必須會「殺伐決斷」的。也就是面對未雨綢繆的命題時，如何在最短的時間內有效解決排擠效應的課題。這經常需要學會扮黑臉。試想，一個小孩子，尚且不知道資源的意義，不理解意義的價值，卻開始學習殺伐決斷，這得是多麼的可怕。

* 理論上，若必須在「智慧」與「善良」擇其一時，他的心理壓力是非常大的，不可能隨時充滿開朗

＊ 簡述一下領袖教育的基本核心內容：

智慧：1 知識判讀的能力。2 共情的能力。

自律：1 道德界線的自我約束。2 情感空域的自我制約。3 對話建構理念的能力。

執行力：1 行動力。2 堅持的意志力。3 系統糾錯的能力。

真正決定一個所謂的領袖的高度的，是精神。若只想透過領袖的角色，擁有被動收入，那不算是真正有格局的領袖。

64 不要迷信菁英教育。面對問題的態度，透視問題的洞察力，解決問題的能力等，和方法，和「菁英」與否無關。舒適的生活，華麗的外在，充滿陽光自信的笑容等，也和菁英無關。真正的菁英，是能隨遇而安，作為中流砥柱，扮演橋樑的角色。這裡的橋樑，不單指人與人之間，還包含樂，色，自然規律……這種角色，其實是很辛苦的。

＊ 若孩子對於幫長輩把屎把尿的事感到厭煩，估計，他正走在遠離菁英的道上。

65 我曾見過一個破奧運紀錄的選手，當記者問他如何看待欺負他的外國選手，只見他先忍不住問旁邊的朋友：這個可以說嗎？這是一個很可愛的畫面。不因自己站在巔峰之上，就目中無人。無論何時，不止是想到自己，還想到給他人留餘地，為家國留斯文。既有率真的一面，又有純良的本質，這才是最可愛的靈魂。

66 不要迷信正向思維路徑的建置。這只會干擾他的客觀思考和對情緒的咀嚼。你以為你很聰明地幫助

輯1 適合一般讀者：

他建置成長型思維，其實，你只是在賣弄你的小聰明。重點在於陪伴。

潛力不是靠鼓勵出來的，而是靠探索出來的。花時間，耐心，安靜的陪他一起面對不同的功課，他的潛力就可能在這個過程中逐漸綻放出來。

（這裡有個重點，潛力不是什麼神秘的東西，就只是找到更好釋放能量的模式而已。）

67 幾個值得思考的生命案例：莊馥華，芙蓉姊姊，Kayley Stead，鄭豐喜＆吳繼釗。

68 實務上經常聽到，嬰幼兒延誤黃金治療時期的情形，以下提出幾點供參考：

弱視（黃金治療時期是6歲前）：一眼或兩眼視力無法用眼鏡矯正到0.8以上，但眼球組織與視覺神經系統並沒有病變，稱為弱視。年紀越小，大腦視覺區的可塑性越大，應及早就醫。

斜視（黃金治療時期6歲前）：俗稱鬥雞眼或脫窗的症狀，指的是眼睛斜視，醫學上稱為眼位不正，可能是間歇性或持續性，應該及早診治，避免錯過黃金治療時機。斜視分為顯性和隱性，依方向又有偏內斜（鬥雞眼），偏外斜（脫窗），上下斜等。

假性近視：是指兒童因長時間看近的東西，睫狀肌過度使用、無法自然放鬆，造成眼球水晶體的屈折力加強，而引起「近視」的狀態，此時做驗光檢查會呈現「近視」的假象；但若經過適當休息，或點了睫狀肌鬆弛劑散瞳後驗光，受測者視力恢復正常，屈光狀態回復成正視眼（有時甚至會變成遠視），則稱之為（假性近視）。

牙齒矯正：約7～8歲前，牙齒凌亂，可能影響咬合功能及牙周健康。如牙齒有單顆錯（反）咬的問題，可以就醫用簡單的固定裝置改善。

拔牙：不建議主動拔牙，小孩缺牙的空窗期越短越好。除非是：蛀牙、感染發炎等問題。

145

妥瑞氏症候群：通常在兒童期間開始，可前往醫院檢查看看。若是該症，有可能在一年內獲得顯著的改善。

聽力問題：新生兒先天性聽力損失發生率約為千分之三。如果能在出生3個月內診斷發現，並且及早治療，可能得到很大的改善。

要注意兒童，尤其是青少年戴耳機的問題，已經嚴重傷害許多人的聽力健康。

社交互動障礙：包含有自閉症，亞斯伯格症，高敏感兒童等。這些都是非常龐大的領域，不要單純覺得他們只是害羞內向。可以考慮去看兒心科，兒童精神科等。

* 實務上經常遇到的情形：

69 維生素C攝取過量：維他命C偏酸性，攝取過量會對腸胃造成過度刺激而導致腹瀉，甚至可能導致腎結石的產生，或影響身體對鈣質的吸收。

跳躍落地：落地時，或許盡量讓腳尖位置先落地，同時膝關節與髖關節微彎，讓股四頭肌（位在大腿前側，附著在骨盆的髂骨、股骨（大腿骨）和膝蓋骨上）、臀大肌及腿後肌去協助並吸收落地時產生的衝擊力道。可減少關節軟骨等的受損。

避免在冷氣口下方運動，讓冷空氣直接吹向肌肉，會使血管收縮、肌肉緊繃，神經傳導也會影響。

運動後立刻沖冷水澡，皮膚的毛細孔、血管從原本擴張的狀態急速收縮，汗水無法藉由毛氣孔排出散熱。（對身體不好）

偏食問題：孩子對味覺的偏好，部分受年齡影響。如排斥苦味和辣味，或氣味強烈的食物，如芹菜或苦瓜。或者葉莖較硬，難以咀嚼而引致挑食。另外還有，常吃加工食品影響味覺，重複性太高等，

輯 1　適合一般讀者：

慢慢去調整和探索，不建議用過份強烈的方式去要求他立即配合改變。

駝背：錯誤姿勢或書包過過重，可能造成駝背，會影響身高、外貌、自信心，甚至是呼吸功能、消化系統等。

脊椎側彎可能導致肩部、頸部、背部和脊柱的疼痛和不適，降低生活質量，並影響運動表現，以及身高發育。判斷：有沒有高低肩，穿褲子時的腰線有沒有不等高，往前趴下去時背部左右側有沒有不等高的隆起。

（8）認識身體 對身體的了解

中醫的思維方式—理（系統理論），法（診治方法），方（使用方劑），藥（審酌藥物）。即明確病因、病機，確定預防措施和治則、治法，然後組方子，施以合適的藥物。

* 延伸思考：要能更好的照顧案主，必須更完整的理解受照顧者的身心狀況，同時，有一定的醫療常識，這樣，才能提供最好的照護方向，和較細膩的照顧方法。

以下整理身體相關的基本常識：

1 頭顱—腦分成左右兩個半球，右側腦處理視覺影像資訊和空間資訊。左側腦與語言有關。左右大腦之間，靠著胼胝體（corpus callosum）傳遞訊息，控制對側的動作，比方當左邊大腦中風，患者表現出右側手腳無力。

大腦最外層是大腦皮質，呈現皺褶樣。語言、思考、想像，都源自於大腦皮質，這層存有大量的神經元，也可被稱為大腦灰質。大腦灰質下方是白質，這裡是連結神經元的纖維。

* 大腦佔了整個頭顱最大的空間，它的功能包括記憶、解決問題、語言和空間思維、及情感，而大腦也負責控制身體的活動。

* 小腦位於頭顱的後半部在大腦之下，負責控制身體活動、協調及平衡。

* 腦幹位於大腦底部在小腦之前，連接腦部到脊髓。負責體內非自主性功能，如呼吸、消化、血壓和心跳。

148

輯1 **適合一般讀者：**

2 重要補充：突觸 ─ 是神經元之間，或神經元與肌細胞、腺體之間通信的特異性接頭。

神經元補充：突觸 ─ 是神經元與肌肉細胞之間的突觸亦稱為神經肌肉接頭。

* 海馬迴 ─ 擔當著關於短期記憶、長期記憶，以及空間定位的作用。

* 杏仁核 ─ 是邊緣系統的皮質下中樞，有調節內臟活動和產生情緒的功能。可以產生情緒激勵，從而增強記憶。

* 松果體 ─ 目前已知的主要功能是分泌褪黑激素（其主要功能是調節生理時鐘）。

* 前額葉 ─ 前額葉皮質涉及與計劃相關的高層次認知活動、人格表現、作出決定的過程，以及調節社會活動、語言功能的某些方面等行為，能根據內在目標組織思考與行為。

3 眼睛 ─ 老人最常見到的問題：（有問題，應立即就醫治療，避免拖過黃金治療時期。）乾澀（淚水分泌功能下降，可能需要補充人工淚液。）

青光眼（眼壓異常造成視神經病變。可能是糖尿病，近視造成。通常會感到頭痛，噁心。）

黃斑部病變（視網膜退化，主觀症狀比方覺得磁磚線條歪曲、兩個影子等。）

白內障（最常見。眼睛內原本透明清澈的水晶體變得混濁，導致視力障礙。）

視網膜病變（糖尿病會使微細血管產生病變，引起視網膜缺氧，除了造成視網膜水腫、出血、滲出液外，甚至引起視網膜剝離，造成失明。）

高血壓視網膜病變（就是指血壓過高，導致視網膜水腫、出血、血漿滲漏等病變，影響視力，嚴重者甚至可能失明。）

飛蚊症，即眼睛的玻璃體退化病變，眼前出現像蚊子飛的小黑點。

4 耳朵─（老人常見的問題：聽力退化、耳鳴、平衡失調，耳垢太多影響聽力。）

人類擁有嗅覺、味覺、觸覺、視覺及聽覺等五種感覺器官。耳朵就像足一個靈敏度極高的麥克風，捕捉音波後，以訊號傳送到大腦的聽覺中樞，大腦判別訊號及確認真正的感受後，再進一步做出正確的反應與判斷。

耳朵分為外耳、中耳及內耳等三個部份。

A 外耳又分為耳殼及外耳道，主要負責收集並傳送聲波，常見的疾病多為搔癢或黴菌感染。

B 中耳位於顳骨內，外側一層耳膜，與外耳道相隔，它有防止異物跑入及擴大聲音的作用。中耳前壁有一開口稱為耳咽管，是中耳及鼻咽的相交通處，功能為平衡鼓膜兩邊的壓力。（感冒後耳朵悶悶的，不排除有細菌透過耳咽管進入中耳腔。）

C 內耳因形狀複雜，又稱為迷路，有前庭、耳蝸、半規管等組織。內耳除了感受聲音外，還負責平衡，半規管即負責平衡感覺，許多眩暈症狀，通常都與內耳有關。

* 許多老年人重聽以後常發生心理上的問題，像疏離親友、拒絕社交、孤僻多疑、憂鬱壓抑、妄想易怒等等。需要積極從事心理復健。

* 或可每個月到耳鼻喉科清除一下耳道裡的耳垢。

5 鼻子─（大腦退化或鼻炎都可能造成嗅覺下降；當進食困難時，是否需暫時安置鼻胃管，可以和醫師充分溝通。）

* 肺炎披衣菌（Chlamydia Pneumoniae）的細菌，可藉由鼻腔入侵大腦，引發阿茲海默症（俗稱老人癡呆）成因之一的 $A\beta$ 類澱粉蛋白於腦中積聚。挖鼻孔、拔鼻毛的習慣可能弄損鼻黏膜，令細菌入侵風

150

輯 1　適合一般讀者：

6 舌頭——老人常見的問題：舌頭肌力不足，可能導致吞嚥困難。另外，舌苔是一個健康參考的重要指標。舌苔若很厚重，或經常性受傷，可能有健康上的問題，建議去看一下醫師——家醫科、中醫門診，都可以考慮。

7 牙齒——老人口腔狀況有四多，蛀牙多、牙周病多、缺牙多、假牙多。有適當假牙的人比那些缺牙而沒有裝假牙的人，較容易痊癒而恢復健康出院。有一口健康牙齒的人，失智比例也更低。(可以的話，建議每半年去牙醫診所洗牙與檢測。)

＊假牙的合不合口非常重要。不合口的假牙，對口腔牙齦等的傷害不亞於吃檳榔。

8 口腔——老年人因年齡增加新陳代謝失衡、免疫力及抵抗力降低，口腔黏膜變薄、萎縮、角化或乾燥，易引起口腔炎。另外，齒槽骨萎縮、假牙製作不良、顳額關節失調，缺牙等，可能造成臉形改變。

＊牙齦萎縮指的是在牙齦頂段邊緣部位不斷下降，導致患齒的牙根暴露出來，(看起來就好像是牙齒變長的感覺)。我們的牙齒分為牙冠和牙根兩大部位，牙根沒有琺瑯質保護，對於蛀牙的抵抗力比較差。若有牙齦萎縮導致牙根表面外露時，就可能容易產生牙齒敏感或是蛀牙的後果。

9 顏面——老人的臉部常見的疾病症狀有：顏面神經麻痺或中風。病人會感覺無法挑眉，眼皮無法緊閉，無法做出嘟嘴動作，較大的概率是顏面神經麻痺。中風的症狀是，肌肉變化差異較大，如嘴歪眼斜，口齒不清，身體單側無力等。

10 頭髮——老年人的頭皮血液循環減少，頭髮細胞生長速度減緩，頭髮的生長週期會變短。導致頭髮

險提高，增加患上老人癡呆的機會。

151

稀疏和脫落，頭髮便變得脆弱且容易斷裂。出門戴帽子比較不會著涼。

11 頸部──

聲帶：聲帶老化──聲帶可能因為老化，造成肌肉層組織老化萎縮，進而導致聲帶彈性不佳、閉合不全，聲音容易變成氣音型的沙啞，音量也變小，而且說話無法持久。

咽喉：老年人因老化造成軟組織彈性變鬆，增大咽喉的會厭谷空間，容易造成食物殘留在咽喉，使得吞嚥時，常會覺得喉嚨卡卡，有吞不乾淨的感覺。

甲狀腺：甲狀腺激素濃度升高或降低，可能導致認知功能障礙。

12 心臟──主要功能是，使用舊血液，和輸送新鮮的血液去滋養身體。

隨著年紀增長，心血管方面會出現的生理變化，包括收縮壓、脈壓增加，心室肥大。此外，血管彈性會變差，心臟收縮節奏的功能會逐漸失調等。這些因素都會增加老年人心血管疾病的風險。

13 肺臟──將氧氣運輸到血液中，並將體內二氧化碳從血液中排出，以維持人體正常的新陳代謝。

老人抵抗力差，咳痰能力受限，清痰不易，容易引發呼吸衰竭之現象。另外，老人常會有吞嚥困難、嗆食的情況，經常導致吸入性肺炎。

＊

14 胃臟──儲存食物，對食物進行初步的分解。

常見的問題是胃食道逆流。即胃酸的內容物上行逆流至食道、咽喉，甚至呼吸道，並導致火燒心、打嗝及咳嗽等症狀。慢性咳嗽之外，胃酸也可能灼傷聲帶，或影響周遭器官，併發胸悶、胸痛等症狀。

＊

152

輯 1　**適合一般讀者：**

15 肝臟——是人體化工廠。主要五大功能：

解毒——化解對身體有毒的物質，比方酒精。

合成——製造人體所需物質，如凝血因子、白蛋白、各種荷爾蒙等。

代謝——處理掉由腸所吸收的毒素或廢物，去除血液中的有害物質。

轉化——比方對藥物能量的釋放和轉換。

排泄——將部分不適宜的元素排出體外。

＊肝臟有自我修復的能力，但若長期破壞導致發炎，可能走向「肝炎—肝硬化—肝癌」＊B型肝炎目前抗病毒藥物雖無法根治，但已能有效控制病毒量及肝臟發炎。

＊C型肝炎過去標準治療是干擾素合併雷巴威林，很大比例能夠治癒。

＊(干擾素除了抗病毒外，還有抑制癌細胞生長、促進細胞分化和增強免疫力的功能，但是干擾素在人體的含量極低，最近生物技術進步，干擾素才得以量產而廣泛地應用於醫療上。)

＊(肝病防治學術基金會)肝硬化病人變得小孩子氣，隨地小便，晚上不睡而睡白天；要洗手卻不會開水龍頭；要吃飯卻不會拿筷子；要喝水卻不會拿水杯；要脫衣服卻不會解鈕扣⋯⋯怎麼會這樣？

原來陳先生體內的氨過高，導致他出現類似神經錯亂的肝性腦病變症狀⋯⋯肝性腦病變又稱為肝昏迷，是嚴重肝硬化患者常見的併發症。由於患者的肝臟解毒能力下降，無法處理人體所產生的毒素與廢物，造成病人腦部病變，出現性格改變、智力障礙、意識障礙、神經肌

153

肌肉變化等症狀。

臨床上，引起肝昏迷的毒素相當多，其中「氨」是導致肝昏迷的主要原因。「氨」就是阿摩尼亞。

16 脾臟－脾臟是淋巴系統的一部分，是人體最大的淋巴器官。脾臟具有免疫，造血，清理衰老過期紅血球等功能。脾臟有很多淋巴球，包含辨識外來細菌或病毒的淋巴球，負責發號施令傳達攻擊訊號的淋巴球，與攻擊細菌病毒的淋巴球，可配合人體其他免疫系統，殺死侵入的細菌或病毒。人體的造血功能一般是由骨髓負責，但化學治療的病人，骨髓的造血功能也會受影響，此時脾臟會負擔起人體造血功能的重任。

17 胰臟－負責很多重要功能，一個是外分泌（分泌多種酵素，幫助小腸消化），一個是內分泌（控制血糖的功能，如胰島素、升糖素等荷爾蒙）

* 胰島素－（hello 醫師）胰島素最主要的功用是調節體內的血糖，避免高血糖傷害身體，胰島素會透過以下方式來幫助身體維持血糖恆定：

　a 促進肌肉細胞利用葡萄糖作為能量，包括儲存肝醣以供未來使用。

　b 抑制肝醣分解為葡萄糖、抑制脂肪分解。

　c 促進脂肪細胞攝取葡萄糖，以合成蛋白質和肝內脂肪（三酸甘油酯）。

　d 和升糖素交互拮抗作用，以達血糖穩定

* 目前較主流的觀點是，及早使用人工胰島素，可以讓身體的血糖及早穩定，避免讓高血糖造成的身體危害一直持續。也可以讓胰島有喘息的機會，改善糖尿病的嚴重程度。

輯1 **適合一般讀者：**

18 小腸 — 主要是營養素的消化和吸收。（腸道菌主要也分佈在此）

* 腸道菌功能，包括養分吸收、維生素的製造、免疫功能、膽汁分解、脂肪代謝，腸道菌都扮演重要角色，就像是另一個器官。據研究，腸道菌群與精神健康疾病，包括抑鬱症、躁鬱症和精神分裂症，以及性格和心理特徵有關。性格和心理特徵是智慧的關鍵組成。

* 免疫系統由免疫器官（脾臟、骨髓、胸腺、淋巴結、扁桃體 tonsil……等）、免疫細胞（淋巴細胞，吞噬細胞等）、免疫分子（淋巴因子、免疫球蛋白、溶菌酶等）組成。七成免疫細胞在腸道。

19 大腸 — 主要功能可說是水份的重吸收並讓糞便成形，藉蠕動幫助糞便排出。

（分三段：盲腸，結腸，直腸）

* 闌尾大約在小腸和大腸交接位置處。大腸的前段位置又稱盲腸，一般說的盲腸炎，多數情形是闌尾炎，只因與盲腸位置相近，常會被誤稱。若闌尾炎發炎甚至潰爛，感染物可能造成腹膜炎，甚至引發敗血症造成死亡。

（闌尾炎的疼痛會一直持續，但腸胃炎的疼痛可能靠禁食稍微緩解。）

* 腹部有任何按壓痛都不能小覷，建議盡快就醫。

20 肛門 — 在直腸延伸至體外的開口處，是糞便排遺和消化系統廢氣（屁）的出口。

* 肛門口經常看到有肉瘤，也許是外痔。即經常性的便秘引起的靜脈曲張的現象。

21 子宮（女性生殖系統的器官）— 維持月經來潮、妊娠、臟器穩定以及維持內分泌的功能。

* 陰道異常出血，有惡臭等，不排除有子宮頸癌的可能性，應及早就醫。臨床上，即使是八十歲也可

能治癒，不要諱疾忌醫。

22 卵巢（女性生殖系統的器官）—主要功能是分泌女性荷爾蒙及製造卵子。

* 即使是九十歲高齡仍可能得到卵巢癌，並且得到治癒。如果下腹部有異常腫塊，甚至影響到排尿，應立即就診察看。

23 睪丸（男性生殖系統的器官）—主要功能為製造精子與男性賀爾蒙。

24 攝護腺（即前列腺）—男性生殖系統的器官）—分泌部份的精液，幫助精子排入尿道。

* 50歲以上的男性，攝護腺幾乎多有不同程度的肥大，甚至可能有攝護腺癌，會影響排尿。診斷方式有肛門指診，超音波，膀胱鏡檢查等。只要有漏尿，尿不全等問題，建議應立即就醫。

25 腎臟（泌尿系統器官）—位於肋骨下面，後腰部位置。功能：過濾血液中的毒素，廢物和多餘水分。調解血壓，電解質平衡，刺激骨髓製造紅血球，合成維生素D幫忙維持骨骼鈣質和身體正常的化學平衡。

* 糖尿病，痛風，高血壓，長期使用藥物，腎結石等，都可能影響腎功能。
* 腎臟生病，可能影響紅血球生成（進而影響心臟，肺臟），影響鈣質生成，造成缺鈣質的各種相關問題。
* 尿液顏色參考：透明—充足水分（不建議繼續補充水分），蜂蜜色—需要補充水分。橘色—可能是維生素C的顏色，或脫水現象，或肝或膽管有問題等。粉色—可能是部分食物（黑莓，甜菜）所造成，血尿（尿道感染，攝護腺肥大，腎結石，腫瘤等）。

156

輯 1　適合一般讀者：

26 膀胱（泌尿系統器官）—儲存和排出尿液。正常大約 250～300 毫升。太多太少都不好。

一天正常排尿約 4～8 次。

* 年紀老化之後，尿道肌肉以及黏膜的功能會變差。尿道較為鬆弛的結果，可能（花蓮慈濟醫院）：

A 老人用力的時候，尿液會流到尿道裡面，使得尿道膀胱排尿促進反射被激發，產生膀胱過動的現象。

B 或是因為尿道過於鬆弛，在用力的時候，使得尿液向外流出而造成尿失禁的困擾。

* 由於女性的尿道較男性短，更容易發生尿道感染的問題，需多加留意。

建議使用成人專用紙尿褲再出門。

27 骨骼—功用：支撐身體。保護器官。搭配肌肉運動。礦物鹽的儲存庫（包含鈣，磷，鎂等）。透過造血作用製造血液細胞。具有重要的免疫功能。

* 骨骼的成分之一是礦物質化的骨骼組織，其內部是堅硬的蜂巢狀立體結構；其他組織還包括了骨髓、骨膜、神經、血管和軟骨。

* 軟骨內沒有血管、神經，必須藉由海綿般的孔洞，從周邊的運動等等，軟骨將嚴重缺乏營養，逐漸磨織長時間處於壓迫的狀態，例如體重過重、從事高強度損和萎縮，關節容易疼痛、腫脹，無法靈活行動。（可補充：蛋白質，膠原蛋白，維生素 D

28 肌肉—肌肉是連接在肌腱與肌腱之間，可以主動收縮，負責『產生力量及動作』，相較於肌腱，

157

29 肌腱──肌腱連接在『肌肉與骨頭』之間，不能主動收縮，負責『傳遞力量』，如果肌腱斷裂或受損，就沒辦法有效地將肌肉產生的力量，傳遞至骨頭上並產生動作。

30 韌帶──韌帶連接在骨頭與骨頭之間，沒有辦法主動收縮，但本身的構造很堅固，負責『提供關節穩定性』。膝關節為例，十字韌帶連接在大腿骨（股骨）及小腿骨（脛骨），可以避免膝關節產生過大的角度，而導致受傷。

31 筋膜──就是由膠原蛋白與彈性纖維組成的結締組織，筋膜會包覆著肌肉，形成架構筋膜裡有微血管，神經網絡，淋巴管等。

32 淋巴──淋巴系統負責對抗疾病與感染，像樹枝的管狀網絡遍佈於全身，在血管週圍並深入器官，淋巴管攜帶著淋巴，裡面包含著能對抗感染的淋巴球。淋巴管網絡隆起的器官稱為淋巴結，淋巴結叢集常出現於腋下、腹股溝、頸部、胸部及腹部……等地方。淋巴結的主要功能是過濾並吞噬外來入侵的細菌或病毒，另外也製造淋巴球是屬於白血球的一種，負責身體的免疫功能。

＊ 淋巴結腫大是身體正在對抗發炎的徵兆，表示身體正在產生免疫反應。患者可能會出現喉嚨痛、咳嗽或發燒等症狀，腫塊可能會有典型的紅、腫、熱、痛的發炎現象。建議立即就醫。

33 神經──是在周圍神經系統中由聚集成束的神經纖維所組成的結構，一條神經內可包含一個或多個神經纖維束，神經外部有神經外膜包裹，內部有神經束膜隔開各纖維束。

158

輯 1　適合一般讀者：

神經纖維本身是指神經元的軸突，軸突外被神經膠質細胞所形成的髓鞘包覆，起到保護和絕緣等作用。（維基百科）

34 自律神經 — 主神經系統，又稱自律神經系統，則負責身體功能的調節：如呼吸、心跳、代謝等。

* （神經系統是指由大腦中樞用來控制身體行動的系統，又稱非自主神經系統）

* 自主神經系統可進一步分為三個部分（維基百科）：

A 交感神經系統：負責調動身體的資源來應對環境中的壓力

B 副交感神經系統：於休眠時負責補充修復的功能

C 腸神經系統：腸神經系統接受中樞調節較少，時常被歸類為一個獨立的系統。

* 有時候，我們覺得很疲倦卻無法入睡，就是交感神經持續接受刺激下會變得亢奮，腦袋不能強制關機，就容易出現明明很累卻睡不著的失眠症狀。

* 自律神經老化，可能出現：焦慮、頭痛、耳鳴、心悸等症狀，甚至引發心律不整、偏頭痛、蕁麻疹等疾病，進而加速器官的老化。心血管疾病、糖尿病、骨質疏鬆症、關節炎、阿茲海默症和牙周病都可能有其相關性。

* 參考：病理 3，醫學常識 22。

35 神經傳導物質 — 又稱神經傳遞質、傳遞質，是由神經元分泌的傳訊分子（資訊傳遞物質），可通過突觸影響另一個細胞；此接收信號的細胞可為另一個神經元、腺體、肌細胞。神經傳導物質在神經、肌肉和感覺系統都有分布。（維基百科）

35 皮膚 — 皮膚為身體和外界環境的介面，是防禦外來影響的第一道防線。皮膚能保護身體免受病原

影響及避免過量的水分流失上有重要的作用。皮膚的其他作用包括隔熱、調節溫度、感覺及產生維生素D。

* 老年皮膚問題可歸納為黑（老人斑）、紅（老年性紫斑）、白（色素脫失）、乾（缺脂性皮膚炎，多在冬季，經常擦乳液可能改善。）四大類。

* 運動後的洗澡時間，因為運動後體溫升高、毛細血管擴張和皮膚通過大量排汗會帶走熱量，如果運動後馬上洗冷水澡，會令汗腺排汗減少，導致熱散發不出來，對身體恢復不利，甚至會引起肌肉痙攣、氣管炎……等疾病。

* 洗完熱水澡後，通常毛細孔打開，不宜在這時幫老人塗上太刺激的痠痛藥膏，或貼布，可能會給他造成很大的痛楚。

* 參考：病理15／22／45／46／47。養生18。護理8／25。外部觀察4。

36 核心肌群─位置大約是在人體結構之中從橫膈膜以下，環繞著腰、腹、軀幹中心到骨盆底之間的一段肌群構造，由深層與淺層不同部位的肌肉組成。

* 訓練核心肌群，會讓骨盆、臀部、下背、腹部的肌肉更強健有力，肌肉群運作起來比較和諧，能增進生活及運動的穩定度和平衡感。軀幹穩定，可以減少未來受傷的機會。

37 經絡與穴位─經絡是人體衛、氣、營、血運行的通道，人體藉著經絡系統，連結了五臟六腑、四肢百骸、五官孔竅、皮肉筋脈等而形成一個有機的整體。穴位能將臟腑經絡的氣血，輸注到體表特定部位，也是經絡上氣、血運行通路的交會點。

（節錄自台中榮總）＊目前還沒有辦法用科學儀器掌握其具體面貌，但實務上，卻有明顯治療效果。

160

輯1　適合一般讀者：

＊ 穴位按摩禁忌：

1. 出血傾向：服用抗凝血劑或是容易出血，應避免力道較大之穴位按摩。
2. 局部感染或發炎：有紅、腫、熱、痛的感染發炎問題，則應避開按摩患處。
3. 過度虛弱：若病人過度虛弱應特別注意，空腹或是無力時避免進行穴位按摩。
4. 系統性疾病：若有全身性發炎或是自體免疫疾病則須特別注意按摩的力道。

（按摩的力道與頻率，須經過醫療人員指導，方能開始進行穴位按摩）

＊ 施奕仲醫師：「從耳朵後方→下巴→胸骨上緣」圍出的區塊，即為按摩最危險的三角區，因頸動脈為頭部供氧的主要血管，若不當按壓恐會造成急性心血管風險。

38 血液─血液組織是結締組織的一種，由血漿和血球組成。血球有紅血球、白血球和血小板。哺乳類的血液具有凝血機制，血管破裂時，血小板會結集，堵塞血管破口⋯⋯（維基百科）

＊ 血小板的主要功能在於凝血、止血。為了預防與治療動脈血管堵塞，病患常使用抗血小板藥物，例如阿斯匹靈（aspirin），保栓通（plavix）等。

另外為了預防與治療靜脈血管栓塞，病患常使用抗凝血劑（藉干擾血液蛋白，以延長血塊形成的時間。）

＊ 使用這兩項藥物時，有可能影響傷口癒合的速度。

養成定期捐血的習慣，其實是有助於幫助血液新陳代謝，適度改善血液品質。

當然，每個人情況不同。以醫護人員的判斷為主。

161

39 荷爾蒙─正式的醫學名詞是激素（英語：hormone）是身體裡面各器官之間傳導訊息的化學物質，由內分泌腺所製造的。藉由血液循環輸送到身體各部份，以維持身體細胞協調指揮功能，會影響性欲、情緒等。(以下舉其中兩項)

＊（康健）褪黑激素的產生會隨著年齡的增長而下降。而褪黑激素受體分散在全身各處，又似乎是多用途的生理信號，參與許多生理過程的控制，從而影響睡眠、生殖、免疫反應、能量平衡和行為等反應。(此褪黑和美白皮膚沒有關係。)

＊（元氣網）早上出門曬太陽，做一些會增長肌肉量的運動，就能同時管理生長荷爾蒙和褪黑激素。

40 乳酸─簡單的說，是身體在運動期間，將碳水化合物轉換成葡萄糖的過程中，所產生的物質。可能導致身體不適，一方面，也是在提醒身體該休息了。

一日上年紀，生長荷爾蒙分泌量極速減少，製造骨骼和肌肉等工作就無法在體內順利運作，肌肉量也會減少。在肌肉量持續減少的狀態下，不多做一些肌力運動的話，生長荷爾蒙就會分泌的更少。

41 酸鹼值：營養師高慧珊表示，食物的酸鹼性並不是根據口感或化學反應決定，而是與食物的礦物質含量有關。一般而言，所謂的「酸性食物」，是指食物經過消化、吸收、代謝後，在人體內產生的陰離子多於陽離子，如含有硫、磷等礦物質較多的食物，通常為酸性食物；相反的，如果食物經消化、吸收、代謝後，在人體內產生的陽離子多於陰離子，如含鉀、鈣、鎂等礦物質較多的食物，通常為鹼性食物。

由於身體本身呈現弱鹼性，食物進到身體裡面後，腎臟會調節人體血液的酸鹼值，因此並不會因為攝取了很酸或很鹼的食物後，影響到血液的pH值。

162

輯1 適合一般讀者：

42 膽固醇廣泛存在於動物體的細胞膜，同時也是合成幾種重要荷爾蒙及膽酸（膽汁的重要成分）的材料。若血液中膽固醇的總含量過高，則發生心血管疾病的機率會提高。

43 三酸甘油脂──（英文Triglycerides）是血脂的一部分（另一部分則是膽固醇），超標會造成高血脂症，可能會有血管硬化、阻塞，增加心血管疾病和急性胰臟炎的風險。大於200mg/dl就算進入危險值了。

44 脂肪── a.儲存熱量 b.保護身體組織 c.製造身體所需膽固醇、為生素D、膽汁酸、部分荷爾蒙的主要材料等。

＊銀髮族適度「肥胖」，其實是好的，太瘦反而不好。但還是以自然為主。

45 體重急遽降低注意── a.腸胃道相關疾病 b.惡性腫瘤 c.內分泌疾病：如甲狀腺功能亢進、糖尿病等 d.慢性感染或發炎：自體免疫性疾病等 e.精神疾病：如憂鬱症等 f.心臟、肺臟、腎臟、神經系統疾病 g.藥物副作用。

46 體溫── 體溫會維持在37度上下，若感染導致身體出現發炎反應，可能出現發燒現象。

＊理論上，小孩代謝能力高於老人，故體溫也略高於老人。男人則略高於女人。

＊肛溫與耳溫最接近身體，然後是額溫與口溫，再次之是腋溫。

47 血氧SpO2── 血液中含氧血紅素與總血紅素的比例，正常值為95％以上。當血氧濃度長期都在相對較低的狀態下，可能較易出現容易疲倦、常打哈欠、精神不集中等慢性缺氧的狀況，若再低到80％以下將會損害大腦與心臟等器官功能。

48 心跳─健康的心跳，每分鐘應該是在60到69次，每分鐘50到80次還算是正常心跳速率。之外的數字，則應特別留意。可能有：心悸，心臟衰竭，情緒，血壓，藥物副作用，甲狀腺激素，或疾病等問題。

49 血壓─八十歲之前要盡量控制血壓小於140/90毫米汞柱，避免併發症。而八十歲之後，血壓目標可以相對放鬆，150/90毫米汞柱以下即可。

（前面的數字是收縮壓，是指心臟收縮時，血液由心室打出衝擊血管壁所形成的壓力，後面的數字是舒張壓，是心臟舒張時，血液在身體動脈彈性回縮後產生流動所形成的壓力。）

高血壓是慢性隱形殺手。不知不覺中，罹患了高血壓，增加發生腦中風心臟衰竭，冠狀動脈心臟病，心肌梗塞，腎衰竭等疾病的危險。建議長輩每日都要量血壓。

（翹腳，長時間盤腿等非正常姿勢，也可能影響血液的流暢度，進而造成血壓異常，靜脈栓塞等。）

參考：病理-43。護理-18。醫學常識-32。

* 理論上，冬天血管收縮，血壓就會變高，夏天則相反。冬夏的血壓會有些微差距。但天氣過熱，也可能引起交感神經過度反應。

* 林凱信醫師：第一，夏天大家經常進出冷氣房，血管一下擴張又收縮，可能導致血壓急速上升。第二，天氣熱也容易造成水份流失，如果沒有適時補充水份會讓血液變得濃稠，導致血壓升高，增加中風、心肌梗塞的機率。

50 血糖─影響血糖的三大原因：飲食攝取不均衡，胰島素阻抗（吃太多，胰島素消化不及）胰臟功能退化。

輯 1 適合一般讀者：

51 血尿—泌尿系統中的腎臟、輸尿管、膀胱或尿道其中一處或多處在出血，因此血液才會與尿液一起排出體外，我們將這情況稱之為「肉眼性血尿」。

52 尿潛血—若顯微鏡下尿液中帶有紅血球，即是代表有尿潛血的症狀，因此「尿潛血」也可以稱之為「顯微血尿」。可能有以下問題：

＊ 腎臟疾病—腎臟外傷、腎結石、腎腫瘤、腎癌、急性腎炎。

＊ 輸尿管疾病—輸尿管結石、輸尿管腫瘤、膀胱疾病膀胱炎、膀胱腫瘤、膀胱結石

53 蛋白尿—正常腎臟對於蛋白質有嚴格的把關作用，在有一些病變時才會有蛋白尿的情況。若是蛋白尿嚴重時，會產生的身體症狀是下肢水腫，或是有泡泡尿，都應該就醫。如果確定有蛋白尿，就需要積極尋找病因。一定要接受檢查，定期追蹤治療，才能維持腎功能，保有身體健康。

54 十大器官功能系統為呼吸、循環、消化、泌尿、內分泌、神經、運動、皮膚、生殖、免疫。

55 身體疼痛位置參考：

右上痛：肝炎、膽囊炎、肺炎、肋軟骨炎、膽絞痛。

上腹痛：胃潰瘍、急性胰臟炎、心肌梗塞、胃酸逆流。

右下痛：憩室炎、腎盂腎炎、急性闌尾炎、卵巢囊腫、疝氣。

左上痛：脾臟腫大、脾臟梗塞或感染、肝炎。

下腹痛：急性尿液滯留、膀胱炎、子宮肌瘤。

左下痛：憩室炎、腎盂腎炎、膀胱炎、腎結石、疝氣。

56 胸部突然劇烈疼痛的可能原因參考：

a 左胸：心臟疾病，恐慌症，主動脈剝離（劇烈疼痛）。

b 右胸：膽囊炎，胰臟炎。

c 兩側：肺部疾病，胃食道逆流，橫膈裂孔疝氣，肌肉拉傷，肋骨骨折，帶狀皰疹（針刺般刺痛）。

＊無論何種痛都值得注意，應立即就醫掛急診。

＊深呼吸痛，可能與肺臟有關。或是，姿勢不良，肥胖，運動傷害，造成對表神經或血管的傷害所致。

輯1 適合一般讀者：

（9）病理 生病的相關探索

理解問題的相關性，有助於我們更好的面對問題，並改善它：

1. 抽筋的原因可能有：缺鈣（補充：牛奶、黑芝麻）、缺維生素D（充足日照）、脫水、電解質不平衡（補充水分、鈣、鎂、鉀等電解質）、肌肉疲勞（避免過度運動）、血液循環不佳（避免錯誤及單一姿勢太久，可予適度按摩）、缺鎂（補充堅果、綠色蔬菜）、缺鉀（香蕉、菠菜、酪梨等。）脊椎側彎造成的兩側肌肉力量不平衡，因疾病造成的肌肉病變等。另外，糖尿病，肝病患者，肝硬化患者，洗腎，都可能是抽筋高風險族群。

* 利尿劑，支氣管擴張劑，血壓藥，化療藥的患者，也很容易發生。

* （成大醫院）鄭翔如醫師：預防夜間腿抽筋……例如每日規律做下肢伸展運動，利用身體前傾來拉伸腿後側的肌肉，將雙腿伸直平放並保持膝蓋伸展，每次維持該姿勢10—20秒，連續重複3〜5次，1天做4次。

2. 充份的睡眠是非常重要的。經常睡眠不足，可能造成失智，憂鬱症，免疫力下降，便秘等。

* 失智—當人陷入沈睡之後，腦脊髓液會湧上大腦，清洗腦中堆積的毒素，如有害蛋白質。如果有害蛋白質堆積越多，可能導致失智。

* 免疫力下降，容易疲倦，無法集中注意力，增加心血管疾病風險等問題。失眠問題應認真看待，建議就醫，讓醫師協助判斷。如：家醫科，身心科，神經內科，中醫科，心理諮商，睡眠障礙門診等。

* 失眠的常見原因有三種：

A 神經系統—生理時鐘逐漸退化失能，無法規律運作。睡眠呼吸中止症等。

B 心理系統——焦慮情緒影響中樞神經系統的安定。

C 環境因素——比方噪音，刺激性食物如咖啡、茶等含咖啡因飲料。忘了穿襪子，腳丫子受低溫的刺激。塵蟎太多引起身體不適，新床太軟或太硬等等。電子用品的藍光對視覺神經的刺激。

3 自律神經是不受大腦控制的神經，主要掌管血液循環，臟器運作，免疫荷爾蒙三大系統。其兩大主角是：交感神經——類似踩油門，消耗身體能量。副交感神經——類似踩剎車，保存身體能量，讓身體休息。健康的自律神經系統，是在交感神經與副交感神經間保持平衡。白天主要是交感神經活躍，主導心肺功能的運作，體溫，血壓相對較高。晚上主要是副交感神經活躍，讓呼吸頻率，體溫，血壓相對下降。
如果自律神經因為壓力，不當飲食習慣，紊亂的作息時間所影響，可能導致其功能失調。交感神經過度亢奮，血糖上升，高血壓，心臟病等。副交感神經過度興奮，可能造成氣管收縮導致氣喘。高壓力的都市生活，和年紀大的原因，都可能造成——自律神經失調。（自律神經失調是非常常見的高齡，婦女，城市人疾病。）

4 疲勞感，主要是體內產生大量酸性物質。睡覺，可以有助於身體將酸性物質排出。但是睡覺太長，可能造成頭痛。（也許是睡覺時，血液循環較慢，腦部的養分和氧氣獲得較少，可能使末梢神經過度收縮，進而拉扯到末梢神經，引起頭痛。）
似乎老人「需要」更多的睡眠時間，這可能和大腦的自然退化有關，對時間感的掌握逐漸失去概念。另外，血液循環較差，大腦獲得養分更少，帶走酸性物質的效率降低等，也會影響睡眠行為。

5 是藥三分毒，沈香亦然。沈香不是單純的香料，它帶有藥性。故不建議將它放置在密閉空間長時間

168

輯1 適合一般讀者：

與呼吸道接觸。沈香有「安撫」神經的效果，長期接觸，是安撫，還是可能使大腦鈍化，還需要更近一步的研究。我個人的觀察是，長期在這樣的環境下，反射弧可能會較長。

*燃燒沉香生成大量的懸浮微粒，容易成為塵蟎的溫床，應正確適量使用沉香。

*（參考 heho）同理，某些香氛精油也有類似的問題。一氧化碳和二氧化碳濃度會飆升，懸浮微粒也增加。如果其氣體與空氣中的臭氧結合，可能產生甲醛等二次污染物，容易引發頭暈、頭痛等。所以，使用時，建議打開門窗保持通風。

6 並非每個人的生理時鐘都是所謂「精準」的二十四小時。每個人可能每天都處在動態的調整狀態。我個人建議，可以給生活節奏一點彈性的空間，不要過分僵化。當然，也不宜過份隨性。生理時鐘和時間概念是兩件事，一個是生理時間，一個是時間認知。（嬰幼兒的睡眠相對零亂，因為，還沒建立相對明確的時刻認知系統。）

*（馬偕醫院）黃偉新醫師：人類正常的內部「生理時鐘」週期約在二十五小時左右，生理時鐘會受到外在環境的光線變化、進食、工作、生活作息等影響，而調整到二十四小時左右，形成一個規律的「晝夜節律」。

7 起床後，刷牙前或後喝水都可以。但特別是吃酸性食物（如甜食）後，口腔的酸性環境容易酸蝕牙齒琺瑯質。建議先漱口再刷牙（稀釋口中的酸性物質）。

8 年長者很容易有眼睛疾病：
a 糖尿病可能：白內障，青光眼，視神經病變。
b 過度使用3C可能：老花眼，乾眼症，飛蚊症，黃斑部病變等。

c 眼睛也可能中風。

d 噴到腐蝕性物質而不自知。因為異物感，不自覺揉眼睛，造成眼球周遭微血管破裂（眼睛看起來非常紅）引起細菌感染。

若有任何視覺上的問題，不要拖，要盡快就醫。

9 退化性關節炎謝霖芬醫師：「骨刺」是通俗的說法，正式的名稱叫做「骨性關節炎」，即是指關節因種種原因造成軟骨的磨損、破壞，並促成骨頭本身的修補、硬化與增生。由於骨頭增生成尖刺狀，故俗稱「骨刺」；又因為此病與關節退化有關，所以又叫做「退化性關節炎」。有些患者滑膜及關節囊也會發炎、增厚，但通常不嚴重。

神經外科曾峰毅醫師腰椎退化性關節炎，是現代人腰酸背痛常見的病因。主要是因為脊椎長期承擔體重，加上過度或不正確的腰部活動，引起脊椎骨及椎間盤軟組織的損傷，導致脊椎產生骨刺、椎間盤突出或是脊柱滑脫等退化性病變。

復健科尤稚凱醫師：（退化性關節炎有可能不用開刀）除了建議改變生活方式，在物理治療方面則包括：冷熱療、向量干擾波、經皮神經電刺激、超音波及短波等，可以鬆弛肌肉、增進局部韌帶組織和深部軟骨組織循環、減輕疼痛、減緩關節僵硬。運動訓練則以增加膝關節活動度與股四頭肌肌力訓練等同時進行，輕微膝退化性關節炎者也可施打玻尿酸改善關節內症狀，或者接受增生注射治療。

＊自體骨髓間質幹細胞可能用來治療退化性關節炎。

＊葉文凌醫師：

輯1　適合一般讀者：

a「人一定都會老化，但不是每個人一定都會得到退化性膝關節炎」，退化性膝關節炎的發生原因，受到各種荷爾蒙、器官的制約，尤其是肌肉的角色，越來越受到重視。

b目前也有越來越多的證據顯示，造骨細胞及軟骨細胞會透過特定分子彼此影響，也就是骨質疏鬆症及退化性膝關節炎，可能是同個疾病。

c慢跑通常不會增加退化性膝關節炎的風險；但若發生運動傷害，如軟骨骨折，確實會造成退化性膝關節炎。

d骨質疏鬆症、膝關節退化及預防椎間盤突出的發生，肌肉不足是共同因素，椎間盤突出通常是核心肌力不足、柔軟度下降或外傷造成，骨質疏鬆主因是老化或缺乏運動造成。運動能夠有效延緩骨質疏鬆症、膝關節退化及預防椎間盤突出的發生

真實案例：年長者，抱著孫子左右搖擺，隔日即因椎間盤疼痛而就醫。診定是軟組織受到壓迫，透過半年復健，才完全復原。（平時吃和醫師討論過後的骨頭相關保養品，是有可能減少這種情形）

* 治療方式有：藥物治療，物理治療（穿護具，運動，復健）手術治療，針灸治療。

* 避免退化性關節炎的提早到來，以下幾點可以留意：a保持適當的體重。b保持良好的坐姿。c定期運動、強化肌肉。d飲食均衡、e維持骨骼的健康。f定期健康檢查。g避免過度壓力和創傷。

* 多數人隨年齡增加，身高會稍微縮水。如果縮水太嚴重，可能是骨質疏鬆症的前兆。

（補充）椎間盤突出—椎間盤是位於脊椎骨之間的軟骨組織，主要作用為緩衝、減少摩擦。一旦因姿勢不良、肥胖等，導致椎間盤受到不當的壓力持續施壓，就會漸漸造成椎間盤變形或髓核破裂而凸出，進而壓迫到鄰近神經，造成不適感。部位通常在腰椎、頸椎或胸椎。（和所謂的骨刺很像，

但不同。）

10（9延伸）骨質疏鬆──人體四十歲之後，骨質密度會開始下降。隨著老化和停經，還有缺少運動，曬太陽（透過曬太陽，身體會合成維生素D），補充鈣質等，骨質流失會愈加劇烈。如果出現變矮，駝背，脊椎疼痛，應留意是否為骨質疏鬆的問題。嚴重的話，甚至容易骨折，骨裂，牙槽嚴重萎縮的。

* 可以掛骨科門診，只要及早發現，是可能治療並改善骨質密度的，不需過分擔心。

* 早晨與黃昏時曬太陽效果較弱，上午十點到下午三點之間效果較佳，但應注重皮膚的防曬，避免曬傷，甚至可能造成皮膚癌。

* 骨質疏鬆與骨癌，即使是專業的醫師也可能誤判。如身體有任何不適的症狀，應和醫師做充分的意見交流，尤其是有癌症史的人。

11（常春）發燒是人體發炎反應所造成的現象，是身體發出的警訊。80%的發燒是由外來的感染引起，另一則是體內異常細胞導致發炎反應所致，如痛風、免疫風濕疾病、癌症等。這些感染源會使下視丘的體溫調節中心，將原本的體溫設定點調高，於是身體就會開始發燒了！

李思賢醫師：急性發炎的症狀愈發嚴重，正是身體的自癒機制，例如發燒在提升免疫系統的效率，任意退燒反而是壓抑免疫系統。一般若非嚴重不適，患者最好別吃退燒消炎藥。待病程告一段落，急性發炎會慢慢消失，因此急性發炎症狀是一個必要過程。

* 發燒時，是否要置放冰枕，過度保暖是否適當，都是很重要的課題。應詢問醫師。

* 慢性發炎多無明顯症狀，過程可能長達數月至數年，原因包括長期高糖飲食、睡眠不足、長期壓力、

輯1 適合一般讀者：

長期低劑量毒素暴露、常吃垃圾食物等。

慢性發炎的症狀輕微，如皮膚搔癢、長期疲倦。他提醒，慢性發炎不會讓人想要立即就醫，但長期會導致細胞纖維化（如肝硬化）、細胞突變導致癌症。

此外，阿茲海默症、退化性關節炎也是慢性發炎的結果。

＊老人疼痛：疼痛問題是許多老人常遇到的情形，甚者，會逐漸變成憂鬱症。有時候，可能未能找到明顯的病因，比方纖維肌痛症（俗稱公主病）。有時候，確實存在心因性的情形。若能有好的社交環境，有可能不藥而癒。

另外，由於老人的脂肪層較薄（缺乏緩衝），也可能是容易感到疼痛的原因之一。

（可以考慮掛：神經內科，疼痛科，老年醫學科。次再考慮：神經外科，身心科，骨科，復健科等。）

12 消炎和止痛是兩件事。消炎藥通常是指抗生素，主要功能是殺死細菌，減少組織感染發炎。而止痛藥的原理在於感覺痛的機制暫時被關起來。（這是西藥的作法，和中藥的思維邏輯並不相同。中藥比較從緩解消散的角度去理解，比方經痛，痛的種類複雜，這裡簡單分析：a.組織受到外界（比方細菌）傷害，b.組織非正常運做（如骨刺，落枕），c.心理性（其實很難判斷），d.組織病變（纖維肌痛，惡性腫瘤）。

補充：1肌肉長時間緊繃，會影響該區域血液循環，身體會分泌緩激肽來擴張血管，同時也會讓此處特別敏感疼痛。（也許就是常說的：通則不痛，痛則不通）

2 止痛藥的使用，可能影響：心臟病患者，腎臟病患者，肝炎患者，愛喝酒的人，和某些藥物或保養品可能會交叉反應。（最好詢問藥師或醫師）＊關於抗生素和類固醇：

(1) 抗生素：致病原入侵人體稱為感染，殺死病原的藥物稱為抗生素。病原被殺死了，發炎組織得以減輕傷害，因此經常抗生素被稱為消炎藥。

* 抗生素是好壞菌都殺，所以可能引起腸胃不適或拉肚子。
* 理論上，抗生素對初期的細菌型感冒有很好的抑制效果，但須經由醫師指示。濫用抗生素反而會造成治療上更大的障礙。

(2) 類固醇：廣義的來說，類固醇就是一種消炎藥，功能就是降低發炎反應、消腫、止痛。跟殺菌沒有關係，是從抑制發炎的化學物質傳遞路徑來阻止發炎。需要才吃，不痛就停，沒有不能斷藥的問題。

* 可能有：青光眼，血壓升高，月亮臉，失眠……等副作用。（不建議隨意購買來路不明的止痛藥。）
* 可能裡面有加類固醇，意外造成肝腎負擔。）
* 吃了會想睡覺可能是抗組織胺的副作用，抗組織胺藥物常用於治療過敏性鼻炎、結膜炎、蕁麻疹等過敏性疾病。
* （用抗生素若有睡意，可能是因為患者感到過度疲勞，而顯得較沒有精神。）
* 止痛類的消炎藥會傷胃，避免空腹使用，盡可能飯後服用或搭配胃藥。
* （康健）如果有規律服用阿斯匹靈來預防心血管阻塞、血栓的人，由於非類固醇止痛藥會和阿斯匹靈競爭細胞受體，可能會降低阿斯匹靈的效果，另外如果使用的是水楊酸甲酯成分的貼布，也要注意阿斯匹靈的使用量，以免過量造成生命危險。

輯1 適合一般讀者：

＊ 水楊酸使用過量則會傷肝，且可能引發雷氏症候群，好發於2個月～16歲的孩童，會導致肝衰竭甚至死亡。

13 著涼和流行性感冒是兩件事。有一種角度認為，著涼引起的感冒症狀，可能是：當外部空氣太冷時，血管會收縮，可能導致免疫細胞供應較為不足，才使空氣中的細菌可以進入身體，產生傷害。通常較容易康復。流行性感冒，則是病毒直接擊敗免疫系統攻擊身體。通常康復時間較長，最好施以適當的藥物。

＊ 坊間的所謂沙士加鹽可以治療喉嚨痛，可能是沙士裡面的草本植物（菝 arsaprilla）的成分所造成緩解症狀的效果。通常醫師都不建議這麼做。因為，糖分太高，可能造成發炎反應加劇。

14 關於大腦健康，有幾點可以參考：

a 適度的壓力，可以保持大腦的活性。過度的焦慮煩惱才是不好的。

b 咀嚼有助於提升腦部的血液循環，可延緩腦部退化。

c 腸道菌和大腦的神經系統，內分泌系統，免疫系統，有密切的關係。

d 塑化劑和塑膠微粒對腦神經會造成嚴重的傷害。如記憶力下降，孤僻，憂慮，生殖功能，性欲低落等。（喝再多的心靈雞湯也沒有用）

e 某些食物中的神經毒素，比方楊桃（大部分人不受影響），可能影響腦部，出現精神官能症狀。

f 重金屬對大腦嚴重傷害。原理很複雜，簡單的理解就是，會讓大腦裡的健康蛋白質無法正常運作，甚至產生質變。

（另外，還有糖尿病，菸、酒、脂肪等，都可能對大腦產生傷害。）

* 在台灣，一九九〇年前出生的人，幾乎體內都有相當程度的鉛毒殘留，來自於含鉛汽油。而鉛毒，對大腦的傷害極大。今天世界上改用所謂的無鉛汽油，都應該感激克萊爾·卡梅倫·帕特森，當年不畏強權，努力不懈的據理力爭。

* 阿茲海默症：一種老人常見的慢性神經退化疾病。症狀：失去語言組織能力。失去空間，時間的觀念。判斷力變差，情緒改變，失去基本生活自理的能力。

* 帕金森氏症：影響中樞神經系統的慢性神經退化疾病，主要影響運動神經系統，症狀通常隨時間緩慢出現，早期最明顯的症狀為顫抖、肢體僵硬、運動功能減退和步態異常（如小碎步），也可能有認知和行為，情緒，睡眠等問題。

15 老人家經常有皮膚乾癢的問題。也許只是因為皮脂腺分泌及角質層保水功能下降，才使皮膚變得敏感發癢。這時候擦塗乳液，就可能得到很大的改善。但也不排除是皮膚疾病，包含濕疹，疥蟲，或藥物副作用等的問題。可考慮看：皮膚科，家醫科，老人門診等。不建議自行購買藥膏，或者，至少請教藥師。

* 任何藥膏都是擦薄薄一層即可，不可像乳液一樣厚，太多可能對皮膚或肝腎有害。

16 咳嗽是一種人體的保護性的呼吸反射動作。主要在幫助清除入侵異物，和過多的分泌物。痰是肺部支氣管所產生，用來幫助清除呼吸道裡如病菌與灰塵等的分泌物。顏色大致可分：

白色―可能只是較為單純的黏性分泌物。

灰黑色―可能多是污染物，比方抽菸、廢氣等。

輯1 適合一般讀者：

＊一般常見的咳嗽可分：

病理（病毒致病）性咳嗽。

物理性（異物嗆咳，胃食道逆流，胸腔受傷等）咳嗽。

發炎（比方吃冰，炸物，菸酒，忽然吹到寒風等）。

乾咳（喉嚨過份乾燥或缺乏彈性，氣管纖毛缺乏分泌物的緩衝變得異常敏感──常見於老人）。

也可能是某些藥物（如高血壓藥）的副作用。

（我個人以為：中醫的冷咳，比較接近西醫的病理性咳嗽。熱咳比較接近所謂的物理性咳嗽。）

＊至於長期性的咳嗽，原因可能很多。如：心臟無力，免疫系統的問題，聲帶麻痺，癌症，纖維囊泡症⋯⋯等等。建議就醫透過儀器了解。

＊枇杷膏主要功能是喉嚨的修復與滋潤，還具有控制血糖、降血脂、護肝與抗癌等作用。枇杷果含豐富的維生素A，維生素B群、葉酸、微量元素鋅，對支氣管等上皮細胞具有養護、修復作用，對眼睛保健也非常有幫助。

枇杷膏主要功能是喉嚨的修復與滋潤，不適合用在急性感冒。（枇杷膏裡的「枇杷」，主要是枇杷葉，不是枇杷果。枇杷葉能止咳，

＊氣喘可能是呼吸道反覆過敏所誘發。另外，夜間副交感神經興奮，造成血管縮小，也可能使氣喘症狀較為明顯。

17（接上）老人家很容易發生乾咳（比方氣管太乾燥），和嗆咳。為避免嗆咳，盡量不要仰頭喝水。建

177

議以碗就口，一口一口慢慢喝。用吸管喝水，或許可以當作吞嚥練習的一種方式。年紀太大的長者，可能因醫師建議，會在水中加入增稠劑。若喝水的速度太快，可能使厭軟骨還來不及啟動蓋住氣管入口，因而導致咳嗽等。

* 吞嚥訓練是一個非常重要的功課，有吞嚥障礙者，可尋求：耳鼻喉科，復健科等。這裡只簡單提供建議：深呼吸練習（或可嘗試用吸管慢慢的吸，與吐的動作），舌頭與表情的肌肉訓練與按摩，咀嚼練習，發音練習，用力吐氣等。

（除非醫師要求，通常不建議用泥狀方式進食，會降低口腔與吞嚥相關肌肉運動的機會。）

* 有些中風病患有可能反射機制薄弱，即使嗆到也可能沒有明顯的感覺。

* 仰頭喝水是正常機制行為。有些老人，他們的吞嚥功能還很正常的時候，常會以嘴就容器的瓶口，然後仰頭，將水一飲而盡。倒不需要過份驚嚇，留意即可。

* 陳家豪醫師：更年期過後，肺部、呼吸道的功能會逐漸下降，這是一種自然的生理現象，因此，喉嚨、氣管會變得比較敏感，容易乾燥失調，出現過敏性的表徵，時常沒來由的咳嗽、喉嚨癢，有時候還會生痰……

想要緩解老人咳的症狀，除了養成良好的生活習慣，避免刺激性的食物，飲料，多喝水、多休息…… (EToday 健康雲)

* 如果是因為晚上睡覺時，冷氣開太強造成的氣管乾燥引起乾咳，或許可考慮，在身旁的小桌上放一杯水（或放加濕器）。

18 心室肥大──心臟肥大（腫大的概念），如果沒有治療，可能造成嚴重後果。病人會開始咳嗽，呼吸

178

輯1 適合一般讀者：

困難和腦部缺氧（頭暈、焦慮、記憶力變差）的症狀。隨著體內血液供給減少，影響範圍擴及腎臟，可能使排尿量減少，進而出現下肢水腫的症狀。

*心室肥大原因很多，比方常見的有：肥胖，貧血，甲狀腺亢進等。

肥胖影響：a 高血壓—血壓過高。b 造成心臟壓力增加。c 肺臟受到脂肪擠壓，以致於無法有效運作，也會增加心臟工作的負擔。

*注意鹽分的攝取，體重控制，飲食均衡，有助於改善心臟肥大。

*練習深呼吸，擴張心肺功能。讓肺臟更有力量，可以分擔一部分心臟的負擔。

19 瞑眩反應（中醫觀點）—藥師王新元：一般認為在治療後，若出現不適反應稱之為「瞑眩反應」，這是因為身體正在加速體內老化衰敗細胞，汰舊換新改善新陳代謝之現象，屬於「短暫排毒」現象，與一般的西藥副作用不同。（EToday 健康雲）

*但也不排除是藥方過量，錯誤的藥方造成的副作用或不良反應。應和中醫師保持對話，避免傷害身體而不自知。

20 正常出汗，如夏天溫度高，穿太多，喝熱湯，情緒激動等。另一種則是虛汗（中醫說法），即異常狀態下出汗。可能原因很多，如缺乏微量元素，體內電解質平衡紊亂，免疫系統異常，過分焦慮或勞累，（中醫：陰陽失調）……等。

建議就醫：中醫，家醫科等。參考：醫學常識-39。

21「媽媽手」很常見，尤其是成年女性。主要是過分頻繁的使用手腕周圍的肌肉，並不當施力。有豐富長照資歷的長照高階護理專員，護理師何宜靜提醒：盡量避免重複性的腕部活動。以下建議：

a 任何手指或手腕有較大角度的動作時,盡量減少高強度的施力。(比方扭:毛巾,抹布,拖把等。)

b 避免高頻率的重複同一個動作,密集度大的細微動作。

c 盡量用溫水洗手。

d 正確且適當的肌力訓練。

e 適度的休息或熱敷。

f 深層的組織按摩讓緊繃的肌肉得到鬆展。

g 必要時,可以適當利用輔具如護腕等協助工作。

h 補充維生素B群。

＊不建議長期使用止痛相關用藥(藥膏,噴劑,貼布等),對肝臟與腎臟傷害很大。

＊中藥貼布則是含有薄荷、辣椒素或一條根,這類貼布大多有活血化瘀、促進局部循環的功效,薄荷涼感能舒緩疼痛,辣椒素則是「以痛制痛」,用辣椒熱辣的感覺來止痛,並產生溫熱感。(也許對肝腎負擔相對小,不是沒有。)

22 俗稱的皮蛇即帶狀皰疹。通常是潛藏在身體的水痘病毒,當身體的免疫系統下降時,再次活化所引起的皮膚病。最大的特質就是,皮膚的腫包,有刺痛灼熱感。若能及早發現病治療,通常可以得到有效且很快的治癒。盡量不要弄破傷口,以免造成傷口的感染。若是帶狀皰疹的高風險族群,或可考慮定期接種疫苗。

23 (接上)三叉神經──是我們頭部的大神經之一,叫「三叉」就是因為它有三條大的分支,這三條分支從上而下約略分布在前額、面頰、及下巴。

180

輯1 適合一般讀者：

徐賢達醫師：臨床上，三叉神經痛分為原發性及繼發性：原發性三叉神經痛係因神經不正常放電所致；而繼發性三叉神經痛，如腫瘤、病毒感染、帶狀皰疹等都是可能原因。參考：護理-29（症狀和帶狀皰疹有點像：突然出現閃電樣短暫而劇烈的疼痛，感覺為尖銳的、電灼樣、針刺樣、刀割樣或撕裂樣的劇烈跳痛。帶狀皰疹或三叉神經痛，都可找神經科。）

*也許只是睡眠不足，健康亮紅燈，身體的一種警示反應。有的醫師可能會只開維生素B群，然後吩咐回家好好休息就好了。

24 影響情緒的元素很多，以下列出常見的幾項（也可用來思考憂鬱症）：

血糖：神經運作需要血糖，若血糖起伏不定或缺乏時，比方肚子太餓時，會影響情緒。另外，糖尿病患者，胰島素的運作對血糖的變化也會有影響。

鈣離子：鈣離子有助維持神經細胞的穩定。鈣離子濃度偏低時，神經細胞會處於興奮狀態，會引起肌肉收縮，使人處於緊繃無法放鬆的狀態。

鈉離子：鹽的化學式——氯化鈉。鈉的作用包含：維持細胞內外滲透壓平衡，神經傳導，肌肉收縮，消化液的成分等。若缺少鹽，身體電解質不平衡可能造成精神不佳，口渴，腸胃不適，脾氣不好，容易抽筋，頭痛，噁心等情形。

失眠或太累（疲倦影響大腦對情緒掌握的能力。）

心情（焦慮——換了一個新的睡覺環境，羞辱——自己感覺沒有受到尊重。憤怒——受到誤解。生病（如慢性痛，牙痛，奇癢難耐等。）

情緒落差——從天堂掉落地獄，例如一群探望的親友各自回去之後。壓力——學習能力下降、生離死

別。惱羞成怒—比方又尿床……)

氨毒影響：肝臟合成和代謝解毒的功能失靈，由於體內腸道細菌分解蛋白質產生的氨(俗稱阿摩尼亞)無法被代謝排出，含氨物質會隨血液到達腦部，傷害中樞神經，所以患者會開始出現俗稱肝昏迷的肝腦病變。

當出現肝性腦病變時，患者會出現情緒及性格改變、睡眠形態改變、及意識混亂等現象。(肝病防治學術基金會)

＊白噪音：其實就是指各種背景音，比方雨聲、風聲等。比起純粹的安靜無聲，也許更能讓人放鬆心情。(另外還有各種顏色的噪音)

環境(光線閃爍，臭味，吵雜的聲音，高頻噪音—刺耳…，低頻噪音—轟隆聲，難吃的食物，……等)

藥物副作用：比方藥物成癮，藥物過敏等。

暈眩：比方長時間搭車，腦部缺氧，眼壓，耳鳴等。

血清素：是一種調控自律神經的傳導物質。血清素太低時，會導致自律神經失調，消化與調整情緒的能力下降。經常使負面情緒不斷發酵，造成憂鬱症。

色胺酸(必須胺基酸)有助於血清素的補充，通常來源於肉類，堅果，乳製品等。

適當的陽光，適度的運動，甚至是透過藥物，也可能使血清素的問題得到改善。

催產素：又稱為愛的荷爾蒙。男女都有，經常跟信任感，存在認同相關，不是特指男女之間的性愛。

身體接觸(比方擁抱，與寵物互動)也有助於分泌適量的催產素。

多巴胺：可以理解成幸福感的概念。比方工作得到認同，生命的價值得到肯定，宗教信仰，志同道

輯1 適合一般讀者：

合，實現共同的理想，發現問題，解決問題，助人為樂等。

食物上，可攝取豆類、乳製品等。

腦內啡：一種神經傳導物質，類似鴉片（天然的止痛劑）的功能。比方從事非常喜歡的事情，例如：烹飪，跳舞，下棋，看喜劇，看到錢，禮物，吃黑巧克力，美麗的花園，芬芳的香水等。腦內啡可能改善免疫系統，降低發炎，增進認知功能，提升自信心等。

甲狀腺素：(Heho) 洪育忠醫師：甲狀腺亢進是一種甲狀腺荷爾蒙分泌失衡所導致的疾病，讓全身的代謝加快，可能造成心悸、情緒不穩、失眠、脾氣暴躁、腹瀉、易疲倦，甚至月事不規則，較不易疲倦等，對身體及生活都影響甚大。

* 情緒易怒不都是所謂的身心方面的疾病。可能是失智症的前期症狀，或綜合症狀之一。

25（接上）關於情緒，以下提供一些思考點：

* 最怕的一種是：假裝的，之所以必須假裝憤怒，通常有特殊背景原因，那又是另一個課題了。

* 看到「有趣」的事情，觸發笑的機制。比方，邏輯反差的劇情，反差效果的衣著，兒孫超萌的糾錯與學習的過程等。

* 血清素，催產素，多巴胺，腦內啡等，經常被形容成四大快樂「荷爾蒙」（這裏只是形容詞的概念，比方血清素是神經傳導物質）。

* 運動：適度的運動（有流汗更好），有助於幫助大腦中樞系統更好的運作，利於建立良性的情緒調節機制。

* 信任感：我個人比較建議少看那些過分無理謾罵的政論節目，容易對人性產生失真的理解。當潛在

183

意識對人性產生嚴重負面認知時，更容易變成多疑性格，這一方面也是自己後天培養出來的，身體的自我保護機制的慣性。

*
儀式感：比方原本心情煩動，但看到可信任的專業人士時，內心的不安逐漸消失。

*
成就感：奶奶的廚藝非常棒。孫子每次回奶奶家都喜歡吃奶奶煮的東西。奶奶總在烹飪的過程中，找到非常大的成就感，和幸福感。女兒非常孝順母親，擔心他太累不允許孫子再吵奶奶煮東西。奶奶再也沒有機會展露廚藝，終日鬱鬱寡歡。（相對於成就感的則是挫折感。）

*
做一個思考練習：一小哥，邁著輕鬆的步伐，在前往圖書館的路上。忽然聽到碰的一聲，原來是身旁的車行道出了小車禍。他的心臟揪了一下。車禍的外送小弟，拍拍屁股起身，被撞到車尾的大叔，見他沒事，倒也不追究。小哥見到這一幕，鬆了口氣。嚇然，一群惡煞追過來，掄起刀子就要朝送貨小弟揮下去。小哥才放鬆的心情，頓時又揪了起來。惡煞中的一位，忽然吆喝制止：X，不是他。語畢，一群人鳥獸散，前後不到十秒的時間。小哥的心情如坐雲霄飛車。仔細一瞧，他才發現，那送貨小弟居然是自己小時候的玩伴。他歡快地喊了那人的名字。不料，那外送員，一見小哥的臉，立刻跳上機車，加足馬力騎走。小哥一時愣住，驚訝得說不出話，甚至是有點憤怒。

以上的情緒變化，其實不是單純的起伏而已，每個過程，都受到不同內分泌荷爾蒙、傳導物質等的影響。

26（接上）躁鬱症（雙相情緒障礙）。是一種常見的身心方面的疾病，當情緒異常亢奮的時候，可能很

輯1 適合一般讀者：

有精神貌似正能量滿滿，甚至是焦躁易怒，這是躁期。另一階段是，情緒極度低落，鬱鬱寡歡，胃口不佳，行動緩慢，這是鬱期。兩種情緒反覆交替發作，週期可能幾天到數月。

＊ 建議去看身心精神科門診。越早治療有助於改善病情，越晚治療，可能對腦部造成不可逆的傷害。

＊ 憂鬱症和焦慮症，共同的症狀可能有睡眠障礙。

27（接上）關於憂鬱症，目前主流的觀點，可能和血清素太低（容易陷入擔心害怕的狀態。理論上，前額葉較有活力，則會看到他做出焦慮的行為，若前額葉沒有力，則比較容易躲起來。）或多巴胺太低（對任何事都沒有興趣）有關。目前的治療方式，可能著重在鎮定當下的情緒，和提升血清素或多巴胺（需要較長時間服藥）兩方面。

＊ 多巴胺和血清素是大腦內的神經傳導物質，是從氨基酸轉換而還的。適度的壓力事件（包含會流汗的運動，甚或是腦力激盪的運動，是較「安全」的壓力事件），有助於大腦自主性激發出血清素和多巴胺。氨基酸就是蛋白質，透過葉酸（綠色植物）和鐵（肉類）的協助轉換而來的。

＊ 我個人建議：適度地參與志工，工作，也有助於釋放血清素。輕鬆的活動，如聽音樂，寫書法，插花，下棋等，有助於改善這些問題。（也可以理解成，建立幸福感）

＊ 另外，充足的睡眠也有助於提升多巴胺（如果當事人怯於面對精神科醫師，則家屬可以改善失眠的名義，陪他去看身心科。再由醫師去做評估與治療。）

＊ 憂鬱症（睡眠障礙可能是憂鬱症的症狀之一，也可能是導致憂鬱症的原因之一。他們之間經常相互影響。）

* 憂鬱症不必然需吃藥。但醫師若有開藥，我建議，應盡力配合用藥指示。

28 糖尿病—（Hello 醫師）糖尿病是影響身體血糖的代謝疾病，因為不同病因，可分為幾個不同的類型，最主要是體內胰島素（Insulin）缺乏或功能不全，對糖類的利用能力減低，甚至完全無法利用而造成血糖過高，久而久之便可能導致其他嚴重問題，如心臟病、視網膜病變、神經病變或腎⋯⋯等。正常情況下，我們吃進的碳水化合物會被分解為葡萄糖（Glucose，又稱血糖），糖釋放到血液中，造成血糖上升，進而刺激胰臟分泌胰島素，促進血液中的葡萄糖，進入細胞，供應細胞所需的能量。當血糖超過腎臟但是糖尿病患者會因為胰島素分泌不足或身體無法有效利用，所以造成血糖過高。的負荷時，血液中的糖分便會經由尿液排出，故稱為糖尿病。

數值參考：飯前空腹血糖正常值：70～99mg/dL 飯後血糖正常值：80～139mg/dL 隨機血糖正常值：小於 200mg/dL 糖化血色素正常值：4.0～5.6%

如果過去三個月都是空腹測量血糖 100—125mg/dL，就需注意了。

*（元氣網）糖尿病人傷口：癒合較正常人慢，正常人癒合傷口約 4～5 天，糖尿病患傷口經過合適處置⋯最遲不會超過兩星期⋯難以癒合傷口為「慢性傷口」。

高血糖的環境容易讓周邊傷口的血液循環不佳，會導致傷口上的細胞分裂較慢、生長因子分泌較少，讓傷口隨時間變小的速度減慢，傷口難以癒合，帶給糖尿病病人很大的麻煩。（貌似小傷口卻藏有截肢風險，建議應立即尋求醫師協助）

* 糖尿病常引發皮膚癢。糖尿病會導致神經損傷，提高感染風險，可能造成癢感。

另外，像是腎臟機能下降，致體內的老廢物質無法順利排出，自律神經失常，讓汗水無法正常作用，

輯 1　適合一般讀者：

導致皮膚過於乾燥等，都是糖尿病患者容易皮膚癢的原因。高血糖的狀態，女性陰道粘膜的糖分也會較高，增加黴菌滋生，陰道感染的風險，進而引起陰部搔癢。（或可考慮用溫水洗澡，不要太熱，洗後，擦乳液保濕。或可尋求皮膚科，內分泌科）

* 有些人後頸、身體皺褶處、乳房下緣會變的比較黑，像沒洗乾淨的樣子，這種狀況被稱為「黑色棘皮症」，黑色棘皮症與胰島素阻抗性很有相關。

* (Heho) 因為水喝不夠，血液會變濃，血糖值會更高，身體為了排出多餘的糖分，會把這些充滿糖的血液送到腎臟要排出，但因為糖分實在太高了，腎臟的滲透壓整個被搞亂，要排出的時候就會連水一起排；所以「頻尿」是糖尿病本身的一個症狀，並不是喝水造成的，反而需要靠足夠的水分來維持血糖的平衡。

而在 2011 年，法國巴黎大學（Université Paris – Diderot）、法國國家健康與醫學研究院（INSERM）共同進行的研究中，也發現水喝太少，血糖值會變高；原因是身體缺水的時候，加壓素（抗利尿激素）會啟動、試圖留住身體的水分，但同時也會刺激肝臟把肝醣變成血糖，但只要每天喝 500cc 的水，就能改善這樣的狀況⋯⋯

* 目前已知的少量信息，甜菊糖對於糖尿病的傷害較小。但可能有血栓，中風，心臟病的風險。

* 花生屬於油脂類，所以對血糖影響較小。稀飯的醣類更容易被腸胃吸收，對血糖的影響反而較大。

* （早安健康）醫師工藤孝文：檸檬酸等有機酸有緩和糖吸收的效果，因此可期待其抑制血糖上升的效果。此外，檸檬攝取較多的民眾，也會有較多的脂聯素，該物質由脂肪細胞分泌，可透過增加胰島素的作用，達到抑制血糖上升的效果。

187

（要小心，檸檬酸會傷害牙齒的琺瑯質。）

* (heho) 林建良醫師：蜂蜜不但沒有治療糖尿病的功效，反而還會造成高血糖，請糖尿病患者一定要留意，即時要吃一定要控制份量。

* 參考：病理—48／49。

29 (東湖醫院張文瑛醫師) 低血糖是糖尿病患者用口服降糖藥或胰島素治療的常見的併發症，需常測血糖，按時進食，生活規律，運動量恆定，不可隨便增加藥量，每次用胰島素均應仔細核對劑量，隨身帶糖果以備用。

低血壓和低血糖是不同的概念。低血壓是血流動力學的管理，而低血糖是人的血糖管理，兩者雖說都會有頭暈的情況，但是是可以進行區分的。一般來說，低血壓除了會感到頭暈之外，身體還會有眼黑、肢軟、少尿等症狀，嚴重者表現為暈厥或休克。

而出現低血糖時，除了頭暈還會有飢餓感、出汗、心慌、顫抖、面色……等，嚴重者還可出現精神不集中、精神異常、躁動、易怒甚至昏迷等症狀。

30 肝硬化：就是肝纖維化。原因可能是病毒（B型C型肝炎等），長期酗酒，不當生活作息或積勞成疾，疾病等。可能造成脾臟腫大（參考底下32），甚至變成肝癌。

* GOT 與 GPT 是健康檢查重要的檢驗項目，是體內的常見酵素，與人體胺基酸，蛋白質的代謝有關。因為它們在肝細胞內的濃度高，當肝細胞受損時就會流進血液中，所以這兩種酵素的上升往往代表肝臟發炎。

GOT、GPT 指數其正常值在 40U/L 以下，超過 40U/L 代表肝臟可能處於發炎狀態。

輯1 適合一般讀者：

（但也可能是心臟問題，或是甲狀腺機能亢進的問題。）

＊肝硬化常引起腹水問題，要格外注意鈉含量的攝取。可能造成不可逆的嚴重傷害。

（鈉就是鹽分，和腹水的關係相當複雜，包含滲透壓等，老人家多數無法理解。以下用簡單粗暴的方式說明：肝硬化會降低肝臟對包含水分的處理能力，造成太多的血水「滲出」留在腹腔。鹽分可能會降低臟器等將這些多餘水分吸收掉的能力。這些腹水會造成各種嚴重後果。比方，腹腔太大，可能造成疝氣。）

＊也許醫師會暫時提供利尿劑，協助加速排水。通常只是短期。利尿劑也是有副作用的，包含使腎臟停止對營養份的吸收能力，甚至造成腎功能受損等。

31（補充30－腹水）

嚴重肝硬化患者的肝臟，因無法順利製造白蛋白，導致血中白蛋白過低。血液中白蛋白的主要功能是維持血液的滲透壓，在血管中可以留住水分，一旦過低，會使得血管內滲透壓力下降，讓血管中的水份外滲，累積到腹膜腔後，就形成腹水。

而非肝硬化原因所造成的腹水，常見的疾病如心臟衰竭、腎病症候群所造成的白蛋白流失，或者是體內有發炎感染情形如胰臟炎及腹膜炎都有可能造成腹水產生；此外，任何轉移或原發性的癌症，也會造成腹水產生。

（腹水－從外觀上，肚子在短期內像是懷胎三個月般腫大。）

32（補充30－脾臟腫大）

＊肝硬化導致脾靜脈流向肝臟的血流阻力增加，脾臟淤積血液引發脾臟腫大；心臟衰竭，細菌感染也

都會引發脾臟血液循環受阻，導致脾臟腫大；人體代謝功能異常，淋巴癌，血癌，代謝功能異常等，也可能是脾臟腫大的原因之一。

＊脾臟腫大可能導致死亡，若發現腹部短期（幾天到數週）內異常腫大，應立即就醫檢查。科別：胃腸肝膽內外科。

33（早安健康）血液裡的脂肪主要有二種，膽固醇及三酸甘油脂。過高或過低都不好，維持正常量才是好的。三酸甘油脂應低於 200mg/dL 通常是禁食12小時後測量。

a 當血液中流通之膽固醇或三酸甘油脂之濃度高於正常值時，稱為高血脂症。

b 高血脂也可能是：好的膽固醇過少，或是壞的膽固醇過高。

＊高血脂易造成動脈硬化症及心臟血管疾病，如：腦中風、心絞痛、心肌梗塞、動脈瘤、四肢末梢壞死等併發症。

34（接上）膽固醇 — 英文 Cholesterol）是一種近似於脂肪的複合體，人體內膽固醇的來源包括食物及肝臟合成。膽固醇是組成細胞膜的主要成分，也是人體內多種激素或物質的原料，包括荷爾蒙以及膽汁酸。人體在曬太陽後，皮下的膽固醇會變成維生素D，膽固醇是人體中的重要物質。

＊（早安健康）並不是所有膽固醇都是壞的：

a 低密度脂蛋白膽固醇（LDL-C），會在血管裡沉積形成脂肪塊，稱為壞的膽固醇。

b 高密度脂蛋白膽固醇（HDL-C）像是血管的清道夫，可將血液中過多的膽固醇移除，搬離血管壁，帶到肝臟代謝，因此，稱為好的膽固醇。

＊參考數據：良好的血膽固醇：總膽固醇低於 200mg/dL；高密度脂蛋白膽固醇（HDL）高……等於

190

輯 1 適合一般讀者：

35mg/dL；低密度脂蛋白膽固醇（LDL）低於 130mg/dL。

* 多運動，戒菸，少吃醃燻，油炸食物，有助於降低不好的膽固醇。燕麥，深海魚，蘋果，橄欖油，黃豆，大蒜等，都是很好的食物。

* 太瘦的人也可能有膽固醇的問題。膽固醇過高並不一定是脂肪含量的問題，可能是代謝的問題。瘦的人也可能脂肪代謝功能出了問題，比方壓力太大等。

35 暈眩──人在活動時，主要靠內耳的前庭神經系統、眼睛的視覺神經系統，以及肌肉的本體感覺神經三大系統來維持平衡感。其中，內耳前庭系統失控導致的暈眩最嚴重也最為常見。

* 暈眩的原因可能很複雜，包含：貧血，心臟病，姿勢性低血壓，血液黏稠度過高，腦動脈硬化，椎動脈血流不足，脫水，藥物副作用，前庭因素（內耳平衡相關），特殊型態暈眩等原因。參考科別：耳鼻喉科，神經內科，心臟內科，中醫等。

* 除了吃藥，充分休息之外，也許中醫的耳穴貼，是個可以參考的治療方向。

* 有暈眩問題，不要過度依賴成藥，有可能只是單純的耳石問題。可以去看一下家醫科門診。

* （hello 醫師）耳石症通常不需要接受藥物治療，除非患者有嚴重噁心或嘔吐的症狀。多數情況下，醫師會對病患施行耳石復位術，藉由轉動病患頭部，將耳石導回橢圓囊，約10分鐘即可完成治療。

* （醫・藥・人）蘇曜華藥師：一般而言，根據藥典及外國指引顯示，對心理或精神有影響的藥物如抗抑鬱藥、鎮靜劑、幫助入睡及治療腦癇症（癲癇症）的藥物等等都是較容易令人產生暈眩的副作用。

除此之外，簡單如血壓藥、心臟藥、糖尿病藥、傷風感冒藥及某些止痛藥也（可能）會令服用的人

產生睡意或有暈眩感，所以問題其實不能忽視。

* 化學香料，某些來路不明的房間或浴室香精等，可能含有對人體有害的化學元素，也會讓人感到頭痛，暈眩。

36 肌少症──骨骼肌減少可能會基礎代謝率變慢，造成膽固醇、三酸甘油脂更容易堆積，提高罹患心血管疾病的風險，更容易引發糖尿病、代謝症候群，造成失能、死亡率上升。

* 衰老，疾病，少運動，營養流失等，都可能造成肌肉流失。

* 可以觀察的點：走路遲緩，握力下降，行動吃力，反覆跌倒，體重減輕。

* 可以掛的科別：老年醫學，復健科，新陳代謝科。

37 腸道菌，即腸道內的微菌，人類超過九成的疾病都可能和他有關，包含：過敏，肥胖，糖尿病，癌症，憂鬱症等。腸道微菌叢裡有，包含各種益生菌，中性菌，致病菌等。腸道菌會透過血液，腸道粘膜進入身體，影響腦部和所有器官。基因，疾病，飲食，睡眠等，都可能對腸道菌的活性產生影響。

* 市售的所謂益生菌只是腸道菌裡的幾種，有助於協助體內的腸道工作。吃的時候，不能使用熱水，或過度使用抗生素，可能會殺死腸道菌。因人而異，未必別人適合自己也適合。

38 疝氣是年長者常見的疾病之一。男性多於女性。簡言之，就是腹部器官，因為過大壓力（比方咳嗽，打噴嚏，出力太大等等），下降至腹股溝的位置。（外觀上，睪丸忽然腫大。）雖說，可能可以透過外部按壓，將其推回原本的位置，但還是建議就醫，尋求更好的醫療處理。（比方手術治療，可能可以一勞永逸。臨床上，也有人使用疝氣帶減緩問題造成的困擾。）

192

輯1 適合一般讀者：

39 痛風是一種急性的關節炎，症狀包括關節紅腫、發熱疼痛，原因主要是尿酸的結晶積在關節，發作時非常疼痛，連風吹過去都更疼痛難耐，所以稱為「痛風」。

起因是因為血中尿酸 (uric acid) 濃度過高，而尿酸是體內普林 (purine) 代謝的最終產物，尿酸存在人體血液中，經由腎臟透過尿液排出體外，如果血液中尿酸濃度太高，超出了可溶解的飽和度，就會形成尿酸結晶 (urate crystal) 沉積在體內的任何部位。

原因很多：食物――海鮮、動物內臟、肉湯、啤酒等食物，普林含量非常高，若經常吃這類食物，有很可能破壞身體的平衡。另外還有：壓力大或過勞，常喝含糖飲料，過度運動，高脂肪飲食，酸性食物，肥胖，飲酒，腎臟疾病等。

改善：輕度有氧運動，補充水分，泡澡，早期發現並配合治療。減輕疼痛：休息，適當活動關節，冰敷。

40 甲狀腺亢進――主要是血中甲狀腺素過高 (>1.9ng/dL)，導致全身各器官新陳代謝速率加快所致。一般常見的症狀包括：緊張焦慮、脾氣暴躁、易失眠、多汗、怕熱、心悸、手抖、心搏過速、疲倦、食量大但體重減輕、皮膚變薄、甲狀腺腫大（外觀上是脖子變粗）、眼睛病變（如凸眼、怕光、易流淚等。（女性患此病的比例高出男性許多）

* 可能會惡化成為「甲狀腺風暴」，甲狀腺風暴 (ThyroidStorm) 可能危及生命的疾病。其特徵是嚴重的甲狀腺毒症，造成心臟衰竭、呼吸衰竭甚至多重器官衰竭。他很可能發生在一瞬間的事情，無關年齡。千萬不可輕忽。

* 紅斑性狼瘡的患者，則是比一般人更容易有甲狀腺機能低下的問題。比方代謝變差，體重增加，皮

膚和頭髮變乾等。多發生在年輕人，青壯年女性身上。有異常皮膚紅疹，精神不濟等，建議就醫診斷。（家醫科，內科，免疫科等。）

41 血液透析，俗稱洗腎、洗血。是將血液抽出體外，經過血液透析機的滲透膜，清除血液中的新陳代謝廢物和雜質後，再將已淨化的血液輸送回體內。

＊末期腎臟病是指病患的腎臟功能下降至正常腎功能的15％以下，此時的病人會出現尿毒症狀，如：食慾不振、噁心、嘔吐、皮膚搔癢、臉部及四肢水腫、口腔有異味和呼吸喘等症狀。透析治療可能延續生命達數十年，且有好的生活品質。

＊需要洗腎的臨床症狀包含藥物中毒、腎衰竭、肺水腫、體內代謝異常（如代謝性酸中毒、高尿酸等），或是電解質不平衡（如高血鉀症、高血鈣等）。

42 貧血－指血液攜氧能力下降，常因為紅血球的質與量發生改變，包括紅血球的數目、血紅素的量及紅血球體積的改變。（紅血球數男性每立方毫米低於450萬個，女性每立方毫米低於400萬個，或血色素男性低於14 g/dl，女性低於12 g/dl，即表示有貧血傾向。）

＊症狀：如疲勞、乏力、心跳加速、呼吸急促，皮膚缺乏血色等。

＊成因複雜：缺鐵性貧血（切除十二指腸，經期出血，輸血不當，缺乏營養，異常失血如胃潰瘍等），缺乏B12性貧血，癌症，慢性疾病等。

＊（三總）含鐵成分較高的食物，對地中海型貧血患者可能反而有害，所以是項禁忌。

＊（三總）利用天然食物補充鐵質並不會過量而產生毒性，但大量服用鐵劑，則可能造成腸黏膜出血，而葉酸補充卻是需要的。因為，骨髓增殖會消耗葉酸而加重貧血的嚴重度。

194

輯1 適合一般讀者：

※ 參考外部觀察58、59項。

43 高血壓—當心臟一次打出去的血液量愈大，而動脈管徑愈窄，血壓就變高。（血液從心臟打出來後，會產生一個壓力，讓血液繼續往下流，這個壓力就是血壓。）

※ 我們需要維持正常的血壓，推動血液在體內運行，把氧氣和營養輸送到身體各組織。如果血壓上升並持續處於高水準，超過140/90毫米汞柱很多時，可能導致很多健康問題。包括中風、冠心病、及心臟衰竭、慢性腎病等。

※ 一些高危因素較易患上高血壓，包括：攝取過多鹽分、肥胖、靜態生活模式、吸煙、飲酒過量、睡眠不足、壓力、高血壓家族史和年齡越大等。另外，包括腎病、內分泌疾病和某些⋯⋯等，以及糖尿病造成血管壁失去彈性等，也可能導致高血壓。

均衡和低鹽的飲食、保持體能活躍及適中體重、戒煙、避免飲酒和學習更好的處理情緒與壓力等，均有助預防高血壓。

44 低血壓—若收縮壓在90毫米汞柱以下，或舒張壓在60毫米汞柱以下，只要其中一項符合，就可稱為低血壓。老年人相對比較常見。血壓偏低時可能會有頭暈、全身無力、疲倦、視力模糊等症狀。如果低到40以下，可能會有生命危險。

直立性低血壓—因久站，流到腦部的血液流動變弱，血液量變少引起的頭暈目眩。

（延伸思考：可能是這個原因，有些人一作復健，就貌似昏昏欲睡。）

195

* 當一個人大量失血（血液太少）、水份攝取太少（脫水）、心臟無力或血管不正常擴張時（如敗血症或菌血症的病人通常血壓很低），就可能會低血壓。

* 預防：A多喝水、減少飲酒及少食多餐。B規律運動。C穿著壓力襪：幫助下肢靜脈血液回流至心臟。D避免久坐或久站，E慢慢轉換姿勢。

* 如果血壓太低，血流達不到腦部末梢血管，是有可能因腦血流不夠而中風，即所謂的缺血性腦中風。

* 參考：病理-29護理-19。

45 脂肪瘤—就是脂肪長出來的腫瘤，主要長在皮下脂肪層，不易察覺到，明顯隆起時才會發現，是一種良性的腫瘤！一般來說，可以考慮做手術切除，通常不會復發。

* 臨床上，在老人的背部中央位置有疑似脂肪瘤的突起物，醫師評斷是水瘤，建議先觀察，後來也一直沒再惡化，甚至縮小。

46 皮膚贅瘤—或稱皮膚贅疣、瘜肉，有些人光是在脖子處可能長了數十個。這些贅瘤通常是肉色到深膚色、咖啡色的程度，只是一小塊突出物，可能只有 0.2 到 0.5 公分大小，有的之後愈長愈大，變得更為明顯。皮膚贅瘤最容易長在皮膚皺褶處，像是脖子、腋下、腹股溝等處，很可能是因為過度的摩擦而導致表皮與真皮增生，導致形成這樣一顆顆的贅疣。

研究發現，肥胖者、高血脂、高血糖、有胰島素阻抗性的患者比較容易長出來這些小小的皮膚瘜肉。建議檢查血糖和血脂！

47 櫻桃血管瘤—又稱為紅痣，這些小紅痣是圓形的突起，屬於成熟微血管的增生，常常長在軀幹與手臂。老年可能愈來愈多。或可不用特別治療，醫師可能用雷射、電燒等方式去除。

輯 1　適合一般讀者：

＊當小紅痣帶有擴散往外的紅色血絲，外觀像八腳蜘蛛，就不是櫻桃血管瘤，而是蜘蛛狀血管瘤（spider angioma），有可能是肝硬化的徵兆。

48 血管糖化非常可怕，卻經常被多數人所忽視。體內多餘的葡萄糖與蛋白質結合，可能使細胞劣化，身體血管焦化，會加速老化。輸送高血糖的血液時，血管的組織會脆化，造成發炎。若腎臟的腎絲球受損，會使腎臟功能衰退。重點是，糖分攝取不要過量。或可和醫師討論，用天然代糖取代。

＊暫時，還沒有具體證據證明天然代糖（人工代糖如阿斯巴甜，有較高的風險疑慮）可能致癌，或導致嚴重蛀牙。代糖不會讓血糖增加，但仍會刺激胰島素上升，間接妨礙到脂肪燃燒，不利於減重。

49（接上）糖化血色素（和血管糖化是兩件事）—血色素是紅血球中的一種蛋白質，它主要的功能是把氧氣帶到組織並將二氧化碳帶離組織，而葡萄糖可以附著在血色素上，直到紅血球被破壞為止。被葡萄糖附著的血色素稱為糖化血色素。血糖愈高，附著在血色素上的糖份也就愈多。糖化血色素一般通稱為「血糖平均值」，是糖尿病的一個重要的參考指標。

一般來說，糖化血色素的正常值為 4.0 至 5.6%，5.7 至 6.4% 屬偏高，而大於 6.5% 則可能會確診為糖尿病。

50 急性腸胃炎多半是因細菌或病毒引起，傳染途徑也許是受污染的食物、水或不潔的器皿。一般常見的症狀有：噁心、嘔吐、腹部絞痛、腹脹、腹瀉、發燒等。

＊腸胃炎分感染型（又分細菌感染，病毒感染），非感染型（比方暴飲暴食，藥物反應等。）不建議自行服用成藥，應在醫師指導下接受治療。（也許是先禁食一兩天）

＊（Heho）謝茂志醫師：腸胃炎的時候，吃流質食物的確可以減少摩擦胃部的機會，也可以刺激胃酸分

泌、增加消化速度、減少脹氣，會比較舒服；但如果已經有胃潰瘍、胃食道逆流，或是胃酸分泌過多的問題，則需要改吃好消化的固體食物。

＊（早安健康）許多腸胃問題是自律神經失調所引起的。實際上，腸胃問題是自律神經失調的五大主要徵兆之一，表現方式大致有腹瀉、便祕、脹氣與胃食道逆流。

＊建議適當咀嚼白飯，既養胃又能幫助排便。

＊鳳梨酵素有治療細菌性腹瀉的效果，但不是一定有效。原理是：一抑制毒素產生的訊號傳遞路徑，減弱毒素的作用。二鳳梨酵素能改變腸黏膜上特定的連結點，阻止大腸桿菌附著於腸壁上。（臨床上，吃鳳梨過量還是有傷害的。）

＊避免吃東西過量，尤其是特殊屬性的水果。例如芒果，楊桃⋯⋯等。

＊偏綠香蕉，蒸熟的蘋果，可能有助於止瀉，但仍不能多吃。尤其有糖尿病者。

＊復原過程中，建議飲食清淡，少量多餐，適量補充電解質水。

＊人工添加物如鹿角菜膠、人工增甜劑以及布丁、蛋糕、霜淇淋中常使用的乳化劑等，很可能會破壞腸道黏膜上的保護層，增加發炎性腸道疾病的發生風險。尼古丁可能會刺激腸道發炎。

＊生病期間，避免吃高纖（增加蠕動負擔）、高油、高刺激性、高鹽、高糖、乳製品、咖啡等食物。

＊有時候，家屬適度協助腹部按摩，有可能改善拉肚子的情形。

51（接上）腸胃炎與闌尾炎的分辨：

a 腸胃炎會有上吐下瀉、拉肚子的症狀，闌尾炎會影響腸子蠕動，反而是便秘。

b 盲腸炎會讓局部肌肉變硬，即使用力按壓也沒有明顯疼痛，手放開反而疼痛會加劇稱為反彈痛。

198

輯1 **適合一般讀者：**

（這部分，闌尾炎和盲腸炎一樣。）

c 用右腳單腳站立，並跳一到兩下時，發炎的闌尾碰到腹膜會更加疼痛，腸胃炎則不會。

d 禁食無法緩解疼痛：一般的腸胃炎在休息和補充水分後約在 8～12 小時內會緩解。但如果是盲腸炎疼痛會一直持續下去。

＊ 一般常說的盲腸炎其實可能是指闌尾炎，盲腸發炎的情況很少。建議趕快就醫。

52（接 50）(Heho) 空腹時大量飲用濃茶容易引起噁心感。單寧本身味道澀。過量的單寧會刺激消化組織導致不適，使人感到反胃、胃痛。大量咖啡因會刺激胃酸分泌，也會影響食道功能，導致食道下括約肌鬆弛，遠端食道收縮，致使食糜逆流至食道，引起胃酸逆流的狀況發生。

＊（康健）腸胃功能不佳的人 ― 不要空腹喝茶，以免刺激胃酸大量分泌。貧血的人 ― 茶裡的多酚類化合物會和部份金屬離子結合，影響造血功能。

＊ 心悸、二尖瓣脫垂的人 ― 咖啡因容易使心跳加快。腎功能不佳的人 ― 太濃的茶會增加腎臟負擔，長期飲用不利健康。

＊ 從中醫的角度來看，放置隔夜的茶，其性更寒，對腸胃不好的長輩，很不合適。

53 靜脈曲張 ―（Varicose veins）又稱靜脈瘤，當靜脈受到壓迫或是瓣膜沒有關緊，血液就會倒流使得內壓增加，讓管壁擴張變成囊狀；大部份出現在腿部，若出現在肛門四周，則稱為痔瘡。

＊ 可以掛血管外科或心臟血管外科：檢查動脈阻塞，靜脈栓塞，靜脈曲張或是周邊血管疾病。（實務上，有泡溫泉導致靜脈曲張的血管爆裂的案例，不可不慎。）

＊也許病狀惡化，可能因一個外傷，抓癢等就導致血管爆裂，血流不止，甚至增加截肢，靜脈血栓等風險。因此若腿部有痠、麻、腫、痛、癢、熱、半夜睡覺腳抽筋、冒青筋等狀況，就應前往醫院檢查。

54（接上）（早安健康）痔瘡是肛門部血管和軟組織老化的現象，鍾雲霓醫師指出，是人都會老，但是有保養就老的慢。而對於肛門血管最好的保養，就是運動。不僅促進血流循環，也能訓練到肌肉張力及血管彈性。

血管有彈性後，經過的血液就不停滯。局部膨脹壓力也因此降低，進而可以預防肛門血管有提早老化、脫垂、腫脹，甚至血栓阻塞的情形發生。

＊我個人看到的情形是：文職者，或是少動的人，確實有更高的比例會得到痔瘡。

＊另外，還可以嘗試，上完廁所清潔後，比方在肛門口抹上微量的西瓜霜、乳液，凡士林之類的物品。既可確定肛門口是否擦拭乾淨，又可以增加滋潤保護層，還可以降低臀部摩擦引起的皮膚不適。（非常少量即可。）

＊排便完畢後應輕輕地清潔肛門，最好是使用免治馬桶用噴水方式，以溫水沖洗，對緩解痔瘡很有幫助。（據悉，穆斯林較少有痔瘡問題，可能和此有關。）

55 排便不順（便秘）是很多人的惡夢。形成的原因主要有：

a 良好的睡眠品質，有助於腸道休息。腸道如果沒有得到很好的休息，將無法正常運作。

b 自律神經未能得到充分休息導致功能失衡，也會影響腸道功能運作。腸道環境惡化，又會影響血液健康，進而又影響其他臟器功能。身體臟器工做效率降低，又影響大腦中樞神經的工作效率，

200

輯 1　適合一般讀者：

造成更嚴重的失眠，形成惡性循環。

c 吃飽後最佳洗澡時間是休息一小時以後，因為飽餐後，血液會集中到腸胃道幫助消化，馬上洗澡，血液會跑到皮膚表皮，造成胃腸蠕動情況不佳、肚子痛等。

d 腸胃功能的問題：腸道菌叢不平衡、過分高纖食物造成蠕動負擔太大、細緻食物造成腸胃減少蠕動、身體官能老化、缺乏鹽分導致消化液不足、先天問題如大腸無力症、手術後的功能不完全恢復、缺乏水分、疾病如腫瘤造成大腸狹窄……等。

e 肛門等相關肌肉或系統生病失調造成無力：肛門括約肌失調，中風，脊椎受傷，帕金森氏症等。

f 壓力太大影響大腦訊號的有效傳遞。或作息不正常，影響腸胃正常節奏的蠕動。

g 藥物或食物的副作用：如止痛藥，抗憂鬱藥物，鎮痛劑及其他精神科藥物，降血壓藥物，利尿劑，鈣片，含鋁之胃乳片等。另外還有鞣酸，也可能減緩腸道蠕動。

h 其他：如腫瘤或特殊疾病等。

＊可以考慮就醫檢查：大腸直腸科，肝膽胃腸等。家醫科，老人科也可以考慮。

＊不建議自行服用偏方，另外，排便出力過猛，可能造成中風，或肛門血管破裂等問題。

＊改善的思考方向：改善腸道菌（補充益生菌）多吃高纖食物，水果（木瓜，熟香蕉，奇異果，火龍果，葡萄等。）降低膽固醇等高負擔食物的攝取。養成固定排便的習慣。正常的睡眠。

＊不要養成對藥物的依賴：如肛門塞劑（油性有潤滑效果，水性可能稍微軟化硬便），軟便藥等。長期使用，可能會使腸胃功能退化。最好和醫師做完整的溝通。不排除問題出在腸胃道本身，比方有腫瘤，也許需要透過儀器做更完整的檢查。

不要習慣性坐馬桶太久。久坐會增加腹部壓力，使血液無法回流聚積在肛門血管壁中，可能誘發痔瘡。

補充：油性塞劑可能有腹痛等副作用，建議經過醫師評估。不宜擅自增加藥劑量。水性塞劑主要是食鹽水，刺激性相對較低。

* 可嘗試將腳放在排便椅的下方踏板。可以讓直腸放鬆，腹部加壓，有助排便。腳太長或中風的人也許不適合。

* 纖維素有助於排便。但高纖食物，並不適合腸道功能不好的老人家。比方黑米、牛蒡等，因為纖維素高，反而造成腸道的工作負荷。沒有幫助排便，卻可能變成便秘的原因。

* 便秘可能併發腹痛、頭痛、口臭、失眠、焦躁、肛裂等，甚至產生氨毒，參考病理探討24（氨毒）。

參考便秘相關護理。

202

輯1 適合一般讀者：

（10）養生 提升健康的生活

雖說生死有命，富貴在天，然而，健康的身體，更好的生命品質，相當程度上，仍可以掌握在我們手上。

1 深呼吸有許多好處：安定自律神經，促進血液循環，製造血清素等等。深呼吸的方法：抬頭挺胸坐好（若能站起更好），緩緩地用鼻子吸氣（用鼻子吸氣，可以透過鼻腔過濾灰塵，並提升空氣溫溼度），吸氣的同時，肋間肌會收縮使肋骨提高，當胸腔的容積變大，氣體壓力會變小，外界的氣體便能利用壓力差經過鼻子，再途經咽、喉、氣管、支氣管，然後抵達肺泡，完成氣體交換。

而呼氣則是相反，肋間肌放鬆肋骨下降，胸腔容積變小、壓力變大，迫使肺內的氣體被排出，以此帶出體內的二氧化碳。

＊人體的一氧化氮可以經由鼻腔呼吸道釋放。精胺酸（L-arginine）與分子氧結合後，釋放出一氧化氮與瓜胺酸（L-citrulline）一氧化氮會順著氣流進入下呼吸道和肺部。

一氧化氮能協助預防高血壓、降低膽固醇，保持血管年輕有彈性，避免斑塊和血塊堵塞血管。

2 受照顧者若常吃不健康的食物（熱狗、香腸、炸物），可以盡量規勸，或逐次減量。過份苛責，可能讓他變成偷偷吃，反而更無法掌握。可嘗試用較天然營養的食物取代。比方：南瓜，牛蒡（腎臟病和消化系統功能不好者，不宜多吃），番茄，雞蛋，花椰菜，枸杞，桑椹，地瓜葉，

3 素食最大的好處是降低身體負擔。但並不適合所有人,特別是老人。因為,素食無法提供較全面的營養成分,比方B12、脂肪等。老人對植物性蛋白質的吸收能力更差,另外,對於高纖食物的咀嚼能力和消化能力也更弱。(即使是蛋奶素,對於腸道菌叢脆弱的老人家,還是不夠的)

素食者還要小心高普林的問題,有痛風者不適合:一.花科類蔬菜如西蘭花、花椰菜等。二.草酸含量高的蔬菜如韭菜、竹筍、莧菜、菠菜、茭白筍等。三.菇類。

* 據研究,素食比葷食的缺血性心臟病機率少大約22%,中風機率卻高大約20%。

4 起床喝一杯水,有助於:補充流失水分,促進血液循環,刺激腸道蠕動等。(睡前不鼓勵喝太多水,避免頻尿。也不要過量,避免造成腎臟負擔。體重大約每1公斤補充30CC左右的水量。)

多喝溫白開水。可以提高血液和淋巴的循環,也有助於身體的排毒。

* 有些人不建議喝太多水...心臟病患,腎臟病患,肝臟病患,眼壓高、青光眼患者。

* (Heho) 老年人的代謝機能會下降,如果常喝冰水就需要更多能量去加溫,進而對身體會造成負擔,而像是天氣寒冷時若老年人喝更多冰水,會讓夜尿更頻繁。

* 黃軒醫師:喝冰水可能導致交感神經過度刺激,讓腸胃蠕動增加出現胃痛的感覺。

5 養成運動,社交的習慣。避免長時間黏在沙發上。(除非是對痔瘡有癮。)

a 運動有助提升新陳代謝(年長者不適合激烈運動,或可試:太極拳,簡單的舞蹈。)

b 社交有助於腦細胞活化(不要再說長舌婦了。同齡失智症比例男性高於女性,和女性有更好的社交行為可能有關。)

輯 1　適合一般讀者：

c 長時間坐在沙發上，很可能增加腰椎的負擔。

d 散步是很適合老人的一種運動，但視情況散步即可。理論上，70歲以上，每日散步5000步以下，隨年齡增加，數字稍微遞減。不是越多越好，走太多可能造成膝關節炎。

e 適當的運動有助於降低血糖值，可減少血液中的脂肪和壞膽固醇，可預防動脈硬化。

另外，可以提昇肺活量，進而降低心臟輸送血液到肺臟的壓力。（若心臟輸送血液到肺臟很艱辛，可能導致心臟肥大）

＊預防低血糖發生，建議避免在空腹或飯前運動。

6（接上）超慢跑是以非常緩慢的速度進行跑步，好處：增強心肺健康、穩定血糖、改善胰島素可能逆轉糖尿病，燃燒熱量，促進大腦活動等。

但有心血管疾病、肝或腎臟疾病、糖尿病、骨質疏鬆、退化性關節炎、心臟病等人，可能需要和醫師（比方家醫科）討論過。

7 盡量養成抬頭挺胸的習慣。駝背會造成脊椎各種問題，使肌肉骨骼功能受到影響。

進而衍伸出：頭痛，頭暈，五十肩，消化系統，骨刺，胸悶等問題。

8 多數功能受損的中風患者，只要長時間的用心復健，或佐以針灸等，是可能得到明顯改善的。關鍵在於，必須持之以恆。即使只是很小幅度的運動，只要維持每天都比前一天進步一點點，就必然看到明顯的成果。

9 養成咀嚼的好習慣。好處：刺激大腦，活化腦細胞。減少腸道負擔。預防癌症，牙周病等。活動下

巴肌,有助口齒表面更清晰。

* 建議每半年洗牙一次,每兩年做一次骨質密度檢查。(骨質密度也可作為牙齒健康與否的參考指標之一。)

10 芭樂是很好的水果。如:保護心臟,提升免疫力,控制血糖,保護新生兒神經系統,抗發炎,降血壓,消水腫,解便秘等。但芭樂籽很可能造成長輩的牙齒龜裂(尤其是有骨質疏鬆的人),建議將裡面有籽的部分直接切掉。

* 吃的時候,不要削皮,梅粉,不需加鹽,建議一天最多一顆就好。

11 優質的鈣片可能提升年長者的骨質密度。當然,要注意攝取量,過量可能造成腎結石,或腎衰竭。雖說算是保健食品,仍要和藥師或醫師討論再食用。腎結石多半由草酸鈣(草酸:菠菜,苜蓿芽,巧克力,花生)或磷酸鈣(磷酸:核桃,酸奶……等)與鈣結合形成。腎結石可參考:護理-23

* 也就是說,即使為了健康,也不宜過量攝取深色蔬菜,或喝茶……等,可能間接造成腎結石。(過多劑量的維生素C可能會轉化成草酸鹽,增加結石風險。)

* 只要減少鹽分攝取量,維生素C的攝取量也要留意,並且多喝水,一般來說不會造成結石。

* 鈣離子可能的影響:便秘,情緒,骨質疏鬆,牙齒的堅固與否,失眠,心悸,頻尿,高血壓,濕疹,抽筋等。

* 濕疹 — 皮膚角質細胞的分化過程,需要鈣離子的協助。如果缺乏鈣,肌膚表層可能變得細薄,脆弱敏感,引發各種皮膚病變。

輯1 **適合一般讀者：**

*抽筋——簡單的說，鈣離子和神經肌肉的興奮性的抑制有相關性。

12 好的床墊與枕頭，有助於更好的幫助身體肌肉釋放壓力，進而提升睡眠品質。

*參考床的相關思考—第6項。

13 搬重物時，盡量身著護腰帶（保護腰部肌肉，避免拉傷）。姿勢上，盡量維持脊椎打直，可以避免讓少數脊椎關節受力太多。

14 都市相對於鄉下，有更好的醫療品質。缺點是，生活中包含空氣，飲食，可能有更高濃度的重金屬元素。重金屬可能使失智風險上升。

15 適量補充維生素C好處多多。但也不能過量，可能影響身體對鈣質的儲存。不建議與咖啡，茶，酒精性飲料同時食用，可能使水溶性維生素C加速排出體外。

16 視覺，聽覺，味覺等，也需要適度的「刺激」去活化該大腦區塊。比方，參加音樂會，去看美術展覽，品嘗親友的手藝等。

*多看綠色和遠方的環境，確實對眼睛的保健有很大的幫助。

17 水柱沖擊身體穴道的水療法，對於促進血液循環很有幫助。當然，前提是要有人在旁邊注意。如果年紀太大，脂肪層較薄，或有嚴重骨質疏鬆者，不建議這麼做。
（建議跟，比方神經內科或家醫科醫師充分討論。）

18 適度的曬太陽好處：改善睡眠質量，提振精神，強健骨骼，增強免疫系統等。
陽光可以幫助身體獲得維生素D，其好處是：維持骨骼健康（骨骼健康，則有利於骨髓的造血功

207

能。），有抗發炎，提升免疫系統，降低心血管疾病，有利於神經系統（可能改善憂……等疾病），預防肌肉萎縮，促進皮膚新陳代謝等。

* 晨光與斜陽，可考慮戴太陽眼鏡，避免強光對眼睛造成傷害。

* 學者洪泰雄：過量攝取維生素D也可能對身體造成負面影響，導致鈣化症、腎臟疾病等問題。因此，補充維生素D時應該控制劑量，例如：增加鈣質在血液中的濃度，遵循醫師或營養師的建議，並注意血液中鈣質和維生素D的濃度，以避免過量攝取的風險。

* 維生素D可能可以刺激一氧化氮的製造，一氧化氮可以讓動脈管徑擴大、放鬆，進而改善高血壓。

* 缺乏維他命D可能造成高血壓、心臟病、糖尿病、憂鬱症、失智症、癌症等。

* 曬斑和老人斑（俗稱脂漏性角化症），都是因為皮膚老化所引起的斑，皮膚老化主要是由日曬造成，其處理方法，包括液態氮冷凍治療與脈衝光或雷射等。多數情況下，老人斑不會對人體造成威脅，但有可能影響其社交意願，可以稍加留意。另外，老人斑偶爾也可能影響到對皮膚癌的檢測和發現。

19 （接上）適度補充膠原蛋白是必要的，好處：提升骨質密度，促進骨質再生，減緩骨質疏鬆，提供軟骨細胞所需物質，減緩皮膚老化，皺紋，乾燥等現象。常見的食物來源，如豬腳，雞爪，魚皮等。適量攝取即可，過量可能造成肝腎負擔，甚至造成血液濃稠等。可與醫師或營養師，藥師等討論。

20 年長者的腸胃消化能力較弱，吃太飽容易造成消化系統的過分負擔。（很難定義出一個標準。或可

208

輯1 適合一般讀者：

先從一般成人的食量，大約減少三成去做觀察。）另外，要記得慢慢咀嚼，這樣可以降低腸胃運作的工作負荷量。

21 保養品要適量，最好跟醫師或藥師討論過。比方：

a 或許可以提升免疫力，但免疫力太強，反而可能傷害自體健康細胞。

b 過度補充維生素，反造成肝腎的代謝負擔。

c 可能跟藥物產生交互影響。

22 為了避免腎臟負擔太大，飲食上須留意：

a 蛋白質攝取來源：動物性蛋白—雞蛋，牛，魚等。植物性蛋白—紅豆，綠豆，堅果等。腎臟代謝蛋白質會產生含氮的廢物，如果含氮廢物太多積在血中，可能造成比方尿毒症。

b 低鈉食物，就是少鹽，少醬油，少醃漬類，少煙燻食物。或可用蔥，薑，蒜，胡椒粉，檸檬汁取代。也許腎臟會無法排出過多鈉離子，造成高血壓，水腫等。

（理論上，鈉和鉀平衡狀態，所以，可以透過高鉀食物，適度排出鈉，甚至可能改善高血壓。但腎功能不佳者卻不適合。）

c 鉀離子主要由腎臟排出。血液中鉀離子太濃，會造成腎臟負擔。過多鉀離子如果沒有被排出，可能影響心臟，造成心律不整。香蕉，芭蕉，水果乾，菠菜，牛奶，雞精等，鉀離子較高，建議攝取適量就好。

d 腎臟主要功能之一，可以去除多餘的磷，如果攝取太多，會造成腎臟負擔。磷和鈣須保持一定的比例，低血磷會影響骨骼生成，高血磷會影響鈣質吸收。如穀類，堅果，動物內臟，海鮮等，都

有較多的磷。

e 為了減輕腎臟病者或老年人腎臟的負擔，建議喝較單純溫和的白開水，並且是慢慢的喝。山泉水，礦泉水等裡面的微量元素相對較高，會增加腎臟工作量，不支持。

另外，有些淨水器原理，是透過鈉離子，和鉀離子去「淨化」水中的金屬離子，結果反而讓水中增加鈉離子和鉀離子，給腎臟和血壓造成負擔。需要留意。

f 對於年長者和腎臟病患者，不建議吃楊桃。因為，楊桃疑似有不明小分子「毒素」，可能傷害神經系統。（這所謂的毒素，對一般人幾乎沒有傷害，可完全代謝。甚至，可能研發出對人體有幫助的療效，比方抑制咳嗽等。）

補充：楊桃熱量低，營養價值高，富含維生素C、多種植化素，具有抗氧化，降血壓，減少膽固醇吸收，抗癌等作用。還可以潤喉止咳。

23 喜樂的心乃是良藥（以上源於聖經）。我以為：溫暖積極的靈魂，更利於健康長壽。

24 酵素（是一種蛋白質，又稱酶）主導食物在胃裡的分解和消化。酵素專門扮演催化劑的角色，協助各種代謝反應進行，幫助維持人體正常生理機能。另外，幫助分解食物，就像是一把刀，把吃進去的食物切小，藉此加速食物消化吸收的速度，使代謝更順利。

* 酵素主要分成三大類：天然食物中的酵素，消化酵素，代謝酵素。（食物中的酵素多來自於蔬果，但容易在烹煮過程中被破壞。其餘兩種酵素，可由身體產生。）

* 醋和發酵液（俗稱酵素飲品）不同。醋是酒經過醋酸菌發酵而產生，酵素是從醋以乳酸菌等酸性微生物再去發酵。理論上，發酵液的分子更小，更利於身體吸收。

輯 1　適合一般讀者：

25 益生菌主導食物在腸裡的吸收和排出。可這麼理解：酵素在胃裡將食物分解成適合益生菌吸收的狀態，所以，益生菌在腸道中則可以再分解成適合各器官、大腦吸收的元素。（酵素的生存環境和益生菌不同，所以，不要購買同時有益生菌和酵素的奇怪商品。）

＊（長庚醫訊）人體腸道住滿無比巨量的微生物，包括細菌、病毒、黴菌、原蟲、寄生蟲。單就細菌而言，數目就高達百兆以上，種類千百種，重量達1公斤之上，腸道菌整體可視為人體的一種器官。益生菌（Probiotics）之定義為，給予適量補充時，對宿主有益健康的微生物。絕大部分的益生菌就屬乳酸菌，它能分解醣類代謝產生乳酸、醋酸等，可以酸化腸道環境，抑制害菌增殖，調節菌叢平衡，改善消化，腸動，提升免疫，預防過敏、感染，增加維生素、酵素、干擾素合成。

＊也許不能透過益生菌達到變瘦的直接效果，但可以透過更有效率的分解養分，使身體的免疫系統活化，間接使身體可以達到更高效率的新陳代謝（類似燃燒體脂肪的概念）的效果。

＊（肝病防治學術基金會）病人若有使用高劑量的類固醇、免疫抑制劑或生物製劑，這時會處於免疫缺陷狀態，如果吃了活菌，有潛在發炎與感染風險，所以不建議吃益生菌。

＊（據科學研究：雙胞胎中，若一個胖，一個瘦，其腸道菌叢確有差異。）

＊益生菌並不是越貴越好，關鍵在於，是否為合適的活性的菌株。過量，可能因細菌群失去生態平衡，導致腸胃不適，甚或，影響對鈣質的吸收。

＊益生菌的功能主要是幫助改善腸道菌叢。腸道的體質改善了，就可能逐步改善排便障礙的問題。通常需要至少幾週的時間才能看出效果。

26（成功大學—智慧健康照護網）乳酸菌是一種會代謝糖類，產生50％以上乳酸的一類細菌。供維持腸道酸鹼值，活化免疫系統調節過敏體質，預防心血管疾病，抑制腫瘤。（乳酸菌是益生菌的一種）

27（元氣網）改善視力的好運動：遠眺—可幫助肌肉放鬆。眼球滾動—幫助眼球肌肉運動。眼球追視—幫助眼球肌肉協調。眼球放鬆。眼球按摩。戶外運動等。

* 過度的（盤腿坐），對於脊椎，關節，韌帶，肌肉等，可能造成嚴重的傷害。

* 比方，靜脈曲張，椎間盤突出，甚至是靜脈血塊流向肺動脈造成肺動脈栓塞等。

* 靜坐對於調整心性於某些人可能有所幫助，但不建議過分沉迷。沒有科學證據證明長期的靜坐，有更好的健康狀態和思維能力。我個人更鼓勵走出戶外，多和人對話，多動，呼吸新鮮空氣等。

28 補充說明一下冥想（和靜坐在英文上都是：Meditation。學術上還可以再細分。），常見關於冥想的好處主要分成四種：

a 有意識的放下，讓身心進入一個較為安靜的狀態。

* 所謂安靜，是一種宗教意義的安靜。和廣義上探索生命的提升，其實是兩個獨立的命題。

b 與身體建立連結。

（有一說，透過所謂的冥想，可以讓交感神經和副交感神經維持在平衡的狀態）

* 所謂的連結，是可能透過科學的方式訓練的，不一定必須透過所謂的冥想。

這裡有個重點：父母親可以讓孩子安靜，但未必可以讓這個家更好，更和諧。

同理，交感神經和副交感神經的平衡與否，和身心的健康，只有相關性，沒有必然性。

c 與所謂的無形世界對話。

輯1 **適合一般讀者：**

* d 對宇宙許願。

* c 和 d 則屬於形而上的概念，這就不在養生的討論範圍了。

29 鞣酸（單寧酸）是一種多酚類。可抗氧化（減緩氧化作用）和清除自由基（身體新陳代謝後的一種物質），可能還有抑制發炎，改善癌症等效果（研究中）。但缺點是：影響鐵質吸收，和蛋白質一起吃，可能會腸胃不適，使腸胃蠕動減緩，甚至造成便祕。

* 鞣酸：未熟透的水果中較多，比方未熟香蕉。另外還有，茶葉，咖啡，紅酒等。

30 膳食纖維有很多好處：有助舒緩便秘，腸道健康，降低大腸癌風險，穩定血糖，降低血液中的膽固醇。蔬菜，水果，菇藻類，堅果，穀物等都有豐富的膳食纖維。通常膳食纖維不會因為使用果汁機而被破壞，但確實容易存在被丟掉的過濾渣渣裡。

31 避免血液濃稠，少吃：高熱量及加工食品，油炸火烤過後的動物皮，含糖量高的食物，戒菸酒。應多運動，多喝水。

（每天至少，成人體重每公斤約35毫升的水。毫升=ml=cc）。

* 定期捐血，讓身體重新製造新鮮血液也是一個辦法。當然，要記得補充營養。

32 豆漿營養價值高，可改善心血管，降低失智，抗氧化，抗衰老，抑制黑色素等。但是，其中的寡糖、木質素、植酸、胰蛋白酶抑製劑等物質，可能造成腹脹氣或可嘗試，多喝水，多走動，不要喝太多等。

33 氣泡水，又稱為碳酸水，是在高壓下將二氧化碳氣體打入水中，因此水會產生氣泡感。天然氣泡水

（比方冰河水）可能富含碳酸氫鹽、鉀、鈉、鈣、鎂、鐵等天然礦物質。

＊好處是：

a 二氧化碳在飲用之後可以使微血管擴張，進而促進血液循環。

b 氣泡水的碳酸還可以刺激胃壁，有助腸胃蠕動，促進排便來緩解便秘。

c 氣泡水可能改善吞嚥能力，能刺激負責吞嚥的神經。

＊壞處是：

a 可能造成胃脹氣、腸躁症、胃灼熱、胃潰瘍等（尤其是腸胃功能不好的人。）

b 睡前喝氣泡水，甚至可能因為腹壓上升而影響睡眠。

＊汽水也是氣泡水，但糖分太高，不是很建議。

＊有流言：『運動後肌肉裡會產生乳酸，使身體感到疼痛，也因此特別感到疲倦。氣泡水裡二氧化碳產生的碳酸可以中和乳酸，幫助身體消除疲勞。』乳酸不是肌酸痛的主要原因，因此，碳酸飲料或氣泡水，對消除肌酸痛沒什麼幫助。

34 防癌注意：

a.拒菸酒，檳榔等。b.維持健康體位。c.養成規律運動習慣。d.多吃蔬果，少吃加工食品，減少紅肉。e.低卡路里食物，適當減少鹽份攝取。f.不要過度倚賴營養補充食品。另外：g.寶寶盡量餵母乳。h.使用具實證可預防癌症的疫苗。i.定期接受篩檢。

＊煙燻，鹽漬，油炸等食物，有較高的致癌風險，建議少用。

35 或可適度補充維生素B群：維生素B群是修復末梢神經必要的營養素。如果有肩膀痠痛、眼睛疲

輯1 適合一般讀者：

、手腳刺痛、健忘等自覺症狀，也許可能是缺乏維生素B12。

＊B群是協助酵素代謝營養素的輔酶，將攝取的營養素轉化為身體所需的能量，讓人感覺有精神。B群也有安定神經的作用，其中B3、B6、B12能幫助褪黑激素分泌，有助眠效果。

＊過量攝取B群的症狀包括：皮膚出疹、潮紅腸胃道問題例如消化不良、噁心和腹瀉，腸胃不好的人如果空腹吞B群更可能引起胃痙攣。周邊神經病變，四肢出現麻木刺痛感、情緒起伏、血壓異常，包括高血壓和低血壓。（康健）

36 通常對於生病剛復原的人，我們可能會煮粥給他們吃，為了降低他們的腸胃負擔。（Heho）「水分是刺激胃部分泌胃酸的一個原因。」吳文傑醫師：在他的臨床經驗上，治療胃食道逆流、或是胃酸過多的病人時，的確會要他們先不要吃白粥，因為白粥會引發更嚴重的胃食道逆流。雖然白粥比較好消化，一方面容易因為水分分泌過多的胃酸，二方面消化速度太快，食物都已經跑到小腸了，胃酸還停留在胃部，⋯反而傷胃。

37 喝茶好處：a預防癌症 b增加骨密度 c降低膽固醇 d預防心血管疾病 e改善口臭 f預防牙周病 g預防痛風 h排解脂肪

另一方面，茶葉中有化學物質—茶鹼，可能影響身體。尤其是，避免空腹喝茶。（元氣網）茶鹼進入人體中，可能刺腸胃道症狀（噁心、嘔吐等）中樞神經症狀（焦躁不安、亢奮、失眠、頭痛等）、心臟症狀（心搏過速、心悸、心律不整等）身體不適反應。

＊喝茶，咖啡，可能不利睡眠。或可考慮改喝適量的：花茶，枸杞茶，牛蒡茶，（無糖）玉米鬚茶，麥茶等，較溫和的茶。

* 茶葉中的咖啡因，容易有苦感，茶多酚容易有澀感，水溫越高，這些物質容易釋放出來。或可考慮，用較低的水溫泡茶。只是可能要等久一點，讓其慢慢釋出。

38 為了避免肌肉流失，應適度補充蛋白質（如蛋，奶，肉，高蛋白保養品，但不是越多越好，可能導致動脈粥狀硬化（動脈管上的雜質，如蛋白質，脂肪等混成的腫塊。）。

* 為了復健增肌的高蛋白飲食，要和醫師充分討論。李思賢醫師：蛋白質攝取過量時可能出現體重增加、疲倦、肝功能下降、腎功能下降等症狀。

對高風險族群而言，還可能造成肝臟負擔，影響腦部功能。蛋白質消化需要胃酸，⋯年長者因吸收不好、咀嚼功能退化，建議採取一天多次、少量的補充。

* 雞蛋，海鮮等食物，容易滋生細菌，盡快吃完。（水煮蛋若有黏稠感，不宜使用。）

* 參考：病理-36，外部觀察-28，29，30。

39 營養師舒宜芳：油脂除了能增加食物美味，也是身體重要的能量來源，還是細胞膜、脂溶性維生素與荷爾蒙的重要成分，協助人體維持生理機能，油脂中的「必須脂肪酸」是人體必要的營養素，身體無法製造，因此需從食物或烹調油脂獲得，如果缺乏可能會引發疾病如生長遲緩、皮膚乾燥⋯⋯等等。

油品都含有飽和脂肪、單元不飽和脂肪酸與多元不飽和脂肪酸，只是比例不同。

動物油：可能含有單元不飽和脂肪酸和 Omega-3 脂肪酸，利於心血管

部分富含 DHA 和 EPA 脂肪酸，對腦部很有助益。

含豐富蛋白質、維生素 A、維生素 E 和抗氧化物質，可提升免疫力。

輯 1　適合一般讀者：

有維生素 D 幫助骨骼發育。

豬油中的月桂酸可以抗菌和提升免疫力。

魚油中的 ε-3 脂肪酸，可改善三酸甘油脂過高、預防心臟病等。

＊有較多飽和脂肪，食用太多容易使膽固醇沉積在血管壁，造成血管內壁增厚、血管彈性降低，使血壓上升，增加血栓、中風等心血管疾病的風險。

植物油：有許多不飽和脂肪酸，例如 omega-3、omega-6，抗氧化物。

降低膽固醇、有益心臟健康。（如：苦茶油、芝麻油、橄欖油等。）

＊適量攝取油脂對身體非常重要。若攝取太少，可能產生肌少症，荷爾蒙失調，導致便秘，降低代謝功能等。

40 地中海飲食：攝取多元豐富的蔬菜水果，包含全穀物、堅果、豆類等。橄欖油有抗發炎的功效。起士與優格每天適量食用，魚肉與家禽類適量，減少紅肉的攝取。水果作的甜點，每週僅吃數次。適量食用葡萄酒。

＊優點：預防心血管，降低癌症風險，預防失智，維持較好的體態。

41 沖繩飲食：低卡路里攝取，攝取大量的蔬菜，特別是根莖與黃綠色蔬菜。攝取大量的豆類，適量攝取魚類，少吃肉製品，吃脂肪較少的豬肉。少油脂攝取，單元與多元不飽和脂肪酸比例較高。常吃海鮮，Omega-3 攝取較 Omega-6 多。

（補充：Omega-3 來源少，常見於含油脂的魚類，核桃，亞麻仁等。可抗發炎，過量可能影響凝血功能。Omega-6 的來源較多，如海鮮、蛋黃、肉類等。保護細胞，促進凝血，過量可能導致身體慢

性發炎。兩者的功能正好相反,故平衡攝取很重要。)

＊碳水化合物以低GI為主：大多來自地瓜,膳食纖維攝取量多,適量飲酒。

＊好處：降低心血管疾病和罹癌風險,延緩老化,抗發炎等。

42（康健）升糖指數（（Glycemic index, GI值）,指的是吃下去的食物,在2個小時之內,血糖上升快慢的數值,GI值落在0～100區間。GI值越高的食物,葡萄糖分解速度更快,身體分泌的胰島素也更多,更容易變餓而吃更多,因此,高GI食物容易造成血糖波動。低GI食物,其消化和吸收的速度較慢,能讓葡萄糖緩慢釋放到血液中,對身體健康較有益。

＊低GI食物,可減少體脂肪,降低罹患心血管疾病,提升好膽固醇。降低糖尿病併發症風險,幫助穩定血糖,降低罹患乳癌風險。預防黃斑部病變,幫助學習及提高記憶力。例如：富含蛋白質、脂肪的魚肉類,含有纖維質的蔬菜、乳製品、菇類、大部分豆類、五穀雜糧等。

43（care照護線上）抬臀算是鍛鍊臀大肌最基本的動作。請先躺在地板或地墊上,雙手平放於身體兩側,膝蓋彎曲,兩腳腳掌踩在地板上。收緊臀部,由臀部發力抬高髖部,不要拱背,直到肩膀到膝蓋呈現一直線。這時要以腳跟為支點,不是腳尖,不要變成墊腳尖（只有腳尖貼地）的狀況。—未必適合所有人,量力而為即可。

＊具體好處：改善骨盆前傾、坐骨神經痛、背痛、駝背、核心肌群有力,則可以改善呼吸,提升基礎代謝率,保護脊椎等。

44 凱格爾（骨盆底肌肉）運動法（hello 醫師）凱格爾運動,又稱尿失禁骨盆底復健運動,由美國婦產科醫師阿諾德‧凱格爾於

輯 1　適合一般讀者：

一九四八年所提出，用以強化骨盆底肌，幫助患者預防及改善膀胱脫垂、直腸脫垂以及壓力性尿失禁，子宮脫垂（女性），攝護腺肥大造成的頻尿（男性）等症狀。

一橋式抬臀──吸氣抬高臀部，並緩慢夾緊肛門、陰道周圍肌肉及尿道口，每次收縮從5秒逐漸增加到10秒，緩慢放鬆至少休息20秒，每回收縮10次（約3～5分鐘），每天做4～5次。須注意不要用到腹部，如憋氣或用力不當，反而增加骨盆底肌肉的壓力。

二簡單站立運動法：緩慢提肛動作縮緊骨盆底肌肉，夾屁股，墊腳尖持續10秒，再緩慢放鬆休息20秒。

（11）護理 相關的嘗試

1 毛囊炎是常見的現象。即毛囊處發炎。常見的有青春痘、睫毛倒插等，通常會自行康復。（或者，有經驗的醫師或護理師也許會用消毒過的特殊夾子，將裡面的東西挑出來。有人會自行取出，就怕消毒不確實，造成傷口感染。）需稍加留意，尤其年長者的抵抗力較弱，更容易有真菌或病毒感染的問題。

＊（康健）李勇毅醫師：毛囊炎是指單一個毛囊發炎；若單一毛囊本身和周圍組織都發炎，摸起來有硬腫塊，稱為「癤」；多個毛囊連帶周圍組織都發炎，稱為「癰」，也就是俗稱的「疔子」。

＊擦藥膏時，要將藥膏管子放在一旁才開始作業。管狀藥膏的尾部鋒刃，常會不小心割傷受照顧者。

2（接上）任何傷口如有紅，腫，熱，痛同時出現的症狀，建議立即就醫。不排除是蜂窩性組織炎，如果延誤診治，可能引發敗血症，有致命風險。

＊蜂窩性組織炎，有可能發生在，表面上幾乎看不出有任何傷口的皮膚組織，並且不是極少數。（但這種情形，多半是當事人免疫系統狀況較差，或壓力大的情形下。）

3 甲溝炎是指甲和指尖的縫隙發炎。也許是因為剪指甲，拇指外翻，鞋子太緊等，造成受傷，並且細菌感染，嚴重者，甚至可能會蜂窩性組織炎。

（可以掛皮膚科，醫師也許會使用口服抗生素和優點來處理傷口，雙向治療。）

＊急性甲溝炎，應該會在一兩週內得到治癒。慢性甲溝炎，多和職業傷害有關，比方長時間接觸化學

輯1 適合一般讀者：

4. （肝病防治學術基金會）全鳴鐸醫師：俗稱「灰指甲」的甲癬，就是黴菌長在指甲上，與香港腳屬於同一種黴菌感染。只不過，會形成灰指甲的黴菌喜歡從指甲的指縫旁進入，令指甲產生變化，變得暗黃且不透光；當菌絲在裡頭堆積生長，指甲也就慢慢愈來愈厚，最終導致指甲中間變得又鬆又高又厚，且指甲旁的角質層也會跟著變厚。

臨床可見灰指甲常先出現於大腳趾，一般來說，通常是先有香港腳後再慢慢侵犯到指甲，形成灰指甲。若沒有香港腳，但是指甲變黃、變厚就要做鑑別診斷，可能是其他疾病（如：乾癬）。

灰指甲的治療原則，必須視指甲受黴菌侵犯的範圍而定，如果範圍小，只需擦藥就能改善；但若侵犯嚴重，就有必要口服抗黴菌藥物。如果患者本身有些慢性病無法使用口服抗黴菌藥物時，也可使用擦拭性藥物，但使用時須將指甲削薄再擦藥，治療就須具恆心與耐性。

灰指甲如果沒有好好治療，可能會有併發症如甲溝炎、凍甲、蜂窩性組織炎。

* 香港腳雖是一個習慣的說法，較禮貌的說法是：足癬。

5. 雞眼即腳部經常發生不當摩擦，致使異常增生的角質皮膚壓迫到神經引起疼痛。是可能只靠自己用小美容剪刀（記得消毒）剪掉。較為嚴重的雞眼，仍建議應該就醫。也許醫師會使用冷凍治療法或手術切除。有些貼布可能軟化老化角質，需要詢問藥師或醫師。

6. 測血糖前，務必先用酒精消毒皮膚，確定酒精乾了，才能扎針。才不會影響測值。通常扎完手指，只需加壓兩分鐘即可止血。

* 相關醫療廢品，要謹慎處理，避免針扎傷別人。

7 (接上)加壓止血的原理:加壓後,可減緩血流速度,並逐漸在傷口處凝成血塊,阻止繼續出血。

＊抽血後,建議按壓出血點五到十分鐘,也是同樣的概念。不可以揉,會影響凝血,造成滲血出現淤青。

＊一般的打針注射,如何按壓,需清楚聆聽護理人員的指示。有些可適度輕揉,是為了利於藥品吸收。

8 關於老人皮膚照護:

a 適度的曬太陽,比方早晨或黃昏。若陽光炙烈,建議做好防曬。

b 使用溫和的浴皂,或者只用溫水也可以。避免太高溫,可能沖走皮表油脂使皮膚太乾燥。

c 避免過度刷洗皮膚。

(有些人會使用浴刷,認為可以活絡穴道,只要沒有明顯的不適感,不妨試試。)

d 貼身衣服,建議以棉質為佳。

e 缺乏油脂,皮膚容易乾癢,可以塗抹乳液。(甚至兩三天洗一次也是可以)

9 冰敷與熱敷,以下盡量分別簡單論述。

冰敷功用——降低疼痛,舒緩發炎反應。原理:使血管收縮,血液循環減緩,可能會影響患處修復,多用在急性傷害。

忌:直接貼冰塊可能造成凍傷。

熱敷功用——放鬆肌肉,舒緩緊繃。原理:使血管擴張,加速局部的血液循環,帶走修復組織的廢物,帶來氧氣、營養。多用在慢性傷害。

忌:直接貼暖暖包,可能造成皮膚輕度燙傷。

222

輯 1　適合一般讀者：

＊痠痛貼布不是越久越好。建議每次最多四到六小時，以免患部因悶濕出現紅腫癢的情況。一天最好不要超過四片，以免造成肝腎負擔。

10 牙齒龜裂。牙齒隨著年齡增加鈣質流失，可能會變得易碎。一但龜裂，建議儘早就醫，有可能裂到牙根的深處，進而造成細菌感染。

＊牙齦逐漸萎縮導致牙根露出，缺少琺瑯質保護的牙根暴露在外，易受到牙菌斑的侵襲，應注重口腔衛生，否則有蛀牙風險。牙根蛀牙常為老人掉牙的主因之一。

11 暈車－簡言之，就是身體的定位感受，和認知感受，在大腦產生整合上的衝突。有些人甚至可能站在湖邊，靜靜看著湖水的流向就會頭暈。如要長時間搭車，建議上車前半至一小時前服用暈車藥，或貼上暈車貼片。無論是暈車貼片或暈車藥，對於老人或小孩都可能有副作用。最好與藥師或醫師討論。

12 如果讓老人使用冰枕，與頭之間，務必再墊一層毛巾，避免直接接觸皮膚。約 2～3 小時更換一次。（適用效果因人而異，可能產生寒顫現象，要非常小心。）

13 落枕的話，常見的處理方式有：

冰敷－若是急性發炎，冰敷可減緩其症狀。

熱敷－若是症狀輕微，或是疼痛感持續一天，使用熱敷，可以舒緩肌肉。

吃藥－在醫師指示下吃消炎止痛藥。

按摩－物理方式讓肌肉放鬆。

* 好的枕頭有助於改善睡眠的品質，可能降低落枕的機會。

14 五十肩的學名是，沾黏性肩關節囊炎。臨床上，是可能透過復健運動、針灸，或手術完全康復的。不需過分擔心。重點是，平常要多運動，可能降低發生機率。

15 保持傷口的衛生和濕潤，其實比讓傷口保持通風乾燥，更有利於傷口的細胞修復。

理論上：傷口滲出的組織液其實是含有豐富的癒合分子，有殺菌和隔絕微生物的作用。如果滲出物不多，可以不用太理會。但如果滲出的液體太多，難免是否受到細菌感染的疑慮。可以先將傷口做適度殺菌清潔之後，塗上醫師開的藥膏：功能在於調節免疫反應，壓抑皮膚的炎症指數，阻截組織液的過分滲出。

* 擦傷特別容易在傷口隱藏小沙粒，甚至是微小玻璃，所以要更注意傷口的清潔。

* 清洗傷口可用生理食鹽水由中央往外環擦拭，不要來回擦拭，以免將細菌又拂回傷口。然後再塗上藥膏。

（若需用優碘消毒，則可停留30秒後，再以生理食鹽水將優點清洗掉。）

* 如果有蟹足腫好發體質的人，建議讓皮膚外科專業來協助護理。

16 案例參考：腳指因照護者的疏忽，踩復健腳踏器破皮受傷，可以嘗試以下做法

a 立即用棉花棒沾生理食鹽水，清潔之後，再用乾棉花棒擦乾。

（食鹽水主要是幫助清潔，消毒效果有限。）

* 假如環境較濕較髒的話，建議使用生理食鹽水清理之後，再用優碘消毒。

（習慣上，還是會建議，再用生理食鹽水將優點擦掉。）

輯1 適合一般讀者：

b 塗上藥膏後，再敷上兩層紗布（建議用油性紗布比較不會沾粘傷口），然後貼上膠帶。
＊藥膏應以醫師（或至少問過藥師）提供為主。主要是，幫助傷口收斂，修復的功能。

c 原則上，傷口盡量避免碰到水。主要的用意，是擔心細菌感染的問題。建議洗澡前，可以在傷口上方先貼防水貼布。
（即使碰到水也不用過份緊張，只要做好事後的清潔消毒的工作就可以了。）

d 只要傷口的滲漏液體不多，沒有異狀，居住環境保持清潔，即使兩天才換藥，也不是不行。
（若是乾紗布黏在傷口上，可以淋上生理食鹽水，讓他軟化之後，再慢慢撕下。）
＊如果按摩周遭，可能增加血液循環，因而造成貌似更嚴重的血水流出，不用過份擔心，只需要多加注意就好了。那是正常現象。

e 若傷口有黃色化膿，黏稠，臭味，甚至是紅、腫、熱、痛等現象，務必立即就醫。

f 可以在受傷部位的上方，比如小腿，大腿處，適度按摩，避免血液積滯在腳底，延長復原時間。
＊（理論上，把受傷的部位抬到比心臟高的位置，也能促進回流，減少、消除腫脹反應。）
不排除有感染的問題。

g 發炎反應是機體感染或損傷時，組織為對抗危險信號（如細菌）而發起宿主免疫反應。通過隔離損傷部位，嘗試恢復機體平衡，幫助傷口癒合，抵禦病原體等體內平衡的再生過程。
＊消炎藥會抑制發炎，同時也會減緩修復，讓傷口修復時間拖更長。
＊或許可嘗試用冰敷或彈性繃帶捆紮，透過降低血液的流速，和張力的分散，緩解疼痛感。

h 慢性病藥物裡頭如果有服用抗凝血劑，可能影響傷口復原時間。不是自行停藥，可以掛家醫科，跟

225

醫師討論後再說。

I 石蠟紗布，人造皮等，也可能是理想的敷料。仍建議和醫護人員討論過再使用。

17 有四種藥物可能容易昏昏欲睡：

第一代抗組織胺（主要緩解感冒症狀的鼻塞，流鼻水）。

肌肉鬆弛劑（作用在中樞神經系統，用來緩解肌肉疼痛）。

抗憂鬱劑（改變神經傳導物質在突觸間的濃度，緩解憂鬱症症狀）。

瑪啡類止痛劑（作用在中樞神經系統，改變人體對疼痛的感覺）使用時，應特別小心。

* 所謂比較不會嗜睡的成分，有可能是裡面加入咖啡因成分，讓興奮制約嗜睡。可以與藥師充分討論是否合適的問題。不建議隨意購買成藥。

* 如果生病的對象是老人家，建議由醫師或藥師判斷。藥物的使用，通常還涉及到適合劑量，和體質

* 相關資料參考：病理探索：12 消炎止痛藥。

18 中風（康健）相關思考：

症狀：

1 手腳或臉部突然發麻或無力，尤其是身體的單側。

2 突然感到困惑，口齒不清，或聽不懂別人的話。

3 單眼或雙眼視力突然模糊。

4 突然舉步困難，覺得昏眩，失去平衡或協調。

5 突然不明原因的頭痛欲裂。

226

輯1 適合一般讀者：

評估：

Face 顏面：觀察微笑露齒的臉部兩邊肌肉是否對稱，有無歪斜。

Arm 手臂：雙臂平舉與身體呈90度，看有無垂落狀況。

Speech 說話：觀察病人是否有無口齒不清。

Time/Telephone 電話：一日符合上述徵象，務必記下病人的發作時間並盡快打電話送醫。

處理原則：

1 身旁有人中風發作時，務必保持冷靜。

2 先讓病人輕輕躺下，解開病人上衣、領帶，若有假牙請先拿掉。

3 讓病人側臥防止嘔吐物及分泌物因嗆咳進入氣管造成吸入性肺炎。

4 勿給予病人任何水或藥物，請由專業醫師判斷病情以免造成反效果。

5 若病人出現抽搐可用毛巾捲放入口腔中以免咬傷舌頭。把握中風救治黃金3小時，盡快撥打119請救護車將病人送至最近醫院治療。

＊中風相關資料，可參考：病理-43。醫學常識-32。外部觀察54項

19 低血壓是指血壓下降至 <90/60mmHg，也就是收縮壓（最高血壓）<90mmHg，舒張壓（最低血壓）<60mmHg。常見的情形有：

a 姿勢性低血壓，比方人體姿勢變換，血壓調節的速度卻還沒跟上。

b 餐後低血壓，進食後一兩小時中，血液集中到胃部消化食物，其他部位的血管來不及收縮，造成的低血壓現象。

嚴重者，有可能中風。先讓當事人在原地休息一下，一邊拍拍他，不斷叫他，確定他意識是否清楚。必要時應立即撥打119。

＊洗澡水溫太高，可能造成血管擴張，提高低血壓風險。

＊導致低血壓可能的原因：缺乏營養，脫水，藥物過敏，喝酒，內分泌或心臟（心臟無力，在年長者，重病者，最常見。）問題等。

＊參考病理探索29－44項。

20 血糖警戒值定義為：70mg/dL（3.9mmol/L）若低於這個數字太多就是低血糖。原因很多，可能是運動過度，或腎臟或肝臟功能……等。嚴重的話，可能造成腦部受損或危及生命。症狀是：心悸，蒼白，飢餓感，四肢麻木，思考遲鈍，哭泣等。

（實務上，當事人多半有病識感。）

意識清楚的緊急處理方式──吃糖果數顆，或喝酌量的含糖飲料，若稍緩之後有改善可考慮適量進食點心。若沒有改善，應立即送醫治療。

21（接上）休克其實是指身體的血液循環不夠，造成組織氧氣供應不足，所造成的一種狀態。處理方法：

A 讓傷病者仰臥，保持氣道暢通。
B 盡量消除導致休克的成因。
C 墊高雙腿，使血液容易回流心臟及供應腦部（下肢骨折除外）。
D 不建議提供飲料食物，應立即送醫院。

228

輯1 適合一般讀者：

（實務上，中醫的角度，昏厥前或可嘗試：頭往後微仰，同時以拇指按壓人中穴，即鼻尖下方與上唇之間位置。西醫的角度並不特別鼓勵。）

＊掐人中穴只是起到了一個疼痛刺激的作用，可能幫助患者恢復意識，但沒有救治效果，對意識完全喪失的人幾乎無效，對癲癇發作的患者更是不適合。

22 便秘時，臨床上可能會使用甘油球，一種高滲透壓的緩瀉劑（一般藥局有販售）。即將塞劑從肛門口塞入。過程中要非常小心，也許可以在肛門口或塞劑周圍塗上適量凡士林減少摩擦的不適感。（視情況，若是液體，也許需要用手指稍微掐著肛門口，避免還沒產生便意就流失了。）通常五到十分鐘後便會排便，若是在床上，下方要鋪看護墊，方便清理。（理論上不會有所謂的噴屎，因為這時候的大便缺乏水分所以是硬的。但可能因為排氣，把液體噴出。眼睛還是要小心。）

＊相關資料參考：病理55項

23 腎結石─以下是3種腎結石的疼痛症狀：
A 背部或下腹部單側或雙側劇烈疼痛。
B 疼痛向下蔓延至腹股溝。
C 疼痛突然出現，隨著時間愈來愈痛。

除了上述幾種疼痛外，可能還有其他症狀：排尿困難，尿量少，甚至出現疼痛感尿液混濁且有異味。頻尿血尿噁心、嘔吐發燒或發冷等。

常見的治療方向：多喝水，小顆可能自行排出。醫師可能會提供相關治療或止痛藥物。另外還有手術治療（如震波碎石術）。

229

24 為了避免褥瘡，長時間臥床的病人，大約每兩小時換一個姿勢。（依序，朝左側，平躺，朝右側。）氣墊床對於降低褥瘡的發生很有幫助。（要注意的是，移位下床前坐在床沿時，很容易因床沿的空氣被擠壓而下陷，常使病人有滑下床的風險）褥瘡即俗稱的壓瘡。皮膚表面受到較長時間的壓迫，導致血液循環受阻產生的壞死現象。非常容易發生在長期臥床或長時間坐輪椅上的病人，要多留心。

（醫聯網）褥瘡：病程，傷口會從受傷的皮膚往更深層的組織發展，分為四個階段：

等級一（充血期）：這時候皮膚發紅，或是出現淤血般的暗色，摸起來比較硬，按壓這個部位皮膚不會變白，會維持原來的紅色或暗色。

等級二（缺血期）：因為血液循環不順，無法供給皮膚所需養份，組織代謝物堆積，此時受壓迫的皮膚受損壞死，會出現燙傷一般的水泡，：容易惡化為膿泡，經常會伴隨有發燒的症狀產生。

等級三（壞血期）：傷口深達脂肪組織，皮膚從紅轉為青色，因為組織壞死而產生深褐色或黑色硬塊，組織已經壞死。

等級四（潰瘍期）：壞死的組織開始潰爛，傷口會變大變深，也有可能皮膚沒有潰爛，但底層組織已經開始嚴重發炎，甚至造成骨骼及韌帶損傷，造成大膿瘍的嚴重症狀產生。

＊注意，褥瘡可能併發：蜂窩性組織炎。皮膚癌，敗血症等。

＊可以適當的運動或按摩皮膚，至少每兩小時要變換姿勢或翻身。

＊初級的褥瘡，通常只有輕微紅腫沒有傷口。可以考慮貼人造皮。

＊防褥瘡的翻身模式：墊身體的枕頭若放右側，身體盡量靠近右側床，方便身體朝左側翻身。反之亦

輯1 適合一般讀者：

25 乾燥型濕疹如氣溫驟降、冷鋒吹襲等刺激，導致皮膚急性發炎，肌膚乾紋會紅腫、刺痛、發癢，並出現一粒一粒的小疹子，若抓破疹子，還會滲出組織液。建議保持皮膚濕潤，如塗抹身體乳液。（長期使用類固醇藥膏可能造成肝腎負擔）若患者會不自主會去摳抓，影響皮膚復原，或許可以考慮先塗乳液後再敷以紗布，可能降低皮膚因乾燥引起的不適感，進而減少不當的抓摳行為。

＊照護上，其實並不簡單。

26 貌似常見的口腔糜爛或潰瘍，其實可能有很多種原因，常會因忍不住摳抓而反覆受傷，家人需更有耐心。不宜自行用口內膏，建議就醫，配合醫師指示用藥。

（口腔清潔後，再用棉花棒消毒後上藥。提醒受照顧者，多休息，心情放輕鬆，不要吃刺激性食物。通常兩三星期內會好，藥膏不適合長期使用。）

（微笑藥師）類固醇降低口內黏膜的免疫反應，減少發炎的現象，加速受損黏膜的修復⋯⋯含有類固醇成分的口內膏，修復嘴破的速度會較快，但是類固醇會降低口腔黏膜免疫，所以不適合用於感染性的口腔潰瘍，也不建議長期使用。

27 （康健）PRICE 原則處理扭傷處，分別是保護、休息、冰敷、壓迫、抬高。

P=Protection（保護）：傷害發生時，首先要保護受傷的部位，將受傷部位固定。

R=Rest（休息）：受傷後要停止活動受傷部位。

I=Ice（冰敷）：冰敷可以讓血管收縮，有助於控制受傷部位的腫脹、疼痛及痙攣的症狀。

C=Compression（壓迫）：以彈性繃帶包紮受傷部位並適度壓迫，可以減少內部出血與組織液滲出。

E=Elevation（抬高）：將受傷部位抬高於心臟，能幫助積聚於受傷部位的組織液回流，避免受傷部位過度腫脹（可與冰敷、壓迫同時實施）。

＊發炎時要謹慎使用溫熱型貼布，有導致發炎加劇的可能。

28 若是手指頭受傷了。可以將創可貼（ok蹦）的兩端，從中間橫向剪開，中間部分覆蓋在傷口上，兩端的四片翅膀，則可以繞過手指，分別貼在合適的位置。

—快手 妙招娜姐

29 三叉神經痛是常見的疾病，給當事人造成極大的痛苦感。原則上，應及早就醫檢查。家人或許當下可以嘗試的是冰敷和熱敷。冰敷可以暫時中斷神經信號，減輕疼痛感。熱敷則是，促進血液循環緩解可能因為血流不暢所造成的疼痛，平常多休息，予以相關區域適度的按摩，也可能改善疼痛感。

＊

30 忽然暈眩的原因有很多種，若身旁沒有椅子，蹲下或坐地上也是可以的。避免撲倒在地上，可能造成門牙或鼻樑斷裂。

232

（12）醫學常識 分享

1 長時間坐在太軟的沙發，不但身體不能得到適當的休息釋放，上半身的重量可能都落在脊椎上，而不是屁股上，可能造成椎間盤突出，或加速脊椎的磨損，對身體造成嚴重的傷害。
* 理論上，好的釋壓坐墊，有助於讓經常久坐的臀部，得到較好的休息。
* 無論是沙發，床，枕頭等，護套一定要定期清洗，避免滋生細菌塵蟎造成皮膚搔癢。
* 無論是沙發，床，枕頭等，都有使用期限，彈性疲乏的問題。可以每年觀察一次。

2 胰臟癌非常容易被疏忽，常錯過黃金治療期。若有經常性上腹部疼痛，食慾不振，感到噁心，脂肪油糞便排出，形成灰白色脂肪便，尤其是本來就有家族史，或可掛肝膽腸胃科。

3 理論上，糞肥蔬菜比較不會有硝酸鹽的問題。有機蔬菜也經常使用氮肥。硝酸鹽經過太陽照射，會產生對人體有幫助的氨基酸和蛋白質。硝酸鹽。

4 （接上）硝酸鹽透過口水的酵素分解（或數小時的細菌分解）後會變亞硝酸鹽，亞硝酸鹽碰到含胺類物質，經化學反應大概率會產生「可能」致癌的亞硝胺。
（關於亞硝胺與亞硝酸鹽可能致癌的問題在學術上還有爭議，故不需要過份緊張。原則上，盡量吃新鮮現煮的蔬菜，加工食品盡量減少。）

5 優格對於口中的大蒜味道，有抑制發揮的效果。（萵苣，蘋果，檸檬汁也可以試試看。）

6 年紀較大的人不適合做高強度的運動，也就沒有所謂的暖身運動。對於高強度運動的人，應在運動前做暖身動作，運動後做緩身動作。

運動前做暖身運動，可以活化肌肉纖維和神經。又分靜態伸展（特定姿勢拉開身體的肌肉組織，和動態伸展（作簡單輕度的有氧運動）。

據研究，動態伸展對防止身體的運動傷害，效果更好。

運動後的伸展收操，有助於排除肌肉內的乳酸，減少運動的痠痛感。這時候，建議作靜態的伸展，可以讓心跳、體溫、血壓慢慢下降，避免因暴跌造成身體的不適感。

常聽到有人大量運動後，隔日會腰痠背痛，很大的可能就是，缺乏事前的暖身運動，和事後的緩身運動。

＊

7 （中科院）細菌是細胞，有細胞壁，有DNA，有細胞器，可以自行生產合成需要的酶並且代謝，可以自行分裂繁殖。而病毒比細菌小很多了，主要結構是蛋白質衣殼和內部的遺傳物質（DNA或者RNA），而且病毒不能自我複製。病毒需要通過感染宿主細胞來複製自身的遺傳物質，然後釋放出更多的子代病毒去感染其他的宿主細胞。

無論是對抗細菌的藥（抗生素），或是抗病毒藥物，都可能產生抗藥性。務必遵照醫師指示，使用到完整的療程結束。

＊

8 麩質是一種藏在小麥、大麥等穀物的某種蛋白質，無法被人體腸道吸收，有些敏感體質者，會有明顯的不適反應。比方紅癢、腹瀉等反應。另有些人，沒有明顯不良反應，卻可能呈現：慢性疲勞、骨質疏鬆、關節疼痛等症狀。（需透過神經內科的過敏原檢測才會知道。）

234

輯 1　適合一般讀者：

* 麩質過敏者，作家田安石有一系列相關的料理書籍提供參考，實用且美味可口。

9 實務上，老人的打嗝現象似乎比較少，但還是有的。

清益功浩醫師：人體胸部和腹部之間的橫膈膜，若是因為某種原因而痙攣，就會造成聲門附近的肌肉收縮，讓呼吸道急速變窄，造成空氣迅速排出，即我們所說的打嗝。

* 通常一般的打嗝，只要休息一下，或稍微喝水，且刻意慢慢喝，可能會改善。但若持續不停，應考慮就醫，可能有其他包含胃癌，肺癌，心肌梗塞，中風等可能。講笑話雖然可能有效，但也可能有嗆咳的風險。

10 蘆薈有非常多的好處，可改善血液循環，加速傷口復原，還能殺死某些真菌和細菌等。但他也可能有，導致腎衰竭、造成腸阻塞、使痔瘡加劇、影響血糖控制，造成心律不整等副作用。使用時，最好與醫師討論過。

11 小腿肌能發揮肌肉幫浦作用，輔助血液回流心臟，因此小腿肌肉又被稱為「第二心臟」，若此處的功能良好，全身的血液循環會變得更好，具有預防或改善高血壓、動脈硬化的效果。

* 若微血管因為老化、疾病而變得不健康，甚至阻斷血液流動，對於全身氧氣、營養的輸送影響甚鉅，也會提高生活習慣病、失智等疾病的風險。

12 （元氣網）陳鴻毅醫師：雙腳健康對於人體血液循環影響大，建議久站族在站立時穿上適當壓力的彈性襪，可改善雙腳健康。若沒有嚴重的靜脈曲張，仍自行穿上壓力過大的彈性襪，反而有害雙腳血液循環、進而影響身體健康，不適當的穿戴有時更會造成反效果。

13（接上）熱水泡腳提升新陳代謝，強化免疫力。但是，一定要有人在旁邊看著。（元氣網）熱水泡腳時，足部和下肢血管擴張，血容量增加，可能會引起頭部急性貧血，出現頭暈目眩等症狀，此時宜用冷水洗足，使足部血管收縮，血液流向頭部，從而消除頭部急性貧血，緩解頭暈目眩的症狀。

患有嚴重心臟病、血栓者，腦溢血未治癒者，出血性疾病、敗血病等患者；足部有炎症、皮膚病、外傷或皮膚燙傷者；對溫度感覺遲鈍者，都不適宜泡腳。

14（肝病防治學術基金會）水泡—

許多器官都可能長水泡（又稱囊腫），有時長在乳房，有時長在甲狀腺，還有人長在肝臟或腎臟，水泡大多是良性的，但少數情況下，有的水泡也是惡性腫瘤的警訊，需做進一步檢查確認。人體許多器官都會長水泡，包括肝臟、甲狀腺、乳房、卵巢、腎臟等器官都會長，但是一、兩公分的小水泡長在體內，幾乎沒有症狀，若非定期進行健康檢查，或做腹部超音波，這些小水泡很難被發掘。（可能肚子會看越來越大，有可能需數年。）

15 身體六個部位最怕冷，要特別留意：頸部，肩膀，背部，肚臍，膝蓋，腳底。

* 因人體質而異，未必所有老人都很怕冷。

16 不少老人聽到任何不好的事情，會異常焦慮，於是家人都不敢告知其任何不好的事。

水泡常常是在健檢或其他目的的檢查中意外發現，大部分是做腹部超音波或電腦斷層（CT）、磁振造影（MRI）檢查時，或腹痛患者檢查時意外查出。

輯1 適合一般讀者：

他們的抗壓能力下降，那是有客觀原因的，不要過分試圖去改變他。

理論上（董事基金會）：當我們面臨壓力時，下視丘與腦下垂體會分泌促腎上腺皮質，腎上腺皮質會釋放皮質醇。適量的皮質醇可以讓我們處在備戰狀態，讓我們充滿能量應付外界壓力，但過度的皮質醇則會讓人長期處在極度緊張與焦慮的情況下，導致免疫系統與身體能量下降，進而對大腦產生負面影響。

過量的皮質醇會使神經突觸連接消失，造成決策能力與社交行為下降，甚至消失！憂鬱症患者便是如此，當腦中控制決策與社交的細胞減少時，大腦就會停留在負向的循環之中！

（早安健康）睡眠……是在進行一件重要的工作─修補。睡得飽……能減少死亡荷爾蒙（腎上腺皮質醇和腎上腺素）分泌，並且促進抗老化荷爾蒙（生長激素和褪黑激素）的分泌。

17 關於身體四肢的發抖現象：

a 身體放鬆時，手會不自覺發抖，伴隨四肢和表情僵硬，步伐緩慢，平衡感不佳等，可能是帕金森氏症。

b 身體自主性維持固定姿勢時引發顫抖，屈肌和伸肌會產生節律性震動，也許是原發性顫抖症。

c 中風後的老人家，也許會在移位時，發生不自主顫動的現象。可能是因為肌肉長時間缺乏運動之後，導致肌肉彈性變差，肌腱韌帶變短，一但肢體受到外力牽引時，脊髓神經的過度反應，形成強烈的反抗力量的一種現象。

包含以下原因，任何不自覺得肢體發抖，都可以去看神經內科：

一生理性─寒冷，焦慮，肌肉疲勞或病變等。

237

二病態性——藥物副作用（如：鈣離子阻斷劑，交感神經興奮劑等），代謝性疾病（肝腎功能不佳，甲亢等。），腦神經系統的問題。

＊甲狀腺亢進是不算少見的自體免疫失調的疾病，常發生在女性身上。

18 睡眠張嘴呼吸——沒有鼻腔粘膜的過濾容易將空氣中的髒污與雜質吸進呼吸道，無法濕潤空氣，睡醒會有口乾舌燥、口臭的狀況，還會影響呼吸的頻率與品質。口呼吸會造成口腔肌肉鬆弛、舌根往後掉，長期下來會造成呼吸道阻塞，嚴重的情況就是「睡眠呼吸中止症」。可能和呼吸道有關，通常可以去看耳鼻喉科。

19 中醫師詹景琦：大部分的腰痛屬於肌肉、韌帶的損傷，和腎臟並沒有關係。

顏宗海醫師：腰痛前來腎臟科就診的民眾，多數檢查發現是和肌肉拉傷有關，也就是常聽到的閃到腰，又或者是骨骼的問題，如椎間盤突出。

真正和腎臟病有關的，不是腰痠背痛，而是疼痛。西醫的腎臟病和中醫的腎虛，是兩個完全不同的概念。

顏宗海醫師：腎臟疾病繁多，與腰痛有關的較常見包括了急性腎盂腎炎、腎結石、腎臟腫瘤等。中醫所謂的腎氣不足，腎虛，通常不會只是腰痠、腳軟無力的特徵，還包含健忘失眠，食慾不振等。

20 世界衛生組織（WHO）公布數據分為以下四種程度，主要以一公升水中礦物質鎂鈣的總量計算：軟水：一公升水中含有 0－60mg 總硬度。

中等程度軟水：一公升水中含有 60－120mg 總硬度。

硬水：一公升水中含有 120－180mg 總硬度。

輯1 適合一般讀者：

* (奇摩新聞) 水裡一般含有礦物質，鐵、鈣、鋅、鎂、鈉、磷和錳等等。極硬水：一公升水中含有大於 180mg 總硬度。以軟水洗衣服較好，以免鈣離子、鎂離子和肥皂產生反應，導致肥皂難以溶於水，不僅衣服洗不乾淨，也浪費肥皂，也可能使衣服的纖維變脆、易斷。根據醫學研究，住在軟水地區的人，心臟病死亡率比硬水地區高。有許多人認為喝太多硬水會導致結石，但在醫學上並未獲得證實。建議平時飲用中硬水，一方面口感不會太差，另一方面也可以攝取微量礦物質。水燒乾後若留下水垢也許是硬水。

21 大腸激躁症被定義為，症狀至少在6個月開始，在過去三個月內，平均每週至少有一天出現反覆腹痛，可能有：排便感異常、排便的頻率異常、與排便的形態異常等。可以留意：飲食習慣不好，要控制飲食；壓力太大要適度休息；腸道菌種不好，要去調節腸道菌種。

* 這個問題很容易發生在受照顧者的家屬或照護員。經常無法好好的享用一餐，隨時都會遇到突發狀況。

22 (接上) 很多照顧者長時間過著壓力大的生活，常有消化系統方面 (比方胃食道逆流，十二指腸潰瘍等) 和自律神經失調的疾病，需要多留意。

* 自律神經失調的症狀很多，包含盜汗，疲倦，失眠，頻尿，心悸，憂鬱症等。其中容易被疏忽的是，可能造成膽固醇指數偏高的問題。

(華人健康網)：一旦人體自律神經失調，便容易促使兒茶酚胺、腎上腺皮質素等荷爾蒙分泌產生

亢進。而荷爾蒙分泌異常的情況，會造成大量的游離脂肪酸被釋放到血液中，導致肝臟將這些游離脂肪酸合成為三酸甘油酯（中性脂肪）。再加上，膽固醇是合成壓力荷爾蒙的原料之一，故壓力過大時，人體血液中的壞膽固醇（LDL-C，低密度膽固醇）也會因此增加。

參考：認識身體-34。病理-3。

23 藍光是可見光的光譜中能量最高的光，定義為波長 400 到 500 奈米單位的光線。藍光最常出現在 3C 產品的螢幕光線。在黑暗中瞳孔會放大，反讓更多藍光直射入黃斑部，損害黃斑部感光細胞，對視力造成永久性的影響。故，應盡量避免在黑暗中看⋯⋯等視頻。

藍光會影響褪黑激素分泌，進而干擾我們的睡眠，缺少睡眠可能會提高抑鬱、糖尿病、與心血管疾病的風險。

（早安健康—鐘珮禎醫師）3C 螢幕大多是以 LED 作為主要的背光源。而其中產生的光線中，藍光是偏向紫外光的高能光線。所以，如果長時間、近距離觀看，確實要小心藍光造成的傷害！

OLED 和 LED 最大的差異，在於 OLED 具有自體發光像素，可以自己發光，不需要額外加背光光源，有效降低藍光傷害。

（注意：OLED 對眼睛傷害只是可能比較小，不是完全沒有傷害。若是在黑暗中觀看螢幕，其閃爍的特質和較強的光線，還可能造成偏頭痛。）

＊藍光傷害特別容易發生在照護者，比方外籍照護。因為長時間的照顧，為了紓解壓力，一方面又擔心影響受照顧者休息，總在光線不良的地方看手機。

輯1　適合一般讀者：

24（康健）反式脂肪（英文 Transfats）又稱為反式脂肪酸、逆態脂肪酸，是一種不飽和脂肪酸，是經由反芻動物胃部某些細菌合成，在牛、羊等肉品、乳品中含量極少，對健康有好處，不會造成負面效應。

＊消費者基金會：購買西點、油炸或加工食品時，不能只讀營養標示，而是要在食品添加物中，尋找「氫化植物油」、「氫化」、「人工（造）奶油」、「人造植物奶油」、「奶精」、「反型脂肪」、「轉化脂……等關鍵字，看到「氫化」、「硬化」、「人工（造）奶油」、「人造植物奶油」、「奶精」這些字眼，就是含有反式脂肪的食品。

＊常見的反式脂肪的壞處：心血管疾病，發炎反應，糖尿病，失智風險，肥胖，癌症等。

25 燕窩可以增強免疫力：可促進免疫細胞的生成，對付病毒。水溶性蛋白質能調節生理機能，搭配碳水化合物，能提供適當熱量，促進新陳代謝。

＊燕窩的蛋白質含量高，肝功能只剩下一至兩成的慢性肝病、肝硬化病人，恐怕反而造成身體負擔。

26（早安健康）井上浩義教授：花生的脂肪屬於植物性脂肪，而且其中有八成是能降膽固醇與中性脂肪的不飽和脂肪酸，研究中讓有脂質異常的患者吃花生，發現能讓壞膽固醇減少，好膽固醇增加。

日本糖尿病專門醫師小早川裕之：空腹的時候吃效果更好，既有飽足感，也能夠抑制胰島素的過量分泌，減少空腹感，相當推薦代謝症候群的族群。

此外，花生中還含有各種維生素、礦物質以及胺基酸等等營養，醫師吉田靖志：喝酒時常常會吃花生作為下酒菜，是因為花生當中含有的維生素 B2 能夠輔助肝臟的解毒作用，緩和肝臟受到的傷害。（注意：然而透過食療輔助有其極限，最重要的仍是適量飲酒，多讓肝臟休息。）

241

＊這裡指的花生，是單純的水煮花生。不建議吃加工太多的各種花生食品。另外，花生的熱量非常高，容易變質發霉產生黃麴毒素造成肝臟嚴重負擔，也應注意。

27（康健）黃麴黴菌大量孳生時會同時釋出大量毒素，汙染被感染的食物。環境中受黃麴毒素汙染的程度越高，人類的致肝癌率也越高，罹患胃癌、腎癌的發生率也會提高。

（南投醫院）可能食品：五穀雜糧、堅果類、豆類、南北乾貨類、辛香料、醃漬類食品、古法釀造製品、地瓜粉及麵粉，咖啡豆等食材。另外像是，動物內臟，乳製品，蛋類也有可能。

＊（早安健康）黃麴毒素的毒性非常強，有很強的肝毒性、致癌性、免疫抑……等，被世界衛生組織列為一級致癌物，……。主要症狀為嘔吐、腹痛、痙攣、肝衰竭等。

28（hello 醫師）乳製品含有油脂和一種叫做酪蛋白（Casein）的蛋白質，可與辣椒素結合，溶解辣椒素並消除灼熱感，像是冰的全脂牛奶、全脂優酪乳或冰淇淋等等，都是解辣聖品。

（也就是說，不小心吃太辣的食物，可以嘗試用牛奶消除辣的灼熱感。）

29 有時，咖啡的酸性味道可能是他的優點、特色。沖泡咖啡豆的學問非常複雜，有一點可以稍微留意，高溫萃取的時間如果太長，可能釋放出口感酸苦的味道。

（咖啡粉則沒有個問題。）

＊黑咖啡可能的功效：提神醒腦黑咖啡功效，促進腸胃蠕動，促進腎臟機能運轉，保護肝臟，抗氧化作用，改善低血壓，有助於防癌，保護心臟。

咖啡因可能有某些缺點：包含心悸，影響腦血流，腦皮質的部分活性和容量，降低體溫等。

242

輯1 適合一般讀者：

30 黑巧克力有類黃酮多酚，可幫助血液的循環，提高身體代謝的能力。含咖啡因，可能影響作息。不適合孕婦和哺乳期，和寵物。

31（中廣新聞）林佳彥醫師：止痛成藥成分複雜，可能含有抗膽鹼、抗組織胺、咖啡因，一般止痛藥，患者在沒有醫囑下，可能沒有控制劑量，很容易昏昏沉沉，甚至出現「譫妄症」，典型的症狀會有日夜顛倒、白天昏睡、注意力不集中、情緒激躁不安、幻聽或是幻視等症狀。過度使用頭痛治療用藥⋯⋯，可能造成止痛藥越吃頭越痛。

32（heho）黃聖筑：血栓是一種凝結的血塊，當飲食和生活習慣造成血液中的脂肪和膽固醇增加時，會使清澈的血液變得混濁，致使血栓形成。而血栓分解的效率變慢，就會讓血栓堆積在血管壁上，當血栓過大時或是從血管壁上脫落時，就會造成血管堵塞。由於人體會透過血液將養分輸送至全身，因此血栓也就跟著血流堵塞在腦、心臟、肺臟3個部位，造成心肌梗塞、腦中風和靜脈栓塞及高血壓等疾病。

33（維基百科）靜脈注射：是一種醫療方法，即把血液、藥液、營養液等液體物質直接注射到靜脈中。（即，常聽到的輸液。）

34（康健）輸血是指將血液製品經由靜脈管路輸入體內，以矯正病人血液方面的問題，是一種治療措施，也是支持性與代償性的療法。輸血的目的為恢復循環血量、提高血液攜氧能力，也可以治療急性出血、補充凝血因子、血小板，改善凝血功能，以及控制預防出血；亦能幫助補充白血球，增加抵抗力。

＊ 輸紅血球濃厚液是為了增加血液的帶氧能力、輸血小板濃厚液和血漿則是為了止血或預防大量出血。

35 如果受照顧者（不限於老人）經常喜歡吃刺激性食物，包含冷飲等，若無身體不適，不一定要嚴格制止他。只需多留意即可。也不排除是因為他的焦慮感所致。

＊（良醫讀書會──長谷川嘉哉）尋求飽足感和刺激口味，是因為交感神經因為壓力而興奮的現象，冷飲為了讓興奮的心情冷卻下來，……啟動防衛機制，企圖讓副交感神經處於優勢的反應。
交感神經若長期處於優勢，會對身心造成負擔，導致心跳加快，肌肉緊張，血管收縮。久之，會造成高血壓，糖尿病，高血壓等疾病。

36（接上）從主流中醫的角度來看，並不鼓勵老人吃冰。但我實務上看到的例子，適度吃冰有助於起到提振精神，改善心情的效果。不是完全沒有好處。當然，要適可而止，並且，要慢慢的吃。

＊（康健）《醫學假說（Medical Hypotheses）》的研究則發現，缺鐵性貧血者的身體無法製造充足的血紅素來攜帶氧氣，因此導致疲倦感，而嚼冰塊能讓患者獲得某種心理慰藉，甚至有提神效果。

37（早安健康）日本免疫學專家西園寺克：（直接吹電風扇）睡眠時體溫降低，改變血流分布狀況，身體送往皮膚的血流會增加，相對來說身體其他部位容易寒冷，有可能造成消化系統血液流動變化，影響腸胃蠕動，導致腹痛、下痢等胃腸症狀，這和我們吃冰品腹痛下痢的原理類似。

周適偉醫師：吹電風扇（可能）使腿部肌肉溫度降低、血液循環變差而導致疼痛，甚至可能讓痛點轉移到骨盆附近的關節，造成腰痛、下背痛等問題。

簡文仁物理治療師：電風扇不要直接對身體吹，否則可能造成被風吹的部位溫度降低、血管收縮，

244

輯 1　適合一般讀者：

38（康健知識庫）癲癇是一種影響到神經系統的異常狀態，俗稱為羊癲瘋，原因是腦細胞在短時間內過度放電，產生暫時的腦功能障礙。（羊癲瘋是失禮的說法，應避免。）癲癇每次發作很少超過5分鐘，可能的病徵包括有意識障礙、肢體抽搐、到大發作時會肌肉僵直、突然失去意識、肌肉抽搐、陣攣或口吐泡沫等，發作過後甚至會大小便失禁。

＊癲癇除了有先天性原因之外，後天的中風、失智等也可能產生。實務上並不少見，但只要接受治療，通常多數可以得到很好的控制，不需過份擔心。

照護注意：讓患者側躺，方便嘔吐物自然流出。

39（愛長照／健康傳媒）台大教授王宗道表示，幼童、老年人屬於中暑、熱傷害的高危險群，主要原因為體內溫度調節能力變差，加上大部分老人家都有慢性疾病，只要在高溫環境下，就容易中暑，出現頭痛、頭暈、虛弱、噁心、身體無力、臉色蒼白、出汗和心悸等症狀，務必緊急就醫。即使在室內時，應保持空氣流通，開啟電扇或是冷氣消暑。使用冷氣時，將溫度控制在25至26度，不可調至太低，如果室內外溫差太大，也容易造成身體不適。炎熱高溫時，應該補充足夠的水分，每天至少補充2000c.c.水分。

40（大江基因）自由基就像鐵金屬氧化之後形成的鐵鏽一樣，逐漸侵蝕身體各個部位，當損害到達一定程度而無法修復時，人體就會出現明顯的老化或病變，包括癌症、中風、心臟病、糖尿病、關節炎、痛風、白內障、老人痴呆、免疫系統失調、神經萎縮、性功能衰退等。

＊飲食上，高熱量，醃漬，油炸（尤其是回鍋油），加工食品等，也會使人體產生氧化反應。

245

＊對抗自由基：保持運動的習慣，身心愉快，多吃抗氧化食物，如維它命Ａ、Ｃ、Ｅ，蕃茄紅素，β胡蘿蔔素、葉酸、兒茶素、葉黃素、花青素與黃酮類等抗氧化的食物。

＊自由基本來是人體自我保護機制的一個重要部分，可以對抗細菌和抵抗癌症等。但如果環境受到影響，如過量的紫外線，抽菸，生活壓力太大，作息不正常等，人體也會產生過量的自由基，可能攻擊人體的正常細胞，反而有害身體。

41 芒果與香蕉果皮出現黑點，是多酚類氧化酶和酚類，在氧氣的催化下產生的黑物質。並不會對人體造成傷害。但若果肉逐漸變成黑色，可能發霉，那就不建議食用了。

（早安健康）醫師顏宗海：有些人習慣將食物發霉、黑黑的部分切除後繼續食用，但站在醫學的角度來看，絕對不建議這麼做，因為長在食物上的黴菌，可能會有肉眼看不到的菌絲深入食物其他部分，不見得能切乾淨，因此局部切除的方式並不保險。

42 程涵宇營養師：芒果的好處——鉀：幫助穩定血壓遠離心血管疾病，促進代謝、不水腫。（腎臟病患者需留意）2、維生素Ａ：芒果的維生素Ａ是蘋果的60倍，保護視力的高手。3、鎂：天然神經安定劑，有助於提升睡眠品質。4、膳食纖維：促進腸道蠕動，幫助排便順暢。5、維生素Ｃ：抗氧化維持身體保護力，還能促進膠原蛋白形成，維持皮膚彈性。6、芒果苷：一種類黃酮能增加抗氧化能力，是芒果特有的存在。

＊（東森健康雲）周建安醫師：芒果裡的芒果多酚與各種礦物質、維生素等，雖然有助於改善胰島素敏感性，延緩糖分吸收，但糖尿病患者仍不應過量，也需搭配纖維與蛋白質降低血糖波動。

＊（元氣網）營養師陳姿吟：坊間流傳「芒果有毒」，陳姿吟強調，果肉並不具毒性，但果皮常帶有「間

輯 1　適合一般讀者：

43（康健）想要預防「高齡腦」、延緩衰退，室溫不能太低！日本腦科學家西剛志提醒，高血壓、失智都和溫度有關，甚至濕度也會影響專注力。冬季時請務必保持室溫在18度以上。

44（Topick）睡眠診所院長梶本修身，拆解最適合睡眠的室內溫度。他指出，睡眠時大腦活動會降低，大腦溫度會下降約1度，以恢復疲勞。但假如體溫太高，自律神經會發出指令讓身體散熱，例如呼氣、排汗等，結果令自律神經過分疲勞，大腦在睡眠時間中無法休息，影響睡眠質素。他解釋，自律神經的主要功能是為大腦提供穩定的氧氣和營養供應，透過不停向各個器官發出指令保護大腦，當環境負荷越重，指令越複雜，自律神經便容易過熱。要讓大腦保持清涼，最有效的方法是降低吸入空氣的溫度，所以建議睡覺時開冷氣。

45適度的正念冥想，可能讓思維重新做更好的調整，但不要過度沉迷。

（祈心事務所）正念有可能會引發精神病、狂躁感、恐慌、受傷時的記憶再現、焦慮、失去自我等等。這些都是有文獻記載的。

最常見的副作用是焦慮和憂鬱，還會出現妄想和幻覺。若本身有創傷後的，容易在冥想完之後，出現解離的症狀。

（BBC）2014年美國醫療保健研究與質量管理署主持下的一項研究分析結果指出……要得出正念冥想對某類病人的某類精神症疾病及身心障礙具有療效的這一結論，仍需大量的科學研究及臨牀依

46（彰化醫院）中醫的觀點熱體質寒體質判斷參考：

寒冷體質臨床表現為面色蒼白、手足冷、不愛說話、精神萎靡、容易出汗、大便稀、小便清白、唇色淡、口淡無味、舌質淡、甚苔白潤、虛弱等。這類體質的人飲食上以選擇偏溫熱者為宜。

溫熱體質實熱高熱、煩燥不安、口渴、臉色比較紅、小便量比較少、顏色比較深、大便容易⋯⋯等。

溫熱體質虛熱低熱、手足心熱、煩燥、尤其黃昏的時後特別明顯、唇紅口乾、甚質嫩紅或絳乾無苔，大便燥結、小便黃少、脈細數等。通常是因慢性疾病末期、慢性病的徵兆、身體消耗太多元氣、體液不足，自主神經系統機能不平衡而造成交感神經相對興奮或更年期，就是一般所說的「虛火」。

溫熱體質的人就不適合服用溫熱性質的飲食，反而吃一些寒涼滋潤的食物對他們特別有幫助。

體質可能改變，原則上，還是以中醫師判斷為主。

＊

47（書名：這些藥不能一起吃）

丹參是常用的活血化瘀類中藥，包括養血安神、涼血消癱等，而當歸的功效包括：補血活血，調經止痛，潤腸通便。當這兩種活血藥材碰上抗凝血藥，就會增加內出血風險。中風、心肌梗塞等疾病患者，應避免⋯⋯

中藥若含單寧酸，會使維生素 B1 產生沉澱，造成效果大幅降低！比方山楂、柿子、葡萄皮、石榴、番茄、梨、紅覆盆子、蔓越莓、藍莓也富含單寧酸，會與食物中的鐵質發生作用，進而影響對鐵質的吸收，長久影響，易造成貧血。

百憂解屬於選擇性血清素回收抑制劑，其主要作用機轉為抑制中樞神經對血清素再吸收到血小板。

據。

輯1 適合一般讀者：

而止吐藥可刺激上消化道運動，加速胃及十二指腸排空及抑制嘔吐中樞，減緩嘔吐症狀，當兩藥合併使用時，會造成精神病藥惡性綜合症候群的風險增加，可能導致肌張力異常、無法靜坐及帕金氏症！

48（彰化醫院）中醫的觀點。寒熱食藥物參考：

寒涼性水果類西瓜、楊桃、香蕉、奇異果、香瓜、柿子、柚子、李子、枇杷、梨子、草莓、葡萄柚、桑椹、蕃茄

溫熱性水果類龍眼、杏仁、桃子、荔枝、櫻桃、橄欖、金棗、蕃石榴、榴槤

溫熱性蔬菜類南瓜、蔥、韭菜、生薑、洋蔥、糯米、茼蒿、芫荽、茴香、九層塔、大蒜、辣椒、胡椒、芥末。

49（康健）容易被忽略的身體警訊：

一許多身體病變都會導致足部發癢，包括肝或腎臟病變、膽汁鬱積、糖尿病引發的神經病變、甲狀腺機能低下……。有時，「血清素」這種神經傳導物質分泌過多，會誘發中樞性搔癢，……醫師會開立「選擇性血清素回收抑制劑（SSRI）」來抑制癢感。

二當你發現自己的皮膚變厚、容易發癢，可能暗示你的荷爾蒙失調，或出現濕疹、過敏等問題，是體內濕氣過重的警訊。

三口語或書寫能力下降、失去嗅覺，都可能是巴金森氏症警訊。如果出現痙攣、行動緩慢、惡夢頻仍導致的睡眠品質欠佳，也要多多留意。

四腦袋健忘、全身疲憊或性冷感，容易被一般人當成憂鬱症的徵兆，但其實，這些症狀也可能是甲狀腺素失調的警訊；此外，體重下降、畏寒等，也可能暗示甲狀腺出現病變。

五吃完東西就腹瀉，或常常有噁心感，並伴隨虛弱、體重下降等徵兆，可能暗示你有發炎性腸道疾病（Inflammatory Bowel Disease），腸內恐有潰瘍、處於慢性發炎狀態。應驗血或做完善的身體檢查。

50 王貞云營養師：馬鈴薯開始發芽後，會產生大量的「茄鹼」，是一種天然毒素，且耐高溫，即使切除芽體或經過高溫烹煮，毒素仍會存在，食用後可能會出現噁心、嘔吐、腹瀉等症狀，嚴重還可能導致意識不清的現象，因此發芽後不宜食用！

保存：建議放至通風陰涼處即可；放冰箱或曬到太陽，反而會更容易發芽。

51 理論上，放臭屁可能是吃了太多含硫的食物。腸胃系統分解時，容易產生難聞的味道。如大蒜、起司，洋蔥，豆子等。

老人可能腸胃系統老化，堆積在肚子的氣體排不出去。可以嘗試多運動，讓腸子加速蠕動，增加了腹壓，自然也就可能改善無法排氣的問題。

如果是連環臭屁，還經常性伴隨腹痛，便秘，血便等症狀，應立即就醫。不排除和大腸相關疾病有關。

＊

52（自在呼吸健康網）氣切後讓病人的照顧更方便，病人可以更積極復健，有更大的脫離呼吸器成功率，病人也能因為氣切得到更舒服的生活品質，而不是氣切就等於死亡或是臥床拖磨人生。而氣切反而是讓病人有機會遠離臥床！

250

輯2

長照人員或需要增加陪伴的人的家屬參考…

（13）照服員應有的 個人預備

這部分，主要是提供照服員，可以自我留意的態度、行為和裝備有哪些。

1 一個優秀的長照員應該是：認真看著和他說話的人（聆聽），關心案主（溫暖），對於環境動線注意（細心）。

* 要注意自己的儀態、談吐、體態、專業知識，這樣才能得到他人的尊重和信任。

2 用心，知識，適當的技巧，才是最理想的專業裝備，不是貌似自信的笑容，呈聆聽狀的罐頭表情，或使用道聽途說的信息。

3 平常自己也要多注意提升自己的體能。多做運動，強化核心肌群，手腕、臂力等，遇到緊急狀況（比方火災，身心症患者失控，噸位較大的人忽然癲癇等）時，才有能力應付。

* 沒有正確的移位手法，沒有結實的核心肌群，只是用蠻力傻幹，既危險，而且做不久，更可能造成晚年後許多身體疾病。

* 高階護理專員特聘護理師何宜靜提醒：勿加重手腕負擔、勿使用單手取重物，多使用雙手來協助。

* 早晨起床後，務必先做簡單的暖身運動，有助避免工作過程中產生的肌肉傷害。

4 留意附近的廁所在哪裡。若使用案主家廁所，盡量坐在馬桶上面，不要站著小解。
（可能案主家廁所不通，散出來的氣味，沖馬桶的聲音等，也許會讓雙方很尷尬。）

5 注意身上的氣味。體味（每天沐浴習慣），口腔（也許需要注意口腔保健，照顧前少吃蔥蒜之類的

252

輯2 長照人員或需要增加陪伴的人的家屬參考：

6. 腰帶，首飾，指甲，甚至是手指的老皮（或可考慮用護手霜軟化手皮等，有可能在近距離照護的時候弄傷長輩，要格外留意。）

7. 服裝簡單合身比較有利於工作。太多設計的綴飾，容易勾到家具杯盤，或沾到廚餘菜渣等等，很麻煩，也危險。

8. 有時候，輕輕地拍著照顧者，適度的身體互動，可以很好的傳送溫暖，表達關懷。

9. 避免在到案家的路上，踩泥巴，屁股坐地上等，可能會把很多沙土帶到案主家，徒增他們的困擾。

10. 多準備一套衣服圍裙等。案主嗆咳，漏尿等，都是常見的意外。有準備，才可以好整以暇。

11. 建議的備用品：圍裙（長一點可以避免身體弄濕），多組拋棄式手套，口罩，沐浴用拖鞋或膠鞋（膠鞋可以增加摩擦力），護手霜。

12. 也許可以隨身帶哨子，必要時呼救。或可帶名牌在身上，有助於尋求警消協助時，不會被誤會。

13. 不建議把時間安排太過分緊密。案主拖班逾時真的很常見，萬一為此而趕路，非常危險。又或者，吃飯時間不夠，或臨時拉肚子等，都是非常困擾，且有害健康的事。

14. 多與相關人士交流，不要自以為是。多分享如何互動的經驗，多觀察案主的小細節，隨時調整作法。每個案子都是獨立的情形，千萬不要被過去的經驗給侷限了。

15. 奇裝異服或用色過分大膽，刺青，怪異髮型等，可能會增加案主的恐懼。

東西），衣服要每天換洗，避免異味。有些人對香水過敏，可以留意一下。

＊我建議，服飾盡量簡單，顏色明亮，乾淨。

16 養成習慣，對長輩慢慢說話（年紀越大，或大腦退化，距離較遠時，聲量也許需要更大，他們才能聽到。），安靜的聆聽。

17 不要在社區或公眾場合大聲討論案主的私事。讓鄰居聽到，會讓他和家屬很尷尬。

18 盡量避免有奇怪的動作。比方亂搔身體，清喉嚨的聲音等。他們會誤以為，你是不是有什麼病，是否會傳染給他。

19 也許可以嘗試體會他們的感覺。例如戴眼罩體會視障，帶耳塞體會重聽，穿紙尿褲的感覺，看人吃美食，不能咀嚼，用助行器走路，坐輪椅的感覺，有助於我們學習將心比心。

20 可以嘗試光腳丫碰觸地面的摩擦力，用手去碰觸物體的重量質地，把燈關掉，去熟悉那個……等。有助於我們更熟悉他們的感受。

21 有時候，也許可以嘗試用對學齡前兒童的語法跟其對話。比方，關鍵詞彙的加重，或是，大量輔以手勢動作和表情。（但未必適用所有長輩，有的人甚至非常討厭。）

22 要注意自己的體重。照顧者經常會做前傾和深蹲的動作，如果體重太重，可能會傷害自己的脊椎，腰椎和膝蓋等。如果希望擁有較好的晚年品質，盡量避免體重過重。

23 注意常洗手或清潔衛生。對方有灰指甲，各種皮膚疾病是常有的事。隨時注意洗手，或者穿膠鞋協助沐浴，戴拋棄式手套協助生理清潔等，都是保護自己的方式之一。

254

輯2 長照人員或需要增加陪伴的人的家屬參考：

24 護腰（施力時，保護脊椎）、護腕、護膝（限制關節活動，保護軟組織）、護腿（降低靜脈曲張，減少心臟負荷）等的運用，都是保護己很好的工具。但要注意型號合適，免得適得其反，增加運動難度，甚至得濕疹等等。

25 練習自我的情緒管理。也許會遇到「無理取鬧」的案主，千萬要克制著自己的情緒。個人或許大不了不要這份工作了，但他的家人卻要繼續跟案主相處。你的一時忍耐，可以幫助許多人。

＊ 就像是幼兒園的老師，蹲下來，不是因為畏懼，只為了幫孩子繫鞋帶，那就是愛。

26 練習精簡語言。案主可能無法理解大道理，盡量嘗試簡化我們要表達的東西，方便對方消化。

27 回家後，或許可以把鞋子用熱風吹一下，讓他保持乾燥。也比較不會發臭。（若能定期清洗或更換更好）臭鞋襪會讓被服務的對象感到不舒服。

28 常練習觀察老人家（對方）的眼神，唇形，肢體語言，下意識的身體反應等，有助於理解對方的身心問題，並有效進行交流。

29 避免過份執著，保留探索與認錯的空間。交流價值觀時，避免放入太多的情緒，否則會讓對方不敢表達內心的想法。（此刻，他們只是弱者。）

30 隨時養成觀察環境的習慣。例如動線是否危險，氛圍是否給他造成壓力，乾淨衛生與否，火災逃生路線等等。

31 工作前,不建議吃生冷的東西。萬一拉肚子會很傷腦筋的。

32 不建議做太危險的事。案主可能會要求我們幫忙移動很重的傢俱,爬危險的地方去拿東西,這不在標準工作範圍內。善良也要量力而為。有些事適合交給專業的人去做。

33 或許可以穿多口袋工作褲,例如可以放手機、零錢、手電筒等。手機掛在身上,容易影響工作,放胸口的口袋容易滑落。(隨時帶手機,有利於緊急聯繫。)

34 用誠懇的態度和對方互動,不要把對方當成傻瓜,比方:對方的時鐘快十五分,上班用自己的手機時間,下班用對方的時鐘時間。飯菜掉地上,竟撿起來偷塞給他吃。

＊我個人建議,除非特殊情形,習慣上,盡量在合理時間出現和離開。以免造成受照顧者的時間焦慮感。

35 聲量的運用,也是保持體力的一種方式。大聲的說話,確實可能充滿朝氣。但也會很容易累。只要身體感到疲累,就容易接連犯錯。

36 有些布料很硬,很粗,又經常可能碰到對方的身體,建議換掉。因為老人的皮膚很脆弱敏感,缺乏脂肪作彈性支撐。

37 鼻毛,鬍子太長,近距離的互動,可能會讓對方感到不適,建議適度修飾。

38 穿膠鞋協助沐浴,因為比較重,有助於防止我們滑倒,但要避免踩到案主的腳。(盡量穿襪子作業,否則腳踝與小腿處很容易因為和膠鞋磨擦而受傷。)

256

輯2 長照人員或需要增加陪伴的人的家屬參考：

39 自己也要注意養生，避免在關鍵時候，自己反而成了病人。比方固定量血壓，充分睡眠，細嚼慢嚥等。（實務上，有照護者工作到一半中風的案例。慎之。）

＊ 可參考上面的養生篇。

40 拋棄式手套外圍套上一個橡皮圈，就可以避免水跑進去。水在手套裡，很容易流出，弄濕案主的衣服。（資深專業的居服員──蕭淑慧分享）

41 多留意醫療器材行，有時候可以進去逛逛。有些醫療輔具或許有助於改善案主的生活品質。（但避免有疑似推銷的動作。）

42 購買拖鞋可以多留意摩擦係數。鞋子摩擦係數太小，攙扶另一個人是一件非常危險的事，尤其踩在較溼滑光面的地板上時。

＊ 有時候，光著腳丫反而更能施力，摩擦係數更大。只是，要留意碎玻璃。

43 照顧者想帶配飾完全可以理解，也可因此跟案主建立話題。但因為可能勾到對方的衣服，頭髮等，要非常小心留意。

44 流動性高的人，不建議從事這個工作。你們的高流動性，可能讓案主又要重新適應不同的人，還要重新調整內心狀態。其實有點殘忍。

45 照顧案主，經常需要各種身體姿勢的調整。不是天生就會，需要慢慢學習。你的肢體協調性，律動的節奏，都需要時間慢慢讓全身體去對話，不需要給自己太大的壓力。

46 可能的話，經常複習：哈姆立克急救法，心肺復甦術，凱格爾運動（改善尿失禁）＊哈姆立克急救

法：參考影片—中國醫藥大學新竹附設醫院哈姆立克法王振憲醫師

＊心肺復甦術CPR：參考影片—童綜合醫院CPR和AED操作使用流程。

＊若對於口對口呼吸有心理障礙的話，或可參考心臟權威魏崢醫師提供的另一個版本—趴式的CPR。（可參考網路影片。）

47 若發現在外面踩到爛泥、狗屎等，為了避免弄髒玄關，盡可能在公園處，用清水洗淨，避免給對方造成困擾。也可以用濕衛生紙巾簡單擦拭一下。

48 養成正確洗手的七字訣：1.內：搓揉手掌 2.外：搓揉手背 3.夾：搓揉指縫 4.弓：搓揉指背與指節 5.大：搓揉大拇指與虎口 6.立：搓揉指尖 7.腕：搓揉至手腕 ＊洗手五大時機：接觸病人前，執行清潔／無菌操作技術前，疑似接觸病人體液後，接觸病人後，接觸病人周遭環境後

258

輯2 長照人員或需要增加陪伴的人的家屬參考：

（14）照服員應有的 心理認知

「照顧者」與「被照顧者」只是一種常見的社會認知。事實是，照顧者與被照顧者，是一個相濡以沫，相互扶持，教學相長的關係。在這個過程中，彼此之間，是一個相互學習，彼此珍惜，牽手陪伴的存在。

愛與被愛，取決於個人感動的能力，而不是主觀認知的社會關係。照顧者與被照顧者，都不應該是自以為是，或唯唯諾諾的態度。因為，雙方在這個過程中，都具有美麗的價值。

1 他們只是生活上比較無法自理，需要我們的協助，但他們有屬於他們生命的價值，值得我們學習與探索。

* 不要隨便使用自己的價值觀去過分同情別人的生命，其實是非常失禮的。

2 無論我們做得再好，無法代替他們承受所面臨的身心上的各種痛苦。假如他們有任何極端的行徑，不要過分自責，或憤怒。

3 （接上）如果所照顧的案主離世了，和他深愛的家人一起緬懷他們的生命，也許有助於我們和他的家人們整理自己的靈魂。

4 一個生病的人，可能常有強烈的排他性的情緒，這是每個照顧者可能面對的問題，不需因此否定或懷疑自己。

5 案主可能會對我們充滿各種質疑。其實他們是懷疑所有人，這是因為他們極度缺乏安全感。這未必

和心態有什麼相關,這是臨床上常會遇到的一種生理現象。

6. 可能昨天是今非,十分鐘內不同,一句無心之語便心情驟變,這多半與大腦迴路的錯亂有關,也或許和其特殊的生命經驗有關,無論你如何遣詞用字,各種小心,也很難避免。這其實也是他的家人每天隨時可能遇到的。

7. 他的家屬為了照顧案主,可能長時間和社會脫節,以至於不易溝通──慢慢花時間讓其了解我們的用心、善意和專業,他們多數會願意嘗試和我們溝通的。

8. 愛心是不足以照顧病人的,一定要有很豐富的專業知識。或許可以多和相關領域的人交流討論,不是一昧的去修飾自己的禮貌道德和態度。

9. 有些案主動輒按鈴呼叫其家人,這單純只是他的依賴感。(當然也可能是他的家人無意之間給他養成的「壞」習慣)未必和我們的表現有關,平常心就好。

10. 案主家屬可能因為長期照顧病人而心情低落,不要一昧地叫對方學習放下,或可和他分享其他人的案例,讓他知道,他不是一個人孤單面對這樣的問題。

11. 老人的情緒和思路轉換相對比較慢。應該給他有時間思考,而不是去催促他。

12. 家人可愛的地方在於,你可以各種任性,吵架,冷戰,原諒,修復,調整雙方。但居服員不可能有所謂的冷戰,吵架……等。所以,還是要有所拿捏。我以為,比較理想的相處方式,就是當成家族的親人,或朋友。既可以保持一定距離,又可以感受到適當的溫度。

260

輯2 長照人員或需要增加陪伴的人的家屬參考：

13 久大藥局 藥局暨藥事管理諮詢事務所—首席諮詢師 藥師李佩玲提醒：生病不舒服看醫生之後，除了醫生開立的藥品要遵照醫囑使用之外，選擇合適的健康食品，配合規律作息和運動，可以讓身體更順利復原。

14 居服員應該用客觀的證據，善意的態度，純淨的思路，和案主與其家屬對話。

15 隨著年齡增加，因為機能的老化，會變得極沒有安全感，情緒焦躁，通常很難透過完整的思路建立自信心，但他們不是故意的。（適當鼓勵與陪伴是可能稍微改善的）

16 我的觀察，世界上多數人會為家人幸福而努力，部分人會為社會變得更好而努力。有些人會因為缺乏安全感，而有不當或過分的執念（一般人稱之為「自私」）。只有極少數人會為自己的所謂私慾去傷害設計別人。

17 A 暗色的衣服比較好洗，但亮色的衣服，可能讓心情更好。若陪同受照顧者外出，建議讓他們穿亮色衣服，也比較有辨識度。
B 較多的裝飾可能轉移焦慮的情緒，但也可能造成注意力分散，無法集中。
C 默念佛號或宗教經文，可能增加勇氣，但也可能分散注意力，反而更容易跌倒。
D 彎腰取物很容易腰椎拉傷。但蹲下取物，則容易有暈眩，血壓改變，膝蓋軟骨疼痛等的問題。

18 網路視頻有個笑話：把睡著的家人叫起來吃助眠藥。現實生活確實可能發生，所以要留意藥的功用和可能影響。

261

19 老朋友來看案主，有時候也是為了給家屬鼓勵，不只是為了關心案主。

20 案主反應身體痠痛，希望家人稍加按摩。也許重點不是痠痛，而是希望得到溫柔的肌膚的安慰。所謂醉翁之意（可能）不在酒。

21 身心症（思覺失調症）需要更多擁抱，眼神關注，陪伴。失智症需要更多思考刺激的互動。弱智症者，需要耐心的指導，這類人多半可以有效學習。身心症與失智者的症狀可能類似。以上的情形，身邊照顧的人必須超過一人以上，否則，照顧者很快會身心崩潰。

22 不要都配合案主，總說他是對的。這樣他反而會無視你。因為，顯然你不是真心尊重他。你只當他是傻子。

23 老人會自發性的想出去散散心，這是很棒的能力。不要去過分否定或阻止，否則，他很可能得憂鬱症，或大腦加速退化。

24 我的觀察：如果安靜的相處比方兩小時以上，次數半年內超過十次以上，才較可能聊到心坎裡，否則多是敷衍恭維的場面話。即使是家人之間也可能一樣。

25 也許有些人，會為了省電而關燈，造成室內光線昏暗。或可建議其改成省電燈泡。＊室內光線，三個思考重點：動線的安全，空間安全「感」，環保。

輯2 長照人員或需要增加陪伴的人的家屬參考：

26. 不建議把工作時間排太滿。倉促的代價是：a.錯誤的工作姿勢換來對身體的傷害。b.腎上腺素的釋放。(經常性，其實對健康不好) c.犯錯機會提高。

27. 個案喝的水可能需加入增稠劑，協助他們加水前要先弄清楚。

28. 可以準備「自救」備案。本來我們將問題告訴其家人，是希望他們稍加關注，他們的責之切，可能造成受照顧者的焦慮，反過來抱怨我們多嘴。可以預想一套輕鬆的說法，讓受照顧者可以釋懷。絕不是把責任推給其家人，會讓事情更複雜。

29. 他們也和我們一樣，喜歡去吹吹風（流動的空氣），心情會變好。(但小心著涼) 另外，像是腳放在溪水旁，接觸流動的水，眼睛接觸流動的視野，聆聽流動的環境音等，似乎都有改變心情的效果。這只是我個人的觀察。

30. 即使是老人家也可能有吃醋的問題。還是要與其或家人保持適當的距離。

31. 可以嘗試了解他們情緒背後的原因，不是一昧的自以為是的包容。比方，他們可能因為無法和你聊天而產生情緒。你是想包容什麼？

32. 喜歡「找麻煩」，有可能是一種依賴感的表現，無非希望得到關注。（類似的現象，小孩身上更常見。）

33. 不要過分強調和解釋，有時候可能產生反效果，甚至越描越黑。下次特別注意即可。比方猜錯長輩年紀是常有的事。或許莞爾一笑也行，有時候，過分解釋，可能越描越黑，讓雙方更尷尬而已。

263

34 每個照顧員的性格、風格,認知背景不同,照顧的方式也可能著重點不同,未必一定要一樣。(但也可能產生另一個問題,被照顧者要不斷學習適應不同照顧者。)

35 留心對方的優點,欣賞他的價值,關注並理解他的需求,才能更好的建立同理心。

36 別總以為自己可以給對方什麼,或許可以問,他們給了我們什麼,我們是否理解其中的意義和價值,是否懂得珍惜。

37 處理受照顧者的大小便難免濺到手上、身上、臉上、衣服上,不需要感到噁心或骯髒,更不要覺得低賤。所有人都會面臨需要被照顧的一天。我們也是這樣來到世界上,被人慢慢呵護長大。

38 有些人會困惑,為什麼剛去案家時,他們特別體貼客氣,後來卻顯得「嚴肅」,難道是自己表現不好嗎?

其實,並不是自己的問題。剛去,對方很客氣,是因為體貼你,怕你會恐懼。後來貌似臭臉,是因為已經習慣你的存在,心情放鬆,可以表現出他自在的樣子。

＊老人的臉部肌肉本來就缺乏靈活性,所以,貌似「嚴肅」。

＊彼此熟了之後,貌似會有點「失禮」,不要理解成冒犯,那只是一種對熟人常見的反應。

39 生命的過程都有意義,所有曾經的霎那,都是無比珍貴的永恆。

＊身體不只是臭皮囊,沒有他,我們沒有能力照顧自己身邊的人。沒有他,我們無法和這個世界進行對話。可愛的皮囊,謝謝有你陪我一路走過這麼多的年頭。

40 即使有疏忽的常態,也不等於是不負責任的醜陋惰性。犯錯不等於有犯罪的天性。

輯 2　長照人員或需要增加陪伴的人的家屬參考：

41 多元情緒就像是多元的營養來源，是好的。不要過分抑制負面情緒。也不要過分讚美正面情緒。會讓一個人長時間無法清澈的和思維與情緒對話。這對心理健康不好。

42 語速快不等於更有智慧，更不等於真理。關鍵不是語速，而是，能否雙向對話。照顧者若能和受照顧者進行有機對話，就是一個成功的照顧者。

43 不當的使命感，有時候，反而可能造成負面的影響。所以，要慎思使命感的內涵。

44 空間中的濕度，溫度，正負離子，塵蟎，花粉，亮度，高或低頻噪音，特殊氣味，藥物過敏等，都可能是影響情緒的原因。所以，要學會細心觀察環境。

45 當受照顧者疑似說著遺言的時候，不要用正能量的話題去轉移。可以聽聽看，再嘗試導引他朝不同角度去想想。之後，務必告知家屬，盡量是較為冷靜性格的家屬。（你不讓他好好說出來，他放在心裡，並不表示一切就沒事，只是讓他更焦慮而已。）

46 別人對我們的體貼不是義務，是一種珍貴的幸福，要學會理解和珍惜。

47 善良的人是否可以上天堂是上帝的事，為善良的人開一扇窗，是我們可以做的。人人都願意為善良的人開窗，這世界自會變得更好。

48 具道德高度的人，不表示他的認知是真理。這兩件事應該分開思考。

49 善良和道德高度之間,也不必然是等號。

＊例如前面的故事篇,王朗就是個善良的人,卻未必具道德高度。

50 照護者思考問題的重點,比起我沒有錯,更重要的是,怎樣可以讓事情變得更好。

51 無論如何小心都難免會有犯糊塗、說錯話的時候。通常會得到對方的諒解。當然,這多少也和我們是否給自己預留被包容的「信用額度」有關。若平時就將對方當成自己的親友照顧,那麼,對方也會用同樣的態度對待我們。

52 回想我這一生,每次只要用人性惡的角度去預判一件事,通常有九成是錯的。若用人性善的角度去推測,有九成是正確的。

＊這裡有個前提:你必須用更長時間跟這個人更深的互動,你才會有這個理解。多數人都是用短暫的、淺層的互動,作為判斷對方動機的依據。這是不行的。

53 不要什麼都替案主作得非常周到,保留給對方練習實作和求援的空間。

（這個思路,也適用於親子教育。）

54 經常會遇到一種情形,我稱為聆聽者原罪。

例如:爺爺跟朋友大丹抱怨自己的妻子如何強勢,完全不給他留面子。大丹沒有說話,只是點點頭說:是啊,是啊。(主要是扮演聆聽者的角色。)

輯 2 長照人員或需要增加陪伴的人的家屬參考：

55 情緒有時不只是情緒，可能是一個儀式感的衍伸物。不一定要立刻制止他。可以之後再跟他好好溝通，通常他會願意自我修正。

（這是可能的事，心裡有底就好。可以私下解釋，盡量不要放太多情緒在裡面。）

回頭，爺爺又跟奶奶吵架了，忍不住脫口而出：大丹也說你就是一個強勢的臭女人。

56 我不鼓勵當一個濫好人，適可而止。我看到很多人，出於善良心軟，毫無節制地付出關懷，做得再多，都覺得自己做得不夠，還可以付出更多。結果就是，疏忽了自己的健康和探索問題，學習知識的時間。

57 有些家屬會選擇拒絕讓受照顧者接受積極的治療。在此不討論是非對錯，我只知道，幾乎沒有人願意這麼做。有時是家屬不忍心自己的家人繼續痛苦下去。外人，請不要單純以道德的角度過分批判到頭來，可能因為通勤趕時間而失去寶貴的生命，或者被誤會為無知的照顧者。

58 臨床上，打噴嚏可能引起中風，壓迫性骨折等。沒什麼方法防止，只能建議，盡量避免接觸接觸過敏源或觸發源，比方很多灰塵，細菌，胡椒粉飛濺的地方。避免忽然接觸冷空氣，也可以降低打噴嚏的機會。

59 不要為了凸顯幽默，而拿自己開過分的玩笑：我缺門牙好像傻X。缺門牙是一件值得取笑的事嗎？萬一踩到雷（比方受照顧者的兒子就是缺門牙。），要如何收拾？

60 受照顧者其實非常期待，家人從旁給他鼓勵。即使是一個正能量的眼神也好。

61 可能，吵架的內容不是重點，問題在他背後的訊號。包含：智力退化所影響的，邏輯認知功能的下

267

62 有些人可能會對死亡或公祭之類的事有所忌諱。如果有參與過類似的事情，也許不要主動提到，或可避免他們心生畏懼。

63 有些老人，看到你，他就莫名大哭，也許是他的情緒太亢奮了。比方，可能是很想你，或者，想到故友親人（一方面他們的視力並不好）。不需要太驚慌，予以溫柔安撫就好了。

64 肺結核相關藥品的副作用，可能造成視線惡化，可以稍微留意一下。

65 洗腎病人可能有自體動靜脈廔管，或人工血管廔管，不可用奇怪的眼神去注視。應注意：禁止用該處量血壓，提重物，或施加不當壓力。

66 若他容易因勝負而焦慮，那麼，競賽遊戲是否適合他，可以再觀察。

67 幫受照顧者量血壓時，假如他的手臂非常僵硬且蜷縮起來，不能硬掰他的手臂。唯恐他有嚴重的骨質疏鬆症，手臂一掰，很可能斷掉。只能嘗試一邊安撫，一邊溫柔的，慢慢地調整他的手臂位置。必要時，量下肢血壓也是可以的。通常是躺平後測量腳踝上方，一般，腳踝血壓會較高於手臂，但也可能因為如血脂肪堆積等原因，腳的血壓低於手臂。

＊量血壓時避免：說話聊天，翹腳，駝背，手抬太高，另一隻手忙其他的事等。

68 臥床者，用紙尿片，較方便照顧。非臥床者，可能更適合用紙尿褲。

268

輯 2 長照人員或需要增加陪伴的人的家屬參考：

69 如果以為看到了什麼不可思議的事，就當作沒看到吧。避免給受照顧者產生不必要的心理恐懼。不排除，是我們自己太累引起的視錯覺，如：周邊漂移錯覺……等。

70 我個人支持適度的正向思考。我不同意「負能量」的概念。正向思考是指好的思考態度，「負能量」則是一種所謂的「具體」的負能（有些人說是：帶來不好的「運氣」。我接觸過許多陷入低潮的老人，從來沒感受到什麼「負能量」，個人運氣也沒有變糟，身體也一直很健康。不需要去害怕那些不存在的東西。

71 有精神不等於身體變好，不能因此過度復健。凡事，量力而為即可。

72 性格單純不等於思維簡單。好說話的好好先生或女士並不是傻瓜，更要以誠待他。（我不是指可以欺負所謂的傻瓜，不要過度解讀。）

73 如果案主身旁的杯子乾淨有水，那他可能得到好的照顧。但不能因此作為判斷的唯一依據，更不能過度延伸理解。這對照顧他的人並不公平。

74 如果他會自發性的等待，那是一件很棒的事。

75 即使時間緊迫，在屋內盡量不要跑步，尤其是在一個相對陌生的環境。除了可能讓高齡者感到焦慮，也恐怕踢到小凳子，門檻，延長線，小孩和寵物等。

他對時間有概念，他可以清楚意識到幸福感，且有很好的自制能力。

（15）外部觀察 對被照顧者的細心觀察

不要看他說了什麼，要看他做了什麼。這樣會更精準地掌握問題本身。有幾個方向可以思考：他當下的表現是出於哪一個部分？情感層面？情緒層面？接收訊號層面？還是大腦的思維邏輯或認知退化所致？

1. 案主說：我還沒吃飯。我們以為他吃了，但不確定，或許可給他準備少量的點心，再看他的吃速。

2. 肚子數週內異常腫大，不排除是肝硬化引起的脾臟腫大。建議就醫檢查。
不要當作可能只是肥胖而已。
但只是參考而已。另外，像量血糖也是一個參考的方法。
（平時盡可能，男性的腰圍應小於90cm，女性則應小於80cm，對身體健康比較好。）

3. 參考：
a 他的手指緊握，或不自覺發抖，也許是在一種焦慮的狀態。
b 眼神表情忽然僵硬，可能是正在思考或咀嚼一件事。也可能是又尿失禁了。
c 會隨意地問我們問題。可能是他的心情很放鬆。

4. 老人的皮膚非常脆弱，很容易有黑青狀況。有可能是：
a 高齡皮膚脆弱，皮膚變得薄弱且容易受傷，因此常會出現瘀青。
b 凝血功能下降，血管一有縫隙，很可能就立刻滲出，在皮膚表面呈瘀青狀。

270

輯2 長照人員或需要增加陪伴的人的家屬參考：

凝血功能下降的原因有很多，如：

凝血因子不足——可能是肝硬化，血友病。

血小板數量不足——可能是脾臟腫大，自體免疫疾病。

服用抗凝血藥物——如阿斯匹靈等。

c 老年性紫癜症，皮膚在自然老化的過程中，真皮層的結締組織漸漸萎縮，使得穿梭其中的血管漸漸失去支撐，加上血管壁變得較脆弱，因此稍微一點小碰撞，紅血球就會從破裂的血管，漏出來到組織中產生瘀青。

＊老人身上若有異常變大的皮膚黑斑，要告知家屬。不排除是皮膚病變，不要當作一般的老人斑理解。

5 血壓在沒有特殊原因下升高，有可能是心因性。比方熟悉的家人要出門（分離憂慮），也許是想到什麼事情，開始擔憂。可能是對救護車，消防車等的鳴笛聲感到恐懼。

6 洗澡時，可以觀察背部，臀部，腳趾，腳底，頭部，鼠蹊部是否有傷口或異狀。另外，耳道，鼻孔，眼球等，也是須留意的重點。若有特殊情狀，務必告知家屬。

＊若有特殊氣味，蛀牙，顏色，長出異狀物，滲血，舌苔等。刷牙時可注意口腔是否有特殊氣味，蛀牙，顏色，長出異狀物，滲血，舌苔等。

＊水的力道，溫度讓當事人產生異常反應時，可以特別留意該區塊。也許是皮膚（如濕疹，帶狀皰疹），或內部器官，筋膜等有發炎的問題。

＊帶狀皰疹會有灼熱和刺痛感。

7 說話到一半，身體僵硬，可能是大小便失禁。如果只是輕微停頓，眉頭深鎖，也許是在思考你的話。

如果是雙目無神，可能是走神了。如果走神次數和時間增加，可以留意是否有退化加劇。

如果他沈默以對，可以考慮趕快轉移話題，也許他很尷尬不想回答。

8 案主是否受到較有品質的關注，可以參考幾個指標：a 空間的氣味，b 廁所乾淨否，c 常用的杯子是否有水，是否乾淨等。

9 頭老是往下垂，可能是感到委曲。如果是經常性，則是缺乏自信和自我認同。要盡量鼓勵他抬頭挺胸，否則可能造成頸椎被不當壓迫的問題。

（體重增加可能影響他的坐姿，間接影響他的頸椎。）

10 大小可以觀察的地方非常多。

大便正常是深黃色條狀，可觀察：顏色是否異常，氣味是否改變，形狀是否改變，量是否有改變，信息量很大，有異常應告知家屬。

小便是否泡沫增加，顏色，量的改變，是否有雜質，氣味是否改變等，應每次留意。

11 不要只顧完成任務，無法細心觀察他動作過程的細微變化。

12 a 活在自己世界的人（有些人會誤以為是所謂的「自私」），可能會在生活節奏改變上出現焦慮感。（比方，有老友要來訪，他可能兩小時前，就已經盛裝打扮好了。）

b 非常關心別人，感受很細膩的人，特別容易出現社交方面的焦慮。

c 思覺輕度失調的人，則容易因環境的氛圍而焦慮。也就是說，你貌似沒什麼事，他可能比較不會焦慮。

d 思緒和思覺綜合存在問題的那種人，很容易因為缺乏安全感，就自行腦補各種畫面，開始心生

272

輯2　長照人員或需要增加陪伴的人的家屬參考：

e 如果受照顧者忽然開始叨個沒完，甚至狂飆髒話，可能正處於焦慮的狀態。恐懼。除非你和他建立很好的信任關係，否則，你很難幫上忙。

f 忽然顯得躁動，也許是想上廁所。

g 變得話比較快，且多，可能心情很好。

h 喜歡在外面借錢，喜歡請客交朋友等，不排除是內心孤寂，想要以此得到關注。

13 哭可能是一種難過的情緒反應，也可能只是一種情緒失控的特殊反應。如果不是很確定他哭的原因，不一定要問太清楚，只要稍加留意就好。否則他可能會很尷尬。

＊ 年紀大的人，情緒失控的情形可能會比較多。不一定是身旁的人做了什麼過分的事。有時候，就是會呈現較誇張的情緒。（青春期的女性有時候也會類似情形）

14 一站起來運動或復健就犯睏，不要理解成他在演戲。不排除是，站起來後，血液逐漸減少往腦部的流量，以至於容易犯睏。（類似吃飽飯想睡覺的概念。）

15 有些長輩非常恐懼大雨，打雷，閃電等，可以觀察他的臉部，或肩膀是否變得僵硬。有時候，甚至會影響血壓。

16 沐浴時可以觀察：他的手關節活動靈活程度，手指常搔癢處是否脫皮紅腫等。

17 情緒表達的節奏，和下意識的習慣反應若不同，很可能不是我們所以為的那種情緒。

18 有些人心情不好，沮喪等，可能會做各種家事來轉移自己的焦慮，不用特別阻止。比方他對A很憤怒，同時竟可以對B很客氣，那他可能不是真的處在憤怒的情緒。

19 房屋的小角落，天花板，平常的傢俱排列等，都可以稍加留意。是否與受照顧者的情緒產生關係。

20 動作忽然有異常，易跌倒，可以留意是否有眼睛視力的腦中風，睡眠不足，血糖，血壓，便秘（氨毒影響腦部）方面，或壓力山大所衍生的焦慮等問題。

21 臥床太久，手指因為缺乏運動刺激，有可能產生手、腳指關節蜷縮硬化的問題，可嘗試多按摩。一但手或腳指蜷縮變形、很難改變，或可考慮去復健科門診看看。

22 當一個人坐在椅子上時，身體完全無法打直，像一團麻糬一樣，癱軟在椅子上，很可能健康已經非常不好了。務必立即就醫處理。

23 有情緒時，可以看他是否有具體針對性。如果沒有具體針對性，有可能只是間歇性的生理反應。觀察就好，不用過分擔心。

＊老人很容易出現貌似「哭」的現象。不要過份緊張自責，先觀察，是否皮膚被壓到，手被崴了，或是腳被卡住等。若都不是，那就輕拍他的背，安撫他，再做觀察。

24 有特別的審美執念其實是好的。表示他對活著這件事，可能是有興趣的。

25 老相識久未訪，一來就鋪陳好久，欲言又止，可能是直銷，保險，詐騙。留意即可。（務必要轉告家屬）

26 血壓，血糖，溫度，血氧，心跳，體重等，是基本的健康管理的參考指標。當事人忽然看起來軟弱無力，也許可以透過血壓計，血氧儀稍微掌握到可能的問題。

274

輯2 長照人員或需要增加陪伴的人的家屬參考：

27 數數字的過程，看他做勞作，烹飪的過程，都可以從細微的手指流暢度，判斷他是否有退化的情形。

28 腳拇指外翻是很常見的情形。多數似乎沒有影響到作息。如果可以就醫更好。應多加觀察，是否有更嚴重影響步行，是否和鞋子不合有關。體重過重會增加足部負擔、影響足部結構，尤其年齡越大，越應重視肌力量與保持適當體重，以幫助站立穩定、降低足部負擔。

＊肌少症有可能影響到走路的姿勢，進而造成腳趾變形。

29 平衡感和肌耐力密切相關，平衡感不好，有一種可能，肌肉正在流失中。建議加強肌肉運動，如散步等，避免太早成為肌少症患者（老人常見病）。

＊有時候，甚至可以明顯看出四肢變細。

＊老人每次喝水的量，或也可以做為食道周遭肌肉是否有力氣的依據。

＊肌少症的後果：肌肉量的減少，會讓受照者的身體機能減弱，造成容易跌倒、無力呼吸、吞嚥困難。呼吸肌無力，可能因痰咳不易而引起肺炎。吞嚥困難可能衍生營養缺乏。肌少症的人比較容易生病，生病後住院天數也會延長。

30（接上）重症肌無力（和肌少症不一樣）屬自體免疫疾病，患者體內不正常的抗體攻擊、佔據肌肉用來接收神經訊號的乙醯膽鹼（神經傳導物質）接收器，因而產生力不從心的情況。身體想做一個動作時，信息會從大腦、途經神經到肌肉。當神經、肌肉接頭功能異常，就像是變電所出問題，電力無法順利抵達目的地，造成肌肉很難配合大腦所發出的指令。

症狀：病人早期症狀眼皮無力，進而臉部表情動作愈發困難，肢端細微動作無力，有複視現象。嚴

重者會有吞嚥、發聲困難，甚至有呼吸衰竭的表現。

31 腦性麻痺和小腦萎縮症有一點類似，比方動作極度不協調。但他們並沒有智商、身心上的問題，多數性格很溫和。他們很容易跌倒，比較危險的空間，還是不建議讓他們獨自去，比方狹小的陽台，有任何問題，可以嘗試慢慢跟他們溝通。

＊他們很容易朝你以為會跌倒的方向，的相反方向跌倒。可以稍微留意一下。比方，他疑似朝右邊晃，其實他正在平衡校正，所以，他可能會因為校正過度，而朝另一方向跌倒。

32 吞嚥是很容易嗆到的，包含被自己的口水、鼻涕嗆到，可稍微留意。

33 鞋底的磨損位置代表著壓力較集中的位置。
一 磨損平均，表示受力平均，是最理想的狀態。
二 內側磨損較多，可能有走路內八，拇指外翻，骨盆前傾的情形。
三 外側磨損較多，可能有走路外八，髖關節痛或膝蓋卡卡的情形。
四 磨損不對稱，可能有長短腳，重心失衡等問題。
五 前側較多，可能有腳後側筋膜過緊的情形。也許會有腰痠背痛，肩頸僵硬的情況。

＊可以請教復健科專業人員。

34 假如案主在廁所裡，有哪些問題值得思考：a 他的抓握力如何，b 站立的能力如何，c 是否有判斷和呼救的能力，d 這個空間的握把是否足夠，e 握把牢靠嗎？f 是否有足夠的空間讓他的身體和協助的人可以靈活移動，g 是否容易打滑，h 流理臺的支撐是否牢靠等。

輯2 長照人員或需要增加陪伴的人的家屬參考：

35 年紀越大，對抽象價值的理解，接受的空間越小。例如：看家人照片時，他們更喜歡面對鏡頭，展現燦爛笑容的臉孔。側著臉，或塗著姹紫嫣紅的誇張妝容，他們比較無法審美。

＊年紀越大，多元命題探索的能力，議題差異化的辨識敏銳度都會下降。

36 有時候，外塗藥膏，中西藥，換不同的慢性病藥，過敏，飲食如咖啡，失眠，過分運動等，都有可能引起心悸（不規則心跳）。嚴重的話，可能危及生命，要格外小心。

37 陪看電視的時候，有些現象可以注意：

a 廣告的畫面變化太快，可能眼睛不舒服。

b 兒童卡通可能語速太快，尤其近代的卡通缺乏溫馨流暢的劇情，較不適合他們。

c 情緒邏輯簡單，台詞親民的鄉土劇，較受他們親睞。

38 隨著年齡漸大，可能感官會逐漸退化，對於音域和色彩域的感觸都會下降。可能會逐漸偏好較鮮明的顏色，對於較高的聲頻可能會感到不舒服。

（男性長輩比女性更不喜歡講電話，可能也和感官的承受力有相關性。）

39 年紀越大，思考和敘事的完整性，可能會逐步下降。多數缺乏探索新事物的能力。若希望他們退化的速度減緩，平常就要多與他們一起分享和交流生活的大小故事。不建議只讓他們和同溫層在一起。若已經很老了，或退化比較嚴重，那就只能和同溫層在一起。硬要他和異溫層的人相處，那不屬於他們的舒適圈，他可能會很痛苦，變得非常焦慮。

40 陪他們逛公園的時候，可以觀察他們是否很容易分心，或停下來欣賞。這是非常棒的現象。證明他

277

41 他們對於這個世界還有探索的興趣和能力。不要過分催促他們快走。

42 失智症的後期，情緒變化可能越頻繁。前一天很溫和親切，隔天翻臉跟翻書一樣，再隔天又變回來。他們如果會自主性控制音量，是非常棒的現象。表示有很好的同理心，和同時可以自我調整。甚至，幾小時的變化也是可能的。

43 舒張壓低於60很多，幾乎呈彌留狀態，或可考慮通知119。但還可嘗試以下行為：拍他肩膀，叫他名字。用較尖銳的東西刺激他的比方指甲肉等，試著喚醒他。

44 受照顧者吃飯掉渣，走路漏尿，漏大便，是常見的事。用平常心去處理就好。不用大驚小怪，更不要有情緒。否則，會讓他感到無比羞愧。

45 理論上，低頻（通常是男性的聲音）的穿透力更強，且有鎮定的效果。高頻（通常是女性的聲音）的語音可能會更清晰可辨，對於意識模糊的病人，可能會有子宮時期的認知聯結。（也就是說，可能會莫名感到一種安全感。）

* 體味的議題，也值得觀察。（例如，當病人疑似情緒失控之際，忽聞到小時候，父親或母親常用的香水的味道，有可能情緒變得安定緩和。）

46 無法蹲下的動作，很大的概率是，核心肌群或膝蓋，有嚴重的問題。或手術後，尚未復原。可以的話，盡量協助他處理必須彎腰蹲下的相關動作的事情。比方身體清潔，修剪龜裂的⋯⋯等。

47 有些人對於陌生的成員，比方外勞，容易出現貌似不友善的表情，但他私下明明不是這樣的人。很

278

輯 2 長照人員或需要增加陪伴的人的家屬參考：

48 雖然老人家身體疼痛很常見，但如果有異常酸麻，尤其是刺痛，建議盡快就醫。

49 由暗到明亮的空間──觀察重點在眼睛，平衡感等生理適應情形。而由明亮到暗的空間──觀察重點可增加心理適應情形，比方觀察他們步行的姿態舉止，身體是否變得異常僵硬等。

50 病人明明不排斥就醫，但有時候又特別抗拒，不排除有些特殊情形。女性可能對於婦女病的內診比較抗拒，可以幫他找女醫師。男性也有類似的問題。比分攝護腺腫大，醫師可能需要從肛門伸手進去觸診，這個也是造成男性恐懼的原因之一。

另外還有：醫師特別兇，護理人員說話大聲，恐懼打針等等。

51 理論上，有可能從當事人的繪畫或或音樂等作品，探索他的內心世界。但也有可能誤判。有時候，他們的作品會透露出他情感經驗所認知的世界，有時候，是透露出他們內心期許的世界。還有時候，是他們的成長背景所熟悉的世界。有可能是他當下的情緒，有可能是出於他內心深處的意識，或許是一種對浪漫的擁抱，也可能是一種創傷的自我修復，甚或是一種偽裝等等。與其自己猜測，可以嘗試聽聽他們怎麼說。

＊這個概念，也可以用來思考夢的相關議題。

52 按摩時可以辨識：

一 四肢的筋硬硬的，可能缺少活動，可以嘗試幫他把筋推開，或鼓勵他多做復健運動。（推筋的過程，若是輕微酸痛感是正常的。若是刺痛感就要考慮就醫了）

二 肩膀硬硬的，可能姿勢不當，過度勞累或壓力大。

三 手腳肌肉軟趴趴的，可能是肌肉正在流失中，或已經流失。可能是肌少症，建議去看老人（高齡科，復健科，新陳代謝科門診。

四 雙腳腫脹可能：心臟衰竭、肝臟病、腎臟病、甲狀腺疾病等。可能藥物影響：高血壓藥物、糖尿病藥物（TZD類藥物、胰島素）、類固醇等。

五 單腳腫可能：單腳靜脈栓塞、蜂窩性組織炎、腫瘤、淋巴水腫、肌腱斷裂、扭傷、拉傷等。

＊ 僅提供家屬參考，不建議照服員提供按摩服務。實務上，受照顧者的健康狀況可能有嚴重的骨質疏鬆……等問題要注意。適當的按摩，有助於受照顧者的身心得到放鬆，有更好的睡眠品質。不當的按摩，可能導致韌帶纖維組織損傷。

＊ 若家屬協助按摩時，覺得手酸，可以嘗試握拳，用突起的骨頭處來按摩。當然力道不可以太大，輕輕的推揉即可。

53 口氣重（口臭）可能是：蛀牙，舌苔隱藏細菌，牙周病，乾燥，火氣大（中醫的火氣大，可能包含西醫的發炎，壓力、免疫力不穩定、作息不正常等。）另外可能還有：呼吸道疾病，消化系統疾病，糖尿病，藥物副作用等。

54 面部三叉神經疼痛，可能會被當事人以為是中風的前兆。三叉神經痛，一般是顏面神經有刺痛感，或可先量血壓，然後再就醫做完整的檢查。

輯 2 長照人員或需要增加陪伴的人的家屬參考：

55 五十肩（沾黏性肩關節囊炎）的判斷：手伸直能否往前或往上伸直、往側面舉高能否碰到……等，如果沒有辦法，或是很疼痛，可能就有五十肩。可看：復健科或骨科

56 氣管沒力，有可能造成無法吐出痰，也許需透過抽痰的方式處理。（以醫師意見為主）

57 常見到一種案例：臥床很久的病人，特別虛弱，完全無法表達。照顧他們的時候，更要格外用心。若發現他們疑似忽然喉嚨極不舒服可能卡痰，可以考慮做三件事：

一拿血氧儀測量指數，若低於95甚至一路往下，就必須做下一個動作：

二把他的身體搖高（或微坐）起來。

三或許可以試著幫他身體平放後，半翻身再輕輕拍背，看是否有改善。

＊全程都要非常仔細觀察他的臉部反應。

三同時通知家屬或專業人士，也許需要進一步抽痰，或送醫院等。

58 身體顏色觀察：

膚色泛黃。有可能是肝發出求救訊號。

泛黑，有可能是腎臟或甲狀腺亢進等問題。

指甲處泛白，有可能是紅血球量不足等。若伴隨身體明顯不適，應考慮就醫。

＊缺鐵性貧血是很常見的疾病。有可能是身體缺乏鐵，或造血功能異常。

59 器官異常出血（可能會排紅色的大便），建議徹底檢查為好。

＊參考病理探索42項

60 關節積水（仁愛醫院）關節中都有少量的關節液（黃色透明液體），可作為關節表面的潤滑劑，減少摩擦並促進關節的活動性，當膝蓋的滑膜受到刺激產生發炎，可能造成關節液失衡，過多的液體無法被吸收而累積在膝關節內或膝關節周圍時，就會發生膝蓋積水。這不只會發生在老人家身上，也可能在年輕人身上出現。

* 可能的原因有：1.退化性關節炎 2.急性受傷 3.過度使用 4.痛風發作 5.膝關節受到感染。

61 有些人看電視時，老是喜歡一直轉台。原因很多，可能安定能力的退化，焦慮狀態。若是有鮮明意識的搜尋，倒可以從他停頓的霎那，參考他的思路。

62 瘻管即身體異常長出的特殊微管道，可能有分泌物滲出。也許在肛門口或耳際等身體位置。只需稍微留意是否有發炎反應，和簡單擦拭即可，不用過分大驚小怪。

63 我的經驗告訴我，老人幾乎沒有所謂強烈的「老人味」。只要適度維持清潔衛生，基本上，所謂的體味，多數人身上並不明顯。（更多可能是，傷口或藥草使然。若有異常的臭味，有可能是皮膚傷口感染造成，應注意傷口護理。）

64 若身體忽然異常癱軟，或高溫伴隨顫抖，建議盡快送醫評估。

輯2 長照人員或需要增加陪伴的人的家屬參考：

（16）環境觀察 對於周遭環境的注意

對於受照顧者周遭環境的留意。

1. 亂與髒可以分開觀察。髒，可能缺少照顧人力。亂，可能照顧者不擅於整理，或沒有時間。髒是有異味，蚊蠅亂飛，厚重灰塵與霉斑。亂是東西亂疊，擺放隨性。

＊我的有限經驗：一塵不染未必有助於高齡者的健康長壽，卻常徒增照顧者的壓力。

2. 可以嘗試關燈，用弱光觀察整個動線如何。動線盡量淨空，平坦（不可有電線），避免有濕，黏，滑，突起等現象。

3. 若有蟑螂老鼠肆虐，應該跟家屬反應。這是非常不利於受照顧者，和鄰居的環境。

4. 髒亂的環境，可能成為負面情緒的根源。或可以建議家屬找專業清潔人員協助處理。

5. 有些家庭會透過改變傢俱的位置來轉變心情。（這對逐漸失智的老人，可能會有適應上的困擾，甚至造成危險。）

6. （接上）如果東西置放的位置改變了，可以跟家屬再確定一下。不建議自行擺回原來的位置。

7. 如果一家成員年紀都大了，東西盡量別往高處放，很危險。（從板凳上下來的過程，腰受傷，腳拐了，是非常常見的情形。）

8. 即使家中長輩看似靈活健康，仍建議至少在浴室或廁所裡面加裝扶手。另外，床邊也是很重要的地

9 環境的色系,是有可能影響一個人的心情。不建議太鮮豔或黯淡的顏色,可以考慮較明亮一點的顏色。當然,還是要視個案而定。

10 如有社區在地上有設計魚塘,建議要增設圍欄或明顯告示。長輩年紀大之後,很容易因為視力變差而失足跌落魚塘。

11 白蟻問題是家中常遇到的問題,非常可怕。如果木頭材質的傢俱,壁飾等,有異常洞口,外面經常有沙堆,很大的概率,下面已經蛀成一大片了。務必通知家屬儘早請專家徹底處理,否則會在很短時間內更嚴重。

＊任何貌似是木製的東西,包含地板,盡量用比較乾一點的抹布擦拭。避免水氣悶在裡面,或滲進去。可能導致質地軟化變形等。

12 聲音／味道的來源和聲音的原始發源可能不一樣。比方聲音／味道的發源地在A窗外面,但A窗是緊閉的,B窗卻是微微打開的,聲音／味道可能從B窗進來。這時候,容易錯判位置。

13 冷氣,風扇,抽風機等,最好定期清潔。既可維持良好的空氣品質,又可增加機器運轉的壽命。

14 疥瘡(Scabies)是一皮膚感染的疾病,由疥蟲(疥蟎)引起搔癢等症狀,稱為疥瘡,疥蟲大小只有約0.3毫米(mm),肉眼幾乎看不見,他們會在皮膚的表皮層鑽隧道,並在裡頭產卵,排泄,進而引起皮膚過敏、搔癢、水泡等反應,若因劇烈搔癢而抓破皮,會造成細菌感染,並引發皮膚潰瘍,嚴重可導致敗血症等嚴重疾病,因此,若疑似得了疥瘡,應盡速就醫治療。他雖然可怕,但機率其實不高,

輯2　長照人員或需要增加陪伴的人的家屬參考：

* 只是應有警覺性。

* 治療疥瘡並不難，只要配合醫師指示，按時服用及塗抹藥物，基本上都能治癒。若身邊的人出現類似情形或症狀，務必進行檢查，並舉家一起治療。患者及家中的衣物、棉被等，都要用熱水（60℃以上）洗過並保持乾燥（或用熨斗燙過也可以）。如無法熱水清洗，可以密封於塑膠袋約一星期，或曬太陽，才能根除疥蟲。否則疥瘡的高傳染性，相當容易造成再次感染。

* (Care 照護線上) 疥蟲本身不具有飛行和彈跳的能力，只能爬行，在皮膚上最快可以每分鐘爬行 2.5 公分。（意即，需要謹慎注意但不用過度驚懼，或可帶上手套作業。）

* 若非常搔癢難耐，醫師建議，可以用輕拍的方式取代用手指搔癢。

（17）特殊真實案例 僅為提供參考

1. 照顧者有很多人非常有愛心，常有照顧數十年的。有同時照顧父母親數十年，父母親分別有性格和身心上的一些問題，還要兼顧自己夫家的人。也有先後照顧失能失智公婆，接著照顧失智老公，也許還要同時照顧失智子女的人。令我肅然起敬。但我個人並不是鼓勵，畢竟真的太辛苦了。

2. 案例主快九十歲，仍可一心多用。如a你幫他洗澡，他一邊自行洗臉。b可以看手機，回信息。c拐杖差點滑落，還可以一個勾手救回來。手腳超乎預期的靈活。但另一方面，走路行動，卻又很緩慢。

3. 身體真的很奇妙，血型與身高即使到了成人，都有可能改變。
（不過，此案例正好有特殊的基因遺傳疾病。）

4. 即使是對簿公堂的夫妻，也可能在一日內復合如初。（不要過度放情緒介入老夫妻之間的問題。隨時保持開放，理性，溫暖的態度，才不至於淪為裡外不是人。）

5. 即使血壓極低，或極高，也有可能貌似常人交談。
（通常還是會有一點蛛絲馬跡呈現，要保持極高的警覺性。）

6. 看似忘記語言，說話呀呀嗚嗚的人，有可能在某些狀態下，又能清楚地簡單說話。

輯 2 長照人員或需要增加陪伴的人的家屬參考：

7 失智者是有可能忘記親人，但對於近期照顧者仍存在熟悉感。（或許僅止於熟悉感）（不要隨便放棄對話的可能性。重點是，要建立他對你的信任感。）

8 透過好的牙膏，漱口水，牙刷，良好的口腔保健習慣等，多管齊下，確實可以有效延緩牙齦萎縮的情形。存在真實案例。

9 骨質密度即使到了七八十歲，只要透過優質的鈣片，仍可能提升。但必須和醫師保持對話。不是骨質密度越高就越好。另外，左右腳，甚至上下身體，有可能骨質密度有落差。（骨質疏鬆可能造成：牙齒脆弱，頭髮變白易掉，骨頭易碎等，不能小覷。）

10 有所謂身心方面疾病的人，在你以為會失控的狀況下，居然可以保持冷靜。也或許是，當下，我和他建立很好的互信。

11 已經截除的肢體，竟有疼痛感，學術上這叫幻肢痛。多數在數週後或裝上義肢後，可能會逐漸消失。

12 失智或身心症如認知障礙，情緒障礙等，有可能平時溫和，可愛，忽而極盡任性，讓照顧者非常痛苦。（也許他們當下神經傳導物質失控，無法拿捏適當的尺度。）

13 （失智症）不知道為什麼，就是吵著要出門，屢勸不聽。當你嘗試安靜的陪他出門之後，他竟然只是簡單的出門走一小段後，就變得不再暴躁，願意乖乖地回來。（也許他體力得到適度釋放，或是情緒得到適度安撫，也可能是稍微恢復理智之後，不願給人造成困擾。我的心得是：不一定要堅持跟他硬碰硬。）

14 即使是四代同堂,也可能因為大家各忙各的,疏於關懷長者,以致於在極短的一年內,智力退化極大。(當然,不排除有其他未知的可能性。例如感冒生病的後遺症,或面對生死離別的震撼的後遺症。)

15 超過八十歲的老先生,經常在公園帶人做養生操,還能單腳獨立許久。(單腳獨立,表示平衡感、肌耐力都很好。)

16 對於某些身心症者,有些時候,你不提醒他還沒事,你一提醒他,他反而更容易聚焦在那一件事上,讓照顧者不堪其擾。(因應方式沒有標準答案,只能隨機應變。)

17 學識淵博的老人家失智了,經常莫名心情沮喪。看護為了讓他心情好,經過家屬同意,騙老人家自己的肚子裡有他的孫子。老人家真的開心莫名,和看護分享許多相關的育兒經驗。兩小時後,又忘得一乾而淨,像是什麼事都沒發生過。

18 這世上溫暖的人很多。即使數十年生病甚少主動與外界接觸的人,仍會有朋友一直與他保持聯繫和問候。(當然,你是否曾是個溫暖的好友,也是原因之一。另外,這種故事多發生在較年輕的受照顧者身上。因為,他的朋友多還很健康。)

19 貌似重症晚期,忽然煞有介事地說:我今天會死。我今天會死。結果啥事沒有。

20 貌似喜歡開玩笑的人,私下卻可能很憂鬱。(愛開玩笑可能是為了吸引關注,不是真的性格陽光開朗。)

21 貌似沒事,不是沒事。真相是,他們出於體貼,不願去打擾子女。結果反而造成許多健康問題延誤

輯2　長照人員或需要增加陪伴的人的家屬參考：

22 黃金治療時期。（建議子女維持或培養和老人家說說話的習慣，多關心他們。）

小春邊工作邊哭，原來昨天老公跟他提離婚。案主很心疼，不斷安慰他。他把案主當家人，便把心中的不悅一股腦痛快宣洩出來。（問題是，案主的兒子正在和媳婦打離婚官司，根本像是在罵他兒子⋯⋯當天下午，案主就把小春換掉了。）

23 大鋼很善良，第一次來案主家協助，他是代班。他發現案主很可憐，幾乎都只能待在家，無法到外面曬太陽。他自告奮勇對案主說，下次我來，帶你去曬太陽。（大鋼從此進不了這個家。案主的家人已經年邁，完全無法生出多餘心力多做什麼了。大鋼卻給了受照顧者更多想像的空間，徒增其家人照顧作業上的困難度。）

24 一位爺爺腸胃不好。一天，吃了過量的糯米飯後腸胃不適，導致嘔吐，還踩到嘔吐物滑倒，造成腳骨折。骨牌效應總在不經意間來臨。

25 醫師宣告此人只剩不到半年的生命。他得了癌症，由於醫師原先的誤診，發現時已經是末期了。卻因為他對生命的熱情，健康的飲食和休息，與配合吃藥，竟是多活了近十年。

26 老夫妻是虔誠的教徒。因為參加一次的宗教跪拜儀式，造成膝蓋的嚴重傷害。（參與宗教活動還是量力而為，千萬不要硬撐。）

27 老先生的家人打電話去長照公司抱怨：為什麼沒有制止我父親，他不能吃布丁，有血糖方面的問題。

289

原來是老先生告訴照服員：你不要說，我兒子就不會知道。我肚子真的好餓。

（老先生牙口不好，任何東西他都不吃，只想吃布丁。）照服員無計可施，也心生同情。

假如他主動和其子女溝通，讓他們知道老先生的心情。

假如他讓老先生，只吃一口。

假如他一開始，冰箱就不放布丁。

假如他事先和公司的督導主管討論過呢？

有人建議他：如果有監視器的話，至少稍微誇張的表現出，曾經制止過的樣子。

是否還有其他更好的方法呢？

＊

28 疑似老鼠咬破清潔液瓶，造成老先生家的一個角落一片狼籍。老先生不以為然，他認為一定是老舊水管破裂，堅持找水電師傅來修水管。水電師傅沒有具體告知問題的源頭，只是提出一筆龐大的維修數字，老先生還同意了。

（我的想法是，如果他的家人勸阻無效，那就不要再自作多情了。過多的介入，只會讓問題更複雜。）

29 曾經聽過一種情形就是：被照顧者或其家人，發自內心主動饋贈小物，照顧者基於禮貌而收下了。後來，雙方可能因誤會而分開，被照顧者，也許對外會說失禮的話。

（不要難過。這種事，很多人都遇過了。這世上，會有人理解你的。）

30 聽過一種情形：：照顧者或是看護，非常盡責且仔細。經常幫受照顧者找到東西，後來卻反而被受照顧者懷疑是他偷的（因為受照顧者有輕微失智引起的譫妄）。之後，他改成將東西移到照顧者看得到的地方，讓他自己發現。

輯 2 長照人員或需要增加陪伴的人的家屬參考：

31 老人家非常的善良。每次早上量體重時，他擔心體重機的嗶嗶聲吵到唸書的孫子，總會要求，到另一個房間再量；還有一回，意外發現神明桌下，竟有當年師傅因糊塗而未妥善處理好的小釘子，煩惱好幾天，直到另請師傅處理好為止。原來是，他擔心數十年後，釘子去扎到貪玩的小小孫子。

32 每個個案都不一樣，不要用自己的經驗先入為主的思考問題。習慣上，我陪受照顧者外出時，如果他的重心不穩，我可能一隻手會牽他的手，另一隻手會攙扶他手臂。或一隻手扶他，另一隻手虛握他後面的褲頭。有一回，受照顧者請我將一隻手貼在他的背部。我心想，那萬一你往前倒，我會來不及抓你吧。事實卻是，好幾次，他經常要往後倒下去，幸好我聽他的要求，將手貼在他的背部，及時予以護住。

（如果我堅持原來的作法呢？問題是，這會影響他的行走的流暢性。）

* 遇到走路左搖後晃的人，或可嘗試，一隻手扶著他的一側腋下（或讓對方的手扶著），另一隻手輕輕環扣他的後背。（也可參考當事人的建議。）

33 個案輕微失智，常發生一種情形，他以為他已經付對方錢了，但其實他還沒有。若有這種情形，我建議──直接跳過他，跟家屬算錢。他身上的錢，僅為了給他安全感。（但也不排除有一種情形，付錢的動作，讓他有存在感。）

34 陳豐偉醫師曾經分享過一個案例：病人出現譫妄狀態，家人以為失智變嚴重了。他提供血清素藥物，原以為無效，直到第十二天竟出現大幅度改善。陳豐偉醫師：這老人到底是什麼問題？到現在我也很難確定，就像很多人突然失眠也找不出理由。

但他顯然沒有嚴重的失智症。他不是忘記做了什麼，而是確實覺得身體很不舒服，才會重複做那些事情。醫院檢查證明他的身體器官都還不錯，但錯誤、過度的身體感覺一直放大。血清素藥物緩和了他激躁不安的感受，藥效出來後這過度膨脹的氣球就突然消氣。還好家屬撐了十二天等到答案，要不然，不曉得還要浪費多少醫療資源、多吃多少無謂的藥物。

35 林森北路黃金煎包的老闆──生命勇士陳大哥，原本有非常嚴重的肺纖維化，卻透過用心的調理，在不算長的時間裡，大大改善了咳嗽的問題。（有為者，亦若是。）

36 年近百歲，卻可以在電腦桌前玩著麻將遊戲，且應答自如。

37 八十歲高齡的伯伯，仍從事按摩工作，身體還很硬朗。

38 也許年逾六十許多的阿姨，因親妹的鼓勵，開始養成拉筋步行運動的好習慣。才不到兩年時間，步伐輕快不亞於四十多歲的年青人。（原本，她連五分鐘路程都要騎車。）

輯2 長照人員或需要增加陪伴的人的家屬參考：

（18）建立關係 和受照顧者建立較好的關係

（居服員的正確態度）：不是為了讓案主感到無比舒服，主要是為了讓他盡可能進步，或至少延緩功能的退化。

* 居服員更正確的位置是居家協助與關懷，然後是照顧與陪伴，最後才是「提供服務」。

1 單純安靜的陪伴，建立一種存在的習慣。（建立信任關係，讓他可以身體肌肉放鬆。）

2 協助受照顧者與外界的對話。作為一個溝通橋樑的角色。

3 協助他改善與家人和外界的關係。

4 幫他一起探索問題，並且解決。比方，他不想洗澡，可能是身體體質乾燥，洗澡會讓他感覺身體乾癢。其實，可能只要洗後塗抹乳液就好了。

5 理解他的思路，比方⋯欣賞他的靈魂，聆聽他的生命故事，知道他的習慣。

6 讓他有安心的感覺。比方，隨時會留意他的感受，在乎他的需求。
（不是一昧的讚美或完全的配合，那不叫理解。）

7 一起經歷──面對問題，解決問題的過程。（最好是一起經歷整個過程。若不能，可以生命分享也不錯。比方，都曾有燒燙傷的經驗，失婚的過程等。）
（就像是照顧自己寶寶的那種心情。）

293

8 找到共鳴之處。比方共同的：宗教信仰，畢業學校，科系，價值觀等。

9 可以幫他們開啟視野。比方：科學，歷史，養生等領域。

10 合適的稱呼。（假如他幾乎失能失智的狀態，這時候，直接稱呼他爸或媽，更可能喚醒他原始的愛的本能。他的下意識的配合度會更好。）

11 一起保守秘密，得到充分的信任。（這個很麻煩。若受照顧者想買菸抽，是否幫助保守秘密呢？但如果受照顧者是講自己心裡話，替他保守秘密，就較沒有爭議。）

12 舒服的節奏。（不是用自己的速度做事，而是用他感到自在的節奏協助他。）

294

輯2 長照人員或需要增加陪伴的人的家屬參考：

（19）家屬相關思考 和其家屬互動時應留意事項

1. 有些家屬會過份代勞，以致於受照者缺乏練習復健的機會。不能忽略這一部分。如何與受照顧者的家屬互動，也是非常重要的一塊拼圖。這其實很容易加速長輩的退化，可以提醒他們。

2. 有些家屬非常獨立，完全不需要身旁的人的關心，一個人可以完全搞定，這也會加速受照顧者的退化。覺得沒有人需要自己。自己只是一個拖油瓶，毫無存在的價值。

3. 不要急著告訴家屬要如何，不要如何。這會增加他們的心理壓力。而是慢慢在日常中分享成功的，好的案例。讓他們自己去思考。（家屬非常辛苦，不要再多給他壓力。如果有什麼好的建議，方式盡量簡單化。否則，只是給他們增加困擾。）

4. 照護者對於受照者的觀察越細膩，越可以幫助家屬更適當的照顧。只有愛是不足夠的，一定要有正確的方法，專業的力量。方法錯誤，只會讓雙方（受照顧者和身旁照顧的人）都很痛苦，卻沒有達到理想的效果。

5. 受照顧者若內心感謝照顧他的家人，可以轉達給他的家人。（有時，當事人羞於說出口。但這對照顧他的家人，卻是很好的鼓舞。）

6. 有些家屬不理解受照者的需要和心情，會格外沮喪。可以告訴他：所有人都是從無知的路上慢慢走

7 如果發現受照顧者的家屬，在身心上真的無法負荷，或可建議將之送到護理之家。這其實是對當事人和其家屬更好的作法。試想，如果家屬自己也累倒，甚至是作出傻事，那問題反而更複雜。

8 沒有人可以靠自己個人的力量，長時間完成所有的照護工作。有些家庭非常排斥陌生人的介入，如果有這樣的親戚，可以嘗試引導他們（受照顧者和其家屬），學習理解和接受外界的協助和資源。

9 長照者可以把暗主家屬當成朋友，或遠親，但不可能當成「家人」。家人之間是由無數的情緒交集，長照人員很難做到和受照顧者，打冷戰，沈澱，包容，擁抱，原諒，長期的關懷。永恆的承諾關係，長時間的經營所建立起來的。

＊人與人之間，若只有純粹的包容和擁抱，真的健康嗎？

10 有些家屬愛之深，責之切。也或許是期待太高，產生極端焦慮的性情，常會增加受照顧者的壓力，變得更加退縮，毫無自信。可以告訴他們，盡量心情放輕鬆，多給受照顧者鼓勵，這樣更有利於受照顧者的復健進步。

11 可以的話，保留時間給家屬。聆聽他們說說心裡話。他們的情緒得到適度釋放，才有力量繼續往前走。

12 也許可以嘗試文字對話。有時候，受照顧者與其家屬雙方都處於一種緊繃的狀態，這時候，受照顧者可能無法冷靜的聆聽。透過文字的交流，或許會更有效果。

296

輯2 長照人員或需要增加陪伴的人的家屬參考：

13 （接上）有時無聲勝有聲。除了文字以外，一個溫暖的擁抱，拍拍，眼神的鼓勵，都是很好的交流方式。

14 家屬之間經常有認知衝突，比方A與B都是為了父親好，但方向不同，或許可以分開對話。先分開沈澱聆聽之後，再進行面對面溝通。

15 建立「定位儀」。用具體的數字作為對話的依據，可以更明確地掌握問題。

16 家屬若有一個好的宗教信仰，做為心靈的避風港，也許可能心理壓力會小一些。

17 家屬常有失眠焦慮的問題。可以開導其去看身心科。也許只是透過睡眠的調整，就可能極大改善焦慮憂鬱症狀的問題。

18 雖然說，有時候哭是很好的一帖藥，可以讓焦慮難過的情緒得到釋放。但如果受照顧者在場，或可先將想哭的家人帶離該空間。避免發生一種情形—照顧者哭的原因，可能是心疼受照顧者的委曲。而受照顧者可能會自行腦補成，照顧者非常痛苦。

19 經常聽到，家屬因為照顧親人多年，逐漸失去自己的社交。這不妥，身心容易枯竭。可嘗試多陪他們聊天，慢慢調整他們的心境。讓他們自己願意試著再次走入人群。

20 不宜過分說加油。可以更多地聆聽。他們已經沒有能量了，空洞的加油，反而增加壓力而已。讓他

297

知道有人在關心他們就夠了。

21 有可能，自己以為很好的東西，想送給受照顧者的家屬，反而增加他的壓力。比方還要思考如何回應才不失禮，如何存放等。其實，你小心照護他的家人，讓他可以放心，就是最棒的禮物。

22 一群家屬之間可能會缺乏統合機制。照顧者，盡量針對某單一個人常態性交接與對話。否則，可能因為家屬忘了轉達，或以為其他人知道了，衍伸出複雜問題。

23 有些照顧的家屬，可能同時面臨更年期的問題（尤其是女性），若身體持續多日不舒服，可以稍微留意一下。症狀如：熱潮紅、盜汗、骨骼痠痛，失眠，心情低落等。

輯2　長照人員或需要增加陪伴的人的家屬參考：

（20）雙人合作　如何思考兩人以上協作

照顧者很可能會和家屬一起協作，有些點可以留意一下。

1. 一方弄好一個步驟，可以同步表示：「好」。讓另一人知道，然後才一起下一個步驟。

2. 最常見的情形是，都以為對方應該知道，或一定作了。結果就是，大家都沒做。可以的話，就是分配好注意範圍，或至少一人負責全部再次確定。
例如：輪椅忘了固定卡榫，出門就醫忘了帶健保卡，出門忘記關門，關瓦斯等。

3. 對換位置之後（比方當天，其中一人身體某側不適），可能弄錯左右關係或施力習慣。

4. 臨時更改慣常順序，明確告知對方和受照顧者。降低犯錯的空間。

5. 不過份隨性的在受照顧者面前討論他的病況，可能造成當事人的焦慮。

6. 要有心理預備，假如平常協作的那人有突發狀況，一人是否可獨立完成。

7. 與平常合作的對象，適度的互動，有助於建立更好的默契。

8. 兩人可以建立暗號。例如失智者可能會問，過世的老伴幾點回來。比方告訴他，晚上會晚點回來。（通常可以讓當事者安心。過了兩小時，他自然就忘了。不建議跟他說什麼不信，可以問誰誰誰。）尤其是剛開始時，用這個方法建立默契，會更快進入狀況。

要學會放下的人生大道理。會讓彼此更累。

299

9 有時候可以,一個迴避,一個扮黑臉。這是不得已的作法。

10 小心兩人感情太好聊開了。極可能錯做某重要環節,這是很危險的。

11 不要貌似在說悄悄話或打暗號。至少,避免被受照顧者發現,會引起他不好的猜想。

12 合作雙方,再好的關係也不可失了分寸,開不得體的玩笑。

13 無論協作兩人有任何不愉快,或誤會,在照顧的環節上,一定要暫時抽離情緒。否則,可能傷及無辜,對受照顧者很不公平。

14 建議建立一個為主,一個為輔的協作關係,也許這樣的效率會更好,犯錯率更小。為主者,要留意為輔的配合活動空間。經常發生一種情形,為主的人要求為輔的人這樣移動,那樣施力,但為輔的人,卻只有很小空間站穩,甚至可能因為不熟悉,而撞傷或拉傷卻不敢說。這會衍伸出很多問題,包含使受照顧者受傷,使照顧者降低協作意願等。為主者最好有豐富的配合經驗,才知道如何將心比心。

15 盡量簡化程序。(萬一其中一人有狀況,另換新手,也比較容易上手。)

16 兩人剛開始合作一定會有很多狀況,千萬要沈住氣。最討厭冒出一句:不是我。這本來就不是究責的時候,而是學習培養默契的時候。

17 如果其中一人遭到受照顧者的責備,想給他鼓勵,至少先等他情緒緩和。有情緒的身心狀態,是無法接收任何信息的。還可能惱羞成怒(也可以理解成情緒管理失控)。

300

輯 2 長照人員或需要增加陪伴的人的家屬參考：

18（新北市輔具資源中心）雙人協助輪椅上下樓梯──輪椅背對樓梯的梯面，後方的協助者將輪椅翹起，前方的協助者則握緊輪椅腳銬骨架上，兩個人一起合作，利用大輪滾動的方式，一階一階上樓梯，這個技巧的訣竅在於利用輪子滾動的方式，而不是整個將輪椅抬起。（能避免走樓梯就避免，這個動作非常危險。）

＊另外，也可以考慮爬梯機，這需專業人員來使用。爬梯機還分：履帶式爬梯機，輪動撐桿式爬梯機

（21）建議／嘗試方向 給家屬的相關建議

1 有豐富長照經驗的高階護理專員特聘護理師何宜靜分享：將手掌及手腕熱敷三十分鐘，再將兩個小球放置在手掌上，來回的轉動。強化手指、手腕關節的伸展跟屈曲。

2 如果有高血壓，糖尿病的人，可以考慮買簡易型的測量儀器，盡量每天維持測量的習慣。

＊家中或可常備：血糖儀、血壓計、體溫計、體重機、血氧儀等。還有，溫度計、濕度計、護腰、護膝、蹲廁專用的小矮凳、無線電警示鈴等。

3 游泳是協助復健很好的一個思考方向。當然，記得做暖身。現在有很多地方都有溫水游泳池。（有抽痰，容易嗆咳的人，不適合。）

4 床邊可以貼注意事項。萬一有突發狀況時，通常會腦海一片空白。有這份資料，可以幫助理性思考。

5 床邊或客廳牆上，可以輪流貼各種過去美好記憶的照片。既有療癒的功效，也有刺激記憶的功能。

6 家人間培養每天至少安靜的單純聊天20分鐘以上（不是一邊忙一邊聊天那種），和深沈的擁抱或好好握住手一次。

7 房間裡可以放時鐘，建立受照顧者和時間感的連結。在廁所裡可以放時鐘，既可以提醒受照顧者，不要坐在馬桶上太久，對身體不好。也可以提醒協助洗澡的人掌握時間。

8 失明的人，或嚴重失能的人，身旁置放警示鈴。有助於受照顧者可以呼請家人協助。

302

輯2 長照人員或需要增加陪伴的人的家屬參考：

9 對於重聽的人，或許可以在家中裝置會閃燈的門鈴。

10 可以幫長輩購買有定位功能的手錶或墊子產品。萬一他在外走失，可透過定位協尋。

11 有些大腦退化較嚴重的人完全無法使用智能手機。或可購買傳統手機給他，按鍵處全部包覆，只保留一個關鍵按鍵的缺口。

12 長輩可能適合軟毛牙刷，或是兒童牙刷（方便刷比較內側的地方）。他們的牙齦相對比較纖弱。

13 陽台若有危險，或可考慮在家中置放等身高的置衣架，掛上衣服，再用除濕機吸乾。

14 理論上，家裡的傢俱與堆積物越少，活動空間越大，對受照顧者越安全。可以跟其家屬充分溝通但不是反實為主，叫他們把東西丟掉。

15 擰毛巾是非常傷害手腕的動作。尤其是年紀大的人，更沒有力氣做這個動作。建議多備毛巾數條，然後用洗衣機脫乾，再拿去曬。

＊另外還有比較保護手腕的擰毛巾方式：縱向擰毛巾，一手握著毛巾上方，另一隻手握住毛巾下方（兩手背都朝外），然後兩手同時朝不同方向旋轉。重點在於增加上臂的施力，減少手腕處的旋轉角度和施力。

16 建議，外出回家沖腳，或洗手、洗碗、洗毛巾時，盡量使用溫水。許多鋼琴家都是從小就這麼做的。溫水對於肌膚的血液循環，安撫神經，放鬆肌肉組織等，有很好的效果。

17 可將洗澡椅放在馬桶上，很有助於如廁需要扶手的長輩。扶手也有助於排便時施力。

＊通常洗澡椅下方有踏腳橫槓，有利於使用者透過踩它來達到施力排便的效果。

18 或可經常帶長輩去欣賞藝術表演或作品。除了活化心靈，準備過程中所營造的儀式感也是很有助於活化腦神經。

19 運用家族的照片，設計成樹狀圖，大富翁，藏寶圖，拼圖等，讓爺爺奶奶和孫子一起玩。既可以讓下一代更了解前人的故事，也可以讓爺爺奶奶重溫自己生命的記憶。建立家族的共存，共榮感。

20 照顧幾乎完全失能的人，或運動復健的時候，可播放舒快的音樂，或是⋯⋯等。也是讓照顧者，受照顧者的生活，多一點調劑。

21 探索新事物，有助於活化腦部。可以從味蕾開始，比方嘗試異國美食等。

22 孫子一個熱情的擁抱，隨性燦爛的聲聲呼喚，比許多靈丹妙藥都更有力量。

23 有些人會將室內門改成和式的左右移動方式，既可降低家人被門夾傷的風險，也可以增加空間使用效率，還能避免風吹致摔門引起巨響的狀況。

24 適合讓老人遊玩，且容易入手的遊戲：跳棋（可以刻意縮少雙方棋子的數目，卻增放中間區塊的棋子數，以簡短遊戲的時間，增加成就感。），象棋，魔術方塊（可以訓練指力，腕力，眼力，智力，協調能力），數獨，四巧板（七巧板太多了）等。

25 對「新生命」的感動（如孫子誕生，寵物的加入，一個新作品的完成），可能改善心情。

26 （也許可以給孫子一筆打工費），讓他在比方夜間，協助臨時需要照顧的爺爺奶奶。

輯2 長照人員或需要增加陪伴的人的家屬參考：

27 藉此，也是培養他的觀察力和同理心。

或可建立家族聯絡簿。每個人固定寫鼓勵的話互相交流。長輩會在瀏覽的過程中，覺得溫暖。晚輩也可在這過程中，理解父母照顧長輩的用心。（當然，避開讓人發囧的言詞，比方指桑罵槐的抱怨。）

28 給受照顧者復健的功課表，可以刻意保留讓他殺價的空間。既可給他一點壓力，又創造生活樂趣，還可讓其腦部練習思考。

29 （接上）用具體數字作為復健療程的參考。製作復健行程表，具體打勾勾，可以明確追蹤成果，同時建立成就感。（但也可能變成一種壓力，讓他感到恐懼。）

30 （接上）表格可以和獎勵機制搭配使用，不能和處分機制搭配使用，可能會讓他們產生焦慮感。（他們是病人。）

＊最好從最低標開始獎勵，才能建立自信心。千萬不能操之過急。

31 把統一發票給受照顧者去核對。讓他可以享受中獎的樂趣。

32 鼓勵受照顧者時，立刻讓他可以看到好的成績單，有助於提升他的動力。

33 鼓勵受照顧者運動時，或可假裝提高要求標準，讓他有更高的自我期許。當他明顯很累無法達標時，提前停止，會讓他有莫名的小確幸。（比方他可能血壓太低，透過運動之後，馬上再量一次血壓。通常成績會明顯進步。）

34 有些人無法接受中風，重病的事實，心如槁灰，拒絕接受外界的協助，或可用寫信的方式跟他聊心。

35 假裝在「不經意」間，讓他看到一些正能量的影片，也有助於他願意自我省思。

36 指桑說槐。貌似指責乙，其實是要凸顯甲的價值。或是，貌似讚美乙，其實是要鼓勵甲。（甲就是受照顧者）

37 也許直接剪掉原本的預計執行項目，單純就談心。比方原本想復健，吃飯，洗澡之類的，都暫時停止。安靜，才能更好的咀嚼生命。

38 如果能好好睡一覺，有時候，比鼓勵，吃藥，有更好的效果。據研究，睡眠不足對大腦的傷害，不亞於鉛中毒。

39 甜食適量，多吃自然的東西。糖會激活腦內多巴胺，莫名感覺心情愉悅。適度吃甜食，有療癒的效果。但如果過量，則會使大腦產生依賴行為，類似吸食毒品的迴路模式。這時候可能變成，少吃，則情緒不佳，多吃，則增加身體負擔。

40（續上）減少過分追求感官刺激的生活。比方抽菸，喝酒等。

41 改變生活的節奏。比方，有人車禍造成身體障礙，可能因此沈浸在網路世界，變成網路成癮，和社交恐懼。可能的話，先慢慢減少其使用手機的時間，嘗試用其他健康美好的事物去轉移他的注意力。這樣才容易慢慢開啟和他對話的可能。

42（比較適合家屬使用）用較強烈的手段曉以大義。生氣未必都是不好的。有時候，用強烈的情緒表達，

306

輯 2 長照人員或需要增加陪伴的人的家屬參考：

43 不要說什麼大道理，就單純聊八卦，先從建立互信的情誼開始。有了感情之後，受照顧者才比較願意聆聽。

44 用身體接觸（比方稍微按摩），讓他習慣你的存在與互動的感覺。

45（最好是相同宗教背景）或許可以陪他一起念咒，念佛號等，主要是讓受照顧者有更多的勇氣面對問題。

46 或許，家中所有人，都學一點手語，以便當老人逐漸重聽時，還能彼此充分溝通。

47 多準備內衣褲，方便更換。尤其在廁所協助更衣，不小心弄濕是常有的事。另外，漏尿等，也很常見。若沒有多餘的換洗內衣褲，非常困擾。

48 照顧者經常是女性。女性常因壓力大，導致免疫力下降，加上泌尿系統相對較短，以至於常有泌尿方面的疾病。如果有頻尿，如廁不舒服等問題，建議盡快就醫。

49 氣象主播李富城分享（目前已高齡88歲）：用鍋子燒煮食物，可能會因為忘記而燒過頭、整個鍋子燒焦、燒壞，但若改用電鍋，時間到了電鍋就會停止燒煮。

50 如果還可以買到崔爺爺養生操，我非常建議買回來學習。他主要是教人如何在起床時，堅持每天做全身性的按摩或運動一百下。從眼窩，耳朵，鼻子，頭皮，到腳踝。

307

51 經常在空氣良好的空間練習深呼吸,既有助於增加肺活量,還能提升——精氣神,或可理解成:放鬆心情,提升免疫力,維持自律神經的平衡,啟動自癒力等。(精氣神,身體虛弱不愛運動的人,或可先嘗試深呼吸。比方,每分鐘最多深呼吸四到十次,每天至少深呼吸一百次,逐日調升。)

盡量保持居家環境的空氣流通。高濃度的二氧化碳,容易使人感到昏沈,沒有元氣。

52 參與社團或宗教活動,也許有助於打開心房,讓心情更開闊愉悅。剛開始肯定不適應,可以先跟團體負責人說好,只是默默地在一旁角落參與即可。等熟悉氛圍後,再慢慢融入群體。

53 關於減重,除了常見的:少吃(包含斷食,少糖,少澱粉,少油,增加纖維),多運動(腹式呼吸減肥,多走路,微慢跑,游泳,水中漫步等。重度肥胖者,不適合微慢跑,可能傷害膝蓋。但水中漫步可能較沒關係,浮力會減少膝蓋的負擔。)

以下提供幾個可以參考的項目:

a 大腦每天可能會消耗至少 400 大卡。多動腦,有助於熱量消耗。

b 降低胃酸釋出,間接減少對飲食的強烈需求。比方逐步減少飯量,則可以減緩胃酸的釋出量。(或許也可以嘗試用「冷敷」的原理,減緩胃壁的活動。比方,喝較低溫的涼水。不特別建議吃冰水,至少對某些人不適合。)

c 目前的醫學科技,還不能透過酵素或益生菌,具體達到減肥的效果。但間接的意義卻值得關注。

＊最好是求助減重門診(必須由醫師判斷,不可自行買藥)⋯

輯2 長照人員或需要增加陪伴的人的家屬參考：

a 物理上，醫師可能會在胃裡放一個「氣球」降低飯量，進而減少熱量消耗等的攝取量。

b 透過藥物（比方糖尿病相關用藥）的也許是「副作用」來降低食慾。

c 減肥針等。

＊常見肥胖延伸的問題：失智，無法自主呼吸需氣切，濕疹，高血壓，糖尿病等。

54 聽音樂─天使協奏曲（Concerto pour deux voix），馮曦妤的 Proud of you，楊順麟的讓我遇見你。張清芳─天天年輕。周華健，陳淑樺等人─快樂天堂。李碧華，費玉清，蔡琴等─明天會更好。姜育恆，李碧華，關德輝等─相親相愛一家人。麥克傑克森等人─We Are the World，和 You Are Not Alone，蔡依林─和世界做鄰居。

SPEED-Alive 和 All my true love。王菲─如願。三枝夕夏─Hand to Hand，君と約束した優しいあの場所まで。郭婷婷─右手（更適合用在親情的連結）。

孫越與陶大偉─朋友歌。李昕融─你笑起來真好看，徐懷鈺─愛是一道光芒。

范曉萱─深呼吸。侯湘婷─為你流的淚。深海魚子醬─千千萬萬。崔苔菁─歡樂年華。

英文歌⋯You are my sunshine.

看畫展：陳顯棟的畫作，或是鮮豔的粉彩畫。

看電影：法國─RRRrrr!!!，日本─REX 恐龍物語，另外還有─桃姐，流浪地球，丈夫得了憂鬱症，流浪地球，新加坡─跑吧孩子，韓國─有你真好。

電視劇⋯回來吧大叔，多謝款待，明日驕陽（竹野內豐）。

值得思考的書：窗邊的小荳荳─黑柳徹子，一枝筆裡醒來的村落─李黎茗，故事中的故事─林

55 如果長輩喜歡蒔花弄草，或許可以建議他們種植（開花時期較長的花，避免有所謂花落憂鬱）：馬纓丹，日日春，紅毛莧，九重葛等。香料如：香蜂草，迷迭香，薰衣草，薄荷等。種花至少應注意：充足的陽光，適度澆水（花盆底下要留水孔，避免水排不出，根莖爛掉），適度提供肥料，小心病蟲害等。

* 另外，含羞草的閉合趣味，也可以用來觀察老人的認知反應。

* 養鳥或養魚其實也不錯。但若老人多愁善感的話，建議一次養兩隻以上。避免死亡的傷感，淹沒他的靈魂。

* 我個人較不建議種仙人掌。長輩可能因眼睛老花，手指觸覺又不敏銳的情形下，被細毛扎傷。護理過程，相當棘手。

若璇，失控的正向思考，底層邏輯，蘋果橘子經濟學，暗黑醫療史，人慈，認知顛覆，為什麼我們製造出玻璃心世代，製造消費者，醫療不思議，失控的焦慮世代，選擇共情，大崩壞。

卡通影集──櫻桃小九子，湯姆歷險記，魯賓遜漂流記。

310

輯2 長照人員或需要增加陪伴的人的家屬參考：

（22）善意的的謊言 也許需要適度的善意的謊話

（主要是針對失智症患者，下面內容單純參考）

1 受照顧者：我還沒吃飯。（其實剛吃過了）
好的。你等一下，我正在準備。
（未必要跟他爭執，告訴他，你明明才吃過。）或許可以回應（以下是專家建議）：
一邊假裝準備，一邊跟他閒聊。通常，約莫十分鐘之後，他可能會忘記。

2 受照顧者：等一下小芳要下課了。我要過去接他下課。（回到四十年前的記憶求證。當然，事先要跟小芳說好暗號。如果小芳已經死了，那就說：沒人接，可能在上課。）
照顧者：小芳今天要補習，要晚一點才會回來。你不用去接他。（如果他不信，可以打電話給「小芳」

3 受照顧者：我的媳婦要害我。他就是不喜歡我。
照顧者：不會啦。他很關心你。（可以多分享他媳婦如何關心他的細節。之所以放在這一區塊討論，是因為很多晚輩很笨，讓人很心疼。他們只會默默的做事，不擅用言語表達關心。）

4 受照顧者：我好像已經走了十圈了，我好累。
照顧者：還沒啦。我們加油，只剩三圈。你以前都走十五圈的。
（有時候，你督促他要多運動可能沒用。這時候，只好使用特別方法了。）

311

5 如果，他喜歡吃布丁，但家屬擔心布丁太甜影響健康，或可拉長吃布丁的時間。再偷偷將布丁的大部分容量挖到另一個容器。告訴他，你看，你吃好快。（只是我個人的想法，給拗不過受照顧者祈求的家屬的參考辦法。只適用於失智者。）

6 無實物表演，有時候是必須的。比方，受照顧者有焦慮恐慌的特質，一直以為老鼠跑到桌子底下有時候，假裝看到並將老鼠趕跑，比你一直告訴他桌下沒有老鼠，效果更好。

312

輯2 長照人員或需要增加陪伴的人的家屬參考：

（23）禮貌 照護者需要知道的

1. 和任何人說話，一人或很多人都一樣，務必保持眼睛、耳朵、嘴巴，朝著對話的人。

2. 不可以回應對方，特別是長輩：你問我，我問誰。或我怎麼知道。或你去問他。非常失禮，會讓對方很無助。可以說：我不曉得，我幫你問看看。

3. 感受到對方配合我們工作的一些小舉動時，務必表達致謝。比方，對方為了方便我們打掃拖地而離開原本座位。雖說這本來就是他家的衛生，但重點是，他的出發點是一種體貼。當我們掃畢，務必確定他已經再次坐定位置，才可以繼續自己的下個動作。（起身，坐下的這個過程，經常會發生因暈眩而跌倒的情形。）

4. 幫對方添飯，倒水，不要弄太滿，大約七分以下即可。

5. 實務上，有些受照顧者或因買太多東西，會請照顧者幫忙吃。如若已經接受，要記得帶走。（原則上不宜隨意收受餽贈。但現實很難完全拒絕。可能會讓長輩覺得很尷尬，甚至感到很丟臉。）

6. 好看嗎？好看。好吃嗎？好吃。喜歡嗎？喜歡。過分制式的回應，很像把他當成傻瓜。至少先認真的看完，專心地吃完，你的下意識反應會說明一切。或可簡單表達具體的想法，當然不是作刻薄負面的批評。即使承認不懂也行。

7. 進其家中，第一件事，務必親切簡單的問候致意。這也是讓對方放心，感到心情輕鬆的第一步。（手

8 繃著一張沒有表情的撲克牌臉,說話過分大聲,一直問問題,尤其是對方的私事,非常失禮。

9 可以適時問:「這樣可以嗎」。比方:幫忙肢關節運動或簡單按摩時的力道,洗澡時的水溫,和抓頭的力道等。這是尊重對方的表現。

10 不要配合對方的話具體批評對方的家人。(也許你以為只是配合他的情緒,他可能會告訴他的家人說:連照護員都說你⋯⋯)

11 進任何房間或是半掩的廁所門前,務必敲門並稍候,即使是很日常的動線也一樣。

12 用腳踢東西即使動作很輕,用雨傘敲門等,都很不好。

13 置放東西,要輕輕擺上。盡量不要發出聲音。

14 拖地經常容易撞到東西(有時候地板的摩擦係數不均勻),要非常小心。萬一撞到名貴的擺飾,地上的尿壺,受照顧者的腳丫子⋯⋯

15 隨時察言觀色。如果對方貌似在想事情,不要輕易打斷。比方大聲喚:早安,再見。尤其當事人若在誦經,祈禱,念咒等,盡量不要打擾他。

16 即便是想開窗,或拉窗簾,也務必經過其主人的同意。有些人很討厭外面的聲音,味道,和極其注意隱私。

17 若對方疑似不想碰觸的話題,應該立即轉移話題。避免造成對方尷尬。

314

輯2 長照人員或需要增加陪伴的人的家屬參考：

18 看見社區的公共空間有障礙物或垃圾，不要隨意批評。也許正是案主自己的傑作。

19 不要說：你自己來／手拿來／你不會嗎？可以說：你試試看，手借我，或是你幫我。

* 不要先入為主覺得受照顧者就是「懶」，雙手一攤，要人服務。其實他們經常是唯恐給照顧的人增添困擾。

20 有些句子要避免使用：別人家裡都／好可憐／我教過了／你不知道嗎／別傻傻的。

21 每個家的習慣不同。有的家庭，家屬喜歡把房門打開，為了隨時掌握案主的動靜。有的家屬喜歡安靜，或是擔心冷氣跑出去，所以會關上房門。進出其空間，盡量還原本來的情狀。

22 可以說：麻煩幫我拿X的衣服，浴巾。不是：衣服，浴巾呢？

23 端碗時，避免大拇指伸到碗中。很不衛生。

24 老人家沒有安全感，經常會亂想。做什麼事情，盡量一邊口頭告知，或提前告知，可以減少不必要的誤會和焦慮。

25 注意語調：然後呢？結果呢？語氣不同，聽者感受到的語境，完全不同。

* 或者，用質詢的語氣問：可以嗎？也非常不好。

26 如果是使用膠鞋協助沐浴，務必和平常外面使用的分開。且應主動告知其家屬或受照顧者，讓他們

放心。既是基本禮貌，也是衛生問題。

＊若發現浴室磁磚龜裂，只需告知就好。不要給對方壓力，也許有經濟上的難處。

27 老人家經常會需要使用衛生紙，可以隨時留意。

28 即使你以為是常識，還是要當作對方不知道，跟其再適度確認。每個人的生活背景，專業領域，不盡相同。

29 聽到對方在講電話或私事，盡量先離開遠一點點。尊重其隱私。

30 也許出於善良或禮貌，會想主動協助受照顧者，但其實，讓對方有更多自主行為，對他的減緩退化，反而是有利的。（當然，要適度的表達和對話，才能避免誤會。）

31 打開馬桶蓋，有利於案主隨時想如廁。闔上馬桶蓋，可以改善室內空氣潮濕。應跟對方溝通過再做決定。

32 不建議儀表過分華麗。適度簡單，反而顯得親切，較沒有距離感。（另一種情形是，穿上象徵專業的制服，這又是不同的概念。）

33 避免說：什麼味道，好臭。我的時間很重要，快點。也許說者無心，聽到的人卻可能感到尷尬，不舒服。

34 不要一直看時鐘。這會讓人覺得，你無心留在此處。

35 有些人的大門很重，關門器又故障，門闔上會很大聲。有的是因為風的關係。為了避免誤會，關門

316

輯2 長照人員或需要增加陪伴的人的家屬參考：

36 不建議跟受照顧者說：你現在又不用工作，時間很多。應該要……這話非常失禮。（可以辛勤工作，其實是很多人自信的來源。）

37 有些人會脫口而出：你這個人就是……，所以你家人才會……這是非常失禮的。所有的現象背後可能都有很多的故事，不要輕易下判斷。

38 不要問：你覺得我和上個人誰比較好。既沒有意義，還會給當事人造成壓力。

39 先脫下雨衣再按門鈴。不要在樓下按了門鈴，再慢慢脫雨衣，讓對方傻傻等不到人。也盡量避免在對方的玄關或陽台脫雨衣。

時，務必謹慎用雙手緩緩闔上。

（24）禁忌 千萬不宜的行為

1. 許多老人會有所謂的長壽毛，即任意亂長的眉毛。有些人覺得這是祥瑞，不可以未經過當事人或其家屬同意，就自行幫忙修剪。

2. 即使沒地方擺，也不能任意將私人東西放在神明桌，佛經，聖經，可蘭經上，或扶著神明桌穿鞋子（通常鞋子應該都在室外穿脫）等。打噴嚏，咳嗽等，也禁止對神明桌方向。

3. 不要有奇怪的聲音或行為如：噴，嘆氣，翻白眼，做噁心狀，皺眉等。

4. 未經允許，絕不可進出不相干的房間。探頭都不可以，以免瓜田李下。

5. 不可對受照顧者及其家人，說任何不當，或容易讓人誤解的玩笑。如開黃腔，黑色幽默，聊血淋淋的社會事件等。

6. 不要莫名的亂笑。也許只是忽然想到有趣的事，或看到什麼事引起聯想，但這個行為，卻容易讓受照顧者誤以為是嘲笑自己，內心感到受傷。如果笑了，一定要說明原因。（但也不要太誇張的道歉，反而可能越描越黑。）

7. 進出社區的大門，盡量維持大門本來的狀態。開關門時，嚴禁用甩的，或發出非常大的聲音。

8. 不要搶在家屬面前報佳音。比方，家屬有開心的事情，想跟其長輩分享，照顧者都已經先說了，他們就看不到老人家的第一表情了。

輯2　長照人員或需要增加陪伴的人的家屬參考：

＊有時候，家屬希望有人幫忙去打頭陣，這又另當別論了。

9 絕不可任意批評其家人、寵物、外籍照護員、傢俱、裝飾等。或可善意的，委婉的提出正面的建議。

10 說：「我是為了你好。」然後就……。即使自以為為了對方好，也不能有強制要求對方如何的行為。

11 嚴禁為了個人政治的意識形態而出言不遜。若不喜歡對方，離開便是。

12 絕不可因為時間關係，而置對方於容易發生危險的狀態。務必確定其人身安全才能離開。（如果他是個人缺乏安全感，那又是另一個課題了。）

13 未經允許，絕對不可於公開場域討論受照顧者的私事。

＊案例：案主家中的男主人因為一場車禍，大腦嚴重受損。女主人不想讓社區知道，還想保有一定的個人尊嚴。常來看望的姪兒卻不小心告訴了社區鄰居，女主人不堪鄰居的過度關懷，不久便搬離了該處。

14 盡量避免與受照顧者的鄰居或社區的人發生不愉快的事，可能害受照顧者遭到池魚之殃。即使是為了受照顧者而出頭也一樣。

15 不要在老人身旁快速移動，會讓他們受到驚嚇。（尤其是面對患有思覺失調症的人）移動時產生的風，甚至可能讓他們重心不穩而跌倒。

又或者，家屬沒準備好要告訴長輩，照顧者卻說了，會造成其困擾。

語言、眼神暴力等，都絕對不可以。會把對方嚇到。

319

16 避免用腳代替手做事情,比方開抽屜,關門等,非常失禮。

17 不可在老人面前說自己老了。(你老了,是否意味著他應該⋯⋯)或說:我老了以後,一定不要給孩子負擔等,這類像是指桑罵槐的話。

18 洗完手務必擦乾。亂甩,任意噴濺,是非常不好的行為。

19 斜眼看人或看鏡子裡折射當事人的影像,都是很不禮貌的事。

20 有可能因為時間不夠的關係,為了加強速度,對受照顧者下達一連串的指令,他來不及思考只能配合。這是非常失禮的作法,避免如此,會讓當事人覺得很不受尊重。

21 特別是路口轉角,障礙物前方轉角等,除非確定絕對安全,否則,絕不可讓輪椅往前方先走。可能讓他身陷危險。

22 餵食東西,藥粉等,湯匙和他的口呈平行或適度傾斜。不可由上往下角度太大,既不禮貌,也容易引起嗆咳。

23 水,湯,藥水等的旁邊,盡量不放重要文件。

24 即使空間太小,也不能按壓對方身體起身。可以利用他身旁的扶手做支撐點。

25 忽然受照顧者中風倒地,立即撥打119。(除非專家,千萬不可自行「放血」。衍伸出的問題很複雜,放血是一種偏方之說。)

(文件盡量用油性筆寫。水性筆容易遇水暈開。水性筆的好處是好書寫。)

320

輯2 長照人員或需要增加陪伴的人的家屬參考：

26 木製品，不要直接曬太陽，有水漬或直接放冰或熱的東西，都容易褪色。

27 噴酒精時，當心噴到眼睛。小心靠近要噴的東西或對象後，再噴。

28 除非在特殊情況下，且經過允許。否則嚴禁躺床、躺沙發或椅子上。

29 除非經過同意，否則，不能自行任意拍照。

30 看似很小的行為，其實很不禮貌：輪椅甩尾、用雨傘操槍、拖把亂用等。

32 不要吹皺一池春水。

33 你有初戀嗎，現在怎樣了？要不要去找他。要跟著你的感覺走。不要在乎世人的眼光……（其老公正在家裡揮汗煮飯。）

你們找的這個師傅不好，我幫你介紹一個，全方位多功能的超級賽亞人。（這老師傅正好是其遠親。）

34 不要為了求好心切，就多吃藥量（含中藥），復健量過大，容易造成筋肉拉傷發炎等。

35 勿讓狗繩繞過老人，萬一他忽然向前跑，會害老人跌倒。

玲聲很容易讓人感到焦慮。

36 有些清潔液有腐蝕性，要非常小心使用。噴到眼睛，立刻用乾淨的清水沖洗，但也不要過分沖洗眼睛，容易造成菌相不平衡。

不要跟受照顧者聊鬼故事，手機不要冒出搞怪詭異的鈴聲。會嚇死他們。手機盡量設靜音震動。玲

37 若代拿受照顧者的包包，文件，藥物等物件，必不離身。絕不可弄丟。

＊ 避免到人多的地方，可能使東西被竊而不自知。切記，切記。

38 個人家中垃圾，絕對不可拿到案家的社區。也不可請他們社區代收包裹。

39 在任何情形下，比方受照顧者忽然吃飯時暈倒，照顧者不能為了趕快去攙扶，就隨意將筷子插在裝飯的碗上，這是非常失禮的。（彷彿要祭拜似的）

40 吸管避免重複使用。尤其是，有皺摺方便不同角度吸食的那種吸管，更容易積垢。

41 開門時，無論門朝內或朝外，都要非常緩慢。朝外，可能撞到另一端的人。朝內，可能使另一端正手握門把的人重心不穩跌倒。

42 隨時留意尿袋位置，避免其高度超過尿道。

輯 2　長照人員或需要增加陪伴的人的家屬參考：

（25）危險　千萬小心的事情

比較常見到的危險的地方或事情

1 我曾經遇過一種情形——幫受照顧者洗澡後，出浴室門去拿乾淨衣服，沒想當事人居然自己竟從洗澡椅站起來到馬桶前方尿尿。我不知道，一如往常迅速將門推開。不意外的，他受傷了。

建議：一任何狀態下開門必須非常小心。二乾淨的衣服，若先放在浴室裡，也許就可以避免這個狀況發生。

2 最怕遇到長輩跌倒。網路影片有非常完整的教學，教我們如何扶他起來。而我個人更建議，請另一人來協助。我的想法是，萬一他的身體骨折，我們未察，卻堅持將他扶起，可能造成二次傷害。如果真的確定沒有大礙，他的任何移動，身體沒有異常刺痛感，或可以協助他緩緩站起。比方透過低矮的椅子，或四角枴杖，或ㄇ型助行器等。

（建議手機不要習慣性放胸前口袋。很容易因為彎腰的動作，讓手機落下來。）

4 失智者自行外出是常有的事，很危險。或可考慮：a 大門從內上鎖。b 交通工具上鎖。c 讓他帶衛星追蹤器的電子產品。

（必須與家屬做充分的溝通。比方大門上鎖後的失火逃生，緊急求救等問題。）

5 床上經常有時鐘，手機，較大硬物，要非常仔細注意。萬一躺下去，可能骨頭會受傷。（還好，老

人家多半是慢慢地躺下。）

6 充電器放床邊,其實是很危險的。可能造成自燃等問題。

7 盡量維持空間明亮。尤其推輪椅時,室內空間昏暗非常危險,也容易撞倒貴重擺設。

8 草叢太高盡量避免過去。可能有蜘蛛,恙蟲,蛇,蜈蚣,蜜蜂,針頭等。

9 拿重機時,必須兩手拿。萬一手滑落地上,甚至砸到受照顧者的腳的話就糟了。

10 氣墊拖鞋,較高跟的鞋,可能會讓人重心不穩,要仔細慎選。

11 家屬出門,可能習慣性把裡面的人反鎖（因為怕受照顧者跑出去）。如果發現,保持鎮定,通知家屬來開門。

12 小心自己或他人,忽然開啟靠馬路方的車門。非常危險。

13 使用電熱毯,電熱器的時機,位置,方法,要特別小心注意。務必告知其家人。

＊用烘被機也一樣。烘完至少要超過十分鐘,等手伸進被子裡,確定降溫才能使用。

14 不要用指甲拆釘書針,指甲很容易斷裂,指甲裂痕很容易刮傷受照顧者的皮膚。

＊無論是自己或受照顧者的手與腳指甲不宜過長。容易龜裂受傷或傷到別人。

15 方從冷氣房出來,眼鏡很容易會佈滿水氣,最好先確定照顧者與受照顧者的眼鏡,都沒有霧茫茫一片才能繼續走。否則,很容易跌倒。（或可嘗試先讓眼鏡升溫）

16 盡量避免讓老人拿重物,或抱著孫子搖哄。脊椎軟骨處可能受到擠壓而受傷。

324

輯 2　長照人員或需要增加陪伴的人的家屬參考：

＊但也不能過分患得患失。可能讓老人覺得被冷暴力對待，應適度溝通。

17 特別是鐵製品，圍牆，窗戶，冷氣機主機等，要格外留意。可能會有鏽蝕造成的尖銳處，或攀爬時忽然造成斷裂等，因此受傷是常有的事。

18 開門時，偶而會遇到打不開，不要硬掰。有可能是卡到什麼重要的小東西，硬掰可能會傷害門軸。

＊還見過一種情形，某些老舊的房間門更要小心，裡面經常堆滿物品。房外有人推門，造成整盆水翻倒，頓時房內一片狼籍。

19 開關門經常發生手指被夾的事件。尤其老人特別會用手抓握門框處，特別是門軸的位置，他正在幫忙擦拭受照顧者。因為就會導致夾傷。（比方，照護者注意力正放在另一件事或輪椅身上，而忽略受照者的手還沒完全離開門框。）

20 輪椅在外面行走，常會容易遇到路面顏色差異小，高低差卻很大的狀況。一不小心，就可能造成輪椅傾覆。

21 輪椅拿走前先告知，仍要小心他又跌坐。最好確定他已經完全站定，或已坐在另一個椅子上，才能移動椅子。

22 輪椅上的人撐傘，其實有點危險。容易刺到推椅人的眼睛。（傘帽、雨衣或許較好。）

23 輪椅上的受照顧者，經常可能將手伸出扶手外，有時可能會導致手被卡在一旁的門把上或桌、櫃等，非常危險，可能導致骨折。要格外小心。

＊假如輪椅旁掛著點滴瓶，務必將其管子整理好，或固定住。避免被其他東西勾到。

24 前後無人車才能蹲下處理（比方輪椅行到馬路中央，東西掉落地上），上方無人才站起來（比方協助老人繫鞋帶或洗腳丫，確定頭的上方無人才站起。否則可能撞碎他的下巴）。

25 可能不小心被反鎖在陽台，頂樓，逃生梯，閣樓，冷凍倉儲等等。要非常小心。

26 不建議讓老人頭部仰角過大喝水，非常容易嗆到。（但要看情況：一位健康狀況還不錯的長輩覺得，他需要透過仰頭，才能將藥物灌入咽喉。）

27 受照顧者因為極度緊張，容易抓握很緊，甚至指甲刺傷照顧者。

28 拖鞋選購一定要防滑係數高。也不能太軟，重心會不好抓。買回來要先洗過，並試穿看看。（新鞋通常容易滑）

29 尤其是冬天的外套，特別容易發生拉鍊或垂墜飾卡到椅縫等，導致重心不穩跌倒。

30 走過小水灘要非常慢，經常發生滑倒的狀況。另外還有：
a 避免踩在木頭或木板上。唯恐上面有釘子，造成刺傷，或身體打滑。
b 盡量避免跨過繩子。唯恐不小心被繩子絆倒，或重心不穩。

31 如果老人家的頭部意外撞到，要多天注意是否有各種腦震盪的症狀，比方暈眩頭痛等。他們的頭殼非常脆弱。

32 注意光線充足。在受照顧者家中有許多危險的地方，包含垂吊的尖銳物如生鏽的衣架，過低的門眉，

輯2 長照人員或需要增加陪伴的人的家屬參考：

33 老人可能嘗試自作酵素。一定要保持酵母的生長空間，不能太滿。否則玻璃瓶可能爆炸。（可能放在牆角一隅，稍微留意一下就可以了。）

34 年紀太大的人，不適合聞太具衝擊性的味道。可能產生嚴重嘔吐或暈眩。（所以，若照護者容易出汗發臭，建議多帶衣服更換，或者噴止汗劑。）

35 可能遇到，電梯門的接縫有高低落差，特別危險。要非常小心，可能因此「剪斷」手機充電線等，造成跳電，甚至是電線走火之類的悲劇。

36 氣墊床等的床圍也許是可以左右上下移動的。養成習慣，先確定後才踏出門。

37 老舊房子，可能會有電線老舊的問題。實際案例：廚房有塑膠融化的味道，始終找不到源頭。找很久才發現，老舊的電熱水壺的電線插座已經微變形了，味道就是由此而出。

＊思考重點：

a 老舊電熱水壺，可能運作效率更差，電阻更大，耗電也就更大。若牆壁裡的電線品質不好，就無法長期乘載這樣的負荷。

b 這是牆壁上插座的問題，和你的延長線的品質好壞是兩件事。

c 耗電大的電器用品，建議不要長期（比方數年）使用同一個插座。

38（接上）實際案例：牆壁老舊滲水，因而造成壁內的電線鏽蝕，不時傳出霹啪聲。務必立即尋求水

電師傅協助處理。

39 氣功、瑜珈等的好處，可能有部分科學理論的支撐。但我個人建議，這部分盡量抽離宗教或太神秘的元素，避免有走火入魔（瞻妄）的情形。

40 任何延長線，盡量靠牆壁，或用膠帶固定住，避免讓人絆倒。

41 如果不得已必須讓受照顧者坐有輪子的辦公椅上，務必確定在不會輕易移動的情形下，才讓他坐到椅子上。

42 洗澡時，可能會協助拿下手錶、手珠等，要非常小心，避免掉到地上。

43 若使用洗澡椅，進出較窄的浴室門口，千萬小心，避免手臂或手指被門框夾斷。

44 清潔液等，盡量避免放在木頭製品周遭。可能因為老鼠咬，或各種可能原因，造成滲漏問題，非常難在短時間處理乾淨。

＊木製品碰到液體容易變質腐爛，進而成為白蟻的溫床。

45 如果我們的視線暫時離開受照護者（比方正和他的家人對話），可以用一隻手微貼受照顧者的背部，另一隻手輕微扶著他的手臂。一旦發現他的身體離開我們的手掌，我們就可以立即反應處理。（比方，他可能忽然暈腳軟。）

46 年紀大的人，很有可能只是因為忽然站起來，打個噴嚏，或彎腰撿東西，就觸發腦中風。除了協助他時盡量動作放緩之外，也可以鼓勵他多喝水，多運動。

328

輯2　長照人員或需要增加陪伴的人的家屬參考：

47 助行器的卡榫一定要確實上卡才能使用。否則非常危險。

48 陽台上的冷氣機外部的海綿包覆常會脫落，要盡快重新包覆。很危險。

49 中醫有虛不受補的觀點。故，若受照顧者很虛弱，不要建議他吃人參之類，藥性很強的補品。（最好先請教過中醫師。）

50 椅子，水盆，易碎物品，尿桶等，避免放門口旁，唯恐門打開，造成一地狼藉。

51 剪刀的傳遞時，刀柄朝對方。自己手握剪刀刃處。傳東西的過程，一定要確定對方很好的拿在手上，手才能離開。

52（交通安全）：

一大車的前輪與後輪，畫出的圓是不一樣的。比方右轉時，後輪的弧線軌跡，小於前輪很多。最好的做法是，遠離大車，尤其是改變軌跡中的大車。

二經常發生，送行的家屬（甚或是照護員）離車門太近，以致於被啟動的車子壓傷腳趾。切記，切記。

三包含圍巾，綴飾等，可能因交通工具的移動，而發生危險事故。（例如舞蹈家鄧肯）所以，出門時，要特別留意這一部分。

＊我曾親眼見過長輩手拿一件較長垂到地上的衣服，一不小心，自己踩到衣服慘跌地上。非常危險，切記。

（26）犯錯 誤解 相關思考

1 無論如何小心謹慎，仍可能犯錯，造成嚴重的傷害，不可惱羞成怒，或推諉卸責。誠懇的道歉才是最好的態度。
（這裡的「犯錯」是指，或許可能避免，但因為不夠周全而造成不可挽回的後果。）
＊應注意，且已注意，但仍無法避免的造成受照顧者受傷，甚至是悲劇的發生。這和犯錯不同。

2 有可能對方認知的顏色，型號，和我們的理解不同。一定要具體確認再三。
（比方他們認知的月曆，可能是有陰曆設計的，而我們認知的月曆卻可能只有新曆）＊蔬食不等於素食，素食還有分各種禁忌，一定要弄清楚。

3 不成比例的反應。比方，你可能只是一個很小的行為，甚至談不上錯誤，受照顧者或其家屬，卻有極大的情緒反應。不排除，他的思覺或精神有一些狀況。照顧者首要思考的不是：我要原諒他。我要忍耐。或，我要反擊，讓他學會同理心。而是：他怎麼了？我可以先觀察再做因應。

4 『這個家就這麼小，不是你會是誰？』被誤解是照顧者很常遇到的事。有時候，受照顧者失智，容易有多疑的情形。或者，就是單純的誤會。受照顧者與其家屬，可能是相對弱勢者，所以，更容易因為缺乏安全感，而產生各種懷疑。這不是只有居服員會遇到這種事情，受照顧者的家屬，自己也

330

輯2　長照人員或需要增加陪伴的人的家屬參考：

經常成為被懷疑的對象。

冷靜是最好的態度。只有冷靜，才可能慢慢找到解決問題的可能性，不是先道歉，更不可以咆哮反擊，這都不是理想的做法。

5 照顧者不是上帝，經常，自己也會被網路信息給忽悠了，提供錯誤的知識給受照顧者。一但發現錯誤，不要覺得不好意思，趕快坦承錯誤並修正就是了。這樣才能得到受照顧者更多的信任和尊敬。若用手機上網找資料，比方谷歌大神，要留意一種情形──當你打了幾個關鍵字之後，他可能會提供你幾十個簡短的文字，類似簡介的概念。一定要點進去認真看。如果只停留在首頁，可能會被誤導。因為有時候，他可能將兩個不同事項的段落拼接在一起，讓你誤以為是說同一件事，以至於提供受照顧者錯誤的信息。

6 不要一直道歉。比方協助沐浴的過程，因為要注意的細節太多，難免犯了一些錯誤，尤其是剛開始的時候。不要一直道歉，這樣反而會讓受照顧者很困擾，可能要一直回應：沒關係。要一直很禮貌的回應你。

適度道歉就好，關鍵是──盡量小心，避免一再犯錯就好了。

7 要有心理準備，可能認賠。也許是當事人的口誤或記憶錯誤，因而造成代購的各種問題。這時候，與受照顧者或其家屬再多的爭執，只會讓問題變得非常複雜有時候，灑脫地說，正好我需要，也許是最快的解決路徑。這只是我個人的想法。

331

（27）身心症 思覺失調症的相關思考

廣義的身心相關議題的探討，包含情緒管理障礙，認知障礙等，或是思覺失調等。

身心相關的問題，家屬或照護員最常見的，就是情緒管理障礙的問題。

以下用一個故事比喻：巨人國蓋一條車道。路面寬敞，路面兩端微微向下傾斜，為要在下雨時，可以將雨水引到路面兩旁的下水道。

路旁一隅住著一小精靈國。他們看不到路面的高度，只知道，每逢下雨時，就有水從對面的「高原」傾瀉而下。為免於受害，他們在路邊上，蓋一座高聳入天的圍牆。至此，他們才以為自己安全了。

身心症（甚或失智症）的人，有點類似精靈國。他們無法判斷傾瀉而下的雨水，可能造成的影響面是如何，唯一能做的，就是超大幅度提升他們的保護機制。保護機制就是圍牆，在現實中，也就是情緒。

如果我們不希望這個社會有太多的恐懼，就應該從建立信任的環境開始。不再只是思考，我想要變成一個怎樣的自己。精靈國無論如何學習調整心態，都和水是否沖毀他們的世界沒有任何關係。想要避免水沖毀他們的世界，最好的方法就是主動走出去和這個世界對話。只有學習清澈的對話，才可能在對話過程中，學習如何建立可信任的環境。

恐懼的源頭，通常不是當事人缺乏自信的問題，而是雙方缺乏互信的條件。

若要改變現狀，可以參考上面的對話篇，聆聽等。底下要分享的，是如何亡羊補牢，如何與他們相處。

輯2 長照人員或需要增加陪伴的人的家屬參考：

1. 可以盡量臉朝受照顧者。既表示在乎，也可以防止背後受到其攻擊。

2. 避免硬槓。自己有情緒時，寧可離開該空間，避免與他有非理性的交集，如吵架。

＊對方有情緒時，幾個方向參考：

　a 記憶的運用。嘗試引導他朝正面情緒的記憶去想。

　b 邏輯的運用。嘗試用簡單的道理循循善誘。

　c 情感的部分。找他平常比較願意聽的人來跟他對話。

　d 轉移思緒。例如其中一人立刻離開該空間，假裝外面有吵雜聲等，或正好有地震轉移注意力。

　e 強勢力。比方尋求119的協助，或人多勢眾等。

3. 過份強烈的感官刺激，有可能影響情緒。比方香水太濃，惡臭的廚餘，過分濃妝艷抹等。

4. 降低說話與動作的速度，比方語速平均每分鐘低於一百個字。更多地聆聽。

5. 若有第三者（比方家人，這樣他會更有安全感。）在一起或許會更好。除非照顧者與受照顧者之間已經有很好的互信和依賴關係。

＊家屬真的很了不起。平時，他們常是受照顧者的出氣包，有事時，他們又經常是受照顧者的避風港。

6. 盡量使用簡單親切的文字和表情。避免過度複雜的句子或太豐富的情緒表情，會讓他們產生焦慮感。

7. 越靠近當事人身旁，建議動作越慢越好。尤其初認識時，避免他們產生恐懼感。

8. 可以用稱呼拉近雙方的關係。建立關係，可以降低當事人的防衛機制。比方：爸爸，今天有沒有好

333

一點。

9 多跟他有近距離的良性互動。讓他習慣你的眼神，味道，聲調，肢體語言，觸摸等。（但要看情形，不當的近距離，可能給他帶來壓迫感。）

10 即使意識形態接近，也不建議在話題中，有太多的負面批判。可以增加正面價值的對話和認知導引正面認知的對話比例提升，有助於儲存情緒管控的資本。

11 不建議過分誇張的花式鼓勵或正向思考。像好朋友或親戚一樣的話家常也是很好的。

12 如果他過分在一件事糾結，不建議一直遷就於他。否則可能是飲鴆止渴。如果是他的家人，有時候，或許可以嘗試先扮黑臉切斷他的情緒，再扮白臉安撫他。

13 一定要按時吃藥，並且確定他真的吃進去了。好好配合治療，通常會有明顯療效。

14 比方更換紙尿褲，或執行各種較為私密性的行為時，盡量裝作若無其事，也是給對方保留一點尊嚴感。

15 若無其事的，單純的說話，有時候，比特別禮貌的說話，更能化解許多尷尬或詭異，凝重的氛圍。

16 和受照顧者一起探索興趣或嚮往。如：吉他（音樂雖好，就是擔心吵到鄰居），沙畫，粉彩畫，手工藝，毛筆字，烹飪，宗教信仰等。建立交流的延展空間。

17 （接上）更多的良性互動，有助於降低情緒失控時的力道。（當然不是必然）

18 多留意受照顧者的生命經驗（不特指童年，不要執著於所謂的童年影響理論），有助於和他更多元

334

輯 2　長照人員或需要增加陪伴的人的家屬參考：

對話。很多時候，情緒問題跟童年（甚或所謂的前世因果）沒有任何關係，可能跟他的社交體驗、價值認知，所處環境有關。搞錯思考方向，就無法真正改善問題。

19 也許先暫時簡化他的生活節奏，然後才可能和單純的情緒進行交流。

20 優秀的心理專家，深度的談心，尚且需要數十甚至上百小時以上，不要操之過急。

21 不能總從道德的角度去思考問題。或可先多聆聽，從他思考事情的習慣和邏輯去理解。

22 照顧者的穿著，談吐，氣質，衣著，都可能影響受照顧者的對話意願。（比方：有的是，專業形象才能讓他感到安心，有的較喜歡對方自在隨性的穿著，有的，喜歡對方跟他一樣的穿著好惡。）

23 要有接受攻擊的心理準備。攻擊可能是一種自我保護的偽裝。如果你沒有反擊，反而可能喚醒他內心的父愛或母愛。（但照顧者至少要學會保護自己。）

24 你的眼神，和親切的笑容可以安定他的靈魂。（如果在比方：性別，年齡，血緣或族群，宗教，外表，記憶經驗等，有共通的話題，或許就更好了。）

25 你的手或動作高過他的眼睛，可能引起他的防衛機制。比方蓮蓬頭的位置，或在他的頭上方拿東西等。相關動作執行時，應更加小心。

26 建立各種連結契機，比方：房間的牆上經常更換不同的家族照片，並時常討論。
（當然，所有作法都必須經過他或其家屬的同意。）

27 環境的裝潢用色也可能影響一個人的情緒。某些用色在短期的效果是愉悅的，但長期的效果可能未必，如粉紅色，紫色等。大腦未必適合長時間處在「強幸福感」的狀態。

28 即使是很熟悉的事，也可能忽然感到莫名的恐懼。大腦狀態不穩定是其中一個可能，比方譫妄。安撫他的辦法，也許轉移空間，創造話題，或給他事情做等。

29 或可試著用魔法打敗魔法。比方，假裝打電話請求警察協助。
（這種方法只適用於少數人，並且，應先跟家屬充分溝通。）

30 現實世界，確實有人既會體諒他人，但同時自己卻給社會造成困擾。（因為他的同理心可能容易聚焦在一個點上。但其他的事，他卻缺乏同理認知的能力。）

31 有自閉症特質的人比想像中還多。容易糾結在關係慣性，認知慣性，經驗慣性等。以前的人，總會簡單粗暴的理解成「自私」。

* 主要是鏡像神經元的系統運作，遠比想像中複雜。

* 鏡像神經元即，大腦裡幫助我們建立共情能力的神經元。在前運動皮質、運動輔助區、第一軀體感覺皮質、頂葉下……等中都疑似有這類神經元。（參考維基百科）

32 除非兩方已經建立情緒默契，否則，爽朗的笑容，可能被理解成嘲笑，譏笑。

33 自傳療法，適合間歇性思路清晰的人（不適合失智老人），透過寫作的過程，慢慢的解離，並抽離自己陰鬱的部分。再從裡面，得到更深刻的理解和釋放。

34 相對於失智者，他們的感動與共情能力有可能更具啟發空間。有時候，你的軟弱的流淚，有可能觸發他內心深處的愛。

輯2　長照人員或需要增加陪伴的人的家屬參考：

35 譫妄——任何身體疾患，或藥物，只要造成急性的腦功能障礙，都可能引起譫妄。大概的特質就是，邏輯思維脫序，或感知器官出現奇怪的世界，情感能量爆炸性釋放等。

＊ 除了讓他自己累了睡著，很難找到快速有效的改善方法。最好是定時吃藥。如果平時就建立很好的互信依賴習慣，是有可能起到稍微安撫鎮定的效果。

36 身心症的人，有可能情緒非常跳耀。失智型的人也可能會。但兩者的差異在於：身心症的人，他的情緒轉變非常唐突，且充滿能量，不容易被轉移。但失智症的人，情緒是散亂的，較可能被轉移。

37 寫作療法對於輕度身心症的人，有較好的治癒效果。因為，可以幫他重新省視自己的問題：比方過度鑽牛角尖或劃地自限等。可以幫他自己重新釐清他原本混亂的思路。（自傳的重點在於和自己的對話，寫作的重點在於，和命題價值的對話。）

＊ 除了文字之外，繪畫療法也是很好的方式。

38 （百度百科）甲狀腺功能異常伴發的精神障礙：正常的內分泌功能活動不同程度依靠中樞神經系統來控制，反之內分泌對調節中樞神經功能也起着重要作用。因此，在精神疾病時常出現內分泌功能異常，內分泌疾病時也往往伴發精神障礙。

39 讓他練習畫粉彩，砂畫，毛筆字（可以加入多元的顏色），有可能有利於他的心情安定。芳療，琴療⋯⋯等，或許也可試試看。

40 相關參考資料：病理探討：24，25，26，27項。孤獨的靈魂

(28) 失能退化 失智退化的相關思考

（關於失智症，我覺得可以理解為：思覺逆向綜合症）

一個人若是失去工作重心，或逐漸失去健康，或身邊的親友一一凋零，身體的思覺和免疫系統等機能，有可能會受到影響而跟著慢慢消亡。若能從更年輕就學會保養身體，大腦，並建立更多元的生命的價值，也許可以讓這件事不至於太早發生。

1 舉例個案：以下是發生順序：

原本個案是一個個性鮮明，生活充滿張力的人。

∨ 忽然，家人莫名感覺他怪怪的，疑似失智早期，其個性逐漸變得溫和且單純。

∨ 半年多後，開始偶而有點任性，多數時候笑容依舊質樸。

∨ 數月後，性情逐漸陰晴不定，喜怒難以捉摸。

∨ 逐漸的，變得寡言呆滯，認知愈加混亂。但似乎保有一定的情感認知。

∨ 最後是，認知功能幾乎喪失，沒有明顯的情緒反饋。直至燈滅。

＊ 初期下降還是很緩慢的。常跟他互動，對於延緩病情，似乎效果不錯。到了後期，退化速度變很快。

（也可能是越來越無法按時服藥，很多案例都是半年內變得很糟。）

＊ 較後期可能出現：感動的能力下降，笑容不再鮮明，做事越發隨性，反應越來越慢（反射弧越來越長），回應越來越單調。

338

輯2 長照人員或需要增加陪伴的人的家屬參考：

2 個案是帕金森氏症後期：

a 幾乎無法言語和行動。通常，只要耐心溫柔的安撫，是可能讓他的身體慢慢放鬆的。(睡著後，身體會變得放鬆，柔軟許多。)

b 很可能會有類似嗚嗚的哭聲，可以試著不斷的跟他溫柔的說話，他的哭聲與抗拒的力道可能會逐漸減小。

3 個案是重肌無力症後期：

a 後期似乎仍有點感知現象，但其實沒有太明顯的反饋行為。

b 越來越進入「眠」的狀態。所謂的清醒，也只是眼睛較為睜開。

c 最後是以肺部積水過多，致無法好好呼吸而逐漸走向凋零。

4 個案的狀態是：思路，情感，關懷，喜怒哀樂的能力貌似都還行，但抗壓能力越來越弱，思考的反應時間(反射弧)越來越長，社交的熱情逐日下降。

5 個案情形是：非常沒有安全感，無法一個人和陌生的外籍看護相處。會一直打電話找兒女說話。藉此找到一點安全感。

6 喜怒哀樂裡的喜和樂，是真的不一樣。喜，怒，哀的情緒比較容易見到，但「樂」真的不太容易在老人家身上感受到。也許，樂是一個較為鮮豔的情緒，大腦的運作機制更複雜。若你還能看到長輩開心的笑容，就好好珍惜那種感覺吧。

7 電視的感官刺激,其實是一種不得已的選擇。但其實它很不好。畫面和語速切換都非常快,加上莫名其妙的各種凌亂的配樂,老人幾乎無法吸收。收音機可能好些。最理想是,親人陪他說話。

8 白天睡眠的次數和時間,可能會逐漸增加。不好完全禁止,但也不要過分放任他。他的身體可能會日夜顛倒,且越來越虛弱。

9 容易接納新事物的人(女生較多),可以協助他多參加學習課程。男生比較不喜歡嘗試新的事物,有可能是出於自尊心作祟,也可能是大腦的退化所致。建議:應該趁更年輕的時候,就嘗試參加學習課程。若有年齡更大的前輩陪伴參與,則他們投入的意願會更高。

10 用魔法打敗魔法。失智症者經常會記憶重返以前的狀態,他們可能會問,兒女放學時間到了嗎,他要去接送兒女放學。也許可以告訴他們:沒關係,你老公去接他們了,晚一點就回來。(通常他們的記憶力不會持續太久,或許一小時就忘了。)

＊延伸思考:如果他喜歡美食,也可以跟他天馬行空的聊晚上想吃什麼料理。

11 扮黑臉有時候是必要的。失智者有時候記憶已經完全返童了。假如他過分任性而為,只好由家屬中的一人扮黑臉,適度壓制他思緒的「興奮」狀態。

12 健康理性的人可以透過理性思考,在必需的時候,踩情緒的煞車。其實這並不是容易的事,他需要身體裏很多機制的協作。包含大腦思維,神經傳導物質的分泌與制約等。然而,對於大腦逐漸退化的老人,真的非常困難。需要給他們更多時間去慢慢整理情緒。(類似幾乎沒有煞車皮,卻要煞車

340

輯2 長照人員或需要增加陪伴的人的家屬參考：

13 寫作療法，對於初期的失智症者有一定的減緩效果。幫助他們訓練大腦的組織能力。組織力是綜合（如：條理，歸類，邏輯，順序，連結，判斷，情緒等）能力的集成。

＊戲劇治療法，也是類似這個概念。

14 大腦退化是可能透過電腦斷層掃描診斷出來的。初次就醫，可考慮先掛身心科。若不是很確定的話，也可以考慮先掛神經內科。

15 有些人會像小孩一樣，審美，吃東西偏好等，都像小孩。這時候，或可嘗試拿彩色筆讓他練習畫彩虹。即便無法提升他的大腦思維，至少，可能改善他的心情。

16 失智與精神疾病（如譫妄），可能只是一線之隔。

劉嘉逸醫師：失智（Dementia）及譫妄（Delirium）在精神醫學的診斷分類中，皆屬於「認知障礙疾患」。「認知」，一般指的是「記憶力」、「定向力」、「判斷力」、「計算能力」……等等大腦功能。一個人會有「認知障礙」表示他的大腦功能已由於某種因素而造成損傷，這些因素可以是顱內局部性的（如腦細胞退化、腦部腫瘤），也可能是全身性的（如內分泌異常通常「失智」是慢性、持續性腦功能退化而造成的；「譫妄」則是急性腦功能受損的一種表現。

17（接上延伸 ─ 康健）引發腦部病變的原因，大致可以分成以下3類型失智症：

退化性：包括阿茲海默症、巴金森氏症的失智症及亨丁頓氏病的失智症等，都屬於退化性失智症。罹患這些疾病的病人腦部都有異常蛋白長期沉積而引發病變。

血管性：可能是大血管破裂或梗塞引發中風，突然失智；也可能是細小血管長期慢性梗塞，導致失智症。

可逆性：少數失智症是屬於可逆性，其他疾病治療或控制好，就有機會逆轉失智症。例如藥物、憂鬱症、低血糖、甲狀腺功能低下、缺乏維生素B12或葉酸、神經性梅毒、愛滋病、水腦、腦傷或酒精性腦病變等。

＊（肝病防治學術基金會）若肝臟功能正常，會將氨轉換成較不具傷害性的尿素，再由腎臟排洩掉。反之，肝臟一旦發生問題，無法代謝氨，氨經由體循環進入腦部，影響腦部細胞功能的神經傳導，因而造成肝昏迷。

肝性腦病變透過治療大部分是可逆的，對患者的智商及記憶力不會造成影響。

注意：曾發生肝性腦病變患者，高蛋白食物不宜過量。不要自行服用，消炎止痛藥，安眠藥，鎮定劑等。

（實務上：受照顧者有輕微肝硬化現象，又好幾天沒有正常排便。某天起床時，出現意識混亂，肌肉不協調的現象。正常排便之後，有明顯改善。當然原則上，還是應就醫做完整的診斷。意識混亂，性格改變，也可能是其他原因。不要自行猜測，甚至服藥。）

18 「自私」有時候，跟自閉傾向，可能只是一線之隔。

自閉症的症狀：缺乏同理心，行為模式固定，較獨來獨往，統合能力障礙。

自閉兒童的特質：不懂如何與人相處，可能語言認知能力發展遲緩，有統合能力的障礙（肢體僵硬，

342

輯2 長照人員或需要增加陪伴的人的家屬參考：

平衡感差），做事固執，邏輯思路怪異。

＊我以為，就像是小腦萎縮症可能到成年才發作，許多成人到了成年之後，性格變得異常怪異無法交流，不排除也是類似的情形。人數肯定遠超過想像。

＊(Heho) 蘇聖傑醫師──微膠細胞是發展的助力，卻有可能因為外在因素變成阻力，其中污染、壓力、飲食、細菌、病毒、基因等都是關鍵因素，可能導致大腦神經連結無法正常發展，還可能過度破壞神經連結。

一旦神經系統連結產生問題，後續可能產生許多神經相關疾病，如今已有間接證據證實受影響的病症可能包涵：兒童自閉症、成年人憂鬱症、焦慮症、老年人的神經退化性疾病，如失智症、帕金森氏症等。因此，不管在哪個年齡層都該留意是否有「不當發炎」的問題。

19 參考資料：輕鬆小故事：10，17，23，26。

（29）失明相關思考 可以留意的事

1. 比起用手去攙扶他，讓他可以把手搭在協助者身上，他會更有安全感。

＊有些中風或失能的長輩，也習慣協助者讓他搭手，而不是去扶他。

2. 在其家中重要或危險的地方，四腳杖上，可懸掛鈴鐺，既提醒他也提醒家人。

＊若聲音造成家屬或當事者的困擾，就不宜這麼做。
（如果家裡有寵物，鈴鐺的響聲，可提醒受照顧者注意。）

3. 照顧者不要輕易移動傢具，包含椅子等，可能會害受照顧者跌倒。也許，他們有自己習慣的擺放位置。

4. 照顧者宜適時發出聲音，示意正在做的行為。會讓受照顧者比較安心。

5. 輕拍受照顧者的手臂，或手背，可以適度傳達照顧者的善意。（頭部不要亂拍。）

6. 他們可能聽力會更敏銳，也更敏感，和他們說話盡量輕聲細語，不要太大聲。

7. 聽收音機可能比聽電視更適合他們打發時間。因為收音機的主持人，會更仔細地描繪情境。（收訊不佳的話，可以考慮接一條天線到室外。數位產品，不適合他們。）

8. 照顧者可以嘗試閉著眼睛去感受一下受照顧者的生活動線。會更清楚他們的需求。

9. 外出時，盡量穿亮顏色的衣服。可以讓周圍人（尤其是小孩）及早注意，降低他們受傷的風險。

344

輯2　長照人員或需要增加陪伴的人的家屬參考：

10. 不要隨意催他們。如果他們身體忽然石化，有可能正聽到什麼細微的聲音。

11. 盡可能動線維持平坦，不要有太多的障礙物，比方電線、小石階等。

12. 如果坐輪椅外出，理論上盡量走相對平坦並且熟悉的路線。但其實，不同的路線，也可能因此提升他們生活的樂趣。可以參考他們的想法。

13. 有些人的視力不良，可能是因為中風或糖尿病造成的視神經病變，目前的醫療科技可能無法處理。有些人的視力下降，可能透過植入特殊功能的人工水晶體，就能得到大幅度的改善。總之，應儘早就醫，不要拖。但有些狀況是可能改善的。比方白內障問題，透過手術，改善率就很高。

14. 若有導盲犬，除非經過主人同意，否則，盡量避免和工作中的導盲犬有太多的互動。因為，會影響導盲犬的注意力，間接影響到視障人士行的安全。（感覺對導盲犬有些殘忍。應該不久之後，會有相關商品出現，取代導盲犬。）

15. 導盲杖具有探測、辨識、防護等功能。前端的設計和一般拐杖不同，千萬不可當成一般拐杖給另一老人支撐身體使用。

（30）失聰相關思考 可以留意的事

重聽經常發生在年長者身上。很可能因此大幅度降低社交行為，喪失自信心。進一步會造成大腦的退化。經濟許可的話，建議家屬幫他們配戴助聽器。

1 有帶助聽器的受照顧者，應定時回去做聽力測試和儀器調整。

2 （接上）理論上，在戴助聽器的人旁邊說話，盡量在他的正中央說話，而不是在任意一側大聲說話，可能傷害到他的耳膜。

* 不少人的助聽器沒有得到很好的校正，那就以他們習慣的位置說話。

3 和他們溝通：a 盡量放慢速度。b 可以大量增加表情語言和肢體語言。c 有時也可以輔以紙條。

d 可以輕拍他的手臂提醒他。

* 若能在健康的時候，全家一起學習一點手語也許是個辦法。

4 未必都是真的重聽，有時候可能是耳垢的問題。建議每個月先去耳鼻喉科看看。

5 建議加裝聽障門鈴，即閃爍式門鈴。避免訪客按鈴，沒有意識到。

6 或可放一台平板電腦或小白板在旁邊。隨時作為溝通之用。（若不識字，或可用三色旗或球，或三種鈴鐺，作為溝通的媒介。比方藍色是家裡的事，黃色是外出的事，綠色是身體健康等。）

7 即使重聽，他們仍喜歡社交互動，甚至喜歡聽笑話。不要放棄和他們對話的機會。

346

輯2 長照人員或需要增加陪伴的人的家屬參考：

8 洗澡沐浴時，記得取下助聽器。助聽器很昂貴，盡量避免受損。

9 助聽器需要電。出門前，記得相關前置作業要做好。

10 助聽器也要適度用清潔液擦拭。

11 造成聽力障礙原因有很多，包含疾病，用藥，退化等，並非都不可逆，建議即早就醫。

12 聲音從外耳（氣體傳導）→中耳（骨性傳導）→內耳（液體傳導）→聽神經的整個傳遞路徑（神經傳導），一共經歷了4種不同的傳導模式（介質）這四個環節任何一個地方有狀況，都可能造成聽力障礙。

13 耳內式助聽器的收音在正常耳道位置，耳掛式助聽器的收音位置，收音在耳廓上方。

14 常見的助聽器，主要是將聲量放大，價格較親民。進階版的助聽器，在於可以針對受照顧者聽力受損的頻區加以放大，不至於傷害到正常的「聲頻感知區域」。價格相對高出許多。

15 也許他們會對耳朵的問題更敏感，如害怕洗澡時耳朵進水等。所以，協助沐浴時，要更小心。

347

（31）陪同散步 時應留意的事

這裡的陪同散步對象，包含使用助行器，正在減重的人和老人等。

1 通常散步會選擇在公園附近，比較安全。應留意避開：樹上垂下來的毛毛蟲（特別是春天）和蜘蛛絲、地上的狗屎、塑膠膜（最容易滑倒）、斜坡處、晃動的地磚、小水灘、垂墜的電線、撐傘的小朋友等。

2 開始起步時，先確定是否已經站穩，然後才開始。（特別是年紀很大或中風復建者。）

3 可能會忽然無力，隨時注意是否有適合臨時坐下的地方。太高（上不去）或太低（不好站起來）的地方都不適合坐。

4 有些人雙腳極其無力。除了務必有助行器輔助之外，必要時，一隻手抓住他的後面腰帶處，另一隻手虛插入其腋下護住他的身體。

* 對於沒有把握的對象，盡量先有家屬陪同與協助。
（穿裙子的女性長輩，可能就虛握他的內褲或紙尿褲。）

5 每走一段時間，可能關節處或小腿處會極其酸疼無力，必要時，幫忙輕拍或按摩該位置，有可能改善酸痛感。

6 或可隨時準備：圍巾，口罩，帽子，雨傘，衛生紙，塑膠袋，哨子，護身或支撐用的長傘，手套等。

348

輯2　長照人員或需要增加陪伴的人的家屬參考：

尤其天冷時，更要注意保暖的工作。

* 出門時，若戴口罩，小心壓到眼睛周圍皮膚，會很不舒服。

7 休息喝溫開水時，也許使用杯子會更好一點。用寶特瓶直接灌，有可能嗆咳。

（若照顧者臉正好朝向受照顧者的嘴巴，可能會被噴得滿臉。當然，他不是故意的。）

8 不建議到人太多的地方，很容易被其他人的購物車、狗繩等絆倒，被籃球砸中。

* 最擔心是，被周遭雨傘劃傷眼睛。另外，遇到宵小，或碰瓷的情形，也很傷腦筋。

9 不很建議，協助購物，幫忙拿東西。最重要的是當事人的安全，若手上有很多東西，可能會無法第一時間反應。

10 遠離行進中的大車、倒車、機踏車等。尤其是爆米花的機器，突發的氣爆聲很可怕。

11 也許需要隨時準備紙尿褲，或盡量去有廁所的公園散步。視其健康情形而定。

12 忽然漏尿、漏尿，不要慌張，自己先學會鎮定，才可能安撫對方。最好像是沒事一樣處理事情。

13 如果眼睛畏光，可以考慮戴墨鏡加帽子。特別是如白內障手術後三個月到半年間，更要保護好眼睛。

14 有些人覺得丟臉，不喜歡用助行器、拐杖等。可以考慮用拐杖傘，看起來比較自然。

15 選購時，務必留意是否高度剛好，合手與否。

16 安靜聆聽，或可作一個好的情緒導引者。避免主動探詢私事。

輔助者或可站在受照顧者拿拐杖的另一側。方便他練習使用拐杖。

17 可以觀察他的步伐是否穩健，節奏是否安定，呼吸律動如何，眼球移動如何，氣色的每日變化等。

18 照顧者有可能為了關注受照顧者而倒退著走。自己要非常注意後面，尤其是階梯，特別危險。不是每個階梯的間距都一樣，有的階梯可能有油漬，有的階梯可能水泥剝落等。自己也務必緊握扶手。

19 若在家中散步，避開太窄的通道。萬一他一個恍神，向照顧者的另一方向撲倒，會很不好施力抓住。

另外，改穿包覆腳跟的涼鞋會比穿拖鞋更安全。

20 鞋帶一定要綁好。鞋底是否裂開。鞋子是否合腳，是否太硬等，都要留意。

21 我曾遇過，旁邊的人在收水管的過程中，竟意外甩上來擊中我。若是擊中老人的眼睛呢？盡可能遠離這類危險行為。

* 也不建議讓受照顧者的手插口袋。

22 即使冬天，不要手插口袋。受照顧者隨時會一個踉蹌，若照顧者手插口袋，根本救援不及。

23 固然散步很重要的一個目的是訓練肌肉，但其實，受照顧者若遇到鄰居來閒聊，也不錯。散步是訓練腿腳，聊天卻可以活化腦部，訓練氣管發聲，也讓心情變好。

（但原則上，還是以當事人習慣為主。若他很內向，就不強求。）

24 如果褲子太鬆（比方因為生病，體重急遽下降），可以考慮用肩背帶夾住。

25 用輪椅推到定點再走路是常有的事。輪椅後面的口袋不要放貴重物品。椅子的卡榫要固定住。（若擔心落葉，可用傘蓋住輪椅，若風太大就算了。）

350

輯2 長照人員或需要增加陪伴的人的家屬參考：

26. 風很大的話，可能會有風沙、葉子等吹進眼睛。要格外留意。若是看到有人在整理花草，用機器修剪花木，也盡量遠離。

27. 我曾見過有人一隻手拄著雨傘，一隻手拄著四腳枴杖。這似乎也是一個方法。（下雨時，還有傘可撐。）

28. 天氣如果較熱，或可帶一條毛巾墊在石椅或金屬椅子上。可以避免臀部燙傷。

29. 年紀大的人經常容易駝背，可以輕拍其背部提醒他。如果他身上有背包，或或可考慮幫他背著，讓他能好好挺胸步行。

30. 如果他忽然完全無力行走，趕緊求助身旁的人，或家人，甚至警察。（只要他沒有失智型妄想的問題，主要是擔心他腦補我們會偷他的錢。）

31. 前方疑似有狀況，包含暴力事件等，立刻改道。千萬不可冒險。（務必確定有家人接手，才能離開。）

32. 遠離大型物件，如大的落地帆布。一但大風吹動，非常危險。

33. 或可考慮背朝陽光面的路線。陽光的直射，會讓老人家的眼睛很不舒服。

34. 出門時，拖鞋盡量擺好。以免害其他家人跌倒。

35. 不要催促。不是為了走而走。停下腳步吹吹風，看看花草，也是很重要的生命體驗。

36. 老人家經常弄得衣服髒髒的，如果擔心鄰居笑話，或可穿一件風衣或襯衫遮住。

351

37 如果受照顧者不想出門，可以嘗試把他打扮得非常漂亮，激發他的展示慾，也許是個辦法。（也許可嘗試，買平價的仿真首飾，幫他佩戴身上。）

38 剛吃完飯後，不宜立刻散步。建議再過三十分鐘後。因為血液與食物都在胃部，可能增加胃部的震動和負擔。

39 走下坡路，坐輪椅，可降低膝蓋磨損。若走樓梯，臉朝扶手側身上下，較為安全。

40 無論受照顧者如何身強體健，陪同者，千萬不能自顧看手機。他們隨時可能一個踉蹌跌倒。

41 陪同受照顧者散步時，公園裡的花草樹木，傾危物品等，不是很建議觸碰。（唯恐被人誤以為破壞公物，橫生枝節。）

42 受照顧者貌似身強體健，也許因前一天失眠，或血糖太低，暈眩症等，有可能會想提前結束，不要逼他，或過分鼓勵他。有時候，該休息就要休息。

43 若有使用公園的運動設施，務必先確定穩定安全才能使用。

44 上下階梯幾個關鍵：a 往下走，腳尖先著地，往上走，身體稍微前傾。
b 理論上，往上，健側先踏出，往下，患側先踏出。c 觀察重點：扶手穩固，患側穩定性，手是否有力量。＊陪伴者務必非常小心，手上不能再拿手機。

參考影片─瞭輔具 中風病患爬樓樓梯

352

輯2 長照人員或需要增加陪伴的人的家屬參考：

（32）輪椅 相關需注意的事

出門前，或可先去上廁所，或穿紙尿褲，助行器等可以請受照顧者幫忙拿。不建議帶或買太多東西，垂吊在椅側，既不利行走，又容易撞到旁人。必要時，千萬不可所有東西都讓協助推輪椅的人拿，若遇到危險狀況，會無法立即作出反應。

* 選購輪椅：舒適，安全，重量，操作便利性，長度（放計程車或進電梯），功能性，辨識性，個人偏好等。

1 最怕遇到的一種狀況是：跟著前面的家屬走，他們在前面走太快，為了追上他們，卻忽略了側邊來車，注意側邊來車，卻忽略地上的窟窿或狗屎等。注意到地上的坑洞，卻撞到前方忽然「踩剎車」的路人。

2 （接上）另一種情形是，家屬在後面。為了確定他們有跟上來，經常性地看後面。導致忽略注意前方與側邊的狀況。

3 輪椅可能有很多處的卡榫。包含頸部位置，扶手位置，腳步等。操作不小心，可能夾斷照顧者的手指頭。如果不了解，務必問其家屬。切記，不要自己硬掰。

4 為了避免輪子沾上小蟲子，有些人會回家後，給輪椅的輪子噴酒精。或來回輾過有硬毛的地毯，或用刷子簡單刷一下輪子等。

5 建議行走的速度,略低於自己平常漫步時習慣的速度。保留臨機反應的空間。

6 假如是帶兩支傘,也許可以一支交由受照顧者端著,一支45度角斜放輪椅後面口袋。

7 (接上)這時候,行走速度要再更慢一些。假如受照顧者手上的雨傘或拐杖鬆脫,傘尖落到地上,傘柄可能會刺中受照顧者的肋骨,非常危險。

(又或者,刺到路人,也是很不禮貌和危險的。)

＊ 有時,受照顧者坐在輪椅上,兩手拿著拐杖或四腳助行器,一個碰撞,很可能把牙齒或鼻樑撞碎,要非常小心。

8 提著輪椅走很多層的階梯時,要非常小心,身體沿著扶手慢慢走。即使照顧的長輩貌似跌倒的聲音,也不要管。否則,很容易帶輪椅一起摔成重傷。

(所以一開始,就要先把照顧者安頓好。請他先不要動。)

9 有些輪子需要特別加氣,包含輪軸等,要經常去檢視。否則,上下階梯會很危險。

10 誤判距離,導致受照顧者的膝蓋撞到前方的物件,或腳忽然落出踏板,輪椅繼續前行致使腳受傷,都是可能的。所以要隨時小心腳掌,拐杖的位置。

11 建議繫上安全帶。有些輪椅非常重,上階梯,可能無法頂上去,反過來拉上去反而可以。這時候,沒有繫安全帶,是很危險的事。(但實務上,很多人並不喜歡繫)

＊ 急於綠燈通行,可能發生輪子偏向,導致輪椅向前傾的危險狀況。

(切記,避免疾走,包含過馬路。)

輯2 長照人員或需要增加陪伴的人的家屬參考：

12. 盡量行走在平坦的路面，或者至少底下放一個較軟的椅墊。路面顛簸，會非常不舒服，可能影響出門意願。

* 有的老人生病暴瘦，尾椎骨可能會很突出，坐在較硬的椅墊上會非常不舒服。也許可以選購較軟的椅墊，或是尾椎處有凹槽的椅墊。

* 好的椅座墊，有助於預防壓瘡的形成。

13. 好的椅背墊，有助於避免肌肉骨骼變形，維持皮膚的舒適性等。

* 若是參加演奏會或喜宴，可以留意椅墊，和椅背墊的舒適性。

14. 理論上，上坡靠推，下坡時，則反過來頂住慢慢往下滑。坡度很小，地上的摩擦係數很大時，或許可以當作平地一樣往前行走。

（我的意思是，如果上下坡太多，輪椅一直轉來轉去，受照顧者的頭會暈。所以，轉的時候也是慢慢轉。禁止甩尾。）

15. 輪椅可能短暫放樓梯間，人去協助受照顧者，務必確定卡榫卡住。否則，輪椅可能會滾滑到樓下，非常危險。

16. 有的電梯很小，踏墊或是受照顧者的腳，可能卡到電梯門。若需選購或租用輪椅時，需留意這部分。

17. 購買輪椅時，應讓當事人親身坐一下輪椅，才能理解椅子的舒適性和當事人俯視角。

18. 輪椅收納起來後，中心點不好抓，往前移動時要小心。避免撞到旁邊的物品。

19. 路上經過烏煙，裝潢的木屑粉塵，快速通過，甚至避免經過更好。

20 有些車子沒注意，擅自暫停公園坡道口，嚴重影響輪椅上下出入。隨時觀察路況，掌握更多出道口，才能減少自己的困擾。

21 可以多留意受照者的眼睛停留處，也許有值得交流的地方，不要自顧自地往前走。抱怨無法解決問題。

22 倒退著行走時，自己也經常被東西絆倒，或撞到旁人。自己的安全同樣要很小心。

23 有些人體位較大，協助他坐輪椅時，也要小心自己的手，以防被手指或手腕被壓傷。

24 俯身聆聽受照者說話時，胸前口袋或衣領吊飾，常會被輪椅後面的把手勾破。可以留意一下。

＊ 實務上，輪椅是可能坐壞的，照顧體位較大的人，要多留心輪椅的狀況。

25 有的輪椅有煞車，可能會咬傷手指，要很小心使用。

26 有一種情形是，受照顧者想要嘗試下來走走。這時候，可以先讓其坐在一處等一下。先將輪椅放在相對安全，且不會影響別人動線的地方，再繼續陪他走。

27 假如上下階梯時，可以用腳頂著輪椅，這樣可降低輪椅在上下階梯時的震動。

（有的照顧員也許會將輪椅倒轉，然後一隻手拉著輪椅的扶手往前走。確實是可以，但有點危險。）

28 曾看過一個畫面──身障的年輕人坐輪椅，站不穩的老人推著輪椅緩步前行，兩人的身後，一個看護（可能是外籍看護）同時推著兩人向前走。我知道人手不足，但真的很危險。若老人體力不支倒地，他根本無法應付。辛苦了。

29 若有防尿墊或是帆布，至少可以減少尿夜滲漏到椅子上。若有穿紙尿褲更好。

356

輯2 **長照人員或需要增加陪伴的人的家屬參考：**

＊若下毛毛雨，盡量避免外出，也可避免輪椅淋濕。

30 有些人喜歡打招呼，不喜歡聊天。打招呼，可以分享彼此的喜悅，聊天卻要面對很多問題。所以，不一定要特別停下來，可以稍微留意。

31 輪椅的踏墊處，經常割傷受照顧者，移位時，要特別小心。

32 參考：（注意）3，28。

(33) 安全看視 如何更好的陪伴

受照顧者，可能是重度阿茲海默症或帕金森患者，或是小腦萎縮症，或是因中風而導致眼盲，身心症患者等人。要特別小心留意他們的行動安全。

1. 為了更理解環境，或可嘗試將整個空間關燈十秒，去感受一下，這樣的空間的動線安全性如何。（應先告知家屬，至少不能把對方嚇到。再開燈時，大燈有可能會切換成不同的亮燈模式。記得切換成原來的亮燈模式。）

2. 也許可以播放受照者喜歡的音樂或廣播，隨時配合需要做調整。（不是按照受照者自己個人的好惡決定。）

* 若受照顧者心情低落，或許不妨嘗試播放叫雀躍的曲子：過年歌曲，聖誕歌曲，范曉萱的兒歌系列等。

3. 若病人睡著，要隨時留意他的呼吸節奏。是否有不舒服，下意識躁動的現象。若有，或可嘗試去了解一下。比方，可能棉被太重，手被毯子限制住，無法輕鬆移動，或腳被床邊柵欄卡住等。有異常反應，務必立即告知家屬。

4. 有些背景聲音可能造成當事人的不舒服。比方低頻噪音（如機器運轉），高頻噪音（如機器的不正常運轉所產生的怪聲），樓上腳步聲，馬桶的沖水聲等。

5. 背景光線太亮，或頻閃，或顏色太鮮豔等，也可能影響當事人的心情。

358

輯2 **長照人員或需要增加陪伴的人的家屬參考：**

6 若病人很不穩定，照顧者或可暫時離開去洗手間。如果病人的狀況很不穩定，那務必等協助照顧者到場，才能短暫離開。

7 若是陪看電視，當事人無擇台能力時，可以考慮幫忙擇台。比方老歌介紹，動物，美食，美景等。不需要過份大腦思考咀嚼，畫面單純，沒有太多腥羶色的內容，甚或運動節目，宗教節目，鄉土劇（主題單純，邏輯簡單，情緒表達鮮明。如果太多爾虞我詐或血腥的劇情則避免。他們可能會產生焦慮感。）也是不錯的選擇。

8 若家屬要出門，可以問一下，是否有什麼緊急狀況使用藥物，是否有要特別注意的地方。（比方當事人可能有癲癇的問題，低血糖的問題等。）

9 不一定要為了聊天而聊天。有些人可能更喜歡（甚至是需要）安靜。可能他們無法消化太多信息，會感到頭痛。

10 或者，可以試著慢慢說話，再看他們對話題的反應。

11 看視的過程，任何生理現象，都值得觀察，並且告知家人。如：尿意的次數，氣色，說話的邏輯，說話的力氣，呼吸的節奏等。

12 居住空間若有異常問題，可告知家人。如：燈管是否會閃爍，是否發現異常氣味，鄰居是否有特殊聲響等。（當事人有可能無法清楚表達，但卻可能因此感到焦躁。）

13 陪伴看電視時，可以觀察他們的各種情緒反應，方便作為延伸交流的參考。

14 或可稍微幫他們肢關節運動。一方面，也是讓他在身體上，熟悉你的存在。熟悉可以建立信任感，信任感是交流的基礎。

15 理論上，充足明亮的光線對老人家是比較安全的。但有些長輩眼睛畏光，未必適合太亮的光線。＊若僅是擔心浪費電，可以考慮幫他更換LED燈泡。

16 有時，吃一點小點心，可能使心情愉悅。（但小心有血糖高，蛀牙等後續問題。）

17 陪他們下棋或拼圖也不錯。＊物件越大越好，方便他們取拿。

18 留意空氣流通，讓陽光灑進來，有助於改善心情。（有些家屬怕灰塵飄進來，不願開窗。可嘗試溝通看看，但不能強求。）

19 養寵物，種花，陪孫子小孩玩等，很有助於改善心情。

20 如果其家人希望他去頂樓走走，但他卻不想外出，可以這樣跟他說：拜託，陪我上去逛逛。我想看看，聽說很好看。（長輩通常很善良，會因為晚輩的托求而同意出門。）

21 可以陪他看看以前的相簿，聽他分享他心裡的故事。告訴他：我想看。我想聽。

22 若他失智較為嚴重，也許可以給他玩具紙鈔和平價首飾，讓他欣賞把玩。（即使他已經失智了，也可從他每天不同的的故事結構，聽出許多值得觀察的信息。）

23 若他是坐在輪椅上，也許不喜歡別人將其輪椅鎖住，會覺得很受拘束。跟他和家人確定過後，應尊重他的習慣。

360

輯2 長照人員或需要增加陪伴的人的家屬參考：

24 保留給對方可以自主的空間。比方，有人不喜歡別人幫忙，有人不樂意別人一直坐在旁邊，彷彿在監視他。可以和他的家人溝通後，調整互動方式。

25 若受照顧者在床上睡著，照顧者要離開前，是否關燈，應先跟家屬充分討論？有些個案主非常怕黑。

（34）如何有更好的 睡眠

良好的睡眠品質，對於這一天的生活質量有很大的幫助。甚至可能大大改善憂鬱症。

1. 如果有睡眠障礙的話，可以求助於大醫院的睡眠中心門診，身心科，甚或是家醫科。

2. 可以穿紙尿褲，減少起床次數。

3. 睡前可以喝一點水，或旁邊備一水壺。適度的補充水分，也有助於睡眠。

4. 有些人不喜歡睡覺時太亮，但若關燈如廁可能跌倒。或可用感應式小燈或蚊帳，或讓受照顧者帶眼罩也行。

5. 白天盡量不要有太多的睡眠。適度的休息倒無可厚非。

6. 一旦上床，盡量養成習慣不要思考事情。也盡量避免有情緒。要想事情，就離開床。

7. 穿襪子對於睡眠沒有直接的幫助，但有間接幫助的效果。比方可以降低溫度對末梢神經的刺激。或許，還可以防止龜裂的指甲，勾到布料而受傷。（但未必適合所有人）

8. 睡前，做些簡單規律的暖身動作，有助於改善睡眠品質。（不是做比較激烈有氧的那種運動。會使交感神經興奮，反而不利睡眠。）

9. 如果很容易被周遭環境所干擾，或可考慮戴上眼罩，耳塞。

362

輯 2 長照人員或需要增加陪伴的人的家屬參考：

10. 適度的按摩身體，若再輔以良好的精油，有助於身體放鬆。（對某些人來說，確實可以得到更好的睡眠品質。）

11. 太瘦的人，或可留意改善床的舒適性。在身體的骨頭凸起處，或可包覆醫用泡棉，避免因為踢到床欄而受傷。

12. 棉被太重也可能影響睡眠。

13. 舒適合用的好枕頭，確實可能大大改善睡眠品質。

14. 濕度，溫度，時鐘的滴噠聲，空間的味道，噪音（包含高頻，低頻的噪音等，都可能影響睡眠。）

15. 卸下假牙，眼鏡，吊飾，換上較輕便的衣服再睡。有些人也許需要換上合身的紙尿褲，底下墊看護墊以防漏尿。

＊ 最好在床的上層，鋪上防水防尿保潔床單，就可以不用擔心滲尿的問題。

16. 不建議睡前看電視，手機，平板電腦等。可能會有眼壓高，大腦過度⋯⋯等問題。

17. 對某些人而言，聽輕音樂，宗教音樂等或許有助於入眠。

18. 為了防止滾下床，可以在床邊放椅子，或訂制圍欄。

19. 床側可設無線電玲，或鈴鐺，哨子等，以備不時之需。（但要留意，可能造成動線不便，像是影響下床如廁的時間等問題。）

20. 睡前或可先去廁所坐一下，再去睡覺。（只是類似一個建立儀式感的概念）

21（接上）儀式感的建立，會讓當事人的自律神經、大腦等，更快進入一個預備休息的狀態。形式如有：換上舒適的睡衣、量血壓、塗上乳液並輕度按摩、放輕鬆的音樂等。

22 剛用餐完，不建議立刻躺平。唯恐嘔吐嗆咳之類的事情發生。至少先有仰角的躺半小時。

23 因為某些原因必須更換長期用藥的品項，可能影響睡眠。可以和醫師溝通。

24 不建議自行使用安眠藥，應配合醫師的評估和建議。

＊安眠藥的處方重點可能是四點：一鎮定安眠二抗癲癇（處理大腦的異常放電）三緩解焦慮四肌肉放鬆。

25 常見的安眠相關藥物有：一強調盡快入眠。二強調入眠後可以進入深度的睡眠。三迅速緩解焦慮的狀態。（需要才吃）四改善憂鬱情形（可能是每天）

26 太累有可能影響睡眠。主導睡眠的自律神經，若很累，會無法有效執行任務。

27 腳墊高十幾分鐘，有助於血液回流心臟，但太久反而不利睡眠。會對腳跟的靜脈造成壓迫，對高血壓患者可能引起頭痛。

28（接上）腳墊太高，身體不容易翻身。會使背部受壓迫太久，致使身體不適。

29 有些年長者，很容易陷入各種焦慮憂鬱的情境，影響睡眠。有些家屬，因此選擇不告訴他們親人已經過世的事情。這種狀況其實並不少見。

30 有些人非常淺眠，甚至連較遠的馬桶沖水聲，加壓馬達聲，洗衣機等，都可能吵醒他。可以留意一

364

輯 2 長照人員或需要增加陪伴的人的家屬參考：

31 有些人可能會糾結於某些環境或寢具，一但換了睡眠的地方，就會心因性失眠或發癢。或可留意一下。（但也有喜歡聽到噪音，如電視聲，才會有安全感的情形。）

32 為了醞釀睡意，可以在睡前就降緩說話的語調。慢慢培養睡前的氛圍。

33 相較於數羊，我個人更推薦另一個方法：比方先從右手開始，讓大腦告訴自己：放鬆手指，盡量貼進床面，接著放鬆手腕，然後，放鬆下手臂，再來，放鬆上臂，然後肩膀。（所有的指令都是慢慢的。）然後另一隻手臂，再來，另一隻腳……以此類推。通常身體肌肉會逐漸放鬆，然後大腦會逐漸進入休眠狀態。

(35) 起床啦 morning call

1 參考影片：光和物理治療所徐珩翔物理治療師協助長輩下床：

a 將靠床邊的手抬上去（避免翻身時壓到），靠牆側的腳膝蓋先彎起來，然後，朝床邊壓過來。（參考翻身技巧）

b 側躺之後，先將兩隻腳慢慢移下床。腳下床後，確保其重心，從上半身移到臀部。

（若個案有力氣，是有可能靠自己的力量，馬上撐起。）

＊楊忠一老師分享：側躺後腳先下，可以讓腳的重量幫助照護者將上半身扶起來。

c 若個案沒有力量：照顧者，一隻手托住個案的肩膀，一隻手輕微扶在骨盆的位置，以臀部為中心，托住肩膀的手，順勢將整個人帶上來。扶助骨盆位置的手，則是作為輔助角色，將整個人擺正。

不是將身體抬起來，而是將身體「滾」起來的概念。

d 起身之後，在原處坐一分鐘。避免因為姿位性低血壓，而造成起身後暈倒或跌倒的情形。

＊（另外有華杏出版分享：透過電動床的輔助，先讓虛弱的個案坐起身。然後，一隻手扶個案肩膀，一隻手穿過個案的兩膝下方，將個案緩緩移到床邊，並將雙腳輕輕落放在地上，先等一分鐘，同時予以輕拍背部，讓身體稍微適應。）

2（接上）但實務上，對方有可能因為某些原因，如局部的不舒服而無法配合側身。這時候，只好用手臂托住他的肩膀，手掌托住他的頭，將他扶起來。

366

輯2 長照人員或需要增加陪伴的人的家屬參考：

（注意：只托住頭，頸椎會受傷。只托住身體，他的頭可能會不自覺向後仰。）

＊重點注意：盡量將自己身體的下盤壓低，可避免照護者自己背部肌肉拉傷。

3（接上）還有一種情形，當事者想靠自己的力量起床。如果床夠低（或是可能將床的平面下降的話），可以先讓他把腳移到地上（方便腳施力），接著，讓他用手的力量撐著床面坐起來。如果手的力量太弱，或可將床的頭部仰起，使床呈45度夾角，這時，上半身要坐起來會更容易一些。

（以上可提供給正在復健中，並且躺電動床的人作參考。）

4 剛起床，身體需慢慢離開棉被。尤其是冬天，身體忽然接觸冷空氣，容易造成血管因壓力改變太大而破裂導致中風。

5 必要的話，先讓他在床邊坐一下，可以幫他拍拍背，輕微按摩一下，或用梳子輕輕的梳頭讓他逐漸甦醒。

6 起床發生暈眩是常有的事，可能是血壓或心理壓力所致。理論上，只要稍微坐一下，休息五到十分鐘應該會改善。若一直沒有改善看起來怪怪的，可以先看一下他的脈搏，血壓，血氧，呼吸節奏等。若生命徵狀微弱，可以告知家屬，也許通知119。

7 床前可準備一杯水。起床之後喝一杯水，有助於血液循環。

＊若用吸管喝水，不見得要喝完。吸到最後，常會吸到空氣，造成嗆咳。

＊也許坐到椅子上會更安全。如果坐在床上，忽然身體一軟，又倒下去，可能造成口裡的水衝入氣管造成嗆咳。

8 坐起後，又忽然向後栽是常有的事。有點危險，比方後面可能是牆或床欄。總之，要隨時留意護住身體，盡量不要忽然離開。

9 若一直叫不起，可考慮請家人協助。有可能是心因性的抗拒起床，但也可能是真的很不舒服。不要單純理解成懶惰。

* 也許所有方法都試過了，家屬的強勢叫他起床，其實不失為一種方案。

10 不見得所有人都適合立刻開燈。年長者或許有畏光的問題，等他逐漸適應，再打開大燈或許更合適一些。

11 若當事人兩耳同樣重聽，可以嘗試輕推手臂。這時候，聲量大些倒是可以。

12 睡眠時間其實沒有標準答案。但如果，一天的總睡眠時間太長，是有可能加速腦部的退化。

13 或許也可讓悅耳的音樂打前鋒。先放一下輕音樂或孫子叫聲的錄音（但也不排除有可能產生反效果），讓他的身體慢慢甦醒，人再過來叫他起床。也許效果會更好。

14 除非家很小，或受照者真的太虛弱，否則，建議能離開房間到客廳，建立起床的認知感。（一種儀式感的概念）

15 剛起床，通常半小時內都可能極其虛弱。無論移動，盥洗，如廁等，都要格外小心。

16 也許打開窗簾與窗戶（經過家屬同意），讓陽光和新鮮空氣灑進來，有助於讓他更容易精神飽滿的起床。

368

輯 2　長照人員或需要增加陪伴的人的家屬參考：

17. 大腦還沒完全反應過來時，溫柔親切的聲音和簡單的互動，是最美麗的鬧鈴。忌用急玲玲式鬧鐘，會把他嚇死。

*　剛起床時，大腦還沒清醒，忽然接觸到很大的聲音，可能會有情緒。

18. 當事人似乎不願意面對起床的事實，其中不排除是尿床的可能。可以留意一下，萬不可表現得非常吃驚。像沒事一樣處理就可以了。

19. 或可備溫濕的毛巾讓他擦臉，可以加速腦部的血液循環，讓他充滿精神。

*　有些人剛起床時，背部異常疼痛，幾乎無法移動。不排除是血液循環不佳造成，或可嘗試用熱毛巾熱敷一下背部，可能緩解疼痛感。

20. 為了避免棉被內外溫差過大，造成心臟負荷太大。或可考慮起床前十分鐘，先在房間內打開電暖器。

*　空氣溫差大，有可能誘發打噴嚏或咳嗽等，只需要稍微留意即可。

*　掀被動作慢一些，要先事前告知，才開始動作。是一種保護，也是一種禮貌。

21. 如果是冬天，照顧者最好把手弄熱再碰觸受照者的身體會比較好。否則，會讓人很不舒服，甚至嚇一跳。

22. 平常若能和他建立更好的互動體驗，叫他起床會更容易一些。

23. 叫他起床前，或許可以先瞭解一下，他前一天的睡眠情形。

24. 注意：進受照顧者房間，一定要經過允許。有時是老夫妻睡在一起。女生更需要隱私。

369

25 建立生理的時間慣性，或許對他的健康會比較好。但無關真理，未必要過份執著。適度的隨性，也可能對身體的應對能力，有某種激發的效果。

26 不建議使用的手段（家屬晚輩可以試試）：手腕塗薄荷油，用美食的氣味刺激他。或者，用棉線搔癢。

輯2　長照人員或需要增加陪伴的人的家屬參考：

（36）床的思考 可以注意的事情

1. 氣墊床很適合長期臥床的人，可以降低褥瘡的發生機率。但要小心，床較軟，病人很容易在移位過程，或拍背時，從床沿滑下來。

 它的原理是，利用間歇充氣的模式，改變病人與床墊的接觸面。進而達到減壓效果。

* 對於聽覺敏感的受照顧者，可能會受到充氣主機的低頻噪音干擾，影響睡眠品質。
（如果底下墊吸音毯，可能會好一點。）

2. 或可在床上鋪防水防尿保潔床單，再加看護墊，可防止睡眠滲尿的問題。（或者，將看護墊兩三張上下黏接在一起，也可增加防滲面積。）

3. 很多老人身體缺乏脂肪層作緩衝，並不適合睡太硬的床。

4. 關於選床：或可試試，躺平在床上後，將手掌放在腰部與床之間。若稍微卡卡，應該是軟硬適中。

 床若太硬，會使身體缺乏脂肪或骨頭突出處，受到不當壓迫。

 床若太軟，會使身體較重的地方陷下去，得不到應有的支撐。可能導致脊椎歪斜，腰痠背痛，身體無法得到適當的休息。

* 關於選枕頭：

 枕頭太硬，包覆性差，使頭與枕的接觸面積小，增加接觸面積的壓力。

 枕頭太軟（或枕頭太低），因為缺乏完整的支撐力，使頭陷進去，可能使血液往腦部聚集，血液循

環境變差。

枕頭太高，可能使脊椎彎曲不完全，肌肉無法放鬆。頸部與枕頭間，若有適當的貼合與支撐，有助於更好的休息與釋放。

5 經濟條件許可，較好的床，確實有助於更優質的睡眠。或者，買好的床墊也可以再好的床，彈性係數也會隨時間下降，每年都要稍微留意。

6 下床位置的正前方，應保留讓身體前傾站起的空間。（不要太靠牆壁）

7 如果側邊沒有床欄，很容易滾下床。或可放上幾張椅子代替床欄。

8 不建議睡沙發。既可能跌下去，又無法讓身體好好休息。

9 盡量將床面整平，太厚的皺褶，可能影響睡眠品質。

10 氣墊床，電動床等，有使用壽命，務必定期檢查。包含螺絲位置的鬆緊，是否有討厭的聲音影響⋯⋯等。比方，可以在螺絲的位置加點潤滑油。

輯2 長照人員或需要增加陪伴的人的家屬參考：

（37）協助個案翻身

1 參考影片亞東科技大學護理系林玉萍助教翻身擺位：

a 先將床頭搖平。輕托個案肩膀，將枕頭平放於肩胛骨下。然後，將其雙膝彎曲，並在下方置放枕頭。有助於照顧者往上移動時更省力。

b 雙手穿過個案的腋下，拉著兩側邊的枕頭，然後平行往上移動。

2 左側翻身法，若牆面在床的左側，身體朝牆面翻過去（照護者站在床面的右側）：

a 先將個案的雙手放肚子上（或胸前），再頭、腰、腳等，放在合適的位置。然後依序將頭、腰、腳移至床的邊緣——即右側，遠離牆面那一側。

b 將個案的左手放至枕頭旁，右腳置放在左腳上。照顧者將自己的左手，放在個案的右肩上，右手放在個案的右臀處，身體微蹲之後往前輕推，將身體翻至左側邊。

c 最後，拉平衣服與床單。頭、腰、腳、踝的地方，可以放翻身墊或枕頭。避免身體又自行翻回來。

（也可兩腿間夾枕頭，避免上方腿懸空。）

d 若手部有攣縮，可放毛巾在手裡抓握。可避免手指扎傷手掌，或手汗造成搔癢。

3 右側翻身法，牆面仍在床的左側，身體朝床右側方向移動（照顧者在床的右側）：

e 重複左側翻身的過程，只是，將身體移到床的左側。避免翻身向右時，身體滾下床。

f 將右手放枕頭上,左腳放在右腳上。照顧者將自己的左手放在個案的左肩,右手放在個案的左臀處。然後,身體微蹲,同時雙手出力,將個案翻至右側邊。

(楊忠一老師分享:將左腳彎起,然後,一隻手牽著個案的左手,一隻手輕壓彎起的左腳,順勢將身體翻過來右側。)

g 接著,重複上面 c 和 d 的動作。

＊也可使用布中單協助翻身。(參考網路影片:中山醫學大學附設醫院—翻身擺位技巧)

＊翻身後,棉被枕置於腰背下,使身體與床墊形成30度角。

＊移動個案前,務必先確定管路是否安全固定好,避免翻身移位過程造成管路脫落。

＊至少每兩小時後翻身,進食內半小時不宜躺平翻身。避免使用拖和拉的方式。

4 床上的平行上下移動有數種::

a 人站在靠近頭的方向,然後傾身,左右手分別拖住他的兩側腋下,稍微往上帶動。

(小心讓頭撞到床圍)

b (接上) 假如床頭邊有東西擋住,無法站在靠頭的位置,根本很難施力將他往上移動。這時候,我也許站在胸部的位置,然後雙手掌朝床頭方向分別放在他的腋下兩側,利用上手臂的「剪力」,將他往上推移。

c 兩人協作,各抓住毯子一側,然後往上移動。

d 一開始,就讓他坐在床的中心偏枕頭的方向,再讓他輕輕倒下來。

＊有個重點,必須將床搖成平行於地面(假如是功能床的話)。如果有角度,非常不利於移動,同時,

輯2　長照人員或需要增加陪伴的人的家屬參考：

5 在床上的翻身，第一個動作就是，將腳彎曲。若要朝左側，先拱起右腳，接著順勢將身體往左側翻過去。這個動作可延伸很多事情。如：

a 協助個案從床上坐起。假如照顧者站在受照顧者的右側，先拱起他的左腳，再以右手掌將拱起的膝蓋緩緩壓向右側，同時，左手將對方的左肩撥向右側。使他的身體垂直於床面。接著，用右手將兩隻腳緩緩撥到床下（照顧者自始站在受照者的腰身位置並靠緊床，擋住受照者避免跌到床下），再以左手托住對方的右肩，以他的臀部為軸心，緩緩將他整個人托起。過程中，右手要逐步調整他的雙腳的位置直到完整坐起為止。

b 處理受照顧者的臀部清潔，擦藥，擦拭床上的污漬等。

c 協助穿脫或調整受照顧者的紙尿褲和褲子。

d 更換床單。比方，人站在受照顧者的左側，可以先拱起他的左膝，然後，左手輕推他的臀部，右手輕推他的左肩，讓他面朝右側。接著，將左床面的床單捲起貼近他的身體，同時左上面再鋪上新的床單，也是鋪到受照顧者身體下方。再將他翻過身來，然後拱起右膝，再翻身過來左側，接著處理右側床面。最後，再將人翻正，讓他重新躺平。

也對床的壽命有損。

（38）移位 相關思考重點

移位就是指，將行動不便的受照顧者，從A位置移轉到B位置的過程。良好的移位技巧，關係到照顧者與受照顧者雙方的安全和舒適性。

1 參考影片——
瞭輔具楊忠一老師移位大解密：

個案已坐定在床邊，且確定身體無任何不適，要移位至輪椅（個案身體一側有中風）：

* 運用移位腰帶作為提把的輔具。（案例前提：能穩坐，下肢可承重。）

a 照顧者從側面協助，移位要向受照顧者健康的一側移位。

b 輪椅先置放在健側邊，並將輪椅固定好。若能拆掀靠床那一邊的輪椅扶手更好。

c 畫重點：請個案用健側邊去扶輪椅遠側邊的扶手，腳略往後收。

d 照顧者先口頭告知後，再提起個案背後的腰帶提把，將個案的上半身輕輕往斜前方向帶上來。

（重點：不是把身體往正上方帶。身體往斜前方帶，才容易站起來。）

e 另一隻手適當的扶持個案的上半身以防止跌倒，再順勢鼓勵其臀部往前輪椅上移動。

f 待個案坐定後，先讓他休息一下。避免易位型暈眩。

個案從輪椅上移位至床上

a 個案的健康那一側靠床。讓健側的手，往前扶著床面，腳稍微往後收。

（照顧者站在個案較虛弱那一側的位置旁。）

376

輯 2　長照人員或需要增加陪伴的人的家屬參考：

b 照顧者抓住個案背後的移位提把或褲腰帶（有些患者可能會因為褲子勒住私處而感到疼痛，可以稍微留意一下。）,告知開始後，順勢將個案的身體往斜前方帶上來。

c 照護者提起個案的移位腰帶，同時鼓勵其臀部往床位移動。有可能個案太虛弱，往床上倒下去，只要小心腳，避免被輪椅卡住即可。

d 讓個案倒在床上無妨，再慢慢調整一下身體即可。

（楊老師個子比較高，可以這樣提，但未必適合所有照護員或家屬。）

2 Juno Care 智齡照顧許玉雲教授講解科學性移位技能：

a 先詢問患者是否有任何不適。然後，輪椅呈45度角貼近床邊，並固定好。

b 盡量將床調高到與輪椅同高，然後，幫個案穿上移位腰帶。

（我的經驗：若沒有移位腰帶，也可以嘗試雙手環抱或抓住個案的褲腰帶。）

c 照顧者可以一隻手托著肩膀，一隻手放在臀部，慢慢將個案左右交替式移至床邊。

（我的經驗：要非常小心，若是氣墊床，或床的位置偏高，有可能從床邊滑下來。）

d 調整好個案的腳，腳尖大約自然擺放在膝蓋正下方。然後，照顧者伸出靠床方位的腳，放在個案的雙膝之間。雙腳呈弓箭步，馬步紮穩，上半身盡量打直。

有些教師會建議：雙腳頂住床沿，方便施力。

＊實務上：

a 有的教學老師會建議用雙腳夾住個案的雙腳，這個動作是為了防止，腳被比方輪椅的踏板或扶手勾住，造成移位過程的困擾。（參考影片：悠活健康促進—轉位技巧）

377

b 有的照護者或家屬身體較沒這麼強壯,坐在椅子上,增加自身施力過程的穩定度也是可以。(參考影片：桃園榮家——移位技巧)

c 楊老師還有提供,照護者採高跪姿的方式,先將個案的身體靠向照護者後,慢慢將其身體,透過移位版作平行移位,這也是很好的方式。＊高跪姿的重點在於,可更大可能的避免個案從床邊滑下來。方便立刻用身體頂住個案的雙膝或上半身。)

e 照顧者稍微傾靠個案身體,雙手從腰際繞過其身體握好移位腰帶。先告知將要移位,然後,照顧者便可雙腳站穩後出力。

f 當個案的臀部被抬起時,就可以順勢將其平行移位到輪椅上。

g 坐定後,先確定是否坐穩,再放下腳踏板,鬆開煞車。

＊關於移位,移位版,移位腰帶,移位轉盤等,都是照護者可以參考使用的輔具。

3 首先,有幾個觀察的重點：

a 對方的性別,年齡,體重,身高。

b 是否有哪裡不方便,比方受傷中風,敏感體質,精神疾病,低血壓等。

c 是否有肌無力,重聽,視覺問題,暈眩,平衡感不佳,過度依賴等狀況。

d 是否有異常皮膚疾病,傳染性疾病。(若有,只要做好防護即可。)

e 溝通上習慣使用的語言。

f 是否有尿意,或便意等。(若有,或可等他狀態安定之後再動作。)

g 是否有習慣的配合方式。

輯2 長照人員或需要增加陪伴的人的家屬參考：

4 移動前，觀察的重點：

a 先看目的位置是否安全，比方輪椅是否固定，位置是否合宜。

b 他的腳是否放在適合支撐施力的位置上。

c 他身上有哪些位置適合我們施力。

d 他的情緒或健康狀況如何。

＊如果輪椅的握把可以掀起，如果有移位滑板（移位墊），也許更有助於輕鬆移位。比方：將輪椅握把掀起後，將移位板放在床和椅墊之間，再將受照顧者，緩緩平移過去。

5 移位的過程，照顧者的身體可以運用的地方很多：手掌，手肘，肩膀，胸口，肚子，額頭，臉頰，下巴，膝蓋，大腿內側，腳踝等。

＊盡量蹲馬步，可減少腰椎受傷的可能。我比較不建議用扛的，容易造成照顧者的腰部或頸部受傷。

6 移位時，若無法將床的水平面提升，至少盡量壓低自己的下盤（就是指腰部以下的位置），可以減少經常性彎腰所造成的職業性傷害。（若能戴護腰工作是比較理想，如果忘了戴，適度拉緊腰帶，也有類似的效果。）

7 有些受照顧者的身體特別僵硬，想將他從床上扶起坐定床邊，貌似簡單的動作，硬是無法完成，這是可能的。

如果受照顧者的床是可調式，或可嘗試將上半身適度往上提升仰起，待上半身呈近九十度之後，再慢慢將腳往床邊撥過來，就可以繼續下個動作了。

（平常照顧者自己也要多加強肌力練習，有助於更輕鬆地完成移位的動作）

8（接上）最常遇到，移位時，受照顧者的腳，被輪椅的踏板卡住或劃傷。要特別留意。

9 氣墊床的床沿很軟，非常容易陷下去。要非常小心，避免受照顧者滑下床。若家屬想學習移位，應請有經驗的護理人員在旁觀看並指導。（不要自行隨意嘗試。）

10 照顧者身上盡量避免有太多尖銳的飾物，甚至是腰帶環等。可能在抱對方移位的過程中，意外割傷他們。若受照顧者的脂肪層較薄，很容易因此而受傷。

11 假如無法一次到位，至少先確定不會從椅子，或床上滑下來，然後再進行調整補救。

12（接上）若人在輪椅上，可以從後面拉起受照顧者的移位帶，將他的身體更好的，貼近椅背，坐定位置。（另外，雙手插過受照顧者左右腋下，在胸前交叉，分別握著另一隻手後，將整個人托起也是一種方法。）

13 若患者移到床上時（特別是氣墊床），位置不是很理想，則可以在坐定床上後，先讓他躺下，再嘗試，從頭部方向托起兩腋，朝床頭移動。或是，以尾椎為中心旋轉，先將兩腳移挪至床內，再進行整個身體的移動。（若受照者身體極其僵硬，或是噸位大，可以兩人一起用移位滑墊，有助當事人較舒適的移位。）

14 有些人，軟綿綿的像麻糬一樣，根本完全無法坐好。通常發生在極虛弱，或毫無生存意志的人身上。若不是重病所致，可以嘗試精神喊話，把他的元氣精神給喚醒。除非已經確定他恢復元氣了，否則片刻不可離開。他隨時可能癱軟，從椅子上滑落下來。

380

輯 2　長照人員或需要增加陪伴的人的家屬參考：

15 若要移往洗澡椅上：移位前，要先將椅墊調整至中央位置，然後才進行移位。受照顧者盡量坐在中央位置，可避免身體傾向一側。補救方式，參考前面第 10。

16 有些人脂肪層特別薄，移位的過程中身體稍微碰撞非常容易黑青受傷，甚或破皮流血。或可考慮，比方在他的骨頭凸出處，做一點簡單的包覆。（簡易包覆的棉布，可以重複使用。）

17 移位的過程中，因恐懼而尿灑四處是難免的事。若是男受照顧者，或可考慮事先用小尿片包覆生殖器。若是女性，則可以先幫她穿上紙尿褲再移位。

18 必要時，照顧者身上穿著大圍裙，可以保護自己，避免被尿液噴濺到身上。（若身上被噴濺到尿液，應先確定受照顧者安全在位置上，再去處理清洗圍裙。）

19 若他感到暈眩，要讓他適度休息一下。

20 切記，椅子務必卡住。若移位過程中椅子往後移動，很可能照顧者與受照顧者會一起跌倒。

21 地上避免溼滑，或是拖鞋、鞋子，要有防滑效果。

22 移位的終位，可能是公園的椅子，公廁的馬桶座等。務必確定是否牢靠、穩定。兩者高低落差，不宜過大。終位太高，可能無法將身體好好放在上面。太低，可能讓受照顧者的身體重重的落在終位上。對他的尾椎會有傷害，對照顧者的脊椎，也是很大的負擔。

23 移位的終位如果被受照顧者壓到，無法取出時，不要硬拉，可能造成皮膚，甚至是會陰處擦傷。要請對方慢慢移動身體，再一點一點取出來。

24 特別是帕金森患者，更容易在移位過程，因缺乏安全感而身體極其緊繃。造成移動時的難度。適度的言語安撫，可以使他的身體適度放鬆。

25（接上）重肌無力症者，則是肌肉容易僵硬。溫柔的安撫，一樣有幫助。兩者差別在於，前者的抗拒力道似乎更強烈一些。

26 如果受照顧者無法配合你的動作，建議有熟悉的人在旁邊協助。不要逞強，很容易造成照顧者的腰椎受傷。更甚者，兩人一起跌倒也是可能的。（照顧者盡量戴護腰）

輯2 長照人員或需要增加陪伴的人的家屬參考：

（39）當受照顧者跌倒時

1 參考影片健康2.0楊忠一老師老人跌倒獨自跌倒自救：

a 先手腳適度伸展，確定是否無恙。若沒有問題，即可做自救的動作。

b 先一隻腳彎起，協助身體出力，翻過身子成臥姿狀。

c 再慢慢拱起一隻膝蓋作支撐，然後，利用雙手力量撐起身體，爬向身旁的椅子。

d 最好能透過身旁的椅子或平台，先慢慢將上半身撐起，再利用較健康有力的那隻腳作支撐，將整個身體提高，讓臀部可以平移到椅子或是沙發上坐下。

e 事後，務必讓家人知道，必要時就醫檢查。（這時，家人千萬不可以責備。）

（務必確定椅子是牢靠的，避免使用會晃動的座椅。）

2 協助跌倒者：

a 先問跌倒者狀況如何，目的在於評估他是否意識清楚。接著，讓當事人適度伸展手腳，方便掌握其身體狀況。（同時，將座椅移到他的旁邊）

b 先請對方彎起雙腳，方便身體翻身呈臥姿狀。再透過手的支撐，坐正在地上。

c （若對方很虛弱，無法站起）協助者可以請個案先彎起雙腳，然後從後面協助。

d 協助者先請個案雙手環抱胸前，再將雙手穿個案的左右腋下握住他的雙手。然後，協助者從後面將個案的上半身，往45度角的方向稍微推出去。

e 先讓他的臀部離開地面呈蹲姿,再請個案的雙腳嘗試出力,同時,協助者慢慢將其身體提高站起。

(我建議:讓臀部提升到靠近旁邊的座椅後,再平移過去。先坐椅子上,再行評估。)

3 參考影片瞭解輔具楊忠一站起來先低頭(示範如何從椅子上坐起來):

a 首先,身旁或前方最好先準備四腳助行器,或四腳枴杖,方便輔助施力。協助者,站在個案的身旁位置。

b 腳稍微往後收,拐杖或助行器稍微往前置放。提醒個案雙手握住助行器並施力,然後提起個案的移位腰帶或褲頭,同時引導個案的上半身朝斜前方約45度角方向站起。

＊身體直直往上是無法站起來的。因為,不合人體正常施力的原理。

輯2 長照人員或需要增加陪伴的人的家屬參考：

（40）牙齒相關 牙齒保健與清潔

1~8針對一般的牙齒清潔，9~11針對假牙清潔，12~14關於假牙使用。

一、楊境軒醫師：牙周病的成因複雜，主要來自於口腔衛生不佳或清潔方式不當，導致牙菌斑及牙結石堆積，要成功清除非常頑強的牙菌斑，只能用物理性的力量將它刷掉。

（早安健康）「貝氏刷牙法」4步驟：

a. 刷毛朝牙齒根牙肉交界45~60度，讓刷毛能夠伸進牙齦內清潔。

b. 用橫刷的方式一次刷兩顆，避免大範圍橫刷，容易造成牙肉萎縮或牙根刷耗，一次15~20下，最後再改為由下往上刷。

c. 刷牙的方向可由左而右再往內，維持45度，上下前牙的內側面改成拿直的，單顆單顆刷。

d. 最後刷牙齒上方的咬合面，下排牙刷完後再換上排。

如何挑選牙刷：

a. 刷毛：選擇軟毛牙刷，避免傷害牙齦導致牙肉萎縮。

b. 刷頭：避免太寬太長的刷頭，容易被臉頰擋住，導致最後一顆牙刷不到。

* 尤其是後面的臼齒，如果擔心刷不乾淨，或可使用電動牙刷。

2 也許會有牙周病，牙齦出血，口腔粘膜受損等問題，刷牙時力道要小心掌握，避免造成傷害。

* 協助受照顧者口腔清潔時，可以多留意其口腔是否有傷口，或特殊腫塊。牙齦出血有可能是缺乏維

3 刷牙時，應全神貫注。萬一受照顧者要打噴嚏，務必立即抽出牙刷。

4 我建議刷牙流程：單純漱口─牙刷刷牙─牙尖刷清潔─牙線清潔─電動牙刷─徹底漱口─專業漱口水。（用專業漱口水之後，不建議再用清水漱口。）

5 有些長輩會自行刷牙，甚至知道要刷舌苔。可以稍微留意一下，假如他忘記自己已經重複刷很多次了，要趕快制止他。否則，可能造成舌苔受傷。

6 協助洗牙時，必要的話，可以考慮用張口器。盡量用溫水，比較不會感到刺激。

7 最理想的狀態是，每半年（可以用健保）洗牙一次。臨床上，好的牙膏，牙刷，漱口水，正確的刷牙方式，和良好的牙齒清潔的習慣，多管齊下，可能大幅度降低牙齦萎縮的速度。

8 植牙並非保固終生。他可能有一些副作用或後遺症，仍需要仔細清潔牙齒，小心保護。有任何異狀，務必立即求助牙醫。

9 清洗假牙流程：

a 先用溫水漱口後，清摳假牙周遭，再托住假牙左右輕輕搖晃後，應可將假牙取下。

b 用溫水和牙刷把黏著劑初步洗淨，然後放在潔牙清潔錠中浸泡一夜。

c 隔日再仔細搓洗一下。一定要確定殘膠洗淨才能使用。

10 不要隨意用衛生紙包裹假牙放在一旁，避免被他人錯丟。

生素C。但也有可能是牙齦炎，牙周病，牙結石等的問題。

386

輯 2 長照人員或需要增加陪伴的人的家屬參考：

11 有些假牙可能有金屬鉤鉤，小心處理，避免自己受傷。

12 使用假牙黏著劑的步驟：

a 先沖洗假牙，然後用衛生紙或乾淨的布擦乾。

b 將黏著劑適量塗在假牙上（參考網路影片—保麗淨系列）。不要太靠近假牙邊緣，避免多餘的黏著劑被擠出。

c 先用水濕潤口腔，再將假牙戴上。戴上固定後，用手輕按數秒，再讓受照顧者適度咬合一下即可。而下方的假牙，則可參考上方的假牙的位置作適當調整。

＊（黏著劑原理：吸收唾液中的水分而膨脹，進而把假牙托黏附在牙齦，增加穩定性。）

13 協助裝假牙時，為了衛生，應配戴手套。

（若覺得佩戴手套無法掌握手感，至少應該告知個案及家屬，並將手清洗乾淨。）

14 有可能，一副合戴又質素良好的假牙托可以幾乎不需使用假牙黏著劑。但有以下情形則仍必須使用假牙黏著劑：

a 牙槽骨嚴重萎縮，不足以穩固地承托假牙托。

b 社交時，擔心假牙托突脫落造成尷尬。

＊我個人非常反對媒體拿政治人物的假牙脫落開玩笑。這不是言論自由，這是霸凌，會降低長輩的社交意願。

（41）沐浴前置作業 特別注意事項

1 為了避免等熱水時間太長，通常會先開熱水讓他流。幾個重點：
 a 也許會用蓮蓬頭，因為直接用水龍頭，落水聲太吵。
 b 小心蓮蓬頭因為後作力的關係，四處亂飛。要確定他很穩定的放水，人才能暫時離開。
2 如果是坐便椅或洗澡椅，記得把便盆取出，或放在地上接便便。如果置放在坐便椅上，忘了取出，洗澡時會很困擾，無法清洗臀部。
3 有些人在廁所可能會放很多東西，可以暫時取出，避免弄濕，如衛生紙，換洗衣服，甚至是電器用品等。沐浴結束後，記得再歸位。
4 務必準備拋棄式手套。除了衛生理由之外，也可避免指甲劃傷受照者的皮膚。
5 小心使用洗澡椅。有些洗澡椅太強調功能性，以至於，造成手指被卡榫咬傷。有時是生鏽不穩，或卡榫沒校正好，總之，務必百分之百確定安全才能使用。

輯 2 長照人員或需要增加陪伴的人的家屬參考：

（42）沐浴相關 特別留意的環節

1 洗澡椅一定要記得固定好，否則非常危險。洗畢後，椅子恢復卡榫與否，以家屬習慣為主。（我建議，家屬若沒有要求，最好卡住才不會任意滑動。）

2 實務上，洗澡的方式有很多種：

a 習慣經常只洗下半身。（要小心水花噴濕上半身的衣服）

* 只用蓮蓬頭沖臀部的做法，也可運用在排便後的沖洗。只要請個案身體稍微前傾，再將蓮蓬頭從後方沖洗即可。記得要再用衛生紙擦乾。（不適用體位較大的人）

b 一次洗完——通常是指躺在洗澡床上。（要特別注意耳朵進水）

c 兩階段洗——通常是坐在洗澡椅上，先洗頭和正面與腳，然後站起來洗後背與臀部。（如果他站起來，要小心他忽然暈眩跌倒。）

d 三階段洗——則當事人無法站起來，於是，照顧者在清洗前面、背部之後，特別低下頭用蓮蓬頭去洗被照顧者的會陰處（或睪丸）和肛門處。（注意，一般人的肛門口很怕水太燙，或水柱太強。）

* 三階段洗還有一種情形：先洗臉部，再洗頭，然後才脫下內衣褲清洗身體。會陰部，以當事人習慣的程序清洗。

這裡的重點在於，盡量避免太早弄濕內衣褲，否則，容易著涼。

e 有些病人不適合洗澡，只適合擦澡，可以取水盆盛溫水，加上適量的醫用清潔液，再幫他擦澡。清洗會陰處時，記得在該處底下鋪防護墊，再簡單用清潔液沖洗（如沙威隆，依必朗等的稀釋液，可請教藥師）。

若是有接尿管之類的，則建議用棉花棒先後分別沾碘酒和生理食鹽水進行清潔的動

作。動作務必謹慎溫柔，要注意態度，避免造成當事人的尷尬。

＊當事人完全無法配合洗澡動作，也許是漸凍人之類的，幫他沖洗身體時，盡量讓他的身體固定在椅子中間位置，可避免他的身體向側邊傾斜或前傾。若其身體總倒向某側，貼近他傾斜方向的扶手。至少，他傾斜的角度會小一些。他雖不會說話但若很不舒服，仍會恐懼，進而產生抗拒性質的反應。

3 水溫一定要經過當事人同意才能開始洗澡動作。過程中，水溫忽然改變是常有的事。無論變冷，變熱，立刻離開胸口。可以朝牆壁沖，等水溫穩定再移回來。或者，至少是移到手腳處。手掌和腳掌的水溫接受度較大。屁股內也避免用高溫沖洗，很不舒服。

（有些人對於溫度非常敏感，要很小心。）

＊經濟狀況若可以，可考慮換恆溫熱水器。

4 協助沐浴的八個要領：

速度─每個人對速度的需求不同，和年齡，性別沒有關係。

力道─身體每個位置，對於力道的接受程度有可能不一樣。

安全─務必確保個案的身體處於高度穩定安全的狀態。水避免滲進耳朵。受傷位置避免碰觸，或至少，減少刺激。

重點位置─比方：腋下，肩膀，脖子，背部，膕窩（膝蓋後面），腳趾，腳踝，腳跟，手肘，鼠蹊，

注意：棉花棒務必頻更換，不能用一隻棉花棒完成所有的清潔過程。

（可以參考網路影片─比方彰化基督教醫院─會陰沖洗男性／女性）

390

輯2 長照人員或需要增加陪伴的人的家屬參考：

耳後，屁股等。

清潔——清潔液的多寡，是否徹底洗淨等。

尊重——在互動過程中，是否尊重當事人的感受。

舒服——力道是否適中，抬手或腳的過程中，抓握的動作是否溫柔。

對話——是否留意聆聽個案的需求，並予以合適的回應。

5 為避免讓受照者頻繁變換姿勢，可以先洗正面，再洗後面。洗淨後直接先擦後面與洗澡椅及椅扶手，再回來擦正面。

6 如果廁所尚未加裝扶手，或可考慮使用ㄇ字型助行器，方便他站起身。

7 有些人家中可能有兩間浴室，共用同一個熱水器。若兩間浴室同時使用，可能會有熱水不足的問題。盡量避免同時間使用熱水，以免熱水溫度太低。

8 洗澡過程，或才洗畢，就尿灑一地，這是常有的事。像沒事一樣，再次針對局部沖洗一番便是。不要有任何情緒反應，給對方保留一點尊嚴。

9 （接上）為了避免洗後穿衣的過程，忽然又尿了，可以請他試試看再尿一下。盡量把餘尿排出，減少穿褲過程又漏尿的情形。（當然，沒有所謂百分之百。控制膀胱這件事，其實不如我們以為的容易。）

10 圍裙太短，褲子容易弄濕。圍裙太長，自己可能不小心踩到。也可考慮，下面著雨褲。（雨褲的最大缺點就是悶熱，不宜工作時間太長。）

11 洗澡結束，地板和腳底板，要簡單沖洗一下。最好稍微拖乾，否則很容易滑倒。

12 很多人有對沐浴乳過敏，或可用肥皂，或可用藥性沐乳，或直接用溫水沖洗，視情況調整。

13 皮膚皺摺處，要撥開用水沖洗乾淨。還要記得擦乾淨。有的人可能有濕疹或傷口。

14 若有痔瘡脫垂的肉瓣，則稍微將肉瓣撥開，用水柱沖一下。應該隨時留意，並問對方的感覺，隨時調整力道。

15 腳趾縫如果髒了，或可考慮用不要用的硬式牙刷刷洗。這種方式，有些人會感到舒服，可能類似穴道按摩的概念。（此刷記得另外放。）

16 有些人會喜歡用洗澡巾刷洗，力道要小心拿捏。

17 洗頭時，若隔著無塵手套，或可用指甲摳洗，未必只能用指腹。仍要小心力道。

18 有很多人不喜歡吹乾頭髮，也許是怕熱風撲面而來，又或者是討厭轟轟的聲音。夏天還可以，冬天盡量還是吹乾。至少，一定要盡量擦乾。

＊ 可以多準備毛巾。用乾毛巾擦頭髮，可以讓頭髮更快乾燥，減少吹髮的時間。

19 黏在傷口的紗布，不要硬撕下來，會破壞新生組織。洗澡弄濕之後，自然容易取下來。（只需記得，洗完之後，傷口要再消毒，擦藥……等，完整的消毒護理工作。）

20 （接上）如果擔心碰水，可以貼上防水膠布，或覆上有黏性的保鮮膜（在特殊的賣場有賣）。

21 洗澡時，記得反覆觀察身上是否有異狀，或新的傷口。尤其是，椅背處，臀部下方等，特別容易忽

輯2 長照人員或需要增加陪伴的人的家屬參考：

22 假如忘了帶圍裙，也沒有預留輕便型雨衣，適度調小水柱也許是個辦法。

23 穿衣前，私處如果有嚴重的抓痕、乾癬之類的問題，可以先在浴室內做簡單的擦藥，再穿上衣褲。或者同時擦身體乳液。

＊有些人會希望使用不同套的手套，比較乾燥。

＊乳液和沐浴乳可能會很像，且還放在一起。要非常仔細再三確認。（最好分開放，並標示清楚。一但犯錯，可能又要重洗。）

24 大部分的浴室都不大，說話音量或可再小一點點。回震效果，可能會讓耳膜有點不舒服。

25 洗腳時通常會蹲下，如果要起身，務必確定正上方是安全的空間，才可以站起來。有時候，受照顧者會好奇俯身去看自己的身體，這時候若忽然站起來，非常危險。可能造成他的牙齒咬到舌頭，或是造成下顎粉碎性骨折。

26（接上）有時候，我們站起處，上方可能是水龍頭，會造成我們的脊椎嚴重受傷。也可能誤觸水龍頭造成我們的衣服弄濕，總之，盡量小心。

27 耳朵部分，也可考慮用毛巾擦拭，避免水跑進耳朵。

28 任何時候，動作都要很輕，不要粗魯。比方有些人較重，幫他刷洗完腳部，也是輕輕放回地上。

29 是否要洗頭，一定要非常確定，不是個案頭俯下看，就想當然爾幫他沖水。這樣會嚇到對方。

30 有人非常害怕水碰到眼睛或滲入耳朵。甚至，洗頭時會戴上蛙鏡，耳朵會戴上耳塞或是棉花等。總之洗頭時，要特別小心這一部分。

＊ 蓮蓬頭靠近耳朵時，可以貼近身體，避免較大的水花濺入耳朵，或者調小水柱。最常見的方法是，把耳朵稍微往前摺。

31 身體有異常凸起物，可能是心臟節律器之類的東西，小心沖洗即可，不要用力搓洗。

32 助聽器非常昂貴，記得取下。可能會碰到水而故障。

33 洗澡完，或可給他鼓勵：好香，好香。幫他建立，沐浴與美好感覺的連結。

34 有些人特別怕冷，可考慮放電暖器。當然，要保持安全距離，比方放浴室門口。又或者，讓熱水持續流出，也可能提升浴室溫度。

35 洗澡沐浴前，若是習慣用電動刮鬍刀者，或許可考慮先修剪鬍子，再使用電動鬍刀。如果是刮刀剃鬍子，則可以先用肥皂水或刮鬍泡軟化鬍子後再刮。

36 洗完，記得把出水口，從蓮蓬頭切換回水龍頭。避免下個使用者，被噴灑得全身濕。

37 有些受照顧者，身體特別虛弱，我個人建議購買洗澡椅。從床上移位到洗澡椅之後，可以直接推到浴室裡，排便、洗澡、再推回客廳或床上等。一次全部完成。

（但是，洗澡椅推出浴室時，要留意一地水漬的問題。）

38 （接上）洗澡椅上如廁有個好處——他有扶手。身體虛弱的受照顧者，坐在馬桶上，可能會癱軟下去。

394

輯 2　長照人員或需要增加陪伴的人的家屬參考：

39 沖洗結束，原則上，還是先跟當事人再確定一下，是否可以了，才正式劃下句點。

40 有些人以為，應該先洗身體再洗頭。我的經驗是，只要水溫適中，室溫不是很冷，還是可以當事者的習慣為主。

41 若是躺床洗頭，可以參考網路影片：中化銀髮事業協助床上洗頭。

42 蜂膠有助抗菌消炎，改善體質減低癢感，若有這類問題的人，或可嘗試蜂膠皂。

＊少部分蜂膠商品可能有酒精成分（為了加速吸收效果），小心過敏反應。

43 醫師建議，可以在洗澡前先喝一杯溫熱開水，讓身體先暖身。

44 我曾因一時疏忽，當受照顧者掀馬桶蓋時，我也同時這個動作，卻是掀馬桶座，以至於輕微夾傷個案。照顧者可以稍微留意。

45 蓮蓬頭可能有很多段式。重點是，衝擊力適度，避免讓當事人感到不舒服。如果蓮蓬頭老舊，可能從側邊噴出水，噴濺到協助洗澡的照顧者衣服。建議更換蓮蓬頭。

46 若個案的身上有配戴護具，洗澡前務必取下。取下前，要先記住如何再配戴回去。

（五金行相關賣場可能有賣。）

若記不住，又不能拍照，或可嘗試先記住護具沾黏帶的交叉位置在哪裡，也許有助事後的記憶回取。

（43）短距移動 必須知道的事

此處的短距，比方從廁所到房間床上，或客廳輪椅上的很短距離。有時候，浴室太小，可能需要離開浴室才能作業。

1 確保這段距離是暖和的，才不至於著涼。比方們窗是關著，有開啟電暖器。

2 如果沒有穿涼鞋（後面有匡住腳跟的那種膠鞋）的習慣，雙足務必擦乾，不至於腳滑。

3 假如此刻，對方完全沒有穿衣服，或身上只覆一張大浴巾，照顧者缺乏對受照者的著力點，或可試著，讓其一隻手拄著四足手杖，照顧者再從另一側，或後面雙手環住他的身體，緩步前行。（若從後面，照顧者也許需要壓低下盤，身體微蹲地前行。重心下降，跌倒的機會就有可能下降。）

4 （接上）另一種情形是，如果有大四腳助行器，兩隻手都可以放在前方桿子，這是相對安全的做法。

5 也許都沒有輔助工具，可以用雙手牽著受照者的雙手，緩步前行。有個重點，步伐要慢，讓受照者的身體隨時保持在垂直於地面90度的狀態，並且雙手微彎（當兩人距離近，則有利於照顧者處理突發狀況）。若受照顧者身體略微前傾，就有跌倒的風險。

＊由於照顧者是倒退走，自己要對動線非常清楚。莫名跑出一隻貓，一顆皮球，一灘水等，是常有的事。）

6 小心浴室外有訪客，這樣會很尷尬。

396

輯2　長照人員或需要增加陪伴的人的家屬參考：

（44）更衣 可以注意的事情

1 脫衣時，先從身體較健康柔軟那一側（學術上稱為健側）開始。穿衣時，先從較僵硬（學術上稱為患側）的那一側開始穿。

＊脫衣時，可嘗試將手臂向內摺，脫衣會比較容易，也避免受傷。

2 若是長袖T恤：脫衣時，可先從健側脫下，再來是頭部，然後從患側取下衣服。穿衣時，先從患側穿上，再套上頭部，最後才是健側的手。

＊若有扣子，穿或脫衣前，記得先解開領口的扣子，才不會卡住頭部。

3 脫褲時，可以讓受照顧者站起，然後迅速褪下褲子（包含紙尿褲）。前方最好有扶手可以讓他撐住身體，或是扶著照顧者的肩膀。穿褲時，先將褲子穿過兩隻腳（原則上，較僵硬的腳先穿），然後請對方站起，再迅速將褲子拉起。

＊小心踩到褲管。

＊若裡面有內褲，紙尿褲，疝氣帶等，要記得依序先穿好。（畢竟，站起來這個動作真的很不容易。）順序是：先紙尿褲，然後疝氣帶，接著是內褲，最後是外褲。

＊通常照顧者會站在受照顧者的側邊（另一邊），可以考慮靠著牆面，然後，一邊用手（或用肩膀）護著他的身體，避免搖晃或跌倒，另一隻手迅速拉起他的褲子。稍不小心，可能會同時抓住褲子和陰

397

毛等，盡量謹慎便是。

4 躺床上也可以更換衣服。可參考網路影片：先翻身患側在上，從患側先穿衣服，再將另一半衣服塞到身體底下。然後翻身回來平躺，再翻到另一側（健側在上）衣服從身體下方撈出後，再穿健側。動作不要太快，要溫柔。需躺床更衣的病人，通常更虛弱，甚至易暈眩脫衣時，則是相反。先翻身，健側在上，然後從健側先脫，把衣服塞到身體下方。再躺平，然後翻到另一側，再將衣服從患側脫下來。

* 另一個是先套頭，再套兩隻手，然後，慢慢拉下衣服。若有點緊，只要稍微翻身就可以調整衣服。

5 若乾淨的內衣褲，不小心掉廁所地板，不要再給他穿上。既不尊重，不衛生，還可能因為沾濕，讓當事人身體失溫感冒。（其實這種情形很常見，最好有多幾分乾燥的內衣褲備用。不只為擔心弄髒，年長者滲尿弄溼內衣褲其實很常見。）

* 若有紙尿褲，或小尿片，或可考慮先穿。洗澡完身體會自然放鬆，這時可能會有尿液排出。（要學會用平常心去面對，既是體貼，也是禮貌。）

6 內褲的鬆緊度，還要將紙尿褲的使用情形納入考量。褲子太緊，容易濕疹或摩擦紅腫，太鬆，容易鬆落或滲尿。

7 肛門周遭如果需要擦藥，乳液，木瓜霜（可能改善尿布疹），應記得在穿內衣褲前先擦。

8 著裝的習慣，原則上以當事人為主。如，男生可能習慣將內衣紮在內褲裡，或內褲與外褲間，以個人習慣為主。

輯2 長照人員或需要增加陪伴的人的家屬參考：

9 雙手上若有乳液，也許先擦乾淨，再來作業會比較好。（或者，也可以戴手套幫受照顧者塗乳液，然後再丟掉。）

10 有些人會在尿道上再包一個小護墊，這可以多一層防滲漏和吸收尿液的效果。

11 若一次脫兩件衣服下來，習慣性可能會嘗試把兩件衣服分開方便清洗。要小心周遭的空間，拆分的過程，常會不小心手彈開，打傷受照者的鼻樑骨。

12 脫下髒的衣褲，最好再檢查一下，是否有重要東西忘了拿出。（比方頭等彩票，支票，父母或愛人生前唯一僅存的相片等。）有扣上扣子的口袋更要看，不要心存僥倖。

13 平安符的線，可考慮放領子後方比較不會髒。線記得定期清洗，否則容易引發紅疹過敏反應。

＊另外像手鐲，手錶，助聽器等，取下時，都要非常小心。

14 （接上）一種穿褲子是，直接將褲子穿過兩隻腳，然後請受照顧者抬高臀部，再迅速穿上。（核心肌群有力量，足以帶動臀部抬起的人，比我想像的還多。）

如果核心肌群沒有力量，無法抬起臀部，可以用側翻身的方式，慢慢調整褲子的高度。比方，先同時彎起兩腳穿上褲子到大腿處，再請他輪流左右側身，然後慢慢調整褲子。

＊褲子和紙尿褲，一起穿或分開穿，可視情況或當事人習慣為主。

15 衣服的扣子少一點，或大一點，拉鍊粗大一點，繫繩子改成鬆緊褲，更有利於長輩穿脫衣褲。或者，拉鍊，扣子，直接改成魔鬼氈，也許更方便。（但也可能刮皮膚，各有利弊。）

16 脫衣後，穿衣前，應仔細觀察，是否有任何新的傷口，舊的傷口復原情形，黑青，腫塊，勒痕，傷痕，或奇怪味道等。

17 若衣服很難脫，不要硬拔。

18 袖子太長不利於用餐，復健等，可將其袖子適度捲起。若布料太厚，就適度往上推一下。

19 髒衣服和乾淨衣服務必明顯分開位置放。若有洗衣籃更好。

20 關節處是可以從後面輕壓，讓關節處折起，比方膝蓋。方便穿褲子。

21 很多人會在浴室內先穿內衣褲。務必確保身體和椅子都已經擦乾。否則，弄溼的衣服穿在身上，很容易著涼。

＊拋棄式手套如果裡面有水，先丟掉。否則會流出弄濕乾燥的衣服。

400

輯2 長照人員或需要增加陪伴的人的家屬參考：

（45）備餐 準備餐點可以怎麼做

1 基本要注意：食材，調料，份量，禁忌，料理方式，（廚具）。備餐第一重點是飲食安全，然後才是：健康營養與美味（或者應該說是：口感舒服）。

（關於安全－－比方，飯裡有沙子，菜裡有小的硬骨頭，可能造成牙齒龜裂。稀飯太多水分，可能造成嗆咳。細小的魚刺，可能刺傷咽喉。）

食材部分主要有分：

葷食（可能因為宗教信仰的關係，還有各種禁忌）

素食（常見的素食又分：純素－－純粹素食。五辛素－－可吃蔥，蒜，韭菜，洋蔥，小蒜。蛋奶素－－可吃蛋與奶）。

＊蔬食不等於素食，只是以「蔬」為主。另外，有些素食者，不喜歡素肉（植物加工）。

份量主要以受照顧者的用餐習慣，健康需求為考量。

＊禁忌的考量：宗教信仰，偏好，健康需求，價格等。

＊調料又分：基本調味，香料，特殊健康需求（如：甜味劑，無碘鹽等）

＊料理方式：中式（又有乾濕，甜鹹，大小塊等⋯），日式，美式，地中海，東南亞等。

2 烹調時，要小心衛生，比方頭髮掉落的問題，菜要洗淨處理掉蟲子，洗掉沙子等。

＊如果廚房水槽太小，必須一面清洗碗筷，一面浸泡東西，務必將食物移開，或將出水量轉小。避免讓洗碗精的水沫噴到食物。

3 常見的順序：先簡單沖洗鍋碗，然後開始洗菜，削皮切塊等。同時，放米飯去蒸煮，一邊悶煮肉類，把香菇泡軟等。菜整理好後，先把鍋子的水燒乾，然後放油和香料爆香。接著開始烹調⋯（鍋子務必乾燥才能放油，否則，油加熱後水珠會在油裡肆意噴濺。）

4 購買菜時，最好挑比較好處理的蔬菜類。這樣可以簡短處理的時間。比方菜心削皮就很麻煩，紅豆、綠豆、薏仁等，除非提前就泡好，否則一小時肯定不夠。

＊有多刺的魚，或粗纖維（比方空心菜、牛蒡就很不好咀嚼）可以先問一下。

＊有些辣椒很辣，可能造成腸胃不適。有些辣椒不辣，適合提色，提味，可稍留意。

5 （接上）最好有好用的工具。比方刀子太鈍，根本無法切肉，或要弄很久。削刀太鈍，削菜心會削得很辛苦，經常因此而削到手。

＊若經常大量的備餐工作，建議自行購買合用的廚具。可能降低手指、手腕，因不當施力所造成的職業傷害。

6 個案參考：花椰菜非常健康的食材，但容易躲小蟲。南瓜非常營養，皮也可以煮爛了吃。紅蘿蔔切細比較快熟。紫菜蛋花湯最簡單，但紫菜湯若買現成的，仍要小心鹽份或是沙子的問題。地瓜葉營養好吃，但容易枯黃，不利保存。

7 切越細，越快煮爛，反之，則要煮很久。另外，用蒸的方式也可以加速變軟。

8 冷凍的東西，若無法用微波爐解凍，那就盡量提前兩三小時泡水解凍（較浪費水），是較能保持食物美味的方式。於冷藏室中提前一天解凍，或流水解凍。

輯2　長照人員或需要增加陪伴的人的家屬參考：

9 有些現成的熟食，只要加熱就好了，很方便。但要留意保存期限，和保存方法。

＊ 這裡的現成品，不建議所謂的罐頭食品。

10 切菜時，握菜的那隻手，手掌微微拱起，手指微彎向內收。刀面貼著拱起的手指切菜，可防止手指被刀切到。

11 多數人會將菜的蒂頭切下丟到廚餘桶，但有少數家屬會要求蒂頭留下一起煮。因人而異。

12 洗米時要輕柔，水溫不宜高，不要沖洗次數太多，才能保存米的維生素B和蛋白質。一般來說，要用開水（自來水中有氯）煮米，米水比例約是1：1.2左右，煮飯前若能泡二至三十分鐘更好（米粒吸收水分膨脹之後，煮出來的米飯會更軟），煮好後，最好再悶十五分鐘左右，讓米飯可以完成糊化，並釋出甜味。打開蓋子時，建議用飯匙簡單翻一下。讓他的水氣可以散去，也讓整體口感更均勻。

（有人煮飯時會喜歡加入一點點檸檬汁，讓他更好吃，因人而異。但若是鋁鍋煮飯，酸性物質會讓鋁溶解，對身體不好。）

＊ 若是一般的電鍋，原則上，外鍋加一杯水。

13（接上）每個家庭的飲食習慣不同。比方：有用黑米，有加入雜糧，有白米加胚芽米，有加薏仁等等。這時候，水的比例可能會做調整。可以問一下受照顧者的家屬。

14 對於糖尿病者，澱粉攝取要少壹些。＊尤其是精製的五穀根莖類，如白飯（尤其稀飯）、麵條、麵包等，膳食纖維含量較少，血糖上升會更快。

13 鹽分太多容易血壓升高,適量就好。寧可少放,不能多放。料理酒建議微量即可。

14 理論上,烹煮的量,大約使用餐者七分最多八分飽即可。盡量不要煮太多,若有多出的菜,或可放冷凍(較利於保鮮),或隔絕空氣後,放冷藏。即使放冰箱,不建議放太久。越新鮮口感越好,也比較不會滋生細菌。

15 盛具,切菜刀,切菜板等,使用前都應再洗過,熱水淋過,再用乾淨的布擦乾。

16 碗盤有裂痕,不建議繼續使用,可能藏細菌。若要丟棄,須先告知受照顧者家屬,有些碗盤身上有故事。

冬天的話,用餐的碗盤可以稍微加熱。水漬要擦乾。

17 生冷的食物有致病風險,較不建議提供。(其實涼拌的食材如:小黃瓜,秋葵等,非常好吃,可促進食慾,但一定要確保新鮮乾淨。)

18 其實只要食材新鮮,味道就很棒了。也許稍微加個薑,蔥酥等,未必要加太多調料。

19 通常廚房除了基本烹飪工具之外,調料也非常重要,要隨時留意是否還有:鹽,糖,醋,米,油,醬油,麵粉(或各種澱粉:在來米粉,太白粉⋯);香料等。

20 各種原態澱粉:地瓜,南瓜,玉米,蓮藕,荸薺,菱角,芋頭,馬鈴薯,山藥,牛蒡,糙薏仁,糙米等都非常好。(原態也稱原型食物,即本來的樣子,沒有加工。)

21 如需攪拌,盡量放在穩定的桌面。如果用手懸空托著,很容易打翻。

404

輯 2　長照人員或需要增加陪伴的人的家屬參考：

22 年長者的牙口不好，盡量避免給他們吃纖維較粗較老的東西。除非特別處理過。如魷魚絲、牛蒡絲、牛筋、海參、金針菇等菇類，我個人就不是很建議。

23（單純模式）煮蛋花湯時，要先將蛋打勻，才緩緩倒入沸水中。然後，火轉小一些，一邊輕微攪拌等水再次滾之後，加入鹽等調料，最後才加入蔥花。

24（單純模式）煮湯圓時──先將水以大火煮沸，放入湯圓再改小火慢慢攪拌，直到湯圓浮起再撈出來。冷凍的湯圓，不用特別等到退冰。甜湯與湯圓分開煮。浮起後，可再加一碗冷水再次煮開，這個方式可讓湯圓更有彈性。或是湯圓取出後，立刻放入冷開水中一會再取出也可以。要吃時，再放入甜湯中。長輩吃湯圓容易噎到，要非常小心。

＊為了避免高齡長者噎到，可以考慮自己做湯圓。比方，用地瓜，加適量蕃薯粉（或樹薯粉）、太白粉，揉成團，再切塊搓圓。重點在於，降低糯米粉的比例。因為，糯米粉比較黏稠，既不好吞，又不利消化。

25（單純模式）煮冷凍水餃時──先放入冷水，再將冷凍水餃放入冷水中，一邊用中火煮沸，一邊用湯匙緩緩攪拌，輕壓。水開始逐漸滾時，加入一點油，讓餃子外面形成一層保護膜。再繼續攪拌直到水滾之後，繼續攪拌約一分鐘即可。

若是煮剛包好的水餃，則要將水煮沸，才放入水餃。

若是煮水餃湯（蛋白質），煮麵條或水餃（澱粉），則建議餃與湯分開煮。

＊煮肉湯（蛋白質），可能造成滾沸的水面有白泡溢出，致使爐具積水，甚至澆熄火苗。最好隨時在鍋子旁看著，一邊用湯匙將泡沫舀出。

既可避免泡沫滾瀉出來，也讓湯水的外觀和口感更清澈。

26 開冰箱次數會增加壓縮機的負荷，建議盡量一次取出相關食材。

27 如若受照顧者過分重口味，為了當事人健康著想，建議可以慢慢調淡味道。不可操之過及，要讓他慢慢適應。當然，需要充分溝通。

28 鹽：精製鹽－去除雜質，可能有加入碘。（也許不太適合甲狀腺機能亢進的人）海鹽－較粗大，富含礦物質如鉀、鈣、鎂等，可用在肉類，海鮮調味。鹽岩如玫瑰鹽，有較多的鐵質。低鈉鹽－較不適合腎臟病者（因為所謂低鈉鹽，通常是用鉀取代鈉。但腎臟病者，較無法代謝鉀）。竹鹽可作為甲狀腺亢進者多一個選項。

＊ 有些年紀大的長輩，也許嚥喉食道的粘膜較薄，一點點鹽分就感到不舒服，，也許可以跟醫師（家醫科，老人科）討論看看。

27 糖的種類：黑糖－富含微量元素，口感好，利酸鹼平衡，新陳代謝，提升能量，適合來月經的女生紅糖－與黑糖類似，但糖分更高。白糖－屬精煉糖，營養價值較低，糖分更高，適合血糖低的人及時補充。冰糖－最甜，適合拿來做甜品。高果糖漿－可能造成各種慢性疾病，和成癮現象。人工代糖－若問過醫師，或許可讓糖尿病者使用，但苯丙酮尿症患者不能，還可能產生各種慢性疾病。蜂蜜－富維生素，礦物質與胺基酸等。但仍可能造成肥胖問題。

＊（早安健康）碳水化合物（或簡稱醣類）依結構可分為：單糖、雙糖、寡糖和多糖。

a 單糖是最小單位的糖，其中最常見的包括葡萄糖、果糖和半乳糖。

輯 2 長照人員或需要增加陪伴的人的家屬參考：

（單醣較容易被身體快速吸收，並產生能量。缺點是，身體血糖會上升很快。）

b 雙醣由兩個單糖分子所構成，其中最常見的有麥芽糖、蔗糖和乳糖。

c 寡糖由 3～10 個單糖所構成，如果寡糖、木寡糖等糖類替代品。

d 多醣則是由 10 個以上單糖所構成，包括澱粉、肝糖、纖維和糊精等。

（多醣則需要消化系統分解，才能被身體吸收。）

* 輕度低血糖患者，適量補充「單醣」，身體不適的症狀通常可以很快得到緩解。

28 蓬萊米比較適合煮飯及熬粥。在來米適合做發糕、米苔目、蘿蔔糕、碗糕等。長糯米可用來包粽子，做油飯。圓糯米則用來做湯圓、元宵、麻糬。

29 醋的種類：老醋，米醋─味道濃郁，營養價值高，對身體很好。果醋─含果香，經常被用來養顏美容。

* 醋不會造成骨質疏鬆，相反的，還能幫助胃分解不溶性鈣，使利於人體吸收。

* 合成醋，只能算是酸的調料，成本較低，市面上佔不小比例。

a 不適合空胃直接飲用。b 對骨折病人可能影響癒合。c 和茶一起飲用可能影響吸收。d 若接觸空氣容易氧化，建議不要放太久。e 可能破壞牙齒的法瑯質。f 不適合低血壓者。

30 壓力鍋就是快鍋、高壓鍋。原理就是透過加壓，提升沸點（就是超過 100 度），縮短悶煮時間。讓食物更綿密軟爛。

* 務必完全洩壓之後，才能打開，否則會燙傷，造成嚴重傷害。

* 燜燒鍋（是燜煮，不是提高沸點。）比壓力鍋相對安全，但效果也比較差。
* 有些人不喜歡用壓力鍋，因為可能會讓東西的口感變得太爛。

31 一定要掌握各種機器，工具等的使用方式。例如：

a 氣炸鍋（其實就是有風扇的烤箱）的溫度盡量不要超過120度，較能降低產生有毒物質的可能。食材盡量攤平，才能受熱均勻。

b 將碗盤放入洗碗機前，務必先將殘渣處理乾淨。

c 使用調理機時，杯蓋務必扣緊。液體最先放，然後軟且水分多的食物次放，硬的食物較後放，葉菜類最後放。（務必確定停止運作，才能將杯器移開底座。）

d 料理機和調理機不同。料理機較為少見，但卻很方便。處理方式，和一般烹飪類似。先放油，再放比方薑片，讓他緩速攪拌三分鐘之後，接著放葉菜類，大約十到十五分鐘之後，一盤青菜料理就完成了。

e 微波爐要慎用。一般的金屬製品，含鋁箔紙（也稱錫箔紙）都避免放進去。易燃材質（包含溼抹布等）和耐熱材質較差的塑膠製品，或普通的玻璃製品，也不宜放入微波爐。生或熟雞蛋和密封食物也不可以，可能產生爆炸的現象。若食材太乾燥，建議噴一點水。食材不可密封，若是覆蓋保鮮膜，則要切開一個小口。

* 微波爐運作時，臉不要太靠近機器。

32 中式料理各種粉：

太白粉──通常是以馬鈴薯或樹薯做成的澱粉，大部分拿來做勾芡，讓湯汁變得濃稠。

輯2 長照人員或需要增加陪伴的人的家屬參考：

35 食材注意：

a 蟹殼，墨魚眼睛，小骨頭等，都可能造成老人家的牙齒崩壞。要非常小心。

b 文蛤盡量不要選顏色太黑的，可能水質不新鮮。（但也不排除，被經漂白處理。）

c 蜂蜜有很多好的酵素，故不建議用太高溫（六到七十度）處理，可能破壞酵素。

d 蘆薈非常好的食材，但在中醫裡屬性寒。可能造成腹瀉，不建議每天吃，尤其是體質太虛的人。

e 薑黃則相反，屬辛熱。火氣大的人不適合多吃。抗發炎（印尼人月經來時，經常會買來喝。），預防心血管疾病，抗癌，抗憂鬱，改善膚質，預防失智等功效。

f 人蔘可以補元氣，照顧心血管，增強認知功能。但鞣酸會破壞其功效，故不宜和茶，或是青香

34 麵線有分：紅色—比方雞絲麵線。（比較鹹，放久比較不爛。比方蚵仔麵線）白色有兩種，一種較鹹，另一種比較不會。可以問清楚。

33 煎魚時，記得盡量把水瀝乾。否則，油可能會四處噴。（比方可以用乾淨的毛巾吸水，或吊掛起來等。若是廚房紙巾，怕有螢光劑。）

＊ 太白粉，地瓜粉可能使用時機會弄錯，其實也無所謂，不過麵包粉容易燒焦，在油炸時必須注意時間，不宜久炸。

麵包粉—有酥脆的口感，不過麵包粉容易燒焦，在油炸時必須注意時間，不宜久炸。

太白粉，地瓜粉可能使用時機會弄錯，其實也無所謂，即使放涼也較能保持脆度。

地瓜粉—不易溶解，所以不適用勾芡。一般多以粗粒地瓜粉當作油炸粉漿（炸排骨，鹽酥雞等），讓炸好的外皮呈現酥脆口感。

太白粉勾芡時，不能直接加入熱水中，會凝結成塊而無法攪拌均勻。勾芡過的食品冷掉後容易出水。

另外還可拿來醃肉片，使肉片口感更加滑嫩。可以讓魚比較不沾鍋，外觀更好看。

409

蕉一起食用。有感冒症狀也不宜。

g 若魚體身上有異常黏液，同時魚眼塌陷，並有異常腥味，大概率不新鮮。

h 牛肉，豬肉身上的綠光是正常現象，乃微量金屬元素（人體所需）的顏色。除非是，有異常黏液和臭味，綠色就可能是微生物污染造成。

i 一般的冰箱冷凍速度較慢，容易產生較大的冰晶，包含水煮蛋，水果等，如果放冷凍，容易被冰晶破壞細胞組織，影響口感。（急速冷凍的冰箱，則冰晶均勻且細小，比較不會破壞食物的口感。）

35 陳月卿的蔬果汁食譜，楊桃美食網等，我個人推薦參考。

36 洗碗精等化學殘濟，務必清洗乾淨。否則，煮得再好都沒有用。

37 不建議提供油炸食物。除了較不健康之外，回鍋油的問題也比較麻煩。（若是代購油炸食物，應注意炸物是否太黑，如果太黑則不要買。大概率是用了非常久的回鍋油。）

38 煮味增湯，可以酌量加一點冰糖，口感更好。

39 許多家庭有各式烹調專用設備，除非完全確定使用方法，並且徵得同意，否則千萬不要去碰，以免造成嚴重後果。

40 營養師舒宜芳：一般將食用油區分為植物油、動物油及奶油。植物油不飽和脂肪酸含量較高，一般室溫下為液態，較健康，熔點低，是家庭烹調用油的優先選擇，如芥花油、橄欖油、苦茶油、葵花籽油等等。動物油的飽和脂肪酸含量較高，一般室溫下為固態，具有可塑性，熔點高，適合做為一般烘焙用油，

輯2 長照人員或需要增加陪伴的人的家屬參考：

如牛油、豬油等。

天然奶油則風味誘人，一般室溫下為固態，具有可塑性，熔點約32°C，廣泛使用於烘焙製品。

* 人造奶油名稱眾多，包括了植物奶油、酥油、瑪琪琳或乳瑪琳等，為反式脂肪酸，會提高血膽固醇濃度，增加冠狀動脈心臟疾病、腦中風、高血壓、糖尿病、代謝症候群、失智症等風險，建議攝取量愈少愈好。

* 調合油雖然混合了多種油脂，但對健康的好處並不會增加，因此不特別推薦使用。

* 一般食物煎到熟約140°C，炒或小量油炸約140°C—180°C，大量油炸則180°C—200°C，因此用來油炸的油，應選發煙點大於190°C—200°C以上較為恰當。此外有心臟血管相關疾病病人，可考慮富含單元不飽和脂肪酸的油脂如：橄欖油、芥花油及苦茶油，以協助血脂肪的控制。

* （維基百科）冒煙點對烹飪的影響主要是：油在這溫度成份出現變化，開始變質冒煙裂解，尤其會產生各種有害健康的物質、致癌物。葵花油冒煙點較低（攝氏160度），宜用於不需高熱的菜餚（不建議油炸）橄欖油則視不同等級及種類，冒煙點從攝式180~230度都有。

41 烹煮時，盡量不要離開廚房。以免其他人進來後，太熱心幫忙加入調料，自己回來後又加一次，造成重複調料。

* 調料瓶經常被錯放，可能是家屬眼花看錯。使用前，最好重複確定。以免白忙一場。

42 理論上，熱鍋後繼續大火熱炒一下，可以讓青菜的口感鮮脆。但高溫容易讓肉類的蛋白質糊化沾黏

在一起。肉類適合先把火關小再炒。（或可先把肉炒好取出，再熱火炒菜，然後火關小，再把肉放進去簡單均勻炒一下。）

＊先熱鍋的好處是，透過高溫讓鍋子的毛細孔打開，使油均勻的滲入細孔中，產生隔離的效果。不沾鍋比較沒這個必要，過高的溫度，還可能使鍋體受傷產生細痕。

43 特別是雞蛋，海鮮等食物，容易滋生細菌，應盡快吃完。不宜在常溫中放太久。（水煮蛋的蛋殼如果沒有裂痕，則可在室溫稍微久一些。剝殼後若有黏稠感，不宜食用）

44 炸豬排外酥內嫩方法：

一 先切厚片，再拍打變薄，用意在鬆散肉的組織纖維。（還要記得用刀劃斷帶筋的部分，避免油炸時捲縮。）

二 先裹上麵衣，再裹上一層麵包粉。可鎖住內部水分，同時減少油滲入肉排的內部。

三（麵包屑丟入油鍋中，若起小泡泡，表示溫度差不多180度左右）放入豬排約兩三分鐘，再翻面一到兩分鐘。不要炸太久，避免肉質老化。

45 蔥薑蒜相關資料：

嫩薑—放保鮮盒後冷藏。常用在開胃小菜中，有解油膩去腥的作用。老薑—陰涼處即可，常用在食補料理。粉薑—常用在爆香，保存方法和嫩薑同。

蒜頭發芽仍可吃。沒剝皮時可放在室溫，剝皮後，可切碎放在保鮮袋拿去冷凍。

日蔥—口感細嫩。北蔥—較有脆度，適合做蔥油餅。大蔥—以蔥白為主，適合做湯頭。

412

輯2 長照人員或需要增加陪伴的人的家屬參考：

46 洋蔥具有降脂和抗氧化的作用，是個非常好的佐料，放通風處就可以了。若切過，則要放保鮮袋，再置入冷藏室。生吃洋蔥最能保持營養素，但要注意清潔乾淨。

＊（康健）切洋蔥時眼睛很容易刺痛、流淚，這是因為洋蔥組織被破壞時會釋放出丙硫醛氧化物，這是一種催淚物質。也許可嘗試先冷藏30分鐘後再處理。

＊有腸躁症，胃食道逆流的人不適合。另外，服用抗凝血藥物的人，洋蔥可能抑制凝血酶的活性，建議少量即可。

＊發芽仍可吃，但可能變得苦澀，營養流失不少。

47 營養滿點的食材：番茄，洋蔥，南瓜，胡蘿蔔，花椰菜，橄欖油，薑，黃薑，蒜頭等。

48 如果不小心煮焦，千萬不可為了省錢，給受照顧者吃。既不好吃，又不禮貌，關鍵是，還容易致癌。

49 如果煮熱湯之類的，要慎防小孩，小狗小貓之類的在周遭活動。非常危險。

50（康健）關於煲湯的秘訣：

一食材先處理：如果想要湯頭清澈乾淨，豬肉和豬大骨要先清洗後，放入滾水中汆燙去除血水，再移到另一個鍋中燉煮。若是使用魚或是牛骨，建議魚可以先煎過，烤牛骨可把香氣先釋放出來，再拿來熬湯。蔬菜如蘿蔔、胡蘿蔔或南瓜等，去皮、洗淨、切塊後就可以放入湯中熬煮，大小平均，不要大小落差太大。

辣椒──建議切掉蒂頭之後，放密封袋裡，置於冷凍庫中保存。香菜，芹菜，九層塔等，不易保鮮，盡量越早食用越好。

413

二撈除浮渣和油脂，湯品清澈味鮮。

三火候——煮滾高湯後，轉開小火細火慢熬，就能煮出清湯，但如果需要濁湯，就要用大火維持煮滾的狀態，才能煮出濃郁的濁湯。

＊另外，不要煮太久，不要太早放鹽調味。若過鹹，或可放入油豆腐、馬鈴薯、紅蘿蔔等，可稍微吸取湯內的鹽分。

51 原則上還是建議水果不要放冰箱太久。關於蔬果的冷藏相關常識（農林の水果）：

a 因為水分會使病菌微生物孳生，讓草莓容易發霉，不僅是草莓，所有的水果都一樣，要吃之前再清洗就好。

b 避免水分流失是冷藏保存關鍵。⋯⋯可用紙張包覆後再放入塑膠袋，塑膠袋防止冰箱吸收水果水分，紙張則幫助吸收水分，避免水氣凝結孳生細菌、發霉。記得塑膠袋口只要稍微打結不需綁死，要維持透氣，別讓水果悶壞。

c 後熟型水果需擺在室內陰涼處熟化，熟成後還是得冷藏，否則水果仍會過熟、壞掉。

d 蘋果、釋迦、梨、木瓜、香蕉等。這類水果在成熟過程中會釋放一種氣體，叫做「乙烯」。乙烯會加速水果的成熟和老化，若將一般蔬菜、水果與此類水果放在一起，就容易提早老化、腐爛。⋯⋯建議與其他蔬果分開包裝。

e 未熟透的水果，如果放冰箱，可能會因為低溫寒害停止繼續熟成。若要催熟後熟型的水果，就可利用會釋放乙烯的水果。

f 某些水果，如釋迦、仙桃等，可以在蒂頭處挖洞後，用鹽巴填滿該處，有助於加速催熟。

輯2 長照人員或需要增加陪伴的人的家屬參考：

52 若是感冒咳嗽不止，有些人的體質，可能不適合吃香蕉、海鮮、西瓜等，可稍微留意一下。（如果是單純的乾咳之類的，可能比較沒有關係。）

53 隨時備著燙傷藥，老廚師也會燙傷。做法：先摺起袖子，沖大量冷水，然後擦乾，再塗上燙傷藥膏。（平時藥膏不要放在高溫的廚房，不利保存。）

54 若果汁機的運轉效率不佳，為避免因旋轉太久，產生的高溫破壞酵素，或可嘗試加入一些冰水。

（46）購物 協助採購該留意的事

1. 要非常確定：品項（比方：買月曆是單純陽曆就好，還是要有陰曆。米粉是在來米的粉還是炒米粉的米粉。）店家，保存期限（附贈品的保存期限也要另外留意），價格，是否密封，口味，禁忌的佐料，包裝乾淨，存放條件（常溫或冷藏，冷凍），數量，內容物為何（比方是否有致過敏物比方堅果，較稠或較稀，是否有豬油等），是否新鮮，架上的置放時間如何。是否有小的註記或提醒。

2. （接上）這個也很重要：型號，顏色，品牌，單位，是否原裝進口。麵條是寬麵還是細麵，是乾麵還是湯麵，大碗還是小碗，是否加香菜，是否加辣等。

* 弄清楚單位：單買雞腿，和雞腿便當，完全不同。

3. 記得拿發票或收據，千萬不可遺失甚至丟掉，即使受照顧者家屬覺得無妨。要有心理準備，可能需要退換貨。

（受照顧者或其家屬不認帳或要求退貨是有可能的。也許因為失智之故，也許真的忘記有說過要買，或覺得不是他要的店家，無法信任是否乾淨衛生等。）

4. 要注意包裝和運送。比方有些湯水類，蓋子沒有蓋好，或傾斜，運送中易大量溢出。有些商品易碎，易碰傷等。若商品可能造成受照顧者及其家屬感到噁心或有衛生疑慮，後面問題就會非常複雜。

* 塑膠碗、紙碗等，質地薄，可能因瑕疵造成滲漏，最好外面多一層塑料袋保護。

輯2 長照人員或需要增加陪伴的人的家屬參考：

5. 若購買者認知經常反覆，要跟其家屬或公司反應，不能過分遷就。也許就不買好了，金錢的事要非常小心。

6. 最好有清楚明確的備案。要買的東西經常已經賣完了，有備案，可以避免白跑一趟。或者，打電話再確定也行。

7. 若有專業人員處理，就不一定要主動去買。比方水電方面的材料，型號差一號就是白買。（水電這東西很憨直，是不會跟你玩文字遊戲，或虛無玄學那一套的。）

8. 代為網路訂購常有狀況，包含品項不合，不接受退貨（或遙遙無期），時間很久，品質不滿意等等，除了要多看，多比較之外，還要有最糟的心理準備，（代購者）認賠。

9. 店家可能在單向道，避免貪時間而逆向，既危險，罰單也不便宜。若路況不熟，或可先透過網路地圖了解。

10. 若是使用禮券或購物券，記得準備零錢，通常這類商品券不找零。

11. 與案主交貨時，仔細交代清楚。最好銀貨兩訖，單據清楚。最好還能確定對方已收好，放好。

12. 有些受照顧者可能有無法自我節制濫買的狀況，可以和家屬一起討論解決的辦法。（以免可能發生，小孩拿走，寵物咬走，失智長輩拿去丟掉等，各種可能性。）

13. 超出自己的能力（不好搬運，購後可能問題複雜）或意願（違禁品、菸酒），清楚拒絕。

14. 受照顧者的好惡情緒可能因購物的事起伏，理解就好。不需要太糾結。

15 貴不一定就好。關鍵在於是否實用（運用上達到預期目的），習慣（使用的舒適性），耐用。（比方廁所中的刷子，貴的可能好用，卻經不起高溫水沖，立刻變形。）

16 機車族用的彈性固定帶，可能因為反彈而傷到眼睛。要小心使用。

17 如果答應協助代購，不宜拖太久未行動。

18 大雨的路上，貨品容易淋濕。盡量用袋子保護好。避開水灘，以免物品被濺髒。

19 特別是各種瓶裝，可能的話，協助受照顧者開啟。很多受照顧者的家中成員，年紀較大，沒有能力開啟。（市面上也有各種電動開瓶器）

20 若是機車運送，過程中要特別注意：是否過寬（常造成他車勾到而摔車），過長（轉彎時容易造成危險），垂墜物（可能被捲入車輪），外包裝是塑膠製品（如衛生紙、紙尿褲之類的包裝，缺少摩擦係數，非常滑，容易掉出車外。或可貼雙面膠等幫助防滑。）

* 只要有危險疑慮，或體力負荷太大，我建議適度拒絕。

21 經常因為環節聽錯，造成極大困擾。所以務必記錄下來，請對方仔細確認。

22 可以的話，一但發現即將缺貨，儘早告知受照顧者家屬。否則，可能造成照顧過程的困擾。（比方：拋棄式抽痰管，打破的磨藥缽，將有颱風，老闆要出國等。）

23 記得注意附配件。比方：買電器用品，記得買充電線，傳輸線等，買食品，記得取佐料等。

24 若是步行，是否需要預帶環保袋，有輪子的籃子等。

輯 2 長照人員或需要增加陪伴的人的家屬參考：

25 有可能受照顧者會記憶錯誤，以至於提供錯誤的店家資訊，即使他信誓旦旦。（簡單提到就好。不需要特別去強調，可能會讓他惱羞成怒。）

26 對於包裝上的小字有疑問，最好當場跟店員問清楚。

27 若發現內容物有瑕疵，務必告知受照顧者及其家屬。作為下次採購的參考。（包含開罐難易度，包裝是否好撕開，是否有使用上的安全疑慮等）

（47）用餐吃飯 如何一旁陪伴

其實，可以陪家中長輩吃飯是一件非常幸福的事。但經常由於各種原因，很多子女常無法陪伴，相當可惜。

生命不是為了活著而活著，有親子間的情感交流，幸福感會更完整。

1 吃飯時心情放輕鬆。但不建議說笑話，容易嗆到。其實很危險。

2 盡量一口吃完，才吃下一口。講究的話，可以先從口味淡的先吃。

3 小心菜，水餃，湯等的內部太燙。一定要百分之百確定，才能給受照顧者吃下。（必要時，可以用另一個湯匙嚐一口看看。絕不能以為是，而是確定是，確定沒有很燙。）

4 對於失智者，可以嘗試用誇張表情的張口，帶動受照者跟著張開嘴巴。如果成功帶動他張開嘴巴，要給予清楚甚至是誇張的鼓勵。

5 湯匙冰冰的不好，可以用溫水（禁止熱水）沖一下。碗盤若冰冰的，可以放微波爐熱一下。（禁止將金屬湯匙放微波爐）

6 木湯匙用來壓扁食物很好用，但舀東西卻不方便。可使用較深的湯匙，長輩方便舀東西。

7 要小心剔除硬物，如芭樂籽，骨頭，黑胡椒顆粒，甚至葡萄乾的籽等。牙齒一但咬到，很容易碎開（尤其是有骨質疏鬆的長輩），非常危險。

輯2 長照人員或需要增加陪伴的人的家屬參考：

＊ 長輩的牙齒特別脆弱，很容易裂開，一旦裂開，一定要請牙醫協助處理，千萬不要忍耐不去治療，可能引發細菌感染。

8 水餃、小籠包等的微骨頭，雞湯的小骨頭，嗑瓜子等，都可能造成牙齒裂開。

9 微波時，記得取出攪拌，讓他受熱均勻。慢慢升溫，不要一開始就很熱，要等冷卻降溫會花很多時間。可以用手背試溫。確定溫度的狀態。

10 尤其是糖尿病患者，要逐步降低甜食攝取，但不是忽然停止。會容易誘發大腦的情緒性反應。（或可考慮用甜菊糖取代，對身體的負擔小一些。但不是沒有副作用，尤其是對孕婦而言。可以跟醫師討論看看。）

11 如果個案需要使用增稠劑，千萬不可忘記。（通常是醫師評估後的建議）

12 身旁隨時準備很多衛生紙，小毛巾，一杯水等。嗆咳噴飯時，可能會需要。

13 桌子的高度，椅子的高度和舒適度，用餐的時間和節奏，心情等，都關係著用餐的品質。

14 為了避免假牙托在用餐時脫落，衍伸出後面的許多問題，在裝假牙時，務必要非常小心仔細。假牙黏著劑塗量適中，太多會溢出，太少容易再脫落。多數人是早上用餐前粘上去，睡前取出假牙。

（假牙泡在特製清潔液中一個晚上，隔天洗淨再用。）

15 （接上）剛黏好假牙，可以嘗試咬硬一點的食物，如核桃、花生等，確定牙齒的固定度。

16 受照顧者，通常可能嘴部肌肉較無力，容易邊吃邊漏，可以用衛生紙幫忙擦乾淨。也是給他維持用餐尊嚴。

（這時候不要講大道理：你看，就是平常不復健練習才會這樣。）

16 別吃太飽。避免體重增加或消化不良。體重過重，不但不利於健康和復健工作，也增加照顧他的家屬的工作難度。

17 可以觀察他的飲食好惡是否改變。比方是否味覺退化，可能調料需求漸大。

18 可以聊些輕鬆的話題，增進食慾。比方：總幹事王伯伯說好久沒看到你了，鼓勵你多出來走走，聊聊天。（避免踩雷：明天是週末，你孩子會陪你吃飯吧。）

19 很多人喜歡吃稀飯配肉鬆或醃菜，要小心鈉攝取過量。（初期的肝硬化病人，酌量是還可以，但仍不建議。醃漬類，對於肝腎的負擔不小。）

20 飯前身心相對輕鬆，是量血壓，血氧，不錯的時機。

21 尤其是年紀大的人，吃飯一定會比較慢，不能催促，非常危險。萬一嗆到，可能造成吸入性肺炎。（或可將用餐時間提前。）

22 高纖的東西，並不適合他們。雖說高纖的東西可以幫助消化，但事實上，對於年紀大的人來說，除了咀嚼非常辛苦之外，還會造成他們的腸道過大的負擔。可能反而增加便祕的機會。

23 有些人早上食慾未開，吃得比較少，中午食慾開了，可能就會吃比較多。

24 吃飯時盡量避免駝背，不良坐姿，不利於消化。（但也別給他太大的壓力）

輯2 長照人員或需要增加陪伴的人的家屬參考：

25 隨時準備一把乾淨的剪刀。比方可以協助剪短麵條，將三明治、饅頭等剪成小塊，利於進食。（饅頭容易吸水，也許會造成腹脹感，可以留意一下。）

＊如果牙口還行，不一定要切得很碎，可以讓他多咀嚼。如果咬合力不佳，則建議剪碎一點，避免吞不下噎著。鼓勵他們多咀嚼，可以刺激大腦活化。

26 忽然咳嗽嗆到，噴得身邊的人滿臉是常見的事。他們不是故意的，不要有情緒，盡量用平常心去面對。最好是像沒事一樣繼續說話，可以化解當下的尷尬。

27 小心頭髮，小蟲飛進食物中。

28 即使受照顧者胃口很好，也不能過量（超出平常的量太多）。也有可能他是沒有意識到飽腹感。

29 有可能他想端起杯子或碗直接喝飲料或湯，可以用手在杯子或碗的下方稍微托住，避免他忽然手鬆掉，灑滿全身。

30 有時候會看到家屬「逼」受照顧者一直吃東西。不急著阻止。可以先觀察看看。偶而為之，有時候，可能有助於幫助排便。當然，如果是常態，那可能不是很理想的用餐方式。可以嘗試跟家屬溝通。

＊陳威佑醫師：當我們進食後，胃的體積會為了容納食物，逐漸撐大，此時結腸會受到神經刺激而收縮、蠕動，將糞便推向直腸，還伴隨著腹痛、誘發便意，而這就屬於「胃結腸反射」。

如果吃飽就跑廁所，糞便呈現軟泥、水泥狀態，或是反而有便祕情形，就要留意有可能是「胃結腸反射亢進」，胃結腸反射亢進在臨床上又被認為是大腸激躁症的症狀之一。（也就是說，吃飽後有便意是合理的，但如果是伴隨腹痛與軟泥狀，也許需要去看一下醫生。）

（48）吃藥 需要留意的事

多數情況下，用藥時機在用餐之後，所以在此討論。

1 吃藥是非常嚴肅的事情，一定要確定個案完成所有過程。務必看到他口中的藥真的吞進去，才能作下個動作。

＊藥水可能會因為太苦而不自覺嗆咳，要格外小心。尤其癲癇的藥水特別難喝，最好旁邊準備開水。

2 如果因為特殊原因而忘了吃藥，一定要如實記錄和交接，特別要告知家屬。

有些藥（比方身心科）非常重要，及時發現狀況，至少知道如何調整和注意。

（不能擅自多吃劑量，可能增加肝腎負擔。）

3 若能理解藥理是最好的。因為有些藥物之間需要分開時間使用。如果有概念，即使不小心忘了吃藥，也不用過分緊張兮兮，給生活造成太多壓力。

4 有些長輩不想吃藥，可能是太大顆，或粉末太苦。或可與醫師討論調整的可能性。

5 鼓勵，獎勵，甚或用宗教的力量，訴諸親情等，有可能有助受照顧者配合用藥。

6 健康食品和藥物不同，雖然比較無礙，但還是建議諮詢過醫師或藥劑師。比方鈣片和維生素C就不建議同時食用，至少間隔半小時。

7 如果受照顧者習慣自己服用，但經常因為藥太小，容易掉地上，可以幫他把藥放湯匙中服用。（記

424

輯 2　長照人員或需要增加陪伴的人的家屬參考：

8. 藥太大顆，或可用切藥器切開。（但因人而異，有的人食道薄會被藥的橫切面刮痛。）磨成藥粉或許也是一種辦法，若需要磨成藥粉，一定要非常仔細磨勻。尤其是管灌時，沒有磨完全，很容易卡在管中，造成阻塞。（有些藥有他設計的慢慢分解的時間，須和醫師或藥師討論才可以。自行磨成藥粉，可能破壞他的效果。）

9. 比方專處理咳嗽的藥，可能會瞬間在咽喉處化開，所以感覺口裡特別苦。或許可以最後面才吃，或者同時準備一點梅片等東西，可以稍轉移苦感。

10. 無論中西藥，用溫開水服用是最理想的。吃藥的開水，是否須加增稠劑，一定要事先確定，並準備好。（茶，牛奶，咖啡，果汁，糖水等，都不建議。）

11. 有些人吃藥喜歡配梅片，或果汁飲料。也許可以留意他的口腔清潔，避免蛀牙問題。（也許可以考慮用吸管吸中藥或果汁，可減少藥的苦，果汁的甜，存留在口腔。仍建議，吃藥後簡單漱口。）

12. 中藥與西藥的使用，應該與醫師充分溝通。至少兩者應間隔一至兩小時，甚至以上。尤其以下的藥，更須留意：抗生素，阿斯匹靈，類固醇，降血壓藥，降血糖藥，抗凝血劑，抗血小板劑，血栓溶解劑等。

＊特別是強心劑，利尿劑等，使用上應更小心。務必跟醫師或藥師充分討論。

* 吃藥時，建議飲食清淡，避免同時食用刺激性食物。

13 關於中藥，可能的話，可以注意一下以下重點：標示品名、重量、製造日期、保存期限，還有製造商、進口商、販賣商的名稱及地址。

* 理論上，中藥熱熱的喝效果比較好，但要小心燙傷。

* 吃中藥時，有些病人無法很快吞下，一直留在口中。有時可能會有噴吐，嗆到的現象，需要多留意。比方建議他小口喝，旁邊準備衛生紙等。

14 良藥苦口，若當事人覺得無法入口時，可以鼓勵他至少吃一半。當他吃一半時，再給他更多的鼓勵。若真的無法喝完，或可與家屬討論，也許選擇其他治療模式，未必要一直逼他喝完，可能造成他的用藥焦慮，甚至變成憂鬱問題。

15 用藥時機：

晨服——約早上起床後。記得先稍微喝點水滋潤食道。

空腹——餐前一小時，或餐後兩小時。

飯前吃藥——約飯前30～60分鐘。

飯後吃藥——可能休息十分鐘後，建議於一小時內用藥。

隨餐吃藥——進餐少許後，或飯後立即吃藥。

睡前——通常是睡前15～30分鐘。

一天一次——通常是長效藥，盡量在固定時間服用即可。

（原則上，以醫師或藥師只是為主。）

輯 2 長照人員或需要增加陪伴的人的家屬參考：

16 不同藥物，服用完，是否在短時間內多喝水，是有所不同的。可以跟醫師請教。比方，保護腸胃粘膜的藥物，抗利尿激素等，就不宜立即多喝水，可能沖淡藥性。

17 葡萄柚有大量類黃酮的成分，可能影響肝臟的酵素執行代謝藥物的工作。特別是：降血壓，降血脂，心律不整，安眠藥，糖尿病等藥物。如果有服用以上藥物者，很想吃的話，可以在吃藥超過八小時後，少量品嚐。

18 有些家屬會為了病人身體健康，強勢要求他們吃「大顆」的綜合維他命，這其實不是健康的做法，不但增加他們的吃藥恐懼，還可能增加肝腎負擔。(至少應和醫師或藥師充分討論過。)

（康健）比方：過量維他命A可能會引發噁心、嘔吐、暈眩，長期會導致肝臟肝毒性。

過量維他命B6易導致手腳麻痺、身體平衡困難。

過量維他命B群過量可能會造成嘔吐、血糖飆高、肝臟損害、神經損傷、光敏感、皮膚損傷等副作用。

過量維他命C恐引發腹瀉或嘔吐，也增加腎結石風險。

過量維他命D恐造成高血鈣症，造成血管與組織鈣化，接著損害心臟、血管與腎臟……

過量維他命E可能導致虛弱、視力模糊，並增加出血性腦中風的風險。

19 吞藥妙招：將藥含在嘴裡，頭低低的，緩緩地喝一口水，將藥送進去。

——Tik Tok @zhi2024

20（彰基院訊）用藥五大時機：

時機一、開始用藥時，要注意

時機二、用藥時，要注意

1. 我什麼時候吃這個藥？每次吃多少？
2. 我該怎麼吃這個藥？
3. 我吃這個藥有什麼飲食的注意事項？
4. 如果錯過吃藥，我該怎麼做呢？
5. 如果發生副作用，我該怎麼做呢？

時機三、新增用藥時，要注意

1. 我真的需要其他用藥嗎？
2. 我是不是有告訴醫療人員我現在的用藥？
3. 這個藥是不是會和我的其他用藥產生交互作用？
4. 如果懷疑藥物交互作用，我該怎麼做呢？
5. 我是不是可以正確的管理多種藥品呢？

時機四、檢視用藥時，要注意

1. 這個藥的藥名是什麼？為什麼要吃？
2. 這個藥有什麼風險和可能的副作用？
3. 是不是有其他的方式可以治療？
4. 我是不是有告訴醫療人員我的用藥過敏史和其他健康狀況？
5. 這個藥怎麼保存？

428

輯2　長照人員或需要增加陪伴的人的家屬參考：

時機五、停藥時，要注意

1. 我應該什麼時候停藥呢？
2. 我的用藥有不該突然停藥的嗎？
3. 如果沒藥了，我該怎麼做呢？
4. 如果因為副作用停藥，我該告訴誰呢？
5. 我應該怎麼處理剩藥或過期的藥品呢？

21（維德醫院）

（一）用藥五問。「用藥五問」包括問藥名、問藥效、問使用方式、問服用時間、問注意事項。在服用藥物之前，如果對藥品有疑問、不了解，一定要向醫師或藥師問清楚，自己吃的是什麼藥？什麼作用？怎麼吃？吃多久？有什麼注意事項？

（二）對誇大不實的藥品廣告或來路不明的藥品要提高警覺，堅守「五不原則」。1.不聽別人推薦的藥。2.不信有神奇療效的藥。3.不買地攤、夜市、遊覽車上賣的藥。4.不吃別人送的藥。5.不要推薦藥給別人。

（三）正確用藥五大核心能力。1.看病時要瞭解自己身體狀況、藥物過敏史及正在使用的藥物，並能清楚向醫師說明。2.領到藥品時應核對清楚。3.清楚用藥方法、時間。4.做身體的主人，拒絕誇大不實產品。5.與醫師、藥師做朋友。將你常看病或領藥的醫師、藥師諮詢電話列入通訊錄。

22 藥師，護理師的三讀五對：

「三讀」是指在以下情形，都要讀出藥品完整名稱，以免給藥失誤：

1 拿藥時：由藥車（櫃）取藥袋（瓶）時。
2 給藥時：由藥袋（瓶）取出藥物時（護理師）。將藥品放入藥袋時。
3 歸藥時：將藥袋（瓶）歸位時。

「五對」是指藥要給病人（或施打藥物時）時，需確認以下項目：

1 病人資料（病人對）。
2 藥物內容（藥物對）。
3 服藥時間（時間對）。
4 藥物劑量（劑量對）。
5 給藥途徑（途徑對）。

輯2 長照人員或需要增加陪伴的人的家屬參考：

（49）放藥 必須注意的事

1. 為了掌握用藥，多數人會使用藥盒來整理藥物。

2. （接上）有些人會用小夾鏈袋分裝藥。好處是，方便攜帶外出，不怕藥盒打翻，辨識度高等。

3. 整理分裝藥物時，務必專心，不要另外處理其它事情。不能求快，要重複檢查。

4. 藥袋可以保留至少一至兩個月，先別丟。萬一當月藥袋有異常或遺失，至少有前一個月的藥袋的信息可以參考。

5. 嚴禁借用其他不同品項的藥袋，可能造成可怕的後果。（或者，至少鮮明註記）

6. 標示一定要非常清楚，不能有模糊的空間。比方，是12H或24H制。飯後或飯前吃，固定時間吃，或需要才吃，一顆或半顆等等。

7. 注意保存方式，比方是否需放冰箱，和保存期限等。

8. 最好另外收好，避免和其他人的藥品放一起，容易弄混。若家中有寵物或小孩，更要格外留意收納位置。（跟保健養生食品放一起或許可以方便尋找。）

9. 至少提前一週以上，提醒家屬慢性病藥快沒了，記得去藥局／診所／門診拿。

10. 建議每次從診所拿回來後，清楚核對數量、品項、用量、姓名、藥物的功能等。

* 實務上，確實發生過藥方微幅改變，卻忘記告知家屬的情形。

＊實務上，藥粒數字缺少或多給是有的，即使有很多顆，也建議最好清楚核算過。尤其是身心科方面的用藥。

11 如果院方更換藥物，一定要確保相關照顧的人都清楚了解。避免造成任何錯誤。

12 整理藥後，立即歸位，如放冰箱。

輯2 長照人員或需要增加陪伴的人的家屬參考：

（50）排便 可以留意的事

排便是個很重要的課題。便秘的問題，可能和消化系統有關，也許和自律神經系統等有關。便秘甚至可能產生有害物質（如氨毒），可能影響睡眠，又進而可能產生憂鬱症的問題。所以，排便問題不容小覷。

1 放輕鬆有助於排便。但不建議在馬桶上坐太久，會影下肢的血液循環。尤其避免在這時看報，玩手機。可能會干擾大腦對排便神經的訊號傳遞。

2 原則上，有排便問題，還是建議去看醫生。相關的解決方式可能有：多吃含纖維食物，也許配合益生菌，醫師也許會提供軟便藥，或建議使用甘油球等。

3 不建議吃太多精緻食物，如細緻的蛋糕，會使腸道缺乏蠕動的慣性。但也未必是越高纖越好。比方臨床上，有些較高纖的食物如黑米等，可能造成長輩的腸道蠕動的過重負荷，反而變成消化困難。

4 實務上：
a 用溫水沖洗，刺激肛門。
b 適度地做腹部順時針方向按摩。
c 便盆椅底下有個橫槓，讓腳可以踩上去，有助於腹部施力排便。
（用助便凳也可以，高度約15到25公分左右，因人而異。腳太長的人不適合。）

5 甘油球的效果很明顯。但如果頻繁使用，神經粘膜可能受到影響。不建議長期使用，可能影響肌肉

6. 排便沖洗之後，才離開馬桶又有便意，這種情形不少見。平常心處理就好，為了降低當事人尷尬的心情，可以嘗試隨意聊天轉移注意力。當然是看情形，有些人由於太因心情很緊繃，這時候有可能反而不想說話。

7. 臨床上，有因為數日未排便（因為腫瘤壓迫）而造成腸子爆裂差點造成敗血症死亡的案例。若有超過三日未排便，建議立即就醫。

8. 肛門周遭不是越乾淨越好，可能破壞周遭的酸鹼平衡。維持適度的油脂和濕潤是需要的，比方塗一點凡士林之類的。也避免用太熱的水沖洗，尤其是痔瘡脫垂者，更要小心沖洗。

9. 不建議排便時間太趕，施力過度，可能造成中風，或影響傳導排便的神經正常工作，甚或造成疝氣、痔瘡出血等問題。

10. 痔瘡脫垂，即外觀上，會在肛門口看到異常的大型肉狀物。臨床上，比例不低，平常心處理和觀察就好，不需要大驚小怪。若有異常腫大或出血等，需要告知家屬。可能需就醫。

（所以，不建議照服員把排便的環節安排在下班前。盡量跟家屬進行溝通。）

11. 常見的清洗屁屁的模式有三種：
    a 在馬桶上：請個案的屁股往前挪一點，然後，用溫水從臀部後方沖洗。洗畢，記得用衛生紙將水漬擦拭乾淨。可分兩次，一次是沖淨完，從後面擦拭，一次是起身穿褲前。

（要記得帶手套，比較不至於讓指甲刮傷受照顧者。）

434

輯2 長照人員或需要增加陪伴的人的家屬參考：

b 在洗澡椅（便盆椅）上：當個案如廁完之後，用蓮蓬頭從下方沖洗。

c 在床上：請個案，稍微側身，從後面擦拭。底下記得墊看護墊。清潔方式可分成，用濕紙巾擦拭，或用小可愛沖洗瓶擠壓出水柱簡單沖洗兩種。

12 大便若落在廁所地上，用衛生紙包住拾起再丟桶子或馬桶即可（視情況而定）。不建議直接用水沖掉地板上的大便，可能造成地板的下水道阻塞。

13 有些人（如植物人，重肌無力症後期等）無法表達，但有可能從他的，比方坐姿異常，或有點疑似躁動的現象，看出是否有便意。你的關懷，他會感受到的。

14 處理排便時，照顧者避免發出各種奇怪的表情或聲音，會使受照顧者感到尷尬。

0 很多人會用排便椅排便兼洗澡。要記得將便桶卸下，放在地上接便便。如果忘了取下來，洗澡時會有屎水溢出，非常困擾。便桶的手把處遠離屎落下的地方，方便提拿和清洗。

16 必要時，可能需用甘油球，甚至是將手指伸進肛門內挖大便。記得戴上手套才作業，手套上可以塗一點凡士林。處理有外痔的人，尤須特別小心，避免造成受傷。（理論上，這屬於侵入性質的行為，若是居服員可能不宜。）照顧者的手指彎取角度很大，其實是很傷手腕神經的。若是家屬，可以自行稍做按摩。

*

17 大便的顏色和形狀參考：健康的大便，應該是呈條狀，約兩至三百公克，黃褐色。

a 太細，有可能是腸道變窄，需要稍加留意。

b 散狀，可能壞菌增多。
c 水狀，可能有病毒感染。
d 顆粒狀，可能有纖維攝取不足。
e 灰白色，可能肝膽胰功能異常。
f 黑色，可能胃或十二指腸出血。
g 鮮紅色，可能是腸道出血。
h 綠色，可能是細菌感染。
i 惡臭，可能是蛋白質或脂肪類食物攝取較多。
j 酸臭，可能是碳水化合物攝取較多。

18 更換紙尿褲：
參考影片：中國醫藥大學附設醫院協助臥床病人更換尿布：
a 先將手洗乾淨，若有床欄則拉起，避免個案跌落。
b 打開尿布，將遠側（離照顧者較遠的那側）髒污的尿布塞於臀部下方。
c 將個案雙手交疊置於腹前，將膝蓋彎曲。一手固定肩膀，一手扶著臀部進行翻身動作。
d 使用濕紙巾清潔會陰部及臀部，並將髒尿布移除。
e 將新尿布攤開於臀部下方後，協助病人平躺。
f 將新尿布包覆於個案臀部之後，將兩側黏貼片固定貼好，並調整尿布鬆緊度。

＊注意：（參考仁者照護講堂影片）紙尿褲頂端大約在腰部位置，棉花頂端，大約在臀部的位置。黏

輯2 長照人員或需要增加陪伴的人的家屬參考：

g 將個案的毯子重新蓋好。將髒污尿布置於收集桶，並洗手。

貼處由下往上。

＊男性的部分，可能會在尿道的地方再圍上小尿片，增加吸收量，減少紙尿褲的汰換速度。

（51）中風與復健 可以注意的事

復健治療的領域，遠比想像中還要浩瀚。不要只是自己關著門，用自己以為對的方法努力的練習。如果方法錯誤，卻又特別認真，可能造成運動傷害。如果方向錯誤，卻又特別努力，可能造成比方筋膜沾黏，或軟骨組織磨損等問題。

可求教於職能治療師，專業復健師等。

1 可嘗試將身軀分成多個部位，分開練習。每個看似沒有意義的小動作，其實都牽動著許多上下關係的神經元。

2 （接上）重點在於每日能持之以恆，而不是斷斷續續。剛開始看似很小的移動，只要堅持做一段時間，通常會越來越好。（不要過分，適可而止，逐日進步即可。）

＊先建立信心之後，再慢慢提升難度和強度。

3 可以嘗試由健康的手，帶動另一隻復健中的手，慢慢的做。因為人的身體有對稱互動的慣性。

4 個案踩復健腳踏器時，腳踝內側或大腿外側，常可能因摩擦到器材或椅子而破皮。可以比方每作一百下就稍做軀肢觀察，也許需要穿較厚的襪子。

5 復健腳踏器因為小而輕，常可能會邊做邊移位。最好有個增加摩擦係數的墊子，或隨時有人在一旁注意。

輯 2　長照人員或需要增加陪伴的人的家屬參考：

6. 復健過程中，不宜再給當事人太大壓力，會增加他的焦慮感，甚至自我否定。

7. 步行是常見的復健運動。即使貌似復健成功的人，其平衡感和肌力畢竟仍不同於健康的人，隨時有腳軟的風險。陪伴散步的人，隨時都要很小心。

8. 針灸對於多數復健者很有幫助。復健初期，若能好好的讓真正專業的中醫師針灸治療，多數會很明顯改善。（但也不排除遇到不合適的醫師，長期不見效果。）

9. 在床上，也可以透過各種運動，加強肌力。當然，要配合專業人員的指導。

10. 中風或跌倒受傷後，為避免衍伸出沾黏等問題，建議儘早配合復健治療師的要求，進行復健治療的工作。

11. 中風的症狀有很多種，不是只有眼歪嘴斜，手腳不聽使喚等，還可能會有，失明，失聽，不定時癲癇等情形。有中風病史的人，照護者更需多用心觀察。

＊高風險族群，如多次中風患者，若有叫不醒等異狀，應立即送醫院。

12. 五十肩（沾黏性肩關節囊炎）是有可能透過復健運動加針灸，完全的復原。

13. 利用彈力帶來協助做復健運動，也是很好的方法。另外還有抗阻圈、復健球等，可做肌肉的抗阻練習。

14. 中風造成的癱瘓，通常不單是局部本身的問題而已。協助中風復健時，一定是從整個協作系統去加強。所以，要好好配合復健師（或職能治療師）建議的功課去施作。

439

15（接上）若有臉異常漲紅，或暈眩的症狀，應立刻量血壓。並暫停相關復健運動。

16 臨床上，血液濃稠的人，有可能會因為吃了甜食，更增加中風的風險。建議定期做抽血檢查。

17 中風者，夜間一個人如廁，跌倒的風險很高。或可考慮使用紙尿褲或尿桶。

18 一定要在專業人士的協助下，購買或租用合適的助行器。否則，可能因為長時間姿勢的錯誤，造成駝背或脊椎側彎等問題。

19 如果選擇在家客廳走路復健，要非常小心，避免腳去踢到桌腳，或椅腳。

20 拉筋與經絡穴位的拍打，對於復健可能有幫助，但因為要注意的細節很多，我建議家屬與復健師討論過後再做。

＊比方拍打後不建議冰敷，拍打時應注意的力道，時間等。

21 剛開始練習復健步行的時候，特別是轉彎時，會更容易跌倒，要格外小心。

440

輯2　長照人員或需要增加陪伴的人的家屬參考：

（52）肢體關節 相關環節的問題

這裡的肢體關節運動不是僅指制式的肢體關節運動，還有許多值得注意的事。

1 參考網路影片——循道衛理康健坊中風系列肌張力、中風導致的創傷，患者常有不正常的肌肉張力，所謂肌張力：當外力拉扯肢體時，肌肉會有反射機制進行反射性收縮，避免肢體被拉開。正常狀態，大腦會調控反射機制，維持肢體關節的排列。所以動作時，不會感覺肢體緊繃。但受傷後，調控機制失常，肢體就容易有緊繃或軟弱無力的狀態。透過物理的幫助，可能逐漸改善受傷的調控機制，或緩解肌肉緊繃的現象。

2 如果關節處硬梆梆，不要硬掰，會讓當事人非常痛苦，也可能很危險。如果他有骨質疏鬆的問題，可能造成折斷。（「痛就是好」，並不適用此處。）應慢慢來。

3 （接上）如果四肢關節硬化，建議讓復健師，或職能治療師等去協助處理。若是較為單純的感覺肌肉僵硬，可以嘗試透過適度的按摩慢慢去推開。

4 適可而止。不要一個動作，作相當多的次數。可能造成厭煩，恐懼，甚至是發炎。

5 多數的皮膚病的傳染力並沒有這麼可怕，協助運動時不需過份緊張。當然事後要做好衛生清潔的工作。（或可帶上手套操作，但實務上，有些長者會覺得被歧視。）

441

6 可以多了解一下對方的相關病歷。比方是否有痛風，車禍，手術過等問題。方便我們了解要如何協助，和施力的力道。

7 有些人剛起床，手腳無力。也許適度的肢關運動，可能改善。

8 協助做相關運動時，要非常小心。避免手滑，把腳落在地上，或是撞到床沿，造成骨頭受傷。

9 協助受照顧者做肢體關節運動時，有可能順時鐘或逆時鐘對他有不同的感受，可以稍微留意。

10 照顧者協助被照顧者做肢體關節運動，看似沒有明顯的效果，其實對於防止關節處的沾黏，或是避免手腳肌肉的蜷縮，還是很有幫助的。

11 肢關運動還可以幫助我們認識受照顧者的關節靈活度，和情緒與思緒的狀態。

442

輯2 長照人員或需要增加陪伴的人的家屬參考：

（53）管灌 管灌食要留意的事

通常病人無法自行進食，醫師會幫他裝一根鼻胃管，方便進食。（理論上，只要配合醫師的治療，還是有可能改善，恢復正常進食。）

1 參考健康九九影音視頻：

a 先洗手，準備物品：開水、灌食飲品、灌食空針、毛巾。

b 先反抽，若沒有異常的消化液，表示前一餐的消化狀況良好。抽出的消化液應灌回胃裡面。若有暗紅色或咖啡色等，應立即向家屬反應。也許需要考慮就醫。正常消化液是，牛奶色、淡黃色、透明等顏色。

c 取下空針的針芯後，接上反摺的鼻胃管，再慢慢倒入管灌的飲品。

d 灌食空針的高度大約在胃部的上方30～45公分。灌食時間約15～25分鐘。

e 灌食過程中，個案若咳嗽，應立即停止灌食。先觀察看看。

f 管罐飲品灌完之後，再灌20～30毫升的常溫開水。為了讓鼻胃管裡充滿乾淨的水。盡量避免有空氣在裡面。即使有氣泡也不用過份擔心。

g 最後，先將管子反摺，再移除空針。然後，維持坐姿約30分鐘。

h 仔細清潔空針等用物，並讓它自然風乾。

2 餵食之前的反抽非常重要，若前一次的餵食沒有消化，需要讓家屬知道。

反抽時，若有異常阻力，或可嘗試將胃管向外輕拉1～2公分，再灌看看。通暢後，務必再予固定。假如懷疑是管子碰到胃壁受阻，或可嘗試用30ｃｃ的溫開水沖通管子。

3 一定要注意餵食物的溫度。均勻攪拌之後，再做最後一次確定。

4 就像是一般的進食，必須和其他規劃保持適度的時間距離。比方拍背，就寢等，至少差一小時以上，避免嗆咳或溢吐等。

5 進食時，上半身的仰角提升。（原則上是採坐姿，但如果特殊狀況，如頭頸癌病人等，至少也是35至45度之間。）

6 要留意進食的速度，不可為了趕時間而加快速度。胃部會有抗拒反應的。

7 務必紀錄或留意，比方用餐的內容物，時間，水的量等。理論上，最多不超過500CC，實務上，還是以醫師的建議為主。（比方，因個人體重，健康而有不同。）

8 一定要全部工具確實準備好才開始作業。一但開始作業，人絕不能中途離開，必須隨時掌握病人的生理反應。

9 內容物不應有任何奇怪雜質，要仔細留意。必要時，情願倒掉重做。確保當事人的飲食安全。

10 比方餵藥，一定要確實磨成均勻地細粉。否則可能會在管中卡住。

11 餵食的過程，可以輕搓軟管。既是為了清潔軟管壁，也是為了適度提升流速。

＊準備灌食物時，要清楚確定食物的屬性。比方蛋白粉就不能用沸水沖泡，容易變質結塊。

444

輯2 長照人員或需要增加陪伴的人的家屬參考：

12. 動作要小，不要大咧咧地。若扯到管子，會讓當事人很不舒服。

13. 管灌時要觀察當事人的生理反應。不舒服時，若無法表達，通常會比較躁動。

＊若有任何問題，比方病人咳嗽、躁動、嘔吐等，必須立即停止動作。

14. 管灌餵食速度，可能是15鐘到半小時。看情形而定。

15. 可以輕鬆的聊天，或是看電視等，讓當事人心情放輕鬆。但不要說笑話，會嗆到。

16. （全民健康基金會——台大阮聖元醫師）若有以下情形，容易有吸入性肺炎：a 意識不佳。b 吞嚥方面的疾病 c 聲門關閉障礙 d 年齡 e 使用制酸劑 f 其他—如嘔吐。若當下出現以下症狀，應立即就醫：咳嗽、呼吸喘、痰多、發燒、咳血等。

17. 灌完後，把注射筒拔出，管子要確定關閉。相關物件清洗，情願分次拿去流理台，不要想一次拿完。若掉地上，既不衛生也非常失禮。

18. 器具太舊，跟家人告知後丟掉。不要省，唯恐滋生細菌。注射筒是塑膠製品，勿用菜瓜布清洗，若有摩損刮痕容易滋生細菌。

19. 注射筒的軟塞，清洗次數多了，可能會脫落，所以要有備份。（清洗注射筒時，不要太用力抽出裡面的推進器。速度適中。）

20. 灌食時，打開鼻胃管的蓋子前，需注意先用手反摺鼻胃管，以免空氣跑進去。胃部如若有異常空氣，或可嘗試反抽將其排出。

21. 球式灌注器的好處是，可以防止傳統針芯的力道太大，傷害到胃壁。但也可能力道又太小。

(54) 拍背 協助拍痰可以注意的事

1 參考影片——中國醫藥大學附設醫院協助病人拍痰

a 可以簡單對話,先掌握對方的意識和健康狀態。(有助於更清楚掌握拍痰過程的變化)

b 先請個案臉朝照顧者側躺於床面,方便照顧者隨時觀察其臉部口鼻的狀況。照護者身體貼近床沿,站在個案胸約前的位置,一方面,也是防止其滾落床。雙手自然下垂,拍打個案的後背上部。(拍畢後,再換另一側。)

c 拍擊時,手呈杯狀,或使用拍痰器。用手腕的力量,由下往上,約一秒兩下。正常情況,會有拍擊的空音聲。大約在胸腔位置,不要往下,可能拍到腎臟。

d 拍痰後正躺回床面,頭部相對稍低,腳的位置稍高,大約躺5到10分鐘。(可以將床尾抬高30~45公分,或使用枕頭把腳墊高。)

或者,維持側躺姿勢數分鐘也是可以的。

e 拍痰結束,將個案翻回去後,若有床欄,記得拉回原狀。

*

2 參考影片——董事基金會拍痰教學謝慧觀治療師:

a (坐姿拍痰)個案可以坐在椅子上,臉部也許趴在桌上。

b 拍背者站在側邊,手掌呈杯狀,大拇指與食指等夾緊,五指緊扣。運用腕關節的力量,手臂自然揮動。(若站右側,即拍個案的左背部。站左側,即拍右背部。)

c 若有痰的人,通常會因為這樣的拍動而讓痰鬆動。

輯2 長照人員或需要增加陪伴的人的家屬參考：

d 另外，也可自行拍背。手肘彎曲放置胸前：右（左）手拍打左（右）胸口。

3 身邊最好隨時準備一個血氧儀，必要時，可以掌握病人的健康狀況。（若痰卡住氣管，血氧儀的數字低於95甚至90，並且每分鐘，都在逐步下降，應立即求助於119）

4 有時候，只要將其側身，拍痰十分鐘，很可能痰就會從口中咳出或流出。也許可以在口部下方鋪一層衛生紙。

5 如果床的水平面可以調整，拍痰時，建議調整到適度高度，讓雙手自然下垂，拍背的人會輕鬆許多。床位太高，拍背者，也許需要提高上臂，這會增加肱二頭肌等區域的負擔。

6 病人側躺，很容易往前跌下床，非常危險。照顧者絕對不能離開床邊。要隨時用身體護住病人。如果拍痰完要離開床邊，一定先將病人輕推回床面。

7 側躺時，為避免身體往後滾回去，可以在背後放一顆枕頭。或者腳的地方，將上面的一隻腳微曲，兩腳間夾置一顆枕頭，很有助於固定身體。

8 氣墊床側邊容易下陷，使病人滑下來，要更加謹慎小心。

9 也許病人會配戴氧氣管，注意是否被臉部壓到，當事人會非常不舒服。也許他無法表達。（可以讓個案側躺在枕頭邊緣，就可能稍微避免臉部壓到氣管。）

10 有些照顧者，拍背時，手掌會與手臂呈輕微夾角，長期拍背，對手腕不好。我個人建議手掌與手臂

呈直線，對手腕的傷害會比較小。

11 病人脂肪較多，力道可以較大，脂肪太少，則力道要更小。最怕長者可能有嚴重骨質疏鬆或血栓的問題，總之，盡量小心。（事先須問一下家屬）

12 拍背時，手掌微拱。有人會使用拍痰器，兩者都可以。原理是，利用空氣振動，鬆落氣管內的痰液。

13 稍微略快，一分鐘約120～180左右。左右兩側完成拍打，約需15到20分鐘。一天至少3～4次。（速度太慢，力道太溫柔，可能無法達到將痰震落的效果。）

14 有些人，狀況比較不好，身體有任何不舒服完全無法表達和反應，這時候，要更細心去觀察他的生理反應。比方，為何咳嗽，臉色為何漲紅，是否有異常躁動，是否有卡痰等。一但發現異常，立即跟家屬反應。

15 臨床上，有見過當事人自行抽痰的情形。照顧者只要留意觀察就好，不用太擔心。

16 帕金森較後期可能會變得像小孩一樣，很容易緊張，有任何不舒服便一直哀嚎，需要給他更多的關懷與溫柔的呵護。

17 受照者，家屬等，對於照顧者拍痰的聲音，力道，節奏等，會從中感受到照顧者的用心程度。

18 拍痰時，若床頭不是平面狀態，可能造成受照顧者的不舒服。

19 不要直接拍打：脊椎，肩膀，腎臟，腹部，肋骨，手術開刀尚未痊癒的地方。

20 堆積的痰液，可能造成受照顧者感染疾病的風險。所以，若有痰或咳嗽增加、胸悶、氣喘等狀況，

448

輯2 長照人員或需要增加陪伴的人的家屬參考：

＊ 尤需要格外注意。

＊ 參考影片林小白呼吸道痰液清除方法許正園醫師：練習大口吸氣，用力咳嗽的動作，有助於將肺部痰液清除。另外，多喝溫水，也有助改善咳痰的情形。

21 平時，喝足夠的水，可能有助於排痰。

22 平時，多運動增加肺活量，避免吸菸等。也有助於改善痰的問題。但拍痰前不建議特別喝水，可能導致嗆咳。

23 有些人可能因為舊傷之類的，或是任何特殊原因，無法垂直側身，照顧者要拱起身體拍背，脊椎的壓力很大，若有護腰，甚或束緊腰帶，可能會好一些。

＊ 當身體前傾時，膝蓋位置可能會有點疼痛，或許戴上護膝會好一點。另外，照顧者也要盡量訓練自己的核心肌群，和留意體重，這樣才能降低職業傷害的影響。

24 飯後不要立即拍背，至少飯後一到兩小時以上。否則可能溢流嗆咳。飯前一小時也不宜，可能造成嘔吐。

25 若痰液很多，經常需要抽痰機抽痰的人，不建議出門太久。

26 關於抽痰部分，未受過訓練的人，請勿嘗試。

參考影片：漸凍人協會抽痰技巧（影片包含抽痰、氣切造口護理、更換氣切固定帶。）

27 理論上，是有不必抽痰的排痰方法。但必須有醫師的評估和相關的醫療器材輔助。

參考影片：安寧照顧基金會不必抽痰的排痰方法趙可式教授指導。

（55）就醫 陪同到醫院應注意事項

大致的流程：事前預約車子→物件確定備齊→搭車到醫院→（也許向院方借輪椅，並務必登記）→前往門診（或抽血檢查……等）→插卡掛號，等到號，或護理人員通知→看診，或護理人員通知→看診，在門口等護理人員告知注意事項。→前往掛號櫃檯批價結帳（有時，可能當天要再做其他檢查。務必先核對檢查單，配合並完成所有檢查項目。）→領藥櫃臺領藥。→歸還輪椅並告知服務人員。→（通常回去時在門口叫車，或事先預約車子。不是所有車子都接受老年福利卡，應弄清楚。）

＊可能有上次離院時的未繳款須繳，所以，建議帶一些錢出門。

1 事先預約好的專車，最好前一天再確定一次。（若有留駕駛的電話號碼更好）

2 要記得準備：證件（如健保卡），藥袋或平時的用藥（或許需與醫師討論），水，外套或需更換的衣服（有些人非常不適應醫院的冷氣），也許是紙尿褲，錢或提款卡，口罩，帽子，嘔吐袋等。

3 提前出門，避免因為趕時間，各種慌亂，導致血壓升高。

4 清楚記錄醫師對話。受照顧者或家屬，經常會忘記對話的關鍵內容。特別是單位一定要弄清楚，比方指數15和15公分意思完全不同。

＊另外還有：a 顏色的概念要非常嚴謹，有可能兩人說同一種顏色，心裡卻是不同的概念。b 數字常會聽錯，比方四和十，一和七等，務必要再清楚次確認。

450

輯2　長照人員或需要增加陪伴的人的家屬參考：

5 務必事先整理，要向醫師請教的內容。（照顧者可告訴醫師，自己對病人的觀察比方近期有生病或特殊體質，過敏情狀，慢性用藥等，務必讓醫師知道。

6 無論醫院或診所，有任何疑問，通常可以在服務櫃台得到很好的協助。

7 隨時觀察受照顧者的心理，生理的變化。必要時，予以安撫。作為病人與醫師之間的橋樑。（有些病人到醫院，因為擔心恐懼，經常會有情緒，甚至血壓升高。）

＊臨床上，甚至有病人會透過口含冰塊來和緩情緒。

＊必要時，穿紙尿褲出門，或不定時問他，是否需要如廁。

8 若錯過號碼，可找機會跟護理師解釋原因。通常會盡快安排再次叫號。（盡量避免過號未到。若要上廁所，可事先告知醫師的助理人員。）

9 若病人病況特殊，或年紀很大（比方超過85歲），或可跟護理師溝通，通常會得到適當的安排。（但不是一定，要看個別醫院診所。）

10 若不止掛一個號，可先告訴護理師或助理，然後再去另一個較前面的號等候。

11 通常醫院門口有提供愛心輪椅，讓年紀大的病人可以避免久站。（要記得登記）

＊如果不止一人陪同，為了避免醫院門口擠一堆車子，最好其中一人提前下車去借輪椅。等候車子停在醫院門口，就可以立即讓病人坐上椅子離開。

12 有任何重要問題，必須與家屬討論（若家屬不在身邊，則可以打電話）。比方：要安排手術，或高費用的治療或侵入性治療（如注射）等。（病人當下可能會六神無主，隨意答應。後面衍生的問題

451

13 要特別記錄下次就診時間和號碼。還有，是否需要抽血，是否需要空腹等。

14 假如需要列印報告，可以告訴護理師或助理人員。（病例報告通常不另外列印，除非個人有特殊需求。如職能治療師需要參考病況，要申請保險等，通常需要費用。）

15 需要空腹抽血的病人，抽血前八小時內，口渴時適度喝一點白開水是可以的。當他們抽完血之後，要趕快給他們吃，補充體力。有些人太久沒有進食，最好隨身攜帶麵包或食物。

＊ 可能產生暈眩。

16 陪同就醫的時間經常超過預期的時間，個人行程安排不能太緊湊。避免錯失重點。

17 如果是聽健檢報告，若可以錄音更好（最好經醫師同意）。

18 家屬若有概念，可嘗試分數次和醫師討論：注意事項（如：飲食，用藥，生活作息。）經驗交流（病人用藥之後的改變，最近作息是否改變，之前的病史。）探索（可能的治療方案有哪些，疾病的影響可能有哪些，家屬可以做怎樣的配合或觀察。）

＊ 不可能一次弄清楚，醫師要關注的病人很多。

19 如果受照顧者，諱疾忌醫，或可嘗試，讓需要就醫的親友去就醫，再假裝需要受照顧者陪同。讓他習慣該醫師的互動，就比較可能帶他去就醫。

輯 2 長照人員或需要增加陪伴的人的家屬參考：

20 若必須就醫住院，可以先上網查一下，若是護病比高於1：7就別考慮。一位護理師，照顧七位以上的病人，照護品質堪憂。

21 離開醫院或診所前，務必再仔細確定清楚。比方藥拿了嗎。健保卡拿了嗎，需要先上廁所嗎？

22 有時候，病人，推輪椅者，家屬，至少三人，很難搭電梯。或可考慮，乘坐往地下樓層的方向。因為乘坐的人最少，再直接從樓下往上搭。

23 取藥時，若有不同的藥，應先跟醫師確定使用注意事項。如離開診間後再有疑問，可跟藥師再確定一下相關注意事項。

24 看中醫門診時，如果有相關的儀器診斷或檢驗報告，也可以將病歷資料提供給醫師作為判斷參考。（原則上，中醫師不做侵入性診斷。針灸不是侵入性診斷。）

25 如果要去醫院做尿液檢查，可以事先喝一些水，避免到時完全尿不出來。
（別喝太多，可能影響相關檢測的數據，還容易尿失禁。或可考慮穿紙尿褲出門。）

＊尿液的擷取要非常小心，如若打翻，會造成個案極大的困擾。

26 曾經遇過一種情形——我先下車疾步去借輪椅，受照顧者後下車，先跟司機結帳。當我們兩人匆匆忙忙進入醫院之後，受照顧者才發現，疑似司機少給數百元。我建議，受照顧者身體羸弱，付錢的過程，盡量陪同在他身邊。

27 若和網約車相約，務必要告知清楚的位置，最好是明顯的地標。醫院可能很大，任何一方迷路，都可能造成雙方很大的困擾。

(56) 門診參考 常見的醫院科別

1 家庭醫學──一般各種常見症狀跟急慢性病（如感冒，腸胃炎，尿道炎，高血壓、糖尿病、高血脂等）、醫療保健諮詢、預防保健等。如果不清楚掛哪一科時，可以請教家醫科醫師。

2 老人科（高齡整合性門診）──各種老人疾病的預防、診斷及治療；整體的身體、精神、社會與功能狀況的評估；老年病症候群之處置；慢性病長期照護的諮詢轉介等。

3 內科──如傳染病、神經系統疾病及精神疾病、職業病等等；一般臨床上的呼吸、循環、消化、泌尿、造血系統、內分泌系統、風濕性疾病、理化因素所致的疾病等皆屬內科疾病。

* 內科可細分：一般內科，肝膽腸胃科，胸腔內科，心臟血管內科，腎臟內科，神經內科，內分泌及新陳代謝科，過敏免疫風濕科，血液腫瘤科，感染科，皮膚科，復健科，安寧療護科。

4 外科──一般外傷、甲狀腺疾病、表皮及軟部組織腫瘤、腹痛、腹脹、腹部腫瘤、靜脈曲張、疝氣、痔瘡、腸胃出血及腫瘤、腸阻塞、闌尾炎、腹膜炎、肝膽腫瘤、膽道結石、脾臟及胰臟疾病、胃癌、大腸直腸癌及乳房相關疾病。

* 外科可細分：一般外科，消化外科，胸腔外科，心臟血管外科，泌尿科，骨科，神經外科，整形外科，小兒外科，眼科，耳鼻喉科，疼痛科。

* （需要動刀進行手術治療的歸類為外科，以藥物治療為主則分類於內科。）

5 心身科（精神科）──失眠，睡眠障礙，焦慮症，憂鬱症，躁鬱症，精神官能症，身心症，自律神經

輯2 長照人員或需要增加陪伴的人的家屬參考：

＊又可細分：一般精神科，兒童青少年精神科，兒童發展評估療癒，心身內科，心身醫學科，成癮防治科。

＊失調、強迫症、失智症、思覺失調症、妄想症、器質性精神障礙症、酒癮及藥癮戒斷、自閉症、注意力不足過動症、及其他兒童青少年心理調適、並提供青少年物質濫用相關諮詢。

6 中醫科—又細分：一般內科（系統性疾病），婦科，兒科，骨傷科，針灸科。

＊（我個人感覺：中醫強調全人調理，所以對於觀察就診者的健康問題更細心，敏銳，全局。西醫分科較細，具體健康問題，透過西醫的設備去檢查，會更清楚。）

7 睡眠障礙門診—檢查內容包含腦波圖、眼動圖、肌電圖、心電圖、鼻及口腔的呼吸氣流、胸腹部呼吸肌肉的活動、打鼾和血中氧氣飽和濃度的監測，還有聲音及影像的全程記錄，以瞭解睡眠狀態和正確診斷睡眠障礙原因。

8 放射線科—比方高階影像檢查，一般X光影像檢查，骨骼關節放射線學，骨骼關節磁共振造影，超音波，臨床骨質密度檢查等。

9 洗腎中心—治療項目包括血液透析、腹膜透析、血漿置換術、持續性靜脈血液灌注法等。依腎友情況需要給予機動性的會診與治療。

10 神經科

神經外科—主要是以手術方法治療神經系統的疾病，含脊神經，腦血管疾病，頸椎腰椎退化性病變等。

455

神經內科——主要是一切與神經系統有關的疾病，例如腦功能障礙，動作或感覺異常，疼痛與睡眠異常等。包含各種神經痛、重症肌無力、巴金森氏症、中風、痴呆、中樞神經系統腫瘤病等。

11 過敏科——各種過敏，如藥物過敏，皮膚過敏，職業性呼吸道疾病，蕁麻疹，過敏性鼻炎，支氣管氣喘，食物過敏等。

12 免疫科——如紅斑性狼瘡，多發性肌炎，血管炎，全身性自體免疫疾病等。

13 風濕科——風濕症就是，關節，肌腱，肌肉，滑液囊的疾病。包含關節性：退化性關節炎（骨刺⋯），類風濕關節炎，痛風性關節炎，僵直性關節炎等。非關節性：肌腱炎，媽媽手，網球肘等。

* 過敏免疫風濕科曹彥博醫師：退化性關節炎的患者，在活動時會感到疼痛，停下來之後疼痛就緩解了；且疼痛位置多半為單一關節。另外，如果工作會過度使用關節、肥胖、關節曾有舊傷，都是容易導致退化性關節炎的原因。治療退化性關節炎，可以到骨科就診，並搭配復健科一同治療。

* 泌尿科郭漢崇醫師：多數（腰痠腰痛）患者檢查，都會發現腎臟根本就沒有問題，主要問題就是腰部肌肉、肌腱或是筋膜的發炎，所產生的疼痛。這種疼痛其實常常是來自於平常的姿勢不良，腹部的肌肉太弱，肥胖，若臀部痛或腰痛，可以壓得到痛點，就比較偏向是肌肉疼痛。若是隱約深層疼痛則有可能像是椎間盤突出，因為壓迫所造成的神經痛。

* 另外還有：牙科，眼科，物理治療，健康檢查等。

輯2 長照人員或需要增加陪伴的人的家屬參考：

（57）儀器參考 常見的醫院儀器項目

1 X光－是一種電磁輻射，可以穿過包括身體在內的大多數物體，對不同密度的物質，有不同的穿透能力，會呈現明暗各異的灰階影像。可檢查和診斷多種疾病損傷，廣泛被醫學界用來當作診斷工具。

X光也運用在很多儀器上：

a 透視攝影又稱螢光透視攝影，主要構造有X光機、影像增光管及光學系統。通常需搭配顯影劑，透視體內並觀察顯影劑流動的情形再瞬間取像。

b 血管攝影是一種侵入性檢查。經由導管將顯影劑送到要檢查的部位，再透過顯影劑呈現身體內血管的分佈和走向。再根據這些資訊，做為診斷與治療的判斷依據。

c（電腦斷層攝影 CT）是結合X光與電腦科技的診斷工具，利用電腦將資料組合成身體橫切面的影像，再進一步重組成精細的3D立體影像，對於頭部、胸部、腹部與脊椎等部位是很好的診斷工具。

e（低劑量電腦斷層 LDCT）屬於輻射量較低的醫學造影技術，還能多角度清晰攝影內部組織或器官的結構，取得指定切面或立體的影像，可用以診斷胸腔肺部疾病如肺癌等。

2 超音波－超音波檢查是利用超高頻率的聲波，藉由不同組織對聲波的反射程度不同，收集這些反射波後，經由電腦的精密計算，呈現出體內組織的細部構造，供醫師用以判斷人體器官內的異常病灶。腹部超音波，原理是利用高頻音波掃描腹部臟器，包括肝臟、膽囊、胰臟、脾臟及腹部淋巴組織、腹部大出血等。

457

3 磁振造影系統 MRI（核磁共振）核磁共振是利用人體所含的氫原子在磁場作用下所產生的影像且不具放射游離輻射線，檢查目的是可知道病變的解剖位置及性質。

4 正子斷層造影 PET 常作為癌症、心臟病及神經精神疾病的診斷工具。全稱：正電子發射斷層掃描，即正電子成像術，是一種核醫學臨床檢查的成像技術。廣泛運用在醫學影像和癌擴散的觀察等方面。對於軟組織及肝、膽、胰、脾腎、子宮卵巢、乳房、攝護腺等，有可能偵察到早期腫瘤病變訊息。

5 (Heho) 內視鏡透過一根細長的光學鏡頭伸入人體，讓醫生看見人體的影像，也能切取組織樣本，以供切片檢查，或是取出體內的異物。部分內視鏡具備治療功能，如腹腔鏡、胃鏡、膀胱鏡、大⋯⋯等。

458

輯2 長照人員或需要增加陪伴的人的家屬參考：

（58）通勤 交通方面的問題

這裡的通勤，有步行，騎車，開車，搭車等，包含家屬自行載運長輩，受照顧者等。

1 若是陪長輩搭計程車，較理想的做法是：請受照顧者先一隻手抓住門框上沿的把手，一隻手先扶著座椅，然後轉過身子朝門外。接著，臀部先往椅座上挪。坐穩後，我們再將他的腳往門框內移動。

（若一隻手行動不便，可以用健康的手扶著椅子，方便臀部朝椅子上移動。）

出車門則是，先把腳伸出來，我們協助他調整好位置，然後他一邊緩緩站好，一邊握住我們的手，慢慢移出車外。

（若有助行器，則要等他完全站定位置後，才能關上車門。）

* 理論上，車子的門框越高，對於長輩的上下車，越容易一些。因為，他們不需要刻意壓低身體，這對於某些長輩來說，很不好施力。

* 招計程車時應避開地點：消防栓公車站牌斑馬線併排停車路口十公尺標線行人道。（有交通具體罰則）

* 上車後，應繫上安全帶。

2 可留意受照顧者家的附近是否有：鎖匠，便當，水電雜貨，公廁，里長辦公室，警局，到案家的其他路線，可以安全停車的地方等。

3 下大雨盡量開大燈，提醒對向車輛注意。

459

4 停車是大事。千萬避免停在通道口，或轉角處，可能造成其他人的困擾。（尤其避免影響救護車人員的動線）

＊若有預叫計程車，建議提前出門等待。避免趕著下樓時，慌亂間跌倒。

5 即使時間上緊迫，避免闖黃燈，尤其車上有老人，寵物，貨品等，更是危險。經不起緊急煞車的衝擊力道。

6 小心前方旁側的車子忽然開車門，或車內有小孩的頭手忽然伸出車窗外，經常造成嚴重的悲劇。（另外，小巷裡有小朋友、球、寵物等，忽然衝入視線是常有的事。）

7 若與受照顧者一起搭公車時，上車時，他們先上，照顧者後上。下車時，照顧者先下，受照顧者後下。

8 （接上）在車上，盡量使受照顧者坐在椅子上，或至少有可握的扶手處。以免公車遇到狀況緊急煞車，受照顧者經不起跌倒或碰撞。（誠懇請託，通常多數人會願意讓位。）

9 騎機車時，很怕遇到：

一 明明已經靠外線車道，準備右轉，仍有機車試圖從右側強行超車右轉，甚或往前，這時若後面乘載年長者，非常危險。所以，務必隨時確定右側無車，才能右轉。

二 （接上）忙著注意右側來車，卻沒注意到，前方車輛因黃燈而緊急煞車。通常只要在預備右轉時，速度放慢，多數可以來得及反應。

10 機車族（尤其是神經大條的人），經常因為下雨或趕行程，忽略提走放在踏板上的工作提袋。或可

460

輯2 長照人員或需要增加陪伴的人的家屬參考：

11. 隨時留意可以停車的地方。務必記住停車處的附近地標。若停在較遠處，也許直接拍下旁邊的地標或門牌。

12. 避免在受照顧者家附近，和任何人起衝突。可能對方是受照顧者的鄰居，會給受照顧者帶來困擾。

13. 為了趕時間，經常發生，因為快速倒車以至於撞到老弱婦孺或流浪貓狗等。要特別小心。

14. 盡量避走爛泥草地，裝潢中的店前（地上可能滿是木屑，砂石），才鋪好的柏油路等。可能會將這些碎石或髒污帶入受照顧者家中，造成他們整理環境的困擾。

15. 盡量戴全罩式安全帽，如果發生意外，至少可以保護下巴免受嚴重傷害。受照顧者較不適合坐在機車後方，也不適合帶沈重的安全帽。

16. （接上）有時候，受照顧者家屬可能會騎機車帶他去兜風。假如幫他戴安全帽，一定要確定繫緊了。受照顧者由於缺法頭髮，或者太瘦，安全帽在路上被風吹落是可能的。非常危險。

17. 若有提袋的耳朵太長，或有較長的垂墜物，務必收整好。避免被旁邊的機車勾到，以至於摔車受傷。

18. 絕對嚴禁帶老人追公車，非常危險。如果跌倒，可能有粉碎性骨折之虞。

考慮在機車鑰匙上，繫一條吊飾提醒自己。

（59）指甲 如何留意

1 常見的修指甲方式：a 用指甲刀剪。b 美容小剪刀，慢慢修剪。可以注意的是，不要用鈍的剪刀，很難剪，指甲容易裂開。最後一個，很慢，但安全許多。慢慢銼，慢慢磨。c 指甲銼刀（前兩個較方便快速，但危險性也比較高。可以注意的是，不要用鈍的剪刀，很難剪，指甲容易裂開。最後一個，很慢，但安全許多。慢慢銼，慢慢磨。）

* 工欲善其事，必先利其器。若有完整的剪指甲工具組，當然更好。

2 洗完澡（或泡腳）再剪指甲，指甲軟化後比較好剪，也比較不會龜裂。

3 帶上手套也許比較不會被感染黴菌等傳染病。但可能手指變得遲鈍，無法精準掌握力道和位置，甚至剪到肉。如果不戴手套，剪後要好好清洗自己的手指甲縫。

4 指甲如有裂痕，很容易勾破襪子，甚至是斷裂流血。所以，要留意是否有指甲裂痕的情形。如有輕微裂痕，盡量修剪或磨平。若明顯裂開，可在裂傷處包覆膠布或網狀紗布。防止勾到棉被或襪子，造成更嚴重的指甲裂傷。

5 一定要開亮室內燈，這樣作業比較安全。（指甲問題最好是給專業的指甲師，因為他們有更專業的工具。）

6 腳指甲若有細菌或黴菌造成搔癢，或是異常的小肉芽等，可建議其就醫，如皮膚科，家醫科。

462

輯2 長照人員或需要增加陪伴的人的家屬參考：

（60）剪髮 需要注意事項

陪受照顧者去剪髮

1. 如果受照顧者思路清晰，以他的認知為主。如果不清晰，先問過家屬，是否有什麼要注意的事。（比方是否有皮膚受傷未癒，是否不希望剪太短，是否要刮鬍子等。）

＊ 可接受的費用和服務項目，一定要事先弄清楚。可能會因為理髮師的建議而有延伸消費，最好打電話先跟家屬討論。

2. 不建議與理髮師過分聊天，避免其因疏忽而弄傷受照顧者。

3. 可能會有染髮，護髮，修臉，剪指甲等延伸服務，時間要明確掌握。也要讓家屬知道。免得擔心。

4. 通常晚上人可能最多，下午次之，早上也許最少。建議，最好事先預約時間。

5. 不可在公眾場合聊受照顧者的任何事情，他自己主動談是他的事。

6. 小心受照顧者的鞋子，避免髮渣落在上面。有些理髮師會疏忽，圍兜沒有覆蓋到鞋子，致使髮渣落到鞋子上，屆時，鞋內會扎刺刺的，令腳很不舒服。要處理髮渣非常棘手，若一開始做好保護，就可以減少很多問題。

7. 理論上，男生剪五分頭比較方便家屬的照顧。前提是，其家屬與受照顧者已經過充分溝通。

8. 如果理髮師聊到不當話題（比方政治議題，敏感私事），或可考慮轉移話題，或私下告知。

(61) 穿鞋，可以怎麼做

1. 盡量讓當事人坐著穿鞋。若當事人性子急，至少要確定他是絕對安全。腳掌稍微往前挪，可以方便他施力將腳伸進鞋子裡。（視個案狀況而定。）
* 若要從坐的姿勢站起，腳掌則要稍微往後挪一點，方便他以腳跟為支點，撐起他的身體。
2. 襪子的好處是，可以減少腳與鞋子之間的摩擦。也減少腳指甲斷裂的可能。
* 若是穿襪子再穿拖鞋，或只穿襪子，在光滑的空間行走，會很容易滑倒。
3. 新鞋可能不合腳，也許會造成腳側或腳趾的摩擦破皮，可以稍微留意一下。
4. 鞋子若是有破洞，容易造成雨水或砂礫滲入，不利於行走，且容易發臭。
5. 因為忍不住，尿濕褲子甚至是鞋子是常有的事。若能及時清洗是最好的，否則很容易滋生細菌而發臭。
* 若家中有除濕機，可以將洗好的鞋子放在除濕機旁，很快就會乾燥。有助於抑制細菌的孳生。
6. 有些人會習慣在穿鞋時，將鞋子倒扣地上敲個幾下。如有沙子、小蟲等，就會掉下來。（不理解的人，會以為這個動作是不是有什麼特別的意思，可以稍微解釋一下。）
7. 有些環保鞋如果太久沒穿，可能會有自然剝落脆化的問題。盡量不要擺太久沒穿。
8. 用鞋把協助穿鞋，效果很好。

輯 2 長照人員或需要增加陪伴的人的家屬參考：

9 隨時留意被照顧者的指甲狀態。協助穿鞋的過程，可能導致指甲斷裂。（指甲容易斷裂，也和健康狀況有關。）

10 涼鞋更便於穿脫，但缺點是缺少保護效果。比方外出散步，可能會有小蟲侵擾。

11 放陽台曬太陽的鞋子，經常會躲著小蟲子。尤其是冬天。

12 若喜歡晚上出門散步，建議買有螢光或閃光的鞋子。（配合明亮的衣服或帽子）

13 鞋子太緊或太鬆，都很不好。有些長輩輕微失智，不會表達，可以幫忙留意一下。

14 鞋帶務必繫緊，若鬆脫非常危險，可能導致當事人跌倒。

（62）洗衣 協助處理髒衣應留意事項

1. 正確使用洗衣精的量。（太少，洗不乾淨，容易發臭。太多，殘留物會使身體過敏。）
2. 衣服若掛陽台，可將衣架掛曬衣鏈上，或衣服用夾子夾住，比較不會被風吹落。
3. 漂白水有助去除髒污。但也可能造成衣服的傷害，除非很有經驗，否則不建議使用。
4. 女性的內衣，建議放在洗衣網裡，比較不會受傷破損。許多人會習慣內衣褲和其他髒衣，或是襪子分開洗。
5. 洗衣機使用時可以留意：
一 不要放太多衣服，可能影響機體運轉。
二 厚被子可能影響洗衣機的運轉平衡。或可考慮拿去自助洗衣店用立體洗衣機洗。（洗衣機身若常發出轟隆聲，可能是減震器即將故障。）
三 洗衣前，務必將衛生紙等處理乾淨。否則，可能導致排水閥卡住或故障。
6. 若發現異常的血漬、黃斑、屎斑，或許可以了解一下受照顧者的健康，是否有什麼狀況。
* 一般的舊衣服如有黃斑，可能是原本的汗漬，或小蟲遺留的蛋白質成分，微生物作用所產生，或太陽照射的化學反應。可嘗試浸泡一夜白醋或小蘇打粉。
* 實務上，過碳酸鈉（超市的商品名稱可能是活氧酵素等）加熱水的除垢效果也非常棒。甚至可以去除臭味，清潔廚房油垢，杯子茶垢，除霉等，但可能不適合羊毛，蠶絲材質的物質，更不適用於蛋

輯2　長照人員或需要增加陪伴的人的家屬參考：

7 浸泡小蘇打、檸檬水等，都有助於，利用其鹼性特質，中和衣服的酸性特質，達到去除臭味的效果。

＊檸檬汁和檸檬酸的效果類似。檸檬酸有分可食用和工業用，可以稍微留意一下。

＊醋是弱酸性，故不建議和鹼性的漂白水一起使用（兩者中和後，會降低清潔效果）。

8 洗衣精和柔軟精的運作原理正好相反，所以，千萬不能放在一起使用。會造成衣服既洗不乾淨，也不柔軟。（同樣的概念還有洗髮精和潤絲精。）

9 要定期清潔洗衣機體。洗衣精或洗衣粉等使用過量，可能造成機體滾筒外部發霉。發霉可能導致衣服發臭，洗不乾淨。蓋子建議打開，讓裡面通風乾燥。

10 不建議讓老人自行低頭彎腰去拿洗衣機裡的衣服，可能造成他們的頭部暈眩。

11 或可多買抹布。用洗衣機洗，比用手洗更乾淨，且可降低手腕受傷的可能。盡量，抹布要和其他衣物分開洗。

（特聘護理師何宜靜建議：手腕長期做扭毛巾的動作，容易造成慢性職業傷害。）

12 吊衣服前，要先盡量將衣服抖平整。避免衣服曬乾之後，皺巴巴的。

13 尤其是內衣褲更不可以用衣架硬撐開，其容易變形，鬆緊帶會彈性疲乏。

467

14 泡熱水有防止發臭的效果，但也可能降低衣服的使用壽命，約40到50度就可以了。

15 衣服材質，可簡單分為人造纖維與天然纖維。
人造纖維－聚酯纖維、人造絲（螺縈、滌綸、天絲）、人造棉等。優點可能是，較為強韌，耐磨，但不親膚，甚至可能會傷害皮膚。
天然纖維則像是棉、麻、蠶絲、毛等。優點是，親膚性，透氣，價格較高。

16 不建議使用洗衣機的衣服（參考－搜狐）
羽絨服若用一般洗衣機洗，羽毛羽梗容易脫脂，導致蓬鬆度和保暖性降低。羽絨若糰在一起很難再散開。
絲綢的衣物，面料嬌貴，輕薄柔軟，無法經受洗衣機不斷的反轉洗滌，容易掉色或洗壞絲質衣物。
一般是用中性洗衣精浸泡5分鐘左右後，手洗效果比較好。
皮衣…下水：很容易變形，脫色，且皮衣本身不好曬乾，長霉的可能很大。
（建議送洗衣店協助清潔。）

17 有些衣服不能用烘衣機的高溫去烘，比方純羊毛，可能會縮水。通常衣服裡面會有標示，若不清楚，應先跟其家人確定。

18 可以參考沈富育的書－除污去漬正確洗衣。

輯2 長照人員或需要增加陪伴的人的家屬參考：

（63）掃地 打掃拖地可以留意的事

1. 一定要打掃乾淨才拖地。拖地時，要勤換乾淨的水，不要一桶髒水一直用。

＊除塵紙也一樣。不要一張紙用好幾坪地面。

2. 打掃的過程中，也可以讓身體去記憶環境的動線。（無論是忽然停電，失火，或協助受照顧者動作時，若身體對環境有非常清楚的概念，將很有幫助。）

3. 拖地一定要拖乾。若地上濕滑，很容易讓人跌倒。水桶底下常有水漬，尤須留意。

4. 吸塵器的效果還不錯，但可能影響到淺眠的長輩，或補眠中的家屬。

5. 記得養成換手的習慣。尤其有些水桶較重，習慣用某隻手，可能造成脊椎側彎或腕隧道發炎等的問題。

6. 打掃的時間彈性比較大，可以放在最後做。（容易逾時的項目先做，比方洗澡，排便，備餐，陪同用餐吃藥等。）

7. 也留意一下地墊下方的狀況。有可能奇髒無比，容易滋生細菌，螞蟻，小蟑螂等。

8. 有些人可能會有廚房專屬的打掃拖地的工具，可以留意一下。

9. 不同材質的地板，甚至可能因為油漬等原因，造成摩擦係數不同，拖地施力時，要小心力道。萬一手滑出去，可能打破裝置藝術品。

469

10 比較不建議使用傳統用手擰乾的拖把。除了傷手腕之外,還可能被破玻璃扎傷。

11 若使用漂白水,建議用一點點就好。避免味道殘留,讓人很不舒服。

12 若掃到任何特殊卻看似不起眼的東西,要丟前,還是先跟家屬再確認比較好。

13 有些拖把的柄很長,使用時要小心。可能頂破屋頂、傢俱、鏡子,或藝術品。

14 臨時有事,要把掃把或拖把放好,拖把柄若滑落到地上,聲音可能會嚇到老人。也不可靠在神桌,很沒禮貌。

15 見到地上有異物,宜隔著衛生紙去撿。可降低被碎玻璃渣割傷,或被小蟲螫傷的風險。

16 工作動線中,容易踢倒的東西,暫先移到安全的地方。工作完成後,務必歸位。

17 有些受照顧者會很貼心的離席,讓打掃工做的人方便工作。之後,務必確保他安全的坐回椅子上,才能繼續作業。

18 傾倒污水時要留意一下,避免把異物倒入馬桶中造成阻塞。(馬桶通廁器雖然好用,但也不是萬能。)

19 飯菜掉地上,建議先撿起來或掃乾淨,再用抹布或濕紙巾擦淨或拖淨。不要直接拖地,只會越擦越髒。

20 掃把、拖把也需要看情形清洗並風乾,否則,可能油膩招來蟑螂,或發臭。

21 工作時,或可考慮戴上護腕,以降低對手腕的傷害。

470

輯 2　長照人員或需要增加陪伴的人的家屬參考：

22 如果打掃過程中，受照顧者想聊天，其實也是好的，但要小心作業安全，弄壞傢俱是非常尷尬的事。

23 不可一邊拿拖把，一邊移動傢俱（比方椅子），很容易因誤踩拖把而跌倒。

24 掃地，拖地的首要重點是，提供安全舒適的空間，然後才是乾淨的環境。

（64）儲務 協助整理與分類相關

理論上，這適合受照顧者家屬自己來作。若是家屬請求照顧服務員協助，也只能是協助者的角色，否則可能衍伸各種複雜的問題。

1. 分類清楚。必要的話，可以拍照和貼標籤做分類整理。當然必須家屬在旁，避免瓜田李下的問題。

2. 木製傢俱容易有白蟻侵擾，仿樟腦丸未必有用，尤其是靠牆面，要更小心留意。

※ 合成樟腦丸的某些化學元素可能影響健康和精神，可以留意一下。

3. 確定衣服乾了，才能收入櫃子中。否則容易發臭，甚至發霉。

4. 收納物品，不要放太高。長輩取拿時，容易跌倒。也不要放太低，有些長輩無法深蹲。以受照顧者及其家屬的需求和便利性為主。

5. 不可以隨意丟掉長輩的東西，除非徵得他的同意。即使看起來非常破舊，畢竟那是他生命中珍貴的一部分，可能是他生命中珍貴的「獎盃」。

（即使只是一張貌似醜醜的塗鴉，那可能是他孩子唯一的遺作。）

6. 確定要丟棄的物件，或可以先經過允許後拍照。避免受照顧的長輩，事後瞎猜亂想。

（我記得，那個誰誰誰，把他丟掉了。）

7. 珍貴的東西（比方相簿，可以放身邊），和貴重的東西（比方存簿與印章，可放保險箱），是兩個概念。

472

輯2 長照人員或需要增加陪伴的人的家屬參考：

有時，珍貴比貴重更有價值。執念，有時候，是這個世界上最美的態度，是人與人之間，最迷人的價值。

8 有些東西要放上方，可以避免壓傷。壓痕可能會成為銳利的角度，刮傷病人的氣管。（抽痰軟管要倒著放，軟的在上方，才不會被摺壓。）

9 沒有吃完的東西，建議放冰箱，或至少密封起來，以免招來螞蟻。（小心放太久，既會影響口感，更可能滋生細菌。）＊

10 有些衣服，不適合摺起來放抽屜裡。建議用合適（有的衣架太細，可能使衣服變形）的衣架掛起來，吊櫃子裡。不要長時間掛在可能有陽光照射的地方，容易褪色。

11 老相片的收納，建議放入相簿中或是護貝（護貝可能傷害照片），可以減少潮濕與氧化的傷害。也可轉成電子檔加以保存。（但多數長輩，仍偏愛可以用手把玩老相片，一邊心裡懷想。）

＊可以重新審視和咀嚼自己的生命，未必是沒有意義的事。不要用自己的價值觀去否定長輩的行為。如果他的審視是陷入一種無止境的自責，才需要注意。

12 未經允許觸碰的空間，比方保險箱或小閣樓，絕不要靠近。

13 常用的東西（比方尿壺，看護墊，紙尿褲，眼罩等），放在觸手可及的地方。

（65）倒垃圾 協助處理垃圾注意事項

1. 台北市：二、四、六是回收瓶罐，有膠膜的紙容器等。小型家電，衣架，金屬棍子，一般塑膠盒子，保麗龍等也可拿過來（立體）。一、五主要是收紙類，舊衣服（平面）。星期三休假。平常可拿塑膠袋，廚餘，燈管，電池等回收。

木板，木棍，破花盆瓷器，大型塑膠玩具等，屬於垃圾類，用專用垃圾袋。

超大型傢俱類是要和環保局約時間，前一天放在約好的地點，隔日晨他們再過來收。不要過分逞強，必要時請人協助搬運。

* 新北市相對較單純一點。分成一般垃圾（專用垃圾袋），和回收垃圾（原則上，廢電池，瓶瓶罐罐，保麗龍，廢燈管，紙類等，要仔細分開，交給清潔人員）每週一、二、四、五、六的下午和晚上，有兩次的固定時間。

* 無論是台北市或新北市，颱風天和過年期間可能做特殊調整，務必弄清楚。

* 建議稍微提前幾分到特定點等候垃圾車，避免其提前到。

2. 所有東西要丟以前，務必確保沒有內夾其他文件，也跟家屬都確定過才能丟棄。

3. 倒廚餘過程，很容易被別人噴濺到身體，不要太靠近其他人（也避免自己弄髒別人）。

4. 等垃圾車箱靜止狀態才可以站在車子後面丟垃圾。運轉中的垃圾車箱，可能會噴濺出任何物品，也許會傷及眼睛，相當危險。

輯 2 長照人員或需要增加陪伴的人的家屬參考：

5. 雙手只能有垃圾，不能有其他東西如錢包、手機等。可能因一時糊塗，丟掉錢包。

6. 有的社區會有其專屬的垃圾處理模式，務必弄清楚。

7. 有的家庭會特別沖洗塑膠袋。這樣比較不會引來蟑螂螞蟻，也比較不會發臭。

8. 有的社區，或個人，會將廚餘放在冰庫或獨立冰箱裡，防止發臭。

9. 丟垃圾廚餘時，務必確定不會一路滴臭水。若有，再外覆一層塑膠袋，或用廚餘桶。

10. 丟廚餘前，先確定裡面沒有垃圾或塑膠袋。要小心整理，無論是魚刺、碎玻璃、金屬拉環等，都可能出現在裡面。會增加環保人員的作業困擾。

11. 先倒掉廚餘，再倒垃圾。（萬一廚餘裡尚有垃圾，可以放入垃圾袋中丟掉。）

12. 倒垃圾時，小心大衣的衣角，外套的袖子沾到髒污。有人會選擇穿圍裙和戴手套去丟垃圾。

13. 如果錯過丟垃圾的時間，可以將垃圾袋完全綁緊，比方暫時收在專用的密閉桶子裡面。避免臭味四散，引來老鼠、蟑螂等。

14. 在此特別要肯定一下，我經常遇到很棒的清潔人員，很親切，很熱心，即使我常少根筋犯錯，也沒有生氣。謝謝你們。你們辛苦了。

15. 廚餘桶整理時要留意一下，經常會有整袋過期物被丟入。到了垃圾車的丟廚餘處，他們會請你協助撕去袋子，你會很棘手。有時候，裡面可能長蛆，一個撕爆開，內容物噴濺四處，這事並不少見。

475

(66) 環境整理──客廳

1 玻璃櫃裡經常放許多東西──其實非常危險,遇地震可能碎滿一地;另一方面,裡面常是屋主年輕時漂亮的成績單,如酒瓶、藝術品等,那是他的幸福感的一部分。協助整理時,務必格外小心謹慎。

2 可以將遙控器包上保鮮膜,避免使用者弄髒。(老人有時候會像孩子一樣,一邊吃東西,一邊按遙控器,使遙控器異常髒污。)

3 客廳經常會掛各種畫像,可以稍微留意一下後面的掛繩是否牢靠。唯恐地震時鬆脫,造成人員受傷。

4 更換掛鐘電池時,務必百分百確定已經掛上去,手才能離開。

5 如要移動神明桌時,務必兩人協作。一人相對危險,兩人協作一方面也是代表尊敬。

6 客廳經常會置放許多裝飾品,花盆等。如果有搖晃的疑慮,有被踢倒的可能,或者地震時可能造成危險,有影響逃生動線的風險,也許可以跟家屬溝通一下,調整其位置。

7 比方移動客廳中央的大型茶几時,如果力氣不夠就直接放棄,不要強求。如果力氣足以移動,要小心移動。一隻手托住上平面(增加穩定性。有時候,上面和四隻腳,居然不是密合的。),另一隻手可以將其中一隻腳托起(有的腳,可能「黏」在地面,不能硬推。),然後緩緩移動。最好是兩人協作。

8 協助拆窗簾下來洗時,小心處理鐵鉤。若遺落在沙發,可能使坐沙發上的人受傷。

輯 2　長照人員或需要增加陪伴的人的家屬參考：

（67）環境整理——浴室

1. 不要相信浴室裡任何懸空的架子的承重力。盡量避免放太重的東西，更不可以當作支撐身體重量的扶手。（即使是高齡者使用的扶手，也可能只適用於老人的體重）

2. 浴室中，木質紋理的任何東西，盡量維持其乾燥。避免有水珠在上面。

3. 沐浴後，地上的水可能有些微的油脂或沐浴乳，最好簡單再沖刷一下。若能稍微拖一下更好。否則，可能導致下一位使用者滑倒。

4. 蓮蓬頭的管子容易被疏忽，也可以不定期稍微沖刷一下。

5. 有些浴室會有溝槽設計。溝槽上會有個濾水蓋，蓋子一處會有一個金屬凸起物，可能是方便掀蓋的小卡榫。

6. 盡量不要更動浴室所有東西原先的位置。可能有他使用上的習慣或理由。

7. 下水道的濾水孔用地漏蓋將它蓋住，可以防止蟑螂，蛾蚋出沒。

8. 防滑墊底下也要留意一下。可能會卡住許多頭髮，污垢，屎垢，尿垢，造成異味。

9. 洗手台的凹槽若很淺（不實用，多是為了美觀），水流盡量開小些，否則可能四處噴濺，也會把自己衣服弄濕。

（若可能噴濺到插座孔，可請案家購買插座蓋護住插座孔。）

10 不少人家中浴室比較小。整理時要非常小心，避免太長的工具如拖把，頂到架子，甚至是鏡子，造成毀損。

11 馬桶座和周邊的牆壁可以稍微沖洗一下。男性經常不喜歡坐著尿尿，站著尿，就容易造成噴濺。若不經常沖洗，容易造成異味。

＊若是免治馬桶，不建議用水直接沖洗，可能造成故障。

12 水管的疏通劑，有可能造成下水管的腐蝕。要留意成分和使用方法。

輯 2 長照人員或需要增加陪伴的人的家屬參考：

（68）環境整理──房間

1. 擦拭牆面壁紙時，力道輕一些。有些壁紙因為老舊，很容易造成破損或褪色。

2. 避免強力碰撞壁面。掛在木板隔間牆上的老舊相框，線繩可能因此斷裂。

3. 木紋地板，底下可能是合成木板（木屑紙漿壓縮而成）。質地特別容易潮濕，可能成為白蟻生存的溫床。不建議用太濕的毛巾，或濕式拖巾去擦拭，水分可能會滲進去。

4. 避免直接朝木質傢俱或衣服噴各種奇怪的東西。可能造成變色變質的問題。

5. 整理床單或棉被枕頭時，可以留意是否有尿漬，屎漬，血漬等。有異狀，應告知家屬。（不要大驚小怪）

6. 房間內可以考慮掛無聲的時鐘。受照顧者若有明確的時間概念，可能提升生活的儀式感。

7. 床鋪的夾縫，床底，櫃子縫等，可能掉東西，尤其是藥或小紙條，可稍微留意一下。

8. 冬天天氣較冷，可能會有小蟲躲在棉被或毛茸茸的鞋子裡，可以稍微留意一下。

9. 枕頭，棉被的內裡，可能的話，偶而可拿去外面曬陽光（記得換面）。如若不行，拿去投幣式烘衣機烘個二十分鐘也好。可能改善過敏源造成的相關問題。

10. 有些人會將兩個看護墊用膠帶連接起來鋪在床上（預防受照者尿失禁等）。也可購買防水保潔墊，或防水中單，再外覆一層床罩。既美觀，又增加摩擦力。

＊必要時，可將小蘇打粉均勻灑在尿床處，靜置5到10小時，讓其吸收尿味。之後，可用吸塵器將小蘇打粉吸乾淨。

11 沒使用的電器用品，離線是比較安全省電的做法。但要先告知家屬。（對老人而言，彎腰插電的動作，真的很辛苦。）

輯2 長照人員或需要增加陪伴的人的家屬參考：

（69）環境整理──廚房

一般的居服員當然不需要這麼仔細的作業，只是提出來，也分享給讀者。

1. 老人照顧老人，住在老房子裡，很常見。櫥櫃裡藏蟑螂……，是常有的事。照顧者要先學習克服心理障礙。

2. （接上）大手套的好處是，可以保護手不用直接接觸奇怪或危險的東西。缺點是，無法做細微的動作，更無法確定，碗盤是否完全洗淨。
（可以先帶大手套做一下簡單整理，確定沒有奇怪的東西後，再脫下大手套作業。）

3. 如果要投放殺蟑螂或殺鼠的藥物，務必徵得家屬同意。（小心寵物或嬰幼兒誤食。）

4. 有些家庭，會葷素分開各使用不同工具。應確實弄清楚。避免隨意混放。

5. 盡量避免更動原來的排列位置，包含抹布。（至少先問過，是否有排列上的習慣。）

6. 至少有一定的互動信任，才適合提出較大膽的建議。比方：是否可以丟棄有裂痕的碗盤或傢俱。

7. 機器盡量維持乾淨，如微波爐，洗碗機，電鍋，冰箱，洗衣機等。經常擦拭整理乾淨，可以增加使用壽命。

8. 有些家庭會有廚房專用的拖把，掃具與抹布，可以稍微留意一下。
地上若有白色粉末，可用廚房紙巾或衛生紙擦拭乾淨。要小心處理，有可能是蘇打粉，麵粉，洗衣

粉等。若輕率用掃把掃，可能沾黏在掃把上。

10 若手壓垃圾袋，或徒手取濾網的菜渣，要很小心。裡面可能有碎玻璃或魚刺，甚至是黏鼠板上奄奄一息的老鼠等。

（假如手因此受傷，務必確實殺菌消毒，勤於換藥。不可輕忽。）

11 東西盡量擦乾後才歸位。如若濕濕的，放入抽屜裡，容易發霉發臭。

12（接上）或者，放烘碗機裡也可以。在烘碗機裡，碗盤，筷子，湯匙，盡量擺放整齊。不要堆疊太高，可能造成不知情的使用者，掀開洗碗機門蓋時，碗盤滑落一地。

13 可以給調料瓶貼上有顏色差異的標籤。年長者眼力不好，很可能誤用。

14 冰箱若無法閉合，可能是東西太多（太多東西不好，冷氣無法循環），門軸故障，或門的磁條老舊。一定要告知家屬並處理，否則，既耗電，又易造成食物腐敗。

＊除臭方面：可定期清潔冰箱層架。或在角落置放咖啡渣，檸檬片，小蘇打粉，冰箱除臭劑等。

15 隨時注意地上是否有水漬，油漬，菜渣，醬漬，糖粉等。一定要立刻處理乾淨，免得有人踩到，又四處移動，造成環境髒亂。

（咖啡渣可以先用微波爐收乾水分，比較不會發霉。發霉就丟掉。）

16 撕包裝時要非常小心，經常發生爆開撒滿一地的狀況。盡量用剪刀剪，在流理臺作業更好。若有微粒粉末也相對好清理。

（特別是年紀越大的人，更無法精準控制拆封的力道。）

輯 2 長照人員或需要增加陪伴的人的家屬參考：

17 若是只有老人家，或許可買小鍋子，方便他們料理。一般鍋子太重，手腕容易受傷。

18 抹布若太髒，太舊，建議換掉，否則容易成為傳染細菌的媒介。

19 或可在冰箱門口貼小紙條：注意事項，如缺什麼、有什麼、晚餐是哪個便當盒等。

20 小心燙傷：包含瓦斯爐架餘熱，熱鍋子，電鍋蓋，熱水壺的蒸氣孔等。我曾聽過，迷你熱水壺底座忽然爆開。總之，危機處處，自己多小心。

21 碗盤泡過熱水，或用溫水洗，會更快洗淨。但太熱的水，可能減損下水管的使用壽命。（避免使用太多瓦斯，老人家已無閒錢。）

22 鐵絲球刷貌似非常好用，但有很多禁忌。比方刷不鏽鋼鍋，可能造成刮痕，易滋生細菌，會傷害木製品等。

＊處理鍋上的燒焦物，可以考慮使用小蘇打浸泡一段時間再洗淨，或用不鏽鋼清潔膏。

23 玻璃瓶千萬不可放冷凍。裡面的液體變成固態後，體積會變大，有爆裂的風險。

24 不要將重物壓在輕物上。比方在灑滿筷子和碟子的流理台上方洗鍋子。先洗輕物再洗重的物品。

25 可以用新的垃圾袋當手套，把其他房間的垃圾桶裡的零碎收攏起來，放入舊袋子再將新的袋子掀過來，放入桶內。

26 可能有些破損的廚具仍在使用，小心安全。也許和經濟條件有關，不可以失禮的說：誇張！你居然還在用這種東西！會讓對方很尷尬。

27 如果瓦斯爐的點火器不靈光,或可考慮買長槍型(手比較不會燙傷)的點火器點火。

＊有可能是長年污垢造成的問題,建議請專業人士來評估,是否需更換新爐具,或是只需做好清潔即可。

28 熱水或熱油,千萬避免直接往污水管倒。可能造成污水管容易破裂。

29 污水管口處,最好加置濾網,避免髒污廚餘等的經常性瘀塞。

輯2 長照人員或需要增加陪伴的人的家屬參考：

（70）搬家 相關事項僅供參考

這部分其實和所謂的長照居服員的工作內容沒有關係，只是提供給相關照護員作為參考之用。

1. 若有看時辰，比方凌晨，務必事先告知社區警衛。避免造成不必要的各種困擾。

2. 原則上，如果需要外人協助，盡量是以較為次要的東西為主，避免造成不必要的誤會。協助者，在處理過程中盡量有家屬在場，執行內容以輔助為主。

3. 打包前，最好先拍照，加以註記。必須得到當事者及其家屬的同意。

4. 大型傢俱協助移動，務必確定裡面沒有會晃動的東西，邊角一定要保護好，避免傢俱毀損受傷。＊因為太危險，我個人不建議協助者幫忙搬運，應讓專業人士來處理。

5. 任何易碎物品，務必確定完整打包好，最好另外運送。

6. 最好與家屬兩人一起作業，不建議獨處他室時作業。

7. 陰暗角落處經常有蜘蛛，蟑螂，甚至老鼠之類的小可愛出沒。最好先撥弄一下，免得因為驚嚇而造成物品的摔毀。

(71) 道別 say good bye 可以留意的事

1 應靠近受照顧者再輕聲說再見。從較遠的地方喊，可能造成讓人不舒服的回音。

（若受照顧者視力不好，可以著重聲音情感的傳達，若受照顧者聽力不佳，可以著重肢體語言的表達。）

2 務必再次確定，是否還有應注意卻疏於處理的事。比方，若受照顧者行動不便，是否有拿飲水放他身旁，他的手機是否在身邊等。

另外，瓦斯是否關閉，備餐是否放冰箱（並清楚告知），沒使用的電器是否⋯⋯等。

（廁所有異味，濕氣也較重，也許將門關上較好。或者，至少闔上馬桶蓋。但以個案習慣為主。有可能，反而造成他如廁時的不便。）

3 （接上）仔細確定該帶走的東西是否帶上，比方眼鏡，圍裙，手機，拖鞋等。

＊有人會在背包上吊上不同標示的吊飾提醒自己。例如：皇后－有重要事記得提醒受照顧者家屬。貴妃－要送小孩的貼紙記得給。嬪妃－垃圾記得帶走。

（嗯，感覺不太正經⋯）

4 經常有花瓶，字畫，魚缸置於玄關，轉身道別的動作若太大，可能弄倒這些東西。

5 門一定要用雙手輕輕闔上，確定關上才離開。有些屋門老舊，你以為關好了，其實並沒有，風一吹就又打開了。

486

輯2 長照人員或需要增加陪伴的人的家屬參考：

6. 門內或門外經常會放一個地毯、地墊。有時候，地毯可能已經反摺變形，若不注意，很容易因此跌倒。（最好立即告訴家屬，盡快更換，或仔細黏好。）

7. 開關門時，永遠保持慢動作的習慣。避免門的另一端有人靠近，造成傷害。

8. 離開前，應再一次提醒受照顧者和其家屬需注意的事項。（太多的話，可以寫在便條紙上，交給當事人或家屬，又或者，貼在冰箱門上或置於顯眼處。）

9. 穿錯鞋子是可能的事。或可將自己的鞋子置放在固定的角落位置。

10. 離開前，若使用受照顧者家中的拖鞋，務必將其放在原先對方習慣收納的位置。

11. 誤觸門鈴是常有的事。比方鞋子放門口，一邊穿鞋，一隻手貼在牆上，因而誤觸。很可能使急忙出來查看的長輩跌倒。總之，盡量小心便是。

12. 門口有包裹，應立即告知其家屬。

13. 打開門的瞬間，有可能改變屋內的壓力，造成強烈的空氣流動（即，東西亂飛。）尤其在高樓層的住戶，更可能會有這種情形。

14. 門不要敞開太久，可能會有蚊蠅亂飛，或異味飄入屋內等問題。

15. 盡量小心，避免自己的鞋子踩在受照顧者及其家人的鞋子或拖鞋上。

16. 若受照顧者在輪椅上，要置於何處較妥當，是否按下卡榫，是否需要如廁等，需要再跟個案當事人清楚確定。

17 時間允許的話,盡量跟所有個人目視致意一下。不是隨意向一群人致意。是禮貌,也是一種貼心和尊重。

18 進門與離開時,基本招呼與互動,是建立好的連結的起點。(儀式感的概念)

19 有些年長者容易多愁善感,看著對方離開的背影,會莫名心生憂鬱。也許可用正臉道別後,緩緩倒退出房門,再將門帶上。
(這還有一個好處,就是,可以避免讓有攻擊傾向的病人從後面偷襲。)

＊當然,不是目視你離開就表示他多愁善感,有時是擔心你沒把門關好。

（72）外籍看護 可以思考的一些事

輯2 長照人員或需要增加陪伴的人的家屬參考：

1. 雖然現在的翻譯系統已經漸趨成熟，但仍要謹慎使用。避免因翻譯系統的錯譯，造成雙方間的誤解，這是很遺憾的事。

2. 謝謝他們。因為有他們的陪伴，長輩可以得到更多的安全感。居服員，看護員，可以多觀察他們的照顧模式，這樣會更快進入狀況。

＊這是我親眼見過的案例：一個外籍看護才照顧完一個老先生，準備接下一個案子。他告訴我，老先生非常兇，經常罵他，甚至有時候會打他。我問他，你沒有告訴仲介嗎？他說，老先生本來非常好，頭腦越退化之後，就變得很容易憤怒。我有點不捨，脫口而出：那你為什麼不走？他告訴我：不行啦？我走就沒有人照顧他了。（此刻，我看到了人性裡最美的光輝。）

3. 若能主動學習他們的語言，比方請、謝謝、對不起等，必能得到更多的尊重。人同此心，心同此理。

4. 越南人性格，飲食和我們中國飲食較接近。菲律賓人性格相對活潑，飲食和中式菜餚差異較大。更多熱帶農產特色，如椰汁、芒果等。印尼人性格相對溫和勤懇。飲食上，在香料的運用更豐富，包含肉桂、香茅、薑黃、辣椒……等。印尼的天貝、泡麵等，味道很不錯。他們也跟我們一般人一樣，喜歡新鮮食材烹煮的食物，不喜歡吃隔夜菜。對印尼人來說，台灣飲食的口味，太鹹，太甜。

5 新時代的年輕人更需要得到適度的尊重，資歷較深者，性格相對更穩定。

6 越南人可能較多佛教徒。菲律賓人可能更多天主教徒。印尼人不全是穆斯林——不吃豬肉等（信仰更虔誠者，也許一天要數次敬拜。齋戒月的時候，可能還會白天不吃東西）。這是個人信仰，應予尊重。印尼人非常忌諱別人敲他們的頭，切記。

（當然，對任何人都不可以，非常無禮。）

7 他們可能會缺乏保健意識，可以多關心提醒他們，必會得到他們更溫暖的回報。比方：在陰暗的空間看手機，其實很傷害眼睛。缺乏正確的牙齒保健的常識。喜歡吃油炸，煙燻的東西等。

8 印尼，印度的飲食中都有豐富的香料，香料裡的微量元素對身體不錯。我個人的經驗上，印尼的文化似乎又比印度更強調飲食衛生。

9 多數濕紙巾是不能丟馬桶的。嚴重的話，還可能造成社區的污水系統堵塞。一定要特別提醒他們，有些人缺乏經驗，可能並不了解。

10 印尼人較喜歡吃白飯，有時候，一天沒有吃白飯感覺沒有吃東西。提供餐宿的部分，可以稍微留意一下。

11 我曾經聽過一個案例。一個外籍的小姑娘，因為不願受業主對他人格的無理質疑，懷疑他是小偷，於是選擇用非常激烈的方式結束他青春的生命。

請尊重他們。如果真的以為他們是小偷，至少保留他們起碼的尊嚴，或者讓客觀第三者來協助處理。

490

輯2　長照人員或需要增加陪伴的人的家屬參考：

12 我經常看到被照顧者與其家屬非常關心外籍照護者，外籍照護者也很用心關懷受照顧者的美好例子。雙方互動就像是家人一樣，這畫面很美，我覺得很棒。當然，難免有些情況是，彼此的某些特質真的讓雙方無法妥協，那倒不必然是誰的問題，這也是沒辦法的事。

盡量用善意和理性對話，不要動用私刑或羞辱他們。誰都可能犯錯，得饒人處且饒人。

13 有時候，外籍看護可能比專業的醫護人員更清楚被照顧者的切身問題。應該誠懇地聆聽。

14 在此，我也要謝謝許多優秀的好警察。我聽過許多的例子，警察沒有袒護惡行的雇主，真誠關心外籍勞工的案例。謝謝有你們。

15 我曾經聽過，受照顧者的家屬以為他們吃好、睡好、很閒，便讓他們做一堆事情。相信我。他們未必吃好（我們的東西，他們其實不合胃口），很閒（他們看似沒事，其實戰戰兢兢。）。若希望他們可以更好的照顧我們的家人，請適度給他們較好的休息。也給他們一點屬於自己的時間，讓他們可以好好與家鄉的家人交流。

16 在此，我要感謝許多護理人員。我聽過許多的例子，護理人員即使自己已經很辛苦了，仍真誠關心病人身旁的看護（包含外籍看護）。謝謝有你們，有你們真好。

17 家屬之間若不能統一指令，他們的壓力會很大，無所適從，心生去意。

18 我認識許多外勞,都非常善良。他們很樂意陪老爺爺、老奶奶說說話,但前提是,我們不能把他們的時間排太滿,讓他們累到沒有力氣。

然後,我們再來批評他們擺臭臉,這是孰使致之?

輯2 長照人員或需要增加陪伴的人的家屬參考：

（73）修復相關 也許可以幫的一點小忙

不建議所謂的居服員主動協助修復事宜。但實務上，卻經常會遇到這類需求。以下分享分享一些作業的心得。

1. 居家空間的線路，有分強電系統（比方一般的電器設備，尤其冷氣甚至是220伏特高壓，相當危險。）和弱電系統（比方電腦網路，大樓廣播等，相對安全許多。）

 ＊處理電線時，要非常小心。尤其是處理強電系統，務必先關閉總電源。

 ＊實務上，是有測電壓的儀器，但只能由專業師傅來操作。沒經驗的人不要嘗試。

2. 若樓上持續滴水，可能是進水管破裂，若是斷斷續續的滴水，也許是排水管破裂。滴水，滲水問題是非常棘手的問題，應儘早請專業人員來協助處理。避免造成嚴重壁癌。除了水漬容易使人摔倒，嚴重的話，還可能造成牆內的電線硬化鏽蝕。

 ＊現在的科技，已可以透過紅外線熱像儀協助找到漏水源頭。

3. 老牆常有破洞和龜裂，建議請專業師傅將它填平，以免蟑螂老鼠以此為家。最怕的是，老鼠死在窟窿中，大家不知所蹤，只能任臭味瀰漫數月。

4. 若協助個案修復電器用品或遙控器時，應有受照顧者或其家屬在場。避免節外生枝，造成不必要的誤解。

5. 電線或水管破裂，假如不是很嚴重的話，可以考慮用絕緣膠帶包覆，效果很好。

＊ 處理電線，務必關閉電源才能作業。

6 木質結構的表皮龜裂，經常會露出尖銳的木屑，很容易坎入皮膚。可以用輕拍的方式去審視，絕不可用手去搓摸探索。坎入皮膚的木屑一定要取出，否則可能造成嚴重的細菌感染。（必要時，可以尋求家醫科門診的協助）

＊ 擦拭木製品時，清潔用品可能傷害木頭的原色，要謹慎。（除非是木質專用）

7 遙控器盡量不要用鹼性電池。電池漏液，或摔到地上，可能造成故障。電器的訊號接收源雖然也可能故障，但機率較低。

8 落地門或窗的軌道若是運作不順暢，除了可以用機械潤滑液（比方 WD40）外，還可以嘗試用蠟燭的蠟，或針車油。

＊ 機械潤滑液有很多功用：

　a 主要是除鏽功能。（因此，也可能造成機械壽命減短。）通常處理方式是：先簡單擦拭，然後除鏽，再擦乾，最後上保護油。

　b 有潤滑的功能。比方轉軸，鎖孔等，稍微噴一下，很快改善。

　c 有溶劑成分，可用來清除黏膠或蠟的污漬。

　d 可以防止金屬潮濕和鏽蝕。

9 精細物件的螺絲釘，在取出或鎖緊時，螺絲起子一定保持和螺絲孔呈垂直角度。可避免，內部紋路受到傷害。

輯 2 長照人員或需要增加陪伴的人的家屬參考：

10 冷氣機或抽風機若發出刺耳的噪音，有可能是扇片的軸心灰塵太厚所致，也或許是過濾網太髒，造成空氣流動受阻所致。清除軸心上的灰塵，或是過濾網上的塵垢後，有可能改善。（要記得先將電器關閉。）

11 更換淨水濾心時，可以先放水五到十分鐘，讓乾淨的水完全的流過濾心。若是接到自來水管，不可放熱水。（熱水對濾心可能造成損害）

12 維修時，釘子千萬不可以用嘴咬，很可能誤入食道。

13 有些廁所被異常加高，可能是因為該廁所是改建後安裝上去的。多半出現在隔間的小套房。若發生馬桶阻塞，甚至外溢的情形，不排除和鄰間套房的廁所問題有關。可以請房東或專業的師傅協助處理。

14 若使用瞬間膠之類的溶劑，千萬小心，避免其噴濺到眼睛。

15 若出於善意想幫忙送修，建議找原廠。避免因零件規格不同，衍伸出複雜的問題。

（74）安全意識 必須知道的幾件事

居服員有時可能遇到危險，以下提供幾點作為參考：

1. （台東專校）人離火熄；萬一發現瓦斯不小心外洩該怎麼辦呢？
   1. 禁：禁止開、關任何電器，以免產生火花。
   2. 關：關閉瓦斯桶開關閥。
   3. 推：輕～輕～推開窗戶通風，讓瓦斯飄散出去。
   4. 離：離開現場到戶外，如果瓦斯大量洩漏快打119報案。

2. 女性如果擔心自身安全，或可考慮帶上防身警報器，或防狼噴霧。有問題，隨時與公司保持聯繫。

3. 如若在偏僻的地方遇到非善類，或可告訴他：我是居服員，手機上的APP有警民協防的位置定位系統，很快警察就會過來了。（當然，是不得已的辦法。）

4. 若無意間介入是非之地，被誤以為發現了什麼，那只好隨便說奇怪的語言，假裝聽不懂以求脫身。
（雖然實務上可行，但還是盡量避免。）

在不得已的情況下，可嘗試攻擊對方的下巴，胸口的劍突處，或私處，爭取逃跑的時間。

輯2　長照人員或需要增加陪伴的人的家屬參考：

（75）防詐判讀相關 可以留意的一些嘗試

1 如果有歹徒透過電話偽裝成你的家屬（現在的AI已可以仿真人成像），向你哭訴借錢，先不要著急同意。可以先喊他的小名：「小餅乾」你怎麼會欠那麼多錢。假如他真的叫小餅乾，他會說他為什麼欠錢。假如他不叫小餅乾，卻繼續回答，那他就是AI偽裝的假人。

＊偶而也可和長輩分享AI影片，讓他慢慢熟悉那種感覺。

2 假如他要找受照顧者投資項目，解說得非常快，那估計是心虛。怕其理出頭緒。

＊聽過一個說法，若有人非常匆忙的請我們幫一個忙，比方急著換錢，急著需要借證件，急著需要保人等，千萬不要立刻答應。越是急著要如何，通常，魔鬼就在這裡面。

3 假如有人忽然對個案及身旁的人說一些奇怪的人生大道理什麼的，也許他是項莊舞劍意在沛公。或可，以拖待變。

4 若對方強勢推銷案主購買整組奇貴的商品，或可以私下建議他先購買所謂的好朋友自身的微量存貨使用看看。避免礙於人情，而立馬花錢購買整組商品。

＊如有生病，還是建議循正常管道就醫治療。相信偏方（非正統醫學認知模式），有可能會延誤治療

的黃金時機。

＊務必確定,受照顧者的家屬了解事情的完整狀況。

輯2　長照人員或需要增加陪伴的人的家屬參考：

（76）注意 必須知道的一些小事

1 去機構辦任何文件，可能資料有錯，務必仔細並重複核看清楚。

2 老人有許多事情無法自行處理，照護者可以稍微留意一下：縫衣服、拆換電池、開瓶罐的蓋子、穿鞋子、拉拉鍊、扣扣子、解開袋子的死結等。

3 從椅子上站起，要先屁股往椅子前沿坐，然後兩腳靠近，身體微前傾，再緩緩站起。身旁協助的人，可以稍微抓著他臀上的褲沿，一隻手攬其腋下。小腿貼近椅子，臀部才緩緩坐下（照顧者的手可以從後方虛握褲腰帶處。避免當事人的屁股撞向椅子上。）。

＊如果當事人只有穿內褲，盡量避免直接拉內褲，無論男女長輩，內褲直接摩擦私處會很疼痛。

4 不小心帶走他們的鑰匙或陪同就醫的資料，務必盡快送回。至少先聯繫並告知他們。

5 量體重是一件非常重要的功課。若受照顧者的體重異常下降，建議應就醫。量體重時，務必有人在身旁協助。最好有可以扶的東西，比方ㄇ型助行器。

6 有些人會在室內種植盆栽，若缺乏陽光，可能長出黴菌。免疫系統不佳的受照顧者也許不宜。可定期或定時，將盆栽拿去曬太陽。

7 開放且置放太久的水杯裏，不宜重複加冷水，建議重新倒一杯。水接觸空氣一整天，可能滋生細菌。

重複加水，溫度並沒有提升，只是增加細菌的生存空間而已。

8 很多人一點也不喜新厭舊。相反的，常電器用了數十年仍捨不得換。老舊電器的電線內部可能摺損壓傷，易造成接觸不良，可以稍微留意一下。

9 如果發現有過期的藥品或棉花、紗布等，千萬不能繼續使用。也許有黴菌，可能造成細菌感染等問題。

10 老人更適合坐箱型電梯，不適合搭扶手型電梯。萬一暈眩，很可能會往前撲倒。

關於箱型電梯可以注意：

一 注意時間差。進出電梯門時，務必按著開關，免得受照顧者走到一半，被關上的門嚇到。

二 注意高低差。有時候，電梯會和樓層的位置有高低之差，很容易跌倒。踏出前，先確定一下。

三 盡量不要讓電梯停滯太久，會影響其他樓層用戶的緊急需求。

四 電梯裡的社區告示，務必轉達受照顧者及其家屬。（可能是通知洗水塔的時間。）

五 如果電梯疑似故障不斷往下降，可以嘗試將所有的樓層都按，有時候可能會忽然停下來。再趕快尋求脫困。（現在多數電梯都有多重安全設計，不用過份擔心。）

11 老舊房子可能聽到牆壁裏有異常的彈珠聲響，也許有兩種可能：

一 或許是水錘效應，幫水管加裝減壓閥後有可能改善。

二 老舊鋼筋的鏽蝕與變形，造成包覆的混泥土崩裂，碎石礫四處飛散滾落的聲音。

12 去郵局或銀行，常見兩種烏龍情形：

500

輯 2 **長照人員或需要增加陪伴的人的家屬參考：**

13 有些男性如廁後，會用衛生紙吸拭一下尿道，可減少餘尿滲漏的情況。

14 有些藥物的副作用是降低食慾。也許有醫師會拿來當作幫助患者減重的藥。無論如何，只要身體有異常反應，建議應立即回診，和醫師討論。

15 冬天天氣乾燥，化學纖維材質的衣服容易產生靜電，可能無意間「電」到受照顧者。為避免這種情形發生，建議多喝水，或雙手常擦乳液保持濕潤。通常，居服員進案主家中，會先洗手，這也是很好的消除靜電的方法。

＊ 身體如果太疲累，導致其呈乾燥「缺氧」狀態，有可能造成頻繁的靜電反應。

16 長照人員可能會幫忙B家採購，在A家的時候，暫時將東西放社區樓梯的公共空間盡量避免這樣做，至少留紙條，否則很可能會被清潔人員丟掉。

17 打點滴時，可能會有不良副作用，特別是有癌症史的病人。隨時注意其身體徵狀。

18 假如要協助剪眉毛、鼻毛等，務必使用圓頭的小剪刀，比較安全。

19 看到寵物時，不要為了親近他們，隨易用臉部靠近寵物。

＊（無論是貓或狗，或鳥類，他們的攻擊速度遠超乎你的想像。）

＊ 有些寵物可能對香水或某些強烈的氣味感到敏感，可以稍微留意一下。

（所以，單據應保留一段時間。）

一 以為轉帳成功，其實沒有。

二 以為轉帳成功，其實帳號錯誤，是轉到自己名下的另一個帳號。

「帳單「不是帳單，只是告知轉帳失敗的單據。」

* 家屬若苦於無法幫寵物剪指甲，或可嘗試用大毛巾包裹寵物，只露出指甲，再剪。

20 東西放保鮮盒，再放冰箱，比較不會有異味。重點：一定要將盒蓋確定扣上。從冰箱取出時，務必雙手托著整個保鮮盒移動。不可以只拿蓋子的位置，因為無法確定前一個人是否有確實蓋好。

21 出門時，關上門前，至少務必確定：鑰匙是否帶了，電器、瓦斯爐等是否關畢，是否有帶手機。

* 若有幫忙保管東西，盡量放在有扣子的口袋裡。太淺的口袋，非常容易掉出來。

22 洗碗、洗杯子，盡量在廚房洗。流理臺比較深，水不會亂濺。一方面，浴室流理台的材質較硬，瓷器和它碰撞，容易碎裂。

23 老人家使用手機時，可能會不小心誤觸停止網路，以致於無法收訊。可以幫他們留意一下。

24 有些老人特別害怕晚上，他們不敢睡覺，怕被鬼怪帶走。也許信仰宗教，或房門外貼個門神之類的，開著敞亮的燈或電視等，是個辦法。又或者，在他身旁安置無線看護鈴，讓他可以減少對另一個世界的恐懼。

* 或可，讓他們知道，你以他的名義行善，可能因此增加他們的自我價值感，進而減少對另一個世界的恐懼。

25 痱子粉對尿布疹等很好用，但其中的滑石粉成分可能忙吸入肺部造成輕微傷害。也許在使用過程中可以配戴口罩，或不要倒出太多。（現在有痱子膏或不含滑石粉的產品）

26 我個人不建議老人家走坡度較大的山路。或者至少使用登山健走杖，並且要帶護膝。下坡衝擊力大，膝關節負荷較多，肌力不好的人，更要注意減速。

502

輯 2 長照人員或需要增加陪伴的人的家屬參考：

＊ 實務上，還是因人因保養而異。我見過一個酷愛登山的長輩，年近百歲，膝蓋的狀態依舊維持很好。

27 乾擦布完全沒有摩擦力，還容易造成手滑。可以稍微沾一些水，增加摩擦阻力。

28 若鄰居有嚴重的噪音問題，應盡量避免衝突。可考慮訴諸調解委員會。

29 疫苗未必都有明顯的副作用，但還是要留意觀察一下。尤其是年紀大的人，可以多留心數日。身體若有任何異常情形，應立即就醫，並請教醫師。

30 訓練背部肌肉群，有可能改善背部疼痛。

31 （照顧者可以從觸碰受照顧者後背部的肌肉組織，判斷其背部肌肉群的健康情況。）

32 有些老人不喜歡看到全黑的衣服，骷髏頭的圖案，感覺不吉利。照護者可稍微留意。

33 有些老人，可能在自行泡熱水澡時因低血壓而昏睡，非常危險。需要多留意。若家中有老人小孩，建議裝上防鳥刺。假如雛鳥死亡，或鳥巢滋生病菌，對於室內的人，其實是有危險性的。

34 置放於窗口平台外的冷氣機可能成為鳥築巢的空間。若家中有陳設老舊的問題，想要重新裝潢，卻毫無頭緒，可以考慮底下作法：

a 先整理問題，具體列出需求。

b 請教可信任的人，分別找兩家廠商，具體做細目比價。

c 做家庭會議，釐清價目的差異性，再請廠商來討論。

＊ 可以商量一下，也許部分費用分兩次給付。比方，七日之後確定品質無誤，再把尾款交給對方。

＊ 確定之後，最好每天進行進度追蹤。工地危險，建議有師傅陪同。

d 甲醛是裝潢工程上常見的揮發性有毒物質。是否需先搬離數日，也可以稍作討論。

35 直視日蝕可能造成眼睛灼傷，應使用具保護眼睛效果的專用眼鏡再看。

36 幫長輩拉外套拉鍊時，小心避免其夾到鬍子。

37 幫長輩拍照時，可以嘗試：來，笑容，準備要拍了喔（說話的同時，可以多按幾次快門──通常是老人無法配合你的要求精準控制面部表情，所以，可在他最自然的狀態下多拍數張，再留較好的圖像給他。數位相機或手機。）

38 理論上，腦梗塞心肌梗塞，都還有黃金救援時間。若當事人真的沒有力氣求救，可以的話，至少嘗試將其門打開，也許可以為自己爭取到被發現並送醫的機會。

39 吃飯與洗澡時間最好間隔至少一小時，避免影響消化。

40 打點滴與管灌是輸入身體，位置應較高，尿袋是從身體輸出，應低於膀胱位置，應隨時留意位置，並作動態調整。

41 拐杖之於當事人，有時候，就像是奶嘴之於嬰兒，會讓人有安心的感覺，可以稍微留意。

504

輯2　長照人員或需要增加陪伴的人的家屬參考：

（77）資料分享 工具或護理常備相關資訊

1. 肌貼——有別於傳統的貼布，是一種全新運動肌動學概念。透過符合肌理的彈性貼布，提供肌肉支撐力，貼上它，好像有人幫你撐著。

2. 耳穴貼——是一種耳穴療法。可能透過耳穴貼布改善失眠，腸胃不適，經痛，血壓等。可和中醫師討論再貼。（量車貼片的位置是耳垂後方。和耳穴貼不同。）

3. 日光燈分傳統燈管（耗電，需要點火器）和LED燈（現在多半改成這個，有些不需特別更換燈架）。常見的型號T5和T8的T(Tube)是指燈管的意思。數字是指直徑，每個T是1/8英吋，T8則是乘以8大約2.54公分。T5就是乘以5，大約1.58公分左右。購買時，還要注意它的顏色，數字越高，則越接近日光。越低，可能越接近暖色系。

4. 銀離子除臭——銀離子能進入異味分子內部，與異味分子結合，導致異味分子內的成分凝固，並失去活性。它還會對異味分子的酶造成破壞，阻止異味分子的分裂和增殖，導致異味消失，這就是它消臭的原理。

5. 三輪腳踏車——若長輩的行動力還不錯，子女卻擔心他們騎腳踏車很危險，可以考慮使用三輪腳踏車。

6. 海綿牙刷是拋棄試的清潔用品，分為有牙粉及無牙粉。對於口腔黏膜敏感、容易出血的高齡者，以及無法使用一般牙刷來清潔口腔者，就適合使用海綿刷清潔。

7 牙苔刷——舌頭易堆積食物殘渣及污垢造成異味，刷牙後可用舌苔刷或軟毛牙刷輕刷舌頭表面，建議2至3個月更換一次。

8 PRP(高濃度血小板血漿)——是增生治療的一種。利用自身血液中的多種生長因子，注射於患處，藉以加速組織的修復。常運用於韌帶、肌腱、關節退化或損傷等的治療。

9 PRF(高濃度血小板纖維蛋白)——是PRP的更進一步運用。常運用在補骨手術，植牙，牙周手術，加速傷口癒合等的相關醫療。

10 家裡空間較大時，為了方便另一個房間中的長輩求助，可以購買無線的老人呼叫器。

11 特殊功能的人工水晶體，可以大大改善白內障患者的視力。但不是越貴越好，可與醫師做充分討論。

12 不沾鍋（就是塗層鍋）：鍋內有一層塗料，可以使烹煮物不致沾黏，更好清洗。鐵氟龍塗料雖有可能致癌，但只要小心使用，並不會有問題。但還是提供以下作為參考：

a 塗料不一定都是用鐵氟龍，也可能是其他更安全的塗料。

b 不沾鍋避免空鍋乾燒，盡量使用小火簡單烹煮。

c 避免使用金屬鏟鍋，可用木鏟。

d 盡量避免接觸酸性，奶油，酒精等物質。

e 避免使用鋼刷，會刷花塗層，降低使用壽命。可以用極細刷毛海綿。

f 檢測法：煮熱水，看是否氣泡大小一致。表面有任何微小刮痕，變色，凹凸不平，建議汰換。

輯 2　長照人員或需要增加陪伴的人的家屬參考：

13. 大螢幕手機也許更適合老人，如果他們覺得平板電腦太重的話。

* 另外，也可以將手機連接電視系統，大畫面更適合老人觀看。

* 現在許多新聞台，刻意將重點信息的文字放大，也是為了方便高齡者觀看。

14. 玻尿酸可以適度保護軟骨，緩解疼痛感，是治療退化性關節炎的方法之一。

15. 尼龍束帶是一種很便宜的塑膠束帶，可以運用在很多方面。比如：整理凌亂的電線，輪椅背後作個暫時性的吊掛孔等。

16. 重油的餐具，可以使用矽膠刮板。一般情形可以使用洗碗海綿，或洗碗布。平常洗完餐具，若能將海綿泡過漂白水後，再拿去曬太陽更好。若有嚴重的污漬或變形，建議汰換。洗碗海綿和牙刷一樣，需要定期更換，避免細菌滋生。

17. 可撕式黏塵紙和滾筒黏毛器等，對於清潔床鋪，西裝，清理寵物的毛等，都很實用。

18. 護膝的功能是：可以減少膝關節和肌腱在行走時承受的壓力，使臏骨滑動在正確的軌跡上。也就是說，讓膝蓋在長時間的行走時，得到適度的保護，可以走得更久。但也不能穿戴太久，關節和血液也需要得到適度的舒緩。

19. 護腕的功能在於，透過加壓原理，讓腕關節和肌肉在強勞動時，起到支撐和穩定的效果。可以降低腕隧道炎發生的情形。

* 護理師何宜靜貼心提醒：盡量避免重複性的腕部活動。

20 護腰有助於對腰椎和其軟組織提供支撐和保護力。但也不能長時間穿戴,可能導致腰背肌群萎縮。

21 若離廁所太遠,可以嘗試用便盆椅。但要注意尺寸,如果洞太大,可能造成長輩的臀部陷入洞中,無法維持坐姿平衡。

22 如果家中有老式錄音帶不要丟,現在仍能買到傳統的錄放音機。目前市面上也有賣卡帶轉換機,即轉換成數位檔加以儲存和播放。(錄音帶裡可能有記錄著過去的回憶,不要隨意扔棄。)

23 淨水器更換新的濾心之後,建議先放水至少3到5公升以上。如果長時間沒有使用,比方出國之類的,建議斷電和斷水。回來之後,也建議先放水數公升再使用。
(長時間停滯的水,是可能產生細菌發臭的。)

24 呼吸訓練器,對於肺活量的練習很有幫助。當然,最好有人在旁邊看著。避免嗆咳。

25 若擔心長輩可能忘記關閉爐具,可上網購買瓦斯爐自動關火器。

26 老人家的腕力不行,常無法開啟瓶罐,可幫他購買自動開罐器。

* 若一般人無法開啟瓶罐,或可在瓶蓋上纏上橡皮圈,增加摩擦係數,效果不錯。

27 駝背會造成非常多的問題,包含頭痛,頭暈,骨刺,胃痛,頸肩筋膜炎,記憶力下降,眼睛乾澀等,應及早就醫治療。若要使用背部矯正帶,應與醫師做充分討論。

28 有些人不願意出門,也許是出於對外在的不自信。可試著讓他戴上好看的帽子,或者,選購合適的假髮等,重點在於如何踏出第一步。

輯 2　長照人員或需要增加陪伴的人的家屬參考：

29 另外，像是染髮劑、脖子繫絲巾，男士可以使用肩背帶等，都可以思考看看。

水中健走有助於增肌健骨，促進血流，降低血壓。向前走可練腿肌，向後走可緩解腰痛。另外，外骨骼輔具復健（科技復健）也可作為協助復健的選項之一。

30 人工淚液與消除疲勞的眼藥水完全不同。眼藥水可能含有血管收縮劑，不建議像人工淚液那樣頻繁地使用。人工淚液若有含防腐劑，過度頻繁使用，也可能傷害眼角膜，怎樣算過度，可以和眼科醫師充分溝通。

31 常見用來治療口內潰瘍的口內藥膏有：類固醇藥膏、非類固醇藥膏（可能主要為水楊酸成分）、噴劑（可能是蜂膠）、藥粉（可能是黃蓮）。須跟醫師充分討論後再使用。

＊ 注意：無法正常吞嚥的患者，太大量的口內膏有可能意外造成嗆咳，要小心使用。

32 銀離子敷料對於治療燒燙傷口、褥瘡等慢性傷口效果不錯。但未必適合所有人，須與醫師或藥師討論。

33 石蠟紗布對於淺層傷口，組織液滲出不多的傷口，有防止沾粘的效果。傷口濕潤的好處在於：可減少疤痕組織形成，促進血管新生和上皮再生。石蠟紗布最大的優點，在於保持傷口濕潤。

＊ 人造皮膚也有類似的功能，且經常被運用在褥瘡照護上，效果良好。

34 物理治療師李昌翰指出，「紅外線照燈」與熱（濕）敷一樣，都屬於「熱療」，透過熱能改善局部血液循環，達到緩解肌肉僵硬及痠痛。紅外線燈具有可散射紅外線波長（約700nm到50000nm）能

量，以輻射能的「熱效應」提供局部加熱的第二等級醫療器材。

注意：熱敏感或照射部位有外傷、發炎性傷口及皮膚疾病等屬於急性期的病患，都不適合使用。

＊ 醫療器材依風險程度，分為以下三個等級：第一等級（低風險性）、第二等級（中風險性）及第三等級（高風險性）。

35 市面上有一種東西叫防噎儀，也許他並不適合銀髮族，但還是值得參考一下。

36 無論是谷歌或微信都有識別圖片的功能。若受照顧者對於陌生的花或鳥感到好奇，就可使用此功能。

37 螞蟻藥可能有分甜餌、鹹餌兩種，選購時，可以留意一下。

38 驅除老鼠的幾個方法：填補老鼠洞，養貓，環境清潔，用特殊氣味驅趕（驅鼠劑，辣椒水，胡椒粉等。）；捕鼠籠，黏鼠板（放起司餅乾效果很好）；超音波驅鼠。

＊ 必要時，也許可用防狼噴霧。

39 暖暖包是個好東西，捧在手上，可以讓身體感覺不那麼冷。但也要小心低溫燙傷。

＊ 另外還有充電式暖蛋也很實用。

＊ 發熱衣也有很好的保暖效果。

40 若擔心失智長輩走失，可以購買老人防走失定位器。

41 站立式輪椅在臨床上，對於協助站立的復健者有很好的效果。當然，務必和復健科的治療師充分討論。

510

輯 2 長照人員或需要增加陪伴的人的家屬參考：

42 電動手掌訓練器，對於手指的復健訓練很有幫助。

43 W型翻身輔助墊，對於身障人士的翻身動作，是個可以嘗試的選項。

44 移位旋轉坐墊，協助受照顧者移位轉身的效果不錯。

45 移位腰帶、移位提把，在移位時很有幫助。

46 有些老人常被蚊子擾眠，家屬或可購買電蚊拍，甚或是蚊帳。

（78）行動輔具 相關留意事項

即幫助行動不變者，移動行走的輔助工具。以下針對常見的輔具簡單介紹：

* 重點：助行器的高度，穩定度（前端太細，穩定度堪憂），握感，重量等，是否合宜。
* 有些拐杖頂端是可旋轉更換的，也因此，常有忽然鬆脫的情形，出門前，應確定是否鎖緊。或者，在接縫處，直接纏上膠帶也行。
* 助行器的選擇：a 手把與髖部同高。b 站立的時候，手肘關節輕微彎曲。
* 所有帶輪的助行器，有可能會捲入各種毛髮，平常可特別留意或不定期作清理。
* 拐杖傘不是一般的雨傘，他的頂端有加強防滑的橡膠。

1 單拐肌耐力和平衡感都還行的人可以使用。若長輩覺得丟臉，可用拐杖傘替代。

2 四腳拐適合肌力，平衡感較差的人。最大好處是不易鬆落，減少彎腰撿拾的風險。

3 ㄇ型（或П型）助行器常見有三種：

(1) 固定式功能簡單，價格較便宜。適合肌力，平衡感較好者。

* （在浴室很實用，若出門的話，我個人較不推薦）我曾見過，因為個案的力道不足，前面兩點仍未離地，上橫槓卻往前推，差點往前撲倒的情形。

輯2 長照人員或需要增加陪伴的人的家屬參考：

＊非常危險，外行時，旁邊必須有人陪伴。

＊必要時，可以去輔具專賣店加裝輪子，很有助於提升移動的速度。

(2) R型助行器（二階式）他的梯階型設計，很適合肌力較弱的長輩兩階段站起身。中風失能者，還可利用其不同高度的特性，做各種復健姿勢的練習。（若是作為復健練習之用，不宜加裝輪子，容易晃動，比較危險。）

(3) 帶輪式助行器（即固定式助行器，前面兩點加裝輪子，後面兩點直接接觸地面，增加摩擦係數。前面兩點裝輪子可往前滑動，後面兩點直接接觸地面，增加摩擦係數。實務上，我確實看到長輩使用後，大幅度提升行動的能力。因為，不用像固定式助行器般，每往前一步，就要將整個助行器提起再往前放。

＊若家裡動線開闊，不失為安全好用的助行器。

4 健走杖

一 擴大身體支撐面積，增加穩定平衡，預防跌倒。
二 可以減輕下肢關節和腰椎的壓力，保護膝關節和腰椎。
三 向後施力撐地身體往前推進，可以訓練核心肌群。

參考影片：健康2.0善用健走杖蔡凱宙醫師指導

5 另外還有四輪助行器，對於喜歡上菜市場的長輩而言，或許是不錯的選擇。累了，還可以坐在上面

的椅座。
（如果受照顧者身體較為虛弱，握力不好，且常一人行動的話，我個人倒不建議。假如是下坡路段，他可能會無法精準煞車，非常危險。）

輯2 長照人員或需要增加陪伴的人的家屬參考：

（79）想想 是否可能發生的發明

單純提供有志創業者參考。

1. 是否可能開發一種新服務。長輩夜晚跌倒或需要幫扶時，可以通知類似代駕的專業人士來協助。對於人口老化的社會結構而言，這種情形已經越來越多了。不可能總驚動119。

2. 輪椅＋後照鏡。

3. 希望有公信單位，設計同學會平台。讓老同學可以透過此平台聯繫，並相互鼓勵。
（重點在於，維護個人隱私，又兼顧確定是當事人。）

4. 是否可能發明純電器收音的各種樂器。既可讓人隨意彈（吹）奏，又不至於吵到鄰舍。（像「愛長照」那樣。）

5. 最好由政府建立一個平台，無條件提供有相關需求的人可以諮詢。

* 1925 安心專線｛您倘有心理壓力或情緒困擾，可撥打本部1925 安心專線（依舊愛我），提供24小時免付費心理諮詢服務。｝
（相關的專線還有：張老師1980，生命線1995。）

* 1966 長照專線｛民眾撥打後可享有前5分鐘通話免費。只要是符合申請資格的民眾，照管中心將派照管專員到家進行評估，依需求提供量身定做的長照服務；

另民眾於使用服務後，若有任何問題反映，亦也可撥打此服務專線，讓長照服務的品質持續不斷的

改善與提升。〕

6 顏色，音色，溫色等，是未來治療疾病很值得思考的方向。

輯2　長照人員或需要增加陪伴的人的家屬參考：

（80）或許有些事值得我們想想

1. 當我們從A點到B點，就100公尺之遙，我們之所以可平安的抵達，是因為有多少人直接，間接的貢獻？

2. 邏輯思維有個概念叫做同一律。同一律是指人們在對客觀事物進行思維時，每一思維都有其確定性，都必須保持同一。請問，人權若是所謂的天賦，那應由誰來承擔維權成本？常言道，個人應為自己所做的事負責。然而，一但個人無法負責時，誰來承擔這個後果？如何承擔？

3. 如果把時間的元素抽離，商增定律還有效嗎？

4. 犯錯的可能和犯罪的天性，若用數學式表達，有什麼不同，差異為何？

5. 佛經，聖經，和所謂的普世價值的認知是一致的嗎？如果有衝突，當如何思考？
（例如：佛經的自由是放下執著，聖經的自由是靈魂從罪惡中得到釋放，「普世價值」的所謂自由，是可以擁有，是對罪惡的反思，甚至是從「聖靈」或說宗教中的道德制約得到解脫。）

6. 易經的陰陽和數位智能的零和一是同一個概念嗎？那要如何思考三進位制呢？相對於二進位制，三進位制有否更具思考優勢呢？假如有，要如何理解兩者的理論差異呢？

517

7 有一輛車子往前疾駛，前方是人類新發明的超級發電系統，如果爆炸了，將會毀掉整座城市。這時候，我們正好是一個舔著美味冰淇淋的超級胖子，並且，恰巧站在車子與發電系統之間。如果我們不離開，就會被撞死，但可以防止這場悲劇。如果我們趕緊跳開，我們可以保住性命，並吃完整桶冰淇淋，這件事本來也和我們沒有任何關係。請問，我們會怎麼做？

8 一智商蓋世的科學博士，要作一個偉大的實驗。他將數個燒杯裡，分別放入數種化學原料，想觀察他們之間變化的差異。請問，他要如何判斷出變化的差異？

9 傳說中，宙斯曾問潘朵拉：若你的盒子裡只能留下一個寶貝，信任與希望之間，你想選擇哪一個？

10 所以，如何用最小的力量，創造幸福的條件？

11 所以，從上面的內容來看，若給生命一個支點，那個支點是什麼？可以舉起什麼？

12 所以，讀者諸君從這本書裡找到那僅屬於每個人家中，最珍貴的寶貝了嗎？

518

輯2 長照人員或需要增加陪伴的人的家屬參考：

在此，非常感謝所有陪伴我的案主，一路對我的包容、善待、鼓勵，與指教。包含有柯爺爺，陳爺爺，李爸爸，陳爸爸，郭爸爸，李伯伯夫婦，莊伯伯，林大哥，張爺爺，宗浩及姑姑，楊大哥等，和你們的家人。

也謝謝繫心居家長照包含黃經理及全員督導等的協助與支持。（特別是唐主任，鄭督導在技術方面的指導。）

也特別感謝，栽培我的紅十字會全體老師和同學，和認真指導我的康寧護理之家（特別是ANGELA WU）。另外還有，宏十字護理之家全員。

也謝謝紅十字會同學周少麗、薛麗卿等分享許多資料，裕翔協助我製作資料檔。還有我的好朋友，也是三越的高管張大哥的閱歷分享，和Atika，Anisa，melon等人的生命故事的分享。

當然，還有很多的人，如曾四川老師，簡淑女老師吳媽媽，郭阿姨，吳董夫婦，董繼賢等人的關照，讓我有更豐富的生命體驗。

總之，我的生命中，謝謝有你們。當然，還有我的家人。

謹獻摯愛靜雲。謝謝曾經有你的鼓勵與相伴，願妳在另一世界美好。

也謝謝那段時間，劉媽媽對我的鼓勵與安慰。

國家圖書館出版品預行編目 (CIP) 資料

愛就是關心陪伴與照護：你養我小，我養你老 / 陳光博著.
-- 第一版. -- 臺北市：樂果文化事業有限公司出版：紅螞蟻圖書有限公司發行, 2025.09
　　面；　公分. --（樂生活；61）
ISBN 978-957-9036-66-5(平裝)

1.CST: 老人養護 2.CST: 長期照護 3.CST: 健康照護

544.85　　　　　　　　　　　　　　　114010226

樂生活 61

愛就是關心陪伴與照護：你養我小，我養你老

作　　　者	╱ 陳光博
總　編　輯	╱ 何南輝
行 銷 企 劃	╱ 黃文秀
封 面 設 計	╱ 引子設計
內 頁 設 計	╱ 沙海潛行

出　　　版	╱ 樂果文化事業有限公司
讀者服務專線	╱（02）2795-3656
劃 撥 帳 號	╱ 50118837 號 樂果文化事業有限公司
印　刷　廠	╱ 卡樂彩色製版印刷有限公司
總　經　銷	╱ 紅螞蟻圖書有限公司
地　　　址	╱ 台北市內湖區舊宗路二段 121 巷 19 號（紅螞蟻資訊大樓）
電　　　話	╱（02）2795-3656
傳　　　真	╱（02）2795-4100

2025 年 9 月第一版 定價╱ 500 元 ISBN 978-957-9036-66-5
※ 本書如有缺頁、破損、裝訂錯誤，請寄回本公司調換。
版權所有，翻印必究 Printed in Taiwan.